编辑部地址:

苏州市十梓街1号苏州大学

王健法学院

电子信箱:

14182073@qq.com

江苏名仁律师事务所朱建军主任律师资助本卷作者稿酬,特致谢意!

et lux in tenebris lucit

苏州大学王健法学院罗马法与私法史研究所主办

罗马法与现代民法

第十卷（2018年号） Vol.x（2018）

Roman Law and Modern Civil Law

徐国栋　方新军　主编
Edited by Prof. Xu Guodong & Prof. Fang Xinjun

厦门大学出版社　国家一级出版社
XIAMEN UNIVERSITY PRESS　全国百佳图书出版单位

图书在版编目(CIP)数据

罗马法与现代民法.第十卷/徐国栋,方新军主编.—厦门:厦门大学出版社,2019.9
ISBN 978-7-5615-7131-6

Ⅰ.①罗… Ⅱ.①徐…②方… Ⅲ.①罗马法—文集②民法—文集 Ⅳ.①D904.1-53
②D913.04-53

中国版本图书馆 CIP 数据核字(2019)第 075109 号

出版人	郑文礼
责任编辑	李 宁

出版发行 厦门大学出版社

社 址	厦门市软件园二期望海路 39 号
邮政编码	361008
总 机	0592-2181111　0592-2181406(传真)
营销中心	0592-2184458　0592-2181365
网 址	http://www.xmupress.com
邮 箱	xmup@xmupress.com
印 刷	厦门集大印刷厂

开本	720 mm×1 000 mm　1/16
印张	23.25
插页	2
字数	406 千字
版次	2019 年 9 月第 1 版
印次	2019 年 9 月第 1 次印刷
定价	88.00 元

本书如有印装质量问题请直接寄承印厂调换

厦门大学出版社
微信二维码

厦门大学出版社
微博二维码

编委会名单

主　　编：徐国栋　方新军
编　　委（按姓氏拼音顺序排列）：
　　　　　窦海阳（中国社会科学院）
　　　　　傅广宇（对外经贸大学）
　　　　　黄美玲（中南财经政法大学）
　　　　　李中原（苏州大学）
　　　　　齐云（厦门大学）
　　　　　汪洋（清华大学）
　　　　　吴奇琦（澳门大学）
　　　　　徐铁英（四川大学）
　　　　　肖俊（上海交通大学）
　　　　　朱虎（中国人民大学）
　　　　　翟远见（中国政法大学）
　　　　　张长绵（华东政法大学）
编辑部成员：黄文煌　娄爱华　赵毅

主编絮语

《罗马法与现代民法》诞生于新世纪元年,我对她的感情不一般。人生的第二篇论文,也是自己的硕士毕业论文——《承揽运送合同研究》发表于《罗马法与现代民法》第1卷。在主编徐国栋教授极具煽动性的话语——"前进吧!老方!"的鼓舞下,我以本刊合同法分则专栏作家的身份相继发表了《特许经营合同研究》《保理合同研究》《通往无现金的社会——信用卡合同研究》等文,最终汇集成人生的第一本专著《现代社会中的新合同研究》。时光飞逝,转眼十九个年头过去了,基于恩师徐国栋教授的信任,自2016年起本刊编辑部从厦门大学移师苏州大学。

本卷共有十五篇论文,作者来自五个不同的国家,内容不可谓不丰富。第一个专题"民法基础理论研究"共有五篇论文。

尽管是来自美国纽约州的执业律师,但是蒋昊在《缺失的正当价格理论——当国企遭遇契约自由》中探讨了一个非常理论化的问题。随着自由意志理论的兴起,尤其是随着主观价值理论的转向,以客观价值论为基础的正当价格理论在现代民法中逐渐式微。在中国法中的表现是《民法通则》规定的"等价有偿原则"在《合同法》和《民法总则》中消失。但是作者以国企作为样本,以两类案件作为分析对象。国企管理人通过合同侵吞国有资产,国企以价格不公平为理由拒不履行先前签订的股权转让合同,由此发现正当价格理论在现代民法中仍然存在,而且也不可能消失。因为法院在判断合同无效或者合同是否可撤销时,尽管从表面看是在考虑当事人的自由意志是否受到影响,但是价格是否正当仍会影响法院的判断。

窦海阳的《法律中危险的分类——以一般危险与高度危险为主要考察对象》一文反映了中国民法教义学逐步精细化的发展趋势。作者指出法律理论中关于危险问题的很多争论是因为没有对危险进行明确分类导致的,民法中的危险可以区分为一般危险和高度危险,基本区分标准是主体能否将危险彻底消除和完全阻止其转化为实害。同时需要综合考虑各种因素,包括控制能力、物品性状、活动方式、严重程度、发生概率、普遍程度等,不能唯某项因素为准进行片面判断。这种分析实际上已经涉及动态体系论在危险判断中的运用。对危险进行区分的目的是对不同危险导致的责任区分不同的构成要件。

作者特别指出要注意社会学中的风险理论不能简单地引入法学，这是一种非常好的民法教义学的理论自觉。民法教义学并不否认其他社会科学理论对法学的影响，但是其他社会科学的理论和概念必须转变为民法教义学自身的基因密码才能运用。这是法学能够成为一门科学的根基。

2016年，意大利最高法院在一项判决中承认先合同责任具有合同责任性质以后，关于缔约过失责任的法律属性在意大利学界引发了很多争论。比萨大学的普洛奇教授认为耶林创设缔约过失责任的理论前提是罗马法上侵权责任的严格限制，因此将缔约过失归于合同类型的诉。同时为了和合同有效时的履行利益进行区分，耶林又构建出和缔约过失相对应的消极利益的概念。但是普洛奇教授认为，因为《意大利民法典》第2043条采取了开放式一般条款的立法例，任何故意或过失的行为，均能产生可赔偿的不当损害。在一个采取了非典型侵权责任立法例的体系中，并不存在沿着耶林的轨迹将缔约过失建构为合同责任的强烈需要，而且在违反合同义务的场合，也不存在消极利益的绝对限制。由于我国《侵权责任法》第6条第1款同样采取了开放式的一般条款的立法例，我国学者同样对《合同法》中规定缔约过失提出了质疑。

大名鼎鼎的赫尔穆特·科英在《欧洲私法史上的法人理论》一文中系统地梳理了法人概念的前世今生。潘德克吞法学家基于自身高超的抽象思维能力创造出法人的概念，这个概念和旧共同法中的人的集合体概念不同，法人概念是一个指称各种有权利能力的组织的上位概念，这使得法人概念既包括社团也包括财团。该文在相当程度上解决了我的一个疑惑，我一直是一个坚定的法人拟制说的倡导者，根本原因是我也是一个权利本质意志说的坚定倡导者。法人拟制说不能否认法人的构成物是一种社会实在，但是和自然人的根本区别是法人本身没有自由意志，因此只能将其拟制为一个法律上的人，目的是使这些社会构成物的自由行动变得简单，以及对它们达到其目的有所帮助。同时正因为法人不具有自然人那样的行为能力，因此需要代理制度来补充。由此我们也可以发现一个有趣的现象，法人有机体说在法人的本质上似乎更实在，但是在法人行为的理论上则更虚幻。因为有机体说认为团体机关的行为不是代理，而是作为感知的、判断的、意欲的和行为的单位的看不见的团体人格，在机关的行为中显示了出来。就像科英本人在论文中指出的，关于法人本质的讨论似乎是偃旗息鼓了，但实际上并没有真正地结束。

记得在读研究生的时候，张俊浩教授主编的《民法学原理》非常流行，其中一些表述至今记忆犹新。罗马人在构造其法律体系时，以不可思议的洞察力，把全体法律划分为政治国家的法和市民社会的法。前者是公法，后者是私法。

罗马法视私人平等和自治为终极关怀,对于权力觊觎怀抱高度的怵惕之心,以至于试图用公法和私法的楚河汉界去阻隔,天真之余,备极严肃。但是在随后的更新版本中上述话语消失了。德国学者尼尔斯·扬森和美国学者拉尔夫·迈克尔斯合著的论文——《私法与国家——比较分析和历史考察》可以认为是对上述话语的详细展开。伴随全球化对法律的挑战和规制国的诞生,国家这个利维坦一改以前遮遮掩掩的做法,开始通过在私法上钻孔的方法全面介入市民生活,从而引发私法和国家之间关系的探讨。两位作者认为,在民族国家诞生以前,私法是基本独立于政治权威而发展的,典型的实例就是罗马法和以罗马法为基础的中世纪共同法;在民族国家诞生以后,特别是因为法律实证主义的兴起,法的有效性取决于国家,同时国家也垄断了法的实施。但是历史考察表明将私法的有效性根植于外部权威的观念具有某种程度的虚构性,无论是美国人民还是政府代表的欧陆国家从来没有完全掌控私法的发展。在政府之外,学者和法官扮演了重要的角色。即便是在大规模的法典编纂时代,国家也只是在形式上整合了私法,私法的内容仍然是自身发展的结果。我们需要警惕的反而是私法被不断工具化的趋势,因为私法自身具有内在的可理解性。

第二个专题"罗马法研究"包括三篇论文。即便是在国内研究罗马法的学者,如果不细加探究可能也不会知道英年早逝的贾文范先生这个人。程波教授的《"法典翻译的日本倾向"——以贾文范〈罗马法〉译著为例》一文,让我们了解了一位在民国初年辛勤耕耘罗马法的学者。贾文范在1913年至1914年间译著的《罗马法》一书是我国早期专门研究罗马法的一部十分重要的著作。该书主要以英文文献为基础,在译著的过程中必然会出现法律术语的翻译问题。程波教授认为贾文范在翻译过程中出现了大量日语借词,有些最终成为现代民法的用词。这让我想起美国传教士丁韪良用"权利"翻译《万国公法》中的right时说过的一句话,初见多不入目,看多了就习惯了。如果从现代的眼光来看,贾文范的《罗马法》在用词方面肯定存在很多问题,但是我们应该充分理解百余年前中国对罗马法的研究状况,学术是点滴进步的结果,我们不能忘记前人付出的辛勤努力。

陈帮锋在《罗马法中的客观责任与主观责任》一文中,利用翔实的罗马法原始文献向我们展示了客观责任向主观责任转化的过程。帮锋认为如果我们将主观责任转变为客观责任视为一种退化论,将客观责任转变为主观责任视为一种进化论,那么罗马法的发展就是一种进化论的体现。如果从现代法的角度观察,由于自由意志理论的兴起,刑事责任采主观责任没有疑义;侵权责任以过错责任为原则,以无过错责任为例外,应该也是采纳了主观责任原则。

即便对过错的判断采取了客观标准,但是不能改变过错要件本身是对行为人主观心理状态的责难。比较麻烦的是合同责任,如果从罗马法的角度看是从客观责任转向主观责任,那么在现代法上则出现了从主观责任向客观责任的转向。我国《合同法》第107条就是适例。当然我们也可以认为,在合同领域对当事人主观心理状态的要求前移了。尽管违约责任的承担不再要求违约方存在过错,但是违约责任的承担以合同的有效为前提,合同有效必须是当事人意思自治的结果,否则就是无效或者可撤销的。

洛伦佐·加利亚尔迪教授是一位典型的高鼻凹眼的意大利帅哥,第一次见他是在米兰 Duomo 大教堂对面的一家小咖啡馆里。我问他目前意大利哪些中青年罗马法学者值得关注,他第一个就说了自己的名字,坦率可爱的风格让我印象深刻。加利亚尔迪教授撰写的《罗马法律经验中的地上权》一文可以解决这样一个困惑:为什么租一个房子在法律上属于债的法律关系,而租一块地建房子就变成了物权的法律关系?实际上,现代意义上的地上权在罗马法上一开始也属于债的关系,当事人只能提起对人之诉,随后发展为可以请求裁判官发布令状阻止第三人的侵害,最终裁判官创设了适用于所有地上权人的对物之诉。在中世纪罗马法复兴以后,法学家们正是以对人之诉和对物之诉的区分为基础创设出对人权和对物权的区分。但是房屋租赁在罗马法上一直是对人之诉,因此也一直被认为是一种债权。由此也可以看出罗马法对现代民法影响之深。

第三个专题"拉丁美洲法研究"下有一篇巴西学者的论文。我们对巴西足球的了解肯定比对巴西民法的了解多,实际上巴西民法一直处在欧洲民法传统,特别是拉丁语族的民法传统中。安德雷德教授在《在巴西民法中的过重负担理论:其适用的限制与可能》一文中向我们展示了情势变更原则在巴西法律中是如何被接受的。基于契约必须严守的理念,巴西民法在很长一段时间里不接受情势变更制度。后来受到意大利民法的影响,采纳了更有利于债权人的过重负担理论,从而在2002年的《新巴西民法典》中创设了情势变更制度。由于对后发情势变更情形的严格解释和对特定合同类型的排除,情势变更条款在巴西只具有一种剩余的功能,契约严守仍然是一个占优势地位的原则。这实际上隐含了原则的价值排序和抽象重力公式的思维,即意思自治原则是私法的最根本原则,如果想在特定事项上变更意思自治原则的效力,该事项涉及的其他原则加在一起的抽象重力必须能够超过意思自治原则。

第四个专题"罗马法经典教科书"是从本卷开始新增加的栏目。本卷以地役权为题收录了两位大师级的罗马法学家撰写的罗马法教科书中的相关章节。在缺乏时间和人力的前提下，将具有代表性的意大利现代罗马法学家撰写的教科书中的内容分专节译介过来可以起到望梅止渴的效果。

阿尔贝托·布尔代塞是当代意大利著名的罗马法学家，之所以敢确定他著名，是因为我在各类著作和论文中频频看到他的大名被提及。布尔代塞撰写的地役权章节要言不烦，逻辑上按照地役权产生到消灭的顺序有条不紊地展开。尤其是他归纳的罗马法中地役权的一般原则：对己物不能享有役权，役权不得表现为要求作为，对需役地有益，对需役地的附从性、不可分性，让现代人看起来非常亲切。我们甚至可以说两千年后现代的地役权理论仍然没有走出罗马人确立的理论框架。

马里奥·塔拉曼卡是一个无比亲切的名字，因为我和他有一段基本没有语言交流的师生之缘。2004年我去罗马一大参加"罗马法高级培训班"的学习，在去意大利之前我没有听说过塔拉曼卡的名字。当时授课的教授有好几位，都是鼎鼎大名的罗马法学者，但是唯独塔拉曼卡教授上课时，班上的同学纷纷将录音机放在讲台上。塔拉曼卡教授满头银发，西装革履，总是夹着一本学说汇纂走进教室，几乎从来没有翻开过，但是每次都能滔滔不绝地讲一个上午。因为听不懂意大利语，我就问当时在意大利读博士的薛军师弟，此人何许人也？薛军回答，此人是当今活在世上的最厉害的罗马法学家。闻听此言，内心崇拜无比，立马奔往书店买了两本塔拉曼卡教授的著作，其中一本就是本章节的出处《罗马法教科书》。为了提高自己的意大利语水平，同时也为了了解塔拉曼卡教授的厉害之处，我选择将其中的一节"物"翻译成中文。在翻译的过程中突然看到一句话：关于有体物和无体物区分的起源问题没有解决，但是该区分和盖尤斯《法学阶梯》的"人、物、讼"的三分结构紧密相关。我百思不得其解，于是用意大利语写下问题准备第二天请教塔拉曼卡教授。第二天清早我就在电梯里碰到教授，他笑眯眯地问我：方博士，你的意大利语怎么样了？我只能结结巴巴地回答，还是无法听懂上课的内容。这也导致我放弃了直接请教教授的想法，我相信他一定能够滔滔不绝地回答我的问题，但是我肯定听不懂。于是我直接奔往图书馆查找相关资料，事实证明塔拉曼卡教授的观点是正确的。这最终导致我撰写了《盖尤斯无体物概念的建构与分解》一文发表在《法学研究》2006年第4期上。回国后不久塔拉曼卡教授就去世了，每次翻开影集看到最后一节课结束时全班同学和塔拉曼卡教授的合影，我都为自己没有机会当面用意大利语向教授表达自己的崇敬和感谢感到深深的遗憾！

和布尔代塞教授撰写的章节相比，塔拉曼卡撰写的内容在细节上更加丰满一些。如果塔拉曼卡教授仍然活在世上，我一定会问他这样一个问题：他在文中提及他物权（iura in re aliena）的名称自古典时期就使用了，而我一直以为这个名称是中世纪注释法学家和评注法学家创设出来的。他的这种理解是否和他认为罗马法中已经存在权利概念有关。他的同事皮朗杰罗·卡塔兰诺教授在为塔拉曼卡教授七十大寿祝寿撰写的论文中曾经指出，罗马法中并不存在现代意义上的主观权利概念，这种概念是现代罗马法学家偷运进古代罗马法的，而这些现代罗马法学家中就包括了塔拉曼卡教授本人。教授，您对上述质疑有何看法？我相信他一定会滔滔不绝地回答我的问题。

第五个专题"硕士学位论文"是本刊的一个传统栏目，本卷刊登的是福州大学法学院研究生白绍苏撰写的《民间借贷合同解释法律问题研究》。民间借贷纠纷是司法实践中发生频率非常高的案件类型，甚至成为法院判断法学院毕业生实践能力高低的重要参照。白绍苏同学在收集大量案例进行分析的基础上，对民间借贷案件的难点以及司法实践中存在的问题进行了比较仔细的分析。尤其是文中提出的区分营利性借贷和互助性借贷从而适用不同的解释规则，以及注意民间借贷合同基础法律关系的复杂性等观点具有非常好的现实针对性。

第六个专题"杂项研究"包括三篇论文。第一篇是刘颖副教授的《破产法中的合同规则——以日本学说变迁史为视角》。破产法中有一个难题，在法院受理破产案件以后，破产债务人和合同相对人均为履行完毕的双务合同应该如何处理？刘颖副教授通过对日本学说的详细梳理，为破产法中设置特别规则的理由，为何要采取解除权模式，而不是拒绝履行模式的理由，为何将合同的选择权赋予管理人一方的理由进行了说明。甲乙丙丁说的列举和分析看似烦琐，实质是法教义学的基本分析方式。没有学说争论就存在的通说和经过甲乙丙丁说的相互竞争得到的通说不可同日而语，日本能够形成真正意义上的自己的教义学非一日之功，中国应该好好学习。

第二篇是意大利比萨大学的亚历山大·卡萨尼若撰写的《医疗责任中的履行义务和保护义务》。意大利宪法法院在一则判决中将医生的责任纳入合同责任范畴，这在意大利法律界引发了争论，卡萨尼若研究员认为由于《意大利民法典》第2043条的存在，没有必要将医生的责任解释为合同责任。宪法法院以社会交往义务为基础，基于病人对医生的信赖而产生，这一动机产生了合同责任。这种解释非常勉强，因为病人只是和医院有合同，和作为医生的雇员之间并不存在合同。卡萨尼若提出来的意大利在医疗过失侵权中区分最轻过失、轻过失、一般过失、重过失，并根据过失程度的不同对赔偿范围作不同的规定的做法对中国法也有借鉴意义。因为中国法一般只区分一般过失和重大过失,法律规范很少提及轻过失,更不要说对轻过失本身进行区分。如果在医疗侵权中,轻过失甚至最轻过失也要承担责任,这在很大程度上可以缓解《侵权责任法》第 54 条规定过错责任对患者的影响。

第三篇是李宇副教授的《民法总则修改建议稿》。李宇保持了一贯的细腻扎实的学术风格,对已经生效的《民法总则》提出了非常详细的修改意见,并说明了修改理由。就像我在上海财经大学的一次报告中指出的那样,李宇提出的修改意见未必能够被立法者采纳,但是学者还是应该尽到自己的本分。若干年后,也许会有人研究中国民法典编纂的历史,李宇的修改意见会有立此存照的意义。

方新军

2019 年 7 月 22 日于姑苏天赐庄,距离自己知天命还差 133 天

目　录

民法基础理论研究

缺失的正当价格理论
　　——当国企遭遇契约自由……………………………………蒋　昊(1)
法律中危险的分类
　　——以一般危险与高度危险为主要考察对象………………窦海阳(28)
合同与侵权行为两不属之地：
　　所谓的"缔约过失"……………[意]费德里克·普洛奇著　张晓勇译(47)
欧洲私法史上的法人理论 …………[德]赫尔穆特·科英著　傅广宇译(62)
私法与国家
　　——比较分析和历史考察…………………………………………
　　………[德]尼尔斯·扬森、[美]拉尔夫·迈克尔斯著　叶浩拉译,史志磊校(74)

罗马法研究

"法典翻译的日本倾向"
　　——以贾文范《罗马法》译著为例…………………………程　波(128)
罗马法中的客观责任与主观责任………………………………陈帮锋(148)
罗马法律经验中的地上权……[意]洛伦佐·加利亚尔迪著　史志磊译(166)

拉丁美洲法研究

在巴西民法中的过重负担理论：其适用的限制
　　与可能………………………………………………………………
　　………[巴西]法比奥·西本内希勒·德·安德雷德著　齐　云译(181)

罗马法经典教科书

布尔代塞论罗马法中的
地役权……………………［意］阿尔贝托·布尔代塞著　翟远见译（206）

塔拉曼卡论罗马法中的
地役权……………………［意］马里奥·塔拉曼卡著　向　东译（220）

硕士学位论文

民间借贷合同解释法律问题研究………………………………白绍苏（229）

杂项研究

破产法中的合同规则
　　——以日本学说变迁史为视角……………………………刘　颖（280）
医疗责任中的履行义务
　　和保护义务……………［意］亚历山大·卡萨尼若著　肖　俊译（299）
民法总则修改建议稿……………………………………………李　宇（311）

缺失的正当价格理论
——当国企遭遇契约自由

蒋 昊[*]

摘 要：本文希望展示正当价格理论的缺失对西方合同法理论造成的困扰，以及中国合同法理论承认正当价格理论的重要性。

西方合同理论和契约自由原则已经深深地渗入中国合同法理论。然而，这些理论被用于处理关于国有企业的合同纠纷时，往往会导致逻辑荒唐的结果。通过对这些判例的分析，笔者发现法院应用契约自由处理涉国企的合同纠纷时，往往会出现两个主要问题：(1) 允许合同自由往往会纵容国有企业管理层低价转让国有资产，导致国有资产的流失；(2) 法院在保护国有资产的时候允许国企赖账，侵犯了与国企订立合同的私营企业，或者公民的合同自由的权利。

本文通过两条主线来阐释国企与合同自由之间存在的矛盾。第一，笔者

---

[*] 蒋昊，法学博士（JD）、法律科学博士（SJD），美国杜兰大学法学院访问助理教授，香港城市大学法律学院客座研究员，马克思普朗克国际私法与比较私法研究所访问学者，美国纽约州执业律师。曾任法国巴黎二大访问副教授。本文得益于笔者与 James Gordley 教授多年来就正当价格理论的讨论。笔者也非常感谢娄爱华博士的热情约稿及我们之间的学术探讨。

希望通过西方合同法发展的历史论证正当价格的存在,西方合同理论虽不承认正当价格,但始终在维护正当价格。第二,笔者希望通过林毅夫教授对我国最初设立国企的经济逻辑的分析和国企改革中存在问题的研究证明国企仍然在一个非充分竞争性的市场中进行合同交易,这导致国企享有对于国家的信息优势,并利用这一优势侵吞国有资产。笔者的观点是中国合同法理论应当利用正当价格理论在侵吞国有资产成为合同撤销事由时,通过判断合同价格是否是正当价格确认侵吞国有资产的事实是否成立,以确定合同的效力。

关键词: 契约自由;正当价格;国企

Ⅰ.引言

无论是大陆法系还是普通法系,契约自由都是一条基本原则。契约自由的基本内涵大抵包括缔约双方自愿决定是否订立合同、与谁订立合同、合同的内容、合同责任的承担。契约自由的理念在1999年《合同法》立法过程中得到了官方认可。① 理想状态下契约自由唯一的两个限制是合法性和公共政策。② 契约内容必须合法,且不可违背公共政策。契约自由要求法律不可轻易使用家长式手段(paternalistic approach)来干预合同的内容和合同的价格。公平交易与正当价格的意义似乎仅限于道德层面。但笔者认为公平交易应当受到合同法的保护,正当价格理论应当被合同法理论所接纳。本文希望展示正当价格理论的缺失对西方合同法理论造成的困扰,以及中国合同法理论承认正当价格理论的重要性。

亚里士多德最早提出公平交易的概念。他认为合同交易必须符合对等正义(commutative justice)——任何一方都不应当以损害他人为代价而获利。③ 托马斯·阿奎那指出非正当价格下的合同交易违反了对等正义。④ 对他们来说,合同标的必须有客观上的价值,而正当价格就是竞争市场价格。合同法应当保持订立合同前的财富分配和契约双方的购买力。合同本身不应该改变财

---

① 孙礼海:《合同法立法资料选》,法律出版社1999年版,第4~5页。
② K. Zweigert & H. Kötz, *An Introduction to Comparative Law*, 3rd ed., Tony Weir trans., Oxford, 1998, pp.380-381.
③ James Gordley, *The Philosophical Origins of Modern Contract Doctrine*, Oxford, 1991, p.14.
④ James Gordley, *The Philosophical Origins of Modern Contract Doctrine*, Oxford, 1991, p.14.

富的分配,改变财富分配的应当是价格的起伏。19世纪以后概念法学的兴起和自由资本主义扩张的需要,使得亚里士多德哲学以及自然法学派的理论不再引领潮流,意志论和从意志论衍生出的契约自由原则,成了合同法的基本理论和基本原则。自此,物品的价值被认为是主观的,无法客观评价,合同不再需要正当价格,合同法唯一的任务就是执行合同双方的主观意志。契约自由的原则在形式上否定了正当价格(just price)的存在。多数当代学者认为,合同理论不应当考虑正当价格或者合同的公平性。Stephen Smith 认为实体正义并不属于合同法解决问题的范畴,公平价格在现代经济中是没有任何意义的概念,公平价格是与契约自由相抵触的一个概念。① Charles Fried 认为通过显失良心(unconscionability)理论对不公平的允诺进行救济是一种对财富的重新分配,而这不是合同法应当承当的任务。②

  然而合同法学家们往往忽视了合同法不干预合同公平性的真正原因——合同的公平性及实体正义并非不重要,只是在充分竞争性市场存在的前提下,市场机制本身能够保障合同的公平。法院要做的仅仅是执行合同双方讨价还价后的条款。美国当代最著名的合同法学家 Melvin Eisenberg 在 1982 年发表的《讨价还价原则及其局限性》中断言,在完全充分竞争的市场条件下③,法院不应审查合同价格,因为讨价还价达成的合同价格必然是既公平又高效的价格。④

  当今西方合同理论基于两个基本假设:(1)合同法规制的交易是私人间在私法上的交易,(2)订立合同的市场是一个自由且充分竞争性的市场。这两个假设在涉及中国的国企的时候都不成立,这使得法院必须以竞争市场中的正当价格来确定国企订立的合同价格是否在实质上达到了侵吞国有资产的目的,以及国企是否以防止国有资产流失为借口,不履行订立时公平,但由于市场价格的起伏,事后发现不能够赢利的合同,如陈发树诉云南红塔案。

---

① Stephen Smith, *Contract Theory*, Oxford, 2004, pp.354, 357.
② Charles Fried, *Contract as Promise*, Harvard, 1981, pp.103-109.
③ 完全竞争性的市场的定义是:"(1)商品具有同质性;(2)市场价格信息具有自由无成本的流动性;(3)生产资源的充分流动,任何改变价格的决定都能够影响资源的分配;(4)没有市场份额达到能够改变市场价格的市场参与者。"E.Mansfield, Microeconomics, 3rd ed., 1979, pp.196-197. 引自 Melvin Eisenberg, The Bargain Principle and Its Limits, 95 *Harv.L.Rev.*741 (1982).
④ Melvin Eisenberg, The Bargain Principle and Its Limits, 95 *Harv.L.Rev.*741, 746 (1982).

在当前的中国民商法司法实践当中,法院受西方合同理论影响,不以合同价格为撤销事由。一方面,法院强调商事行为的外观主义,即使在国有企业管理人员在转让国有资产过程中受贿,受贿罪名成立,或者在国企没有依法对国有资产进行评估时,仍然认为这些事由不影响合同的效力,合同的价格不影响合同的效力。另一方面,国企使用附条件合同以获得国资监管机构批准作为合同成立的条件,同时不明确具体的有权机关,及拒绝批准合同的事由。这让国企有了"赖账"的条件,任何上级机关都可以以为国有资产保值增值为由,或者不给任何借口就拒绝批准已经生效的合同。在市场条件不完全自由,在国有资产成为交易对象时,如果法院完全拒绝考虑价格的正当性,西方的契约自由理论将会导致国企管理者利用与国资监管机构间的信息不对称侵吞国有资产。同时,不审查价格就任由国企以防止国有资产流失为借口拒不履行合同会严重影响交易的安全性和确定性,减弱私企、外企与国企交易的积极性。

当然,法院对合同价格进行判断的裁量权必须被严格地限制。仅仅在侵吞国有资产成为讼争事实的时候,或者在国企以防止国有资产流失为借口不履行合同的时候,法院才能通过合同价格与公平市场价格的比较确定合同价格是否为正当价格,是否存在侵吞国有资产,或者国企"赖账"的情况。

Ⅱ.正当价格理论的兴衰和合同法的历史发展

1.罗马法中的非常损失(Laesio Enormis)

罗马法中充斥着根据合同种类划分的零散的合同规则,但并没有形成体系性的合同法总论。一般来讲,罗马法对合同价格的要求是:价格必须存在,而且是确定(certain)和慎重(seriously meant)的。[1] 罗马法认为自然法允许合同一方低买高卖,任何一方都可以以智取胜(outwit)另一方。[2]

齐默尔曼认为《迪奥多西法典》中有两段让人匪夷所思的文字。这两段文

---

[1] Reinhard Zimmermann, *The Law of Obligations Roman Foundations of the Civilian Tradition*, Juta, Kluwer 1990, pp.255-256.

[2] D.19.2.22.3.引自 James Gordley, Arthur von Mehren, *An Introduction to the Comparative Study of Private Law*, Cambridge, 2006, p.461.

字引入了对所谓非常损失的救济。① 其中一段文字谈到了正当价格(iustrum pretium)和真实价格(verum pretium)。② 他认为这与这段文字及对过低价格的救济不符合整套法典的思路以及古典合同法的基本原则。③ 据他的推断,这有可能是优士丁尼大帝后来加上的。④

非常损失最初的适用范围仅限于允许土地的卖方在合同价格低于土地真实价值的一半的时候撤销合同,或者由买方支付差价。⑤ 之后,这个理论被注释法学家推广到所有的买卖合同中,任何物品的售价低于正当价格一半的时候,都能够获得救济。⑥

2.亚里士多德哲学传统的复兴:后经院学派和北方自然法学派

按照 D.2,14,7,1 的记载,合同必须要有原因才能被执行。⑦ 从 14 世纪开始,巴尔杜斯(Baldus)重拾亚里士多德哲学传统并提出了根据交易类型确定的合同可以被执行的两个原因(causae),一个是通过交换得到某物,另一个是通过赠予行使慷慨的权利。⑧ 根据巴尔杜斯的学说,允诺必须在符合这两种原因的情况下才能被执行。赠予必须理智(sensible)和慎重(prudent),必须在合适的时间给予合适的人合适的数额。交易则必须获得价值相等的回

---

① C.4.44.2;C.4.44.8.Zimmermann,*The Law of Obligations Roman Foundations of the Civilian Tradition*,Juta,Kluwer 1990,pp.259-261.

② Zimmermann,*The Law of Obligations Roman Foundations of the Civilian Tradition*,Juta,Kluwer 1990,p.260.

③ Zimmermann,*The Law of Obligations Roman Foundations of the Civilian Tradition*,Juta,Kluwer 1990,p.260.

④ Zimmermann,*The Law of Obligations Roman Foundations of the Civilian Tradition*,Juta,Kluwer 1990,p.260.

⑤ Zimmermann,*The Law of Obligations Roman Foundations of the Civilian Tradition*,Juta,Kluwer 1990,p.262; See also James Gordley,*Contract in Pre-Commercial Societies and in Western History*,in International Encyclopedia of Comparative Law,J.C.B.Mohr,ed.1997,pp.2-41.

⑥ See James Gordley,*Contract in Pre-Commercial Societies and in Western History*,in International Encyclopedia of Comparative Law,J.C.B.Mohr,ed.1997,pp.2-44.

⑦ D.2.14.7.1.

⑧ Baldus de Ubaldis,In Decretalium Volume Commentaria,Venice,1595,X.Ⅰ.4.Ⅱ No.30.

报。① 对巴尔杜斯来说,非正当价格违背了自然衡平(natural equity)。16世纪开始,后经院学派中的索托(Soto)、摩林那(Molina)、莱修斯(Lessius)以及后来北方自然法学派的代表人物普芬道夫和格劳秀斯都认为交易必须公平,正当价格必须得到维护,严重背离公平价格的合同必须得到法律的救济。② 他们一致认为正当价格是在不存在政府制定价格,且不存在垄断的情况下,正常的市场交易价格。③ 现代经济学中商品的长期均衡价格等同于生产某物品的边际成本。与长期均衡价格不同,后经院学派所指的同一物品的正当价格在每一个时间、每一个地域都有不同的变化。在后经院学派看来,这个价格是由生产成本、买家需求和商品稀缺性来决定的。④ 在他们看来,商品必须以正当价格出售,市场价格起伏巨大,只有市场价格才能保证交易的公平性。他们的理论与当代通行的合同理论显然格格不入。比如本森认为,合同标的价值是主观的,只要合同交易的物品在质上不同(qualitative difference),对合同双方来说交易就是对等的,因为它们对合同双方而言主观价值是一样的。⑤ 在后经院学派看来,交易对合同双方的主观价值可能是巨大的,这个价值可能大于交易价格,但交易价格仍然应当是市场价格,这里的等价交易是客观市场价格上的对等。即使主观价值巨大,如果买方能够以市场价格获得该商品,没有任何有理智的人会愿意出高于市场价格的价格购买该商品。同时,对交易双方来说,交易获得的商品或者金钱对他们的主观价值一定大于交换出去的商品或者金钱,否则他们不会进行交易。Michael Trebilcock 认为公平交易的理念和对交易前后财富分配的维持(preservation of pre-existing distribution of wealth)打击了卖家寻找价值被低估的商品进行转卖获得利润的积极性。⑥ 笔者认为这是对正当价格理论的误解。后经院学派认识到市场价格的起伏,也意识到每一个区域、每一个时间点同一物品市场价格的变化。每一项交易

---

① Aristotle, Nicomachean Ethics IV.Ⅰ 1119b-1120a.
② See James Gordley, *The Philosophical Origins of Modern Contract Doctrine*, Oxford, 1991, pp.94-102; see also James Gordley, *Contract in Pre-Commercial Societies and in Western History*, in International Encyclopedia of Comparative Law, J.C.B. Mohr, ed. 1997, pp.2-45.
③ See James Gordley, *The Philosophical Origins of Modern Contract Doctrine*, Oxford, 1991, p.96.
④ James Gordley, Equality in Exchange, 69 *California L.Rev.* 1587, 1605 (1981).
⑤ Peter Benson, *The Theory of Contract*, Cambridge, 2001, pp.193-195.
⑥ Michael J.Trebilcock, *The Limits of Freedom of Contract*, Harvard, 1993, p.82.

的售价必须是当时当地的竞争市场价格,但买方大可以通过在另一个区域、另一个时间点根据当时当地的竞争市场价格倒卖同一物品,通过价差而获利。需要注意的是:在两个交易过程中,合同双方的购买力和财富都没有因履行合同而发生变化。购买力和财富的变化是通过市场价格的变化、合同双方的运气和勤奋来决定的。市场价格上涨和下跌的概率对合同双方来说都是公平的,交易本身像是一场赌博,但输赢概率相同的赌博是公平的赌博(a fair bet is fair)。① 17、18世纪的欧洲大陆法学家同样认为合同必须订立在正当价格之上。而对于英国的普通法法院来说,约因(consideration)一开始并没有对价的意思。正如齐默尔曼教授所说,原因和约因都仅仅是绕过罗马法下"不穿衣的简约不产生诉"(Ex nudo pacto oritur actio)的规则而产生的形式。② 由于罗马法原则上认为只有有名合同才能够产生债,原因理论应运而生为执行无名合同提供理论支持。③ 有原因的无名合同也能够产生债,④而原因仅仅要求合同是在审慎的意图(serio et deliberate initum)下缔结的。只要有原因,合同就不是不穿衣的。与原因如出一辙,约因仅仅要求承诺必须基于审慎的意图及充分的动机。⑤ 英国法一开始发展出约因不需要充分(consideration needs not be adequate)的规则的时候,普通法法院并没有考虑交易是否严酷(harsh bargain)的问题。这一时期,单纯允诺令状(writ of assumpsit)需要约因才能被执行,但当时的约因并不意味着讨价还价(bargain),一系列无偿的允诺(gratuitous promises)都可以得到执行。比如未来岳父许诺女婿的礼物、无息贷款、寄托允诺(bailment)都被认为是具有约因的允诺。⑥ 同时,真正极度不公平的交易可以在衡平法院得到救济,只是衡平法院自己也不明白为何要救

---

① See James Gordley, *Contract in Pre-Commercial Societies and in Western History*, in International Encyclopedia of Comparative Law, J.C.B.Mohr, ed.1997, pp.2-45.

② Reinhard Zimmermann, *The Law of Obligations Roman Foundations of the Civilian Tradition*, Juta, Kluwer 1990, pp.547-556.

③ Reinhard Zimmermann, *The Law of Obligations Roman Foundations of the Civilian Tradition*, Juta, Kluwer 1990, pp.549-553.

④ Reinhard Zimmermann, *The Law of Obligations Roman Foundations of the Civilian Tradition*, Juta, Kluwer 1990, p.552.

⑤ A.W.B.Simpson, *A History of the Common Law of Contract. The Rise of the Action of Assumpsit*, Clarendon, 1987, p.322.

⑥ A.W.B.Simpson, *A History of the Common Law of Contract. The Rise of the Action of Assumpsit*, Clarendon, 1987, pp.416-452.

济不正当价格。17、18世纪衡平法院不受普通法规则的束缚,但他们对不公平交易进行救济时也没有提及亚里士多德的对等正义规则(commutative justice)——合同各方的付出与得到必须具有对等价格。如戈德雷教授所述,当时的判例在对不正当价格进行救济的时候所适用的理由多是议价之不合理(unreasonable)、不正当(unjust)、不衡平且不合良心(unequitable and unconscientious)、严苛而不公平(harsh and unequal)、约因不充分或极度不充分(inadequate or grossly inadequate),或者在强迫(imposition)下达成的。①

3.19 世纪意志论的兴起和今天的契约自由

从18世纪末开始,法学家们开始强调合同的价格没有实质意义,完全取决于人们的主观好恶。19世纪的意志论(the will theories)席卷了西方合同法,合同法的作用仅仅存在于发掘合同当事人的意愿,并执行该意愿,合同法不应当对当事人的意愿进行任何限制。发展到今天,意志论化身合同自由,成为西方合同法理论的基本原则,并于1999年被中国《合同法》所采纳。

同时,价格和价值开始被认为是完全主观的概念,完全因人而异,没有客观标准。最早提出价格主观论的是托马修斯(Christian Thomasius)。他认为价值仅仅取决于人的判断,在合同订立的过程中,仅仅取决于合同双方的判断。② 托马修斯否定了亚里士多德关于对等正义和分配正义的观点。③ 1794年《普鲁士普通邦法》规定价格上的差异本身不能够导致合同的无效。④ 这时期的法学家认为对物品的价值的讨论没有任何意义。价值对卖家和对买家各不相同,在各个地方亦不相同。然而,这种态度并不代表价格在实践中完全不重要。从此时开始,价格的差异可以作为导致合同无效事由的证据。比如当售价超出正常价格两倍时可以推定合同订立过程中存在错误。⑤ 也是在这一时期,普通法开始了对大陆法的系统性移植,约因被认为是原因的地方化版本(local version)。原因不必考量交易是否公平,约因也不需要过问是否充分。

---

① James Gordley, Arthur von Mehren, *An Introduction to the Comparative Study of Private Law*, Cambridge, 2006, pp.466-467.

② C. Thomasius, De aequitate cerebrina legis Ⅱ. Cod. de rescind. vendit. et eius usu prac-tico cap. Ⅱ, § 14, *printed ar Dissertatlo* LXⅧ, in 3 C. Thomasius, Dissertationum Academicorum Varii Inprimis Iuridici Argumenti 43 (Halle a.d.Saale 1777).

③ Gordley, Equality in Exchange, 69 *Calif.L.Rev*.1587,1592(1981).

④ Allgemeines Landrecht Für die Preußischen Staaten Von 1794 Ⅰ 11 § 58.

⑤ Gordley, Equality in Exchange, 69 *Calif.L.Rev*.1587,1593(1981).

如 A.W.B.Simpson 教授所指出的价格与价值的差异虽不是独立的撤销合同事由,但被认为是有欺诈发生的证据。① 虽然没有正当价格理论,同时衡平法院继续绕过普通法对严苛的议价进行救济,如同正当价格理论从不曾逝去一般。②

4.当今合同法中的正当价格

在当今各国的合同法理论中,虽然不当价格本身在形式上已不再是合同可撤销(vitiating factor)或者相对无效(nullité relative)的事由,但总是能够得到救济的。

a.美国法中的非良心性理论(Unconscionability)

非良心性理论始于英国衡平法院,但 20 世纪 60 年代以后,该理论被《统一商法典》§2-302 和《合同法第二次重述》§208 所接纳,广泛适用于所有的合同。如果合同或其中的条款被认为是非良心性的,法院可以拒绝执行该合同,只执行除非良心性条款以外的合同,或者限制非良心性条款的应用以避免非良心性的后果。③ 理论上,要满足非良心性,合同必须同时满足实体非良心性(substantive unconscionability)及程序非良心性(procedural unconscionability)。实体非良心性主要指合同价格条款的不公平(unfair price term),或者辅助条款中合同一方承受的风险与或得的收益极端不对等。程序非良心性主要是指优势一方利用弱势一方的弱点乘人之危占取过分的利益(excessive benefits)。在教义学上,虽然价格条款的不公平本身并不能让合同因非良心性而被撤销,但是约因的极度不公平(gross disparity)本身就能够使合同无法得到强制执行。④ 如 1970 年的 Toker v.Westerman 案⑤,上门直销员把当时零售价 350~400 美元的冰箱以 1229.76 美元的总价格卖给了被告,被告按 36 个月分期支付价款。在账面上还剩 573.89 美元时,被告停止付款并称该合同单价过高属于非良心性合同。这一抗辩得到了法院的支持。法院认为,这不是一个赖账的案子,高于合理零售价 2.5 倍的价格本身就是让人震惊的,非良心性的。这里法院并

---

① A.W.B.Simpson,The Horwitz Thesis and the History of Contracts,46 *U.Chi.L. Rev*.569 (1979).
② James Gordley,Equality in Exchange,69 *Calif.L.Rev*.1587,1650-1655(1981).
③ See §2-302 Uniform Commercial Code, §208 Restatement 2nd of Contract.
④ See §208 Restatement 2nd of Contract.
⑤ See generally Toker v.Westerman,274 A.2d 78(N.J.Super.1970).

没有谈到程序非良心性。虽然可以认为法院觉得程序非良心性必然存在,无须赘述。但是笔者认为案件事实本身不存在程序非良心性。因为上门直销员唯一能够对被告形成优势的地方仅仅是他知道冰箱的市场价格,而被告可能不知道市场价格。仅依此事实,直销员只是提供过高的报价,没有实施欺诈、胁迫,也并没有利用自己的优势或者消费者的无知获得利益,这本身无法构成乘人之危。尽管如此,法院还是认为非良心性存在,合同被撤销。因此,我们发现,不公平的价格本身足以撤销合同,程序非良心性并不重要。反过来看,若是价格为正常市场价格,无论直销员如何巧舌如簧,皆不会触发非良心性理论。

在 Weaver v.American Oil Co.案中,①法院认定租约中的辅助性条款同时满足实体和程序非良心性,因此认定租约为非良心性合同而无效。在此案中,Weaver 作为美国石油公司所有加油站小卖部的承租人,签署了租约。租约中有保证不损害出租人的条款(hold harmless clause)。由此,承租人承担租赁过程中在出租地上产生的所有风险。Weaver 在工作时被汽油溅到而烧伤,法院判定这个辅助条款因非良心性而无效。实体上的不公平在于 Weaver 没有得到承担如此高风险所应获得的相应收入。法院认为加油站工作人员被烧伤是一个很大的风险,虽然合同双方可以根据自由协商分配这样一个风险,但是美国石油公司显然能够以更便宜的价格通过购买保险来规避该风险。美国石油公司虽然可以把这个风险转移给 Weaver,但是他承担此风险获得的报酬是严重不足的。Weaver 的年收入只有 5000~6000 美元,不足以承担如此高的风险,因此实体非良心性成立。至于程序非良心性,法院认为该租约不是双方谈判的结果,原告高中都没有毕业,不理解合同,证据也显示他根本没有读过该合同条款。笔者认为,程序非良心性并不存在。即使 Weaver 请了律师,理解了合同条款,他很可能还是不会就合同条款提出异议。被汽油烧伤这是在加油站工作必须承担的风险,即使他去了别的加油站工作,也一样要承受此风险。唯一能够引起异议的恐怕是价格条款。在理解了风险以后,Weaver 仍然会愿意承担,但一定会要求美国石油公司提高报酬,或者降低租金以抵偿此风险。此时,对于美国石油公司来说,他们一定会选择通过投保来承受此风险,因为这样更便宜,而不是通过 hold harmless clause 让 Weaver 来承担此风险。归根结底,唯一的不公平是实体不公平,唯一的问题在于价格的不正当,即使讼争条款看起来仅仅是辅助条款。

---

① 276 N.E.2d 144 (Ind.1971).

因此,在判断非良心性合同的时候仅有一个标准,是否存在实体非良心性,换言之,合同价格是否是正当价格。

b.英国法

英国法中的非良心性强调程序非良心性。同时,与美国法不同,英国法认为象征性约因(nominal consideration)也是充分的约因。一英镑买一块地似乎是法律支持的约因。可是,即使牛津大学的 P.S.Atiyah 教授在著名的《合同法导论》中也不得不承认他也找不到法院支持此种约因的案子。[①] 唯一能够找到法院支持象征性约因的案子则完全是出于商业的考量。[②] 在这个案子中,法院认为一英镑使卖房的要约不过期是充分的对价。在这个案子中,房地产开发商向所有愿意卖房的业主支付一英镑使他们卖房的要约暂时不过期。法院认为这是房地产开发商做生意的唯一方法。我们找不到法院支持极度不充分的对价的案子。在另一个案子中,法院甚至承认合同一方有权获得他付出金钱相应的价值(He is entitled to the value for his money.)。[③]

c.德国法

尽管 19 世纪以来,受意志论的熏陶,德国民法的主流观点一直是合同是当事人意志的体现,合同法的任务就是发现当事人订立合同时的合意,并执行这个合意。另外,价格是主观的,是相对的,是因人而异无法确定的。《德国民法典》第 138 条却仍然起着英美法中非良心性理论的作用,认定不公平,违反公序良俗的法律行为(Rechtsgeschäft)无效。第 138 条第 2 款与美国法中的非良心性理论极其相似:要使法律行为在这款下无效,行为人必须乘人之危以获得与付出不成比例的经济收益,或获取这种经济收益的承诺。显然,实体不公正与程序不公正都必须满足。但是从德国的判例法上来看,不正当价格本身就足以使民事法律行为无效,因为法院通常会使用 BGB 第 138 条第 1 款认定不当价格(Wucher[④])违反了公序良俗。齐默尔曼教授指出,第 138 条第 1 款常被用于给予不正当价格救济从而绕过了更具有限制性的第 138 条第 2 款的规定,但合同的不对等必须是极度的不对等(gross disproportion)。[⑤] 在一个 1961

---

① P.S.Atiyah, *An Introduction to Law of Contract*, Oxford, 1995, p.285.

② P.S.Atiyah, *An Introduction to Law of Contract*, Oxford, 1995, p.285.

③ P.S.Atiyah, *An Introduction to Law of Contract*, Oxford, 1995, p.285.

④ 也译作暴利。

⑤ Reinhard Zimmermann, *The Law of Obligations Roman Foundations of the Civilian Tradition*, Juta, Kluwer 1990, pp.268-270.

年的联邦最高法院(Bundesgerichtshof)裁定的案子中①,45%的民间借贷利率被认为不但是合同义务之间惊人的不平等,而且借款人的行为具有令人谴责的性质,这一性质使得法院得以适用第138条第1款以违反公序良俗为由判定合同无效。这里,法院看似通过比银行利率高许多的利率推断借款人必是处于困境,贷款人一定有乘人之危的情形,但实际上唯一违背公序良俗的事实仅仅是过高的利率本身。从这个案子以及其他类似的案子中,②我们可以得出这样的结论:极不平等的合同价格或者暴利本身就足以使合同无效。如梁慧星教授所言,暴利行为是中国合同法下的显失公平的理论起源。③

d. 法国法

法国民法中的极度不公平理论(lésion)是罗马法中的非常损失理论的延续。一如非常损失理论最初的试用范围,极度不公平理论同样只适用于不动产的买卖。《法国民法典》第1674条允许不动产的卖方在合同价款低于该地产价值的5/12的时候撤销合同。在其他的合同领域,法国法看似不在乎正当价格与合同的公平性,但传统上法国法院以其他合同瑕疵事由为幌子,撤销不当价格合同的例子比比皆是。比如海上营救漫天要价的案子,法院以胁迫为由撤销合同。④ 在以胁迫为撤销事由时,教义上要求胁迫方必须制造危险并以此威胁被胁迫方。在这个案子中,营救一方并没有制造危险,不符合胁迫的基本要素。看起来,法院唯一的顾虑是营救的价格太高,但法院没有更有效的理论工具来提供救济,只得借胁迫之名来行正义之事。在另一个案子中,租约被法院以实质性错误为由而宣告无效。⑤ 法院认为6000法郎的租金应当让租客享受到带来舒适居住环境的别墅,这是租客应当有的基本假设。而实际上该别墅破旧不堪,需要修整,周遭环境也会打扰到租客的宁静和独立的居住环境。

除此之外,最近二十年,法国法院重新拾起并发展了原因理论,并用原因理论撤销不公平的合同。该理论认为合同必须有原因,且该原因必须合法,且

---

① Bundesgerichtshof,9 November 1961,BB 1962,156.

② Reichsgericht,14 October 1921,RGZ 103,35.

③ 梁慧星:《〈民法总则〉重要条文的理解与适用》,http://www.iolaw.org.cn/showArticle.aspx? id=5244,下载日期:2018年1月1日。

④ Cour de cassation,ch.req.,27 April 1887,D. 1888. I. 263.

⑤ Cour de cassation,ch.civ.,29 November 1968,Gaz,Pal.1969.J.63.

合同双方所履行的义务必须平衡而不能明显不对称。① 双务合同中明显不对称的义务(counter-performance)，和无法实现合同目的的义务，会使得合同变成没有原因的合同，而使得合同无效。② 因此，一些法国学者认为法院应当考量合同价格是否慎重，一方的合同义务是否能够实现另一方的真正利益。③ 从近年来的判例来看，当合同价格过低时，法院会认定该价格是可笑荒唐的价格(derisory)，从而认定合同因为缺乏原因而无效。④ 比如法国最高院维持了上诉法院撤销戛纳市以年租金762.25欧元将一块商业用地租给某酒店的75年租约的判决。理由是如此可笑的价格使得合同因为缺乏原因而无效。⑤ 该理论的批判者认为这是法院在确保合同双方都在做理性的选择(rational choices)，同时确保实体公平(substantive fairness)。⑥ 对原因理论的滥用让原因理论如法国法官的脚长一般缺乏确定性。显然，原因理论被用于保障交易公平，而交易公平并非现代合同法理论的基本规则。这样的应用是对原因理论的误用。可一旦不要求公平交易，原因理论就失去了过滤器的作用，因为无论交换合同还是赠予合同，都有合法的原因，而不合法的合同自然没有法律效力，并不需要原因理论来筛选掉非法合同。2016年10月的法国债法改革终于取消了法国合同法王冠上的明珠——原因理论。但这并不代表法国法不再在乎正当价格。作为原因理论的替代品，经济暴力理论(violence économique)被引入了法国合同法。该理论与非良心性理论极其相似：实施经济暴力者必须利用合同另一方对他的依赖来攫取明显过多的暴利。受害方在没有受到限制的情况下，绝不会同意此种合同。⑦

---

① See generally Judith Rochfeld, *A Future for La Cause? Observations of a French Jurist*, in Reforming the French Law of Obligations (John Cartwright, Stefan Vogenauer, & Simon Whittaker eds.2009).

② See generally Judith Rochfeld, *A Future for La Cause? Observations of a French Jurist*, in Reforming the French Law of Obligations (John Cartwright, Stefan Vogenauer, & Simon Whittaker eds.2009), pp.77-83.

③ See generally Judith Rochfeld, *A Future for La Cause? Observations of a French Jurist*, in Reforming the French Law of Obligations (John Cartwright, Stefan Vogenauer, & Simon Whittaker eds.2009), pp.77-83.

④ Cass., 3ch.civ.

⑤ Cass., 3ch.civ.

⑥ Ruth Sefton-Green, La Cause or the Length of the French Judiciary's Foot in Cartwright et al., *Reforming the French Law of Obligations*, Oxford, 2009.

⑦ 《法国民法典》第1143条。

e. 中国法

中国合同法理论和实务对维护正当价格的观点并不一致,对公平原则的理解也并不一致。比如,江平教授在合同法发布之时做的学理解释中认为"在合同的订立和履行过程中,要以公平观念来调整合同当事人之间的权利义务关系。所谓公平观念,是指以利益是否均衡为价值判断标准来确定当事人之间的利益关系,追求公正与合理的目标"[1]。江平教授特别指出公平原则在双务合同中的应用:"一方当事人在享有权利的同时,也要承担相应义务,当事人之间的利益要均衡,取得的利益和付出的代价相适应。"[2]而显失公平作为撤销合同的事由,是不公平合同的最直接救济渠道。[3] 然而,如同法国法、德国法和美国法,中国法也对程序上的不公有所要求,不当价格本身并不致使合同具有可撤销性。如《最高人民法院关于贯彻执行〈中华人民共和国民通意见〉若干问题的意见》规定,显失公平除了要求违反等价有偿原则,还需一方当事人利用优势或者利用对方没有经验,致使双方权利与义务不一致。[4]

如韩世远教授所说,中国法学界的主流观点是价格主观论。价格主观论对于1993年以后引入市场的经济理念起到了保驾护航的作用。价格主观论在中国学界早期的支持者是徐国栋教授。徐国栋教授在1993年发表的一篇论文中,通过对法律史上的价值理论的研究,提出价格主观论,并以此解释民法上模糊不清的公平原则与等价有偿原则。[5] 在徐教授看来,等价可以取消,只需有偿即可。[6] 同时,合同法要维护的仅仅是程序上的公平。[7] 时至今日,这个观点在当时价格逐步被放开的政策背景下,渐渐被接受。六年之后,契约自由正式成为合同法的基本原则。价格主观,合同法仅需尊重意思自治的理念已经被学界、法官群体和实务界广泛接受。法院也只审查商事行为的外观

---

[1] 江平:《中华人民共和国合同法精解》,中国政法大学出版社1999年版,第6页。
[2] 江平:《中华人民共和国合同法精解》,中国政法大学出版社1999年版,第6页。
[3] 《中华人民共和国合同法》第54条。
[4] 《最高人民法院关于贯彻执行〈中华人民共和国民通意见〉若干问题的意见》第72条。
[5] 徐国栋:《公平与价格—价值理论——比较法研究报告》,载《中国社会科学》1993年第6期。
[6] 徐国栋:《公平与价格—价值理论——比较法研究报告》,载《中国社会科学》1993年第6期。
[7] 徐国栋:《公平与价格—价值理论——比较法研究报告》,载《中国社会科学》1993年第6期。

而非其实质。一般认为,影响价格的因素很多,只要达成合意就可以推定合同双方认为交易主观等值,"即当事人主观上愿以此给付换取对待给付,即以为足,客观上是否相当,在所不问"①。如多数西方学者所见,法院以自己的价值判断更改合同,会被认为是以家长式的行为来干预私法。私法应当自治,价格也应当自治,所以合同自由在理论上排除了法院对价格的干预。

即便如此,在出现价格价值极度偏差的情况下,如德国法下的暴利制度,中国法下的显失公平也被宽泛地行使以保证给付之间的均衡。②

综上所述,虽然正当价格理论不再是合同法的基本规则,但是各主要法律体系都具有防止不当价格出现的理论工具。

Ⅲ.建立国有企业的经济逻辑与对契约自由的完全否定

要理解国有企业今天若享有完全的契约自由会带来的问题,首先要理解国有企业的起源,以及改革开放以前中国不允许国有企业享有经营自主权和合同自由的原因。林毅夫教授在他的一系列关于国有企业改革中的问题,及中国经济改革成功的原因的著作中充分解释了建立国企的经济逻辑。

新中国成立之初,出于国防需要,中国政府确立了优先发展重工业的发展方略。但当时的中国经济结构以农业经济为主,工业发展水平落后,资本匮乏,经济发展的比较优势在于轻工业及劳动力密集型产业。同样的资本投入轻工业领域的投资回报率是重工业的270%,非国有资本投资其他服务业或者劳动密集型产业的投资回报显然更大,可以预见非国有资本将缺乏投资重工业的积极性。③ 鉴于此,政府作出对重工业,其他关联产业以及轻工业一并国有化,建立国有企业的决定,并完全取消了自由市场。没有了私有财产,没有了自由竞争性市场,合同法不再是私法,契约自由也不再有任何伦理上或功

---

① 韩世远:《合同法总论》,法律出版社2012年第3版,第39页。

② 梁慧星教授批评了这种做法,认为显失公平必须在乘人之危同时存在的情况下才能被适用,却不能解释为什么中国法院与德国法院都不谋而合地保护给付的均衡与正当价格,即使没有人理解何为正当价格。梁慧星:《〈民法总则〉重要条文的理解与适用》,http://www.iolaw.org.cn/showArticle.aspx? id=5244,下载日期:2018年1月1日。

③ See Justin Yifu Lin, Fang Cai & Zhou Li, *Chinese State-Owned Enterprises Reform*, The Chinese Univ. Press, 2001, p.20.

利主义上的价值。

从1950年《机关、国营企业、合作社订立合同契约暂行办法》一直到1981年《经济合同法》的出台,合同法和合同法规存在的唯一的目的是确保国家经济计划和政策的实施,国有企业、合作社和国家机关是合同法规唯一调整的对象。在这种情况下,允许任何经营自主权或者合同自主权的存在只会鼓励国企经营管理者截留生产剩余生产资料,这样的经济发展战略并不符合当时中国经济的发展优势,但通过对市场价格的扭曲(price distortion),对资源的中央调控和分配(centralized allocation of resources)和对国有企业的微观控制(micromanagement of state-owned enterprises)实现了市场经济无法实现的快速发展重工业的目标。①

要理解建立国有企业,消灭市场经济的经济逻辑,就要先理解以上三种措施是如何推动重工业发展的。重工业是资本密集型产业,周期长,原材料昂贵,如果按照市场价值定价,中国无法负担起快速发展重工业的任务。于是,国家通过价格扭曲,人为地降低利率、外汇兑换率,以降低获得资本的价格,降低原材料价格、能源价格,同时降低其他周边产业的价格,使得工业工人的生活成本能够被人为地降低,以达到降低劳动力成本的目的。同时,若通过市场配置资源,发展重工业将会是极其昂贵的,而且本来就稀缺的资源不能够充分用于重工业的发展。因此,唯一现实的选择是通过中央计划调控,不计成本,优先分配资源给国有企业进行重工业生产。

在这样的宏观经济环境下,价格不再反映商品的市场价值,资源也不再通过市场分配,这导致国有企业的利润率完全由政策引导而不再反映企业管理的效率。在价格扭曲的前提下,亏损可能出于经营不善也可能是政策性原因,如果原料计划价格高于市场价格而产品国家定价低于市场价格,企业可能并无经营不当,但大面积亏损不可避免。同理,一个经营不善的企业可能因为价格扭曲而政策性地大幅盈利。因此,与自由市场中的公司治理不同,利润率再也不能有效地评估国企经营管理的有效性。在这种情况下,国企管理层相对于国家股东有信息不对称的优势,若是允许国企拥有任何的经营自主权或者订立合同的权利,没有同时兼容股东和管理层动机的激励机制,只会激励国有

---

① See Justin Yifu Lin, Fang Cai, Zhou Li, *The China Miracle: Development Strategy and Economic Reform* (Revised Edition), The Chinese University Press, 2008, pp. 59-67.

企业侵吞国有资产。①

因此,从50年代开始,国家为避免国企刻意隐藏利润、虚报成本,在经营管理方面全面剥夺了国企的自主权。国企被剥夺了决定产品生产研发方向的权利、产品销售的权利、拟定工资数额的权利、材料划拨,以及产品生产的权利。② 国有企业生产所需要的原材料种类和数量,生产数量必须统一指定,原料供应商由国家统一分配,所需的资金由国家统一划拨,工资水平全国统一。③

企业经营权的丧失导致了当时法律法规对合同自由的全面否定。1950年政务院出台的《机关、国营企业、合作社签订合同契约暂行办法》(以下简称《暂行办法》)是50年代主要的合同法规。这部法规规定了只有法人能够订立合同,订立书面合同的范围及银行的介入,合同的订立需要经过严格的报备程序,获得上级机关的批准,在人民银行备案。同时,在出现合同纠纷时,行政手段成了解决纠纷的主要手段。只有在政务院(国务院的前身)调解无效时才能够向法院起诉。④ 在实践中,国企之间也没有认真执行合同的动力,各企业往往把迟延履行当作常态,把迟延的时间考虑进企业的生产计划。对得不到履行的合同,能够指望的救济形式往往是对方的道歉和稍后履行的承诺。⑤ 合同的履行情况往往取决于双方企业经理之间的个人关系和合同一方的履行能力。久而久之,签合同与否,执行合同与否不再重要。相较于50年代《暂行办法》的粗糙简略的规定,1963年的《关于工矿产品订货合同基本条款的暂行规

---

① 自由竞争市场中的企业不需要全面监管管理层的经营活动,只需通过市场激励机制在管理层创造更大利润的时候适当给予收益上的激励。在改革开放以前的中国国企中,利润率和管理层的表现没有直接关系,因此管理层的个人收益自然和利润率之间不挂钩。管理层本能地会产生夸大生产成本,截留生产资料的动机。

② See Justin Yifu Lin, Fang Cai & Zhou Li, *Chinese State-Owned Enterprises Reform*, The Chinese Univ.Press, 2001, p.68.

③ See Justin Yifu Lin, Fang Cai & Zhou Li, *Chinese State-Owned Enterprises Reform*, The Chinese Univ.Press, 2001, p.68.

④ 合同或契约签订后,如一方未经对方同意,有不履行,或破坏合同或契约之情事时,其当事者双方同在一大行政区管辖以内者(如在华北则同在一省市者)对方可提请直接领导之财经委员会处理;双方不在同一大行政区或同一省市以内者,对方可提请中央人民政府政务院财政经济委员会处理,处理无效时,对方得向人民法院提出诉讼。《机关、国营企业、合作社签订合同契约暂行办法》第10条。

⑤ See Pitman B.Potter, *The Economic Contract Law of China: Legitimation and Contract Autonomy in the PRC*, Univ.of Washington Press, 1992, p.42.

定》(以下简称《工矿条例》)严格规定了订货合同的基本内容,产品的名称、规格、质量要求、运输、价格的结算和违约时违约方应承担的经济责任。即便如此,合同的履行问题仍然得不到解决。当国企管理层的工资待遇与企业利润和生产水平不挂钩时,体制上仍然没有给国企履行合同执行国家计划方面提供正向的激励机制。因此,生产效率和生产质量都无法得到改善。合同的价格仍然是国家统一定价,只有在不存在中央和国务院有关部门和地方定价的时候,才能够由合同双方议价。① 同时,《工矿条例》对于不履行和瑕疵履行的情况规定了经济责任,而非民事责任。对于不履行合同的情况,原则上应当赔偿损失,但双方必须以互谅互让的精神处理损失。② 对于无法交货和包装不合格的情况,《工矿条例》对供货方处以罚金。③ 从判例中可见,在合同出现履行瑕疵时,法院在改革开放以前及 80 年代初期的工作重心是最高程度上降低国家的损失,而不是保证合同一方的合同利益得到维护。④ 这仍然是由国有企业的公司治理特征决定的。在国有企业没有独立预算,所有盈利和亏损都由国库吸纳的年代,国有企业的个体合同利益根本不存在,唯一需要保护的是国家的集体经济利益。如此,合同自由必须被否定,以防止国有企业对国有资产的侵占。在这个时期公布的案例中,法院不断强调以下几点与西方合同法截然不同的规则:(1)只有法人可以订立合同;(2)法人订立合同不可超越营业范围;(3)合同双方负有最大限度减少国家经济损失的义务,即使没有过错也应分担合同履行中出现的经济损失;(4)不认可表见代理;(5)合同双方应当互相谅解对方履行合同的困难,在适当的时候不追究合同无法完全履行的责任。⑤

---

① 《关于工矿产品订货合同基本条款的暂行规定》第 10 条。
② 《关于工矿产品订货合同基本条款的暂行规定》第 32 条。
③ 《关于工矿产品订货合同基本条款的暂行规定》第 33 条、第 34 条。
④ 在 1987 年出版的《经济合同案例选集》中,这样的例子比比皆是。1982 年,一个化肥厂采购员向某县电器厂订错了导电带规格和端孔直径长度,造成所订产品完全报废,不能使用,化肥厂拒不付款引起诉讼。法院没有应用表见代理理论判定化肥厂的责任,而是认为主要责任在采购员个人身上,而电器厂没有仔细核对型号,也承担一定的责任。但最后该案以调解告终。化肥厂退回所有导电带,并支付 25% 的合同价款。该法院的判决被认为不但分清了责任还照顾了国家利益。王宗华、殷红峰:《经济合同案例纠纷选编》,天津科学技术出版社 1987 年版,第 12~13 页。
⑤ See Hao Jiang, Freedom of Contract under State Supervision, 8 *George Mason Journal of International Commercial Law* 202,225-238(2016).

改革开放前的合同法理论上出现了巨大的空白,对当时中国民法最重要的论述来自于1958年中央政法干部学校民法教研室出版的《民法基本问题》。① 这部著作有极强的阶级属性,在论述合同法基本原则时,该书强调了契约自由的阶级属性和违法性,提出了自愿合理的原则。② "订立合同,必须完全出于当事人的自愿,在当事人自由表示意思,充分协商,求得意见一致的基础上签订。任何一方不能把自己的意志强加于对方,命令对方接受自己的意见,也不能用其他非法手段,使对方订立合同。"从定义上来看,该原则深受德国民法的影响,对合同自由的表述也与现在合同法理论中的主流表述差距不大。然而,当时理论的独到之处在于其要求合同的内容公平合理,注重个人利益和社会公共利益的结合。该理论认为民用公房的租金应当根据居民的负担能力来设定,确定合理的租金,才不影响承租人的生活水平。③ 自愿合理理论在合同法规完全否定国企订立合同以外合同合法性的情况下,完全失去了用武之地。改革开放前的中国合同法体系完全失去了契约自由存在的氧气。

Ⅳ.契约自由与国企的不兼容性

　　在改革开放前的中国传统经济体系下,没有自由竞争市场,价格受政策控制,利润率不能够说明管理有效性,价格不能够代表商品的价值,任何管理自主权的存在都会被国企管理层用以侵吞国有资产。契约自由被完全否定以确保国有资产不被侵吞。在这样的经济制度下,国有企业缺乏积极性,没有市场对资源进行分配,中国经济陷入了资源短缺,浪费严重,缺乏效率的状态。经济改革势在必行。

　　曾几何时,对社会主义经济的改革被认为是所有制的改革。主流观点一直是只有大规模私有化,改革才能够成功。苏联正是这种思路的践行者。苏联在市场形成、价格放开以前就大规模私有化,在这种改革模式下,私有化过程中政府的关系户通过与政府的关系低价获取大量国有资产。这样的改革不

---

　　① 中央政法干部学校民法教研室:《中华人民共和国民法基本问题》,法律出版社1958年版。

　　② 中央政法干部学校民法教研室:《中华人民共和国民法基本问题》,法律出版社1958年版,第202~204页。

　　③ 中央政法干部学校民法教研室:《中华人民共和国民法基本问题》,法律出版社1958年版,第203页。

按照市场价值定价,缺乏公平性,产生了大量寡头,却没有明显提高苏联经济的效率。中国的经济改革没有经过私有化,而是通过允许私企与国企的竞争,创造竞争性的自由市场,扩大国企经营权,引入激励机制,以提高国企的积极性。实践证明,这是更有效的一种改革方式。

从1979年开始,一系列改革扩大了国企经营权,同时引入了激励机制,允许国企分享企业效益。从重庆钢铁公司、四川省宁江机床厂等6家企业的试点改革开始,一系列激励机制被引入,如1984年5月国务院发布了《关于进一步扩大国营工业企业自主权的暂行规定》,在生产经营计划、产品销售、产品价格、物资选购、资金使用、资产处理、机构设置、人事劳动管理、工资资金、联合经营等十个方面给企业扩权。

从最开始的利润留成,到利润包干,再到最后的利转税,国家逐渐允许国有企业自主经营,自负盈亏。同时,私营企业和外资企业的出现和崛起也激发了国企的积极性,国企必须开始压低成本、提高产品质量才能在竞争中生存。改革开放之初,激励机制的引入和经营自主权的扩大使国企效率提高,扭亏为盈,效益增长显著。然而改革十年之后,国企的利润率增长开始停滞不前,越来越多国有企业陷入亏损。比如,1987年的国企税后利润率是6.6%,1994年这项利润率下降到了1.8%。[1] 越来越多低于市场利率的银行贷款被投入国有企业,但不良贷款越来越多。林毅夫教授认为扩大经营权和引入激励机制并没有完全转化为企业效率和利润率的主要原因在于国企利用缺乏竞争性的市场,利用对于国家的信息优势,国企往往倾向于争取职工福利并因此人为地降低利润。[2] 由于价格仍受到国家控制[3],国企与私企之间的市场竞争仍然不公平,国企对于国家仍然保持着信息优势,可以通过扩大开支,增加收入分配的比例和增加员工福利津贴来降低利润率。企业关注的更多是自身福利而不是提高国有资产的收益,或者扩大企业的影响力。长此以往,亏损的企业越来越多。同时,在国家与企业订立责任制合同时,国家没有足够的信息了解企业的运营状况,企业往往能够利用信息优势确保获得的国家补助在企业亏损时

---

[1] See Justin Yifu Lin, Fang Cai & Zhou Li, *Chinese State-Owned Enterprises Reform*, The Chinese Univ. Press, 2001, p.66.

[2] See Justin Yifu Lin, Fang Cai & Zhou Li, *Chinese State-Owned Enterprises Reform*, The Chinese Univ. Press, 2001, pp.60-75.

[3] 1979年有256种产品由国家定价,到1984年,仍然有60种产品由国家定价〔Shahid Yusuf et al., Under New Ownership: Privatizing China's State-Owned Enterprises (2006)〕。

不断增长。①

到了1992年,改革进一步深化,国企的经营权进一步扩大,同时自负盈亏责任写进了《全民所有制工业企业转换经营机制条例》,企业员工的收入也开始与经济效益挂钩。比如,企业必须坚持工资总额增长幅度低于本企业经济效益增长幅度、职工实际平均工资增长幅度低于本企业劳动生产率增长幅度的原则。企业必须根据经济效益的增减,决定职工收入的增减。企业职工工资总额基数的确定与调整,应当报政府有关部门审查核准。亏损企业发放的工资总额不得超过政府有关部门核定的工资总额。②

可以看出,在改革的大方向上,政府希望国企面对市场竞争,承担经济责任,降低成本,减少浪费。但林毅夫教授认为,只有去除国企的政策性任务和负担,以及软性的预算限制和政府补贴,让他们直面市场竞争,按照经济规律运营,国企才能够成为真正的企业,业绩才能提高。③ 同时,只有去除行业和区域壁垒,使原材料和产品市场完全自由定价,完全开放,国企与私企之间,不同行业的企业之间的竞争才能够通过利润进行比较,利润率在这样的情况下才能充分反映企业的业绩。④ 同时,只有在充分竞争性市场之下,才能够产生国企职业经理人的就业市场。国企的经营者们只有在自由市场环境下与私企抗衡,利润率才能成为他们能力的象征。他们才能通过自身的市场价值提高工资待遇,同时感受就业市场竞争的压力。这样,国有企业经营者和股东的利益才能够通过盈利来互相兼容。外部竞争环境对企业的监督和评估,与通过国资委以及其他政府机关来进行监督相比,监管成本更低,公司治理机制也更加明晰、有效。

2011年美国国会的调查报告显示,中国非农业经济的40%由国企把持,⑤但如果算上乡镇企业、城市合作社及其他国有间接控股的企业,50%的

---

① See Justin Yifu Lin, Fang Cai & Zhou Li, *Chinese State-Owned Enterprises Reform*, The Chinese Univ.Press, 2001, p.71.

② 《全民所有制工业企业转换经营机制条例》。

③ See Justin Yifu Lin, Fang Cai & Zhou Li, *Chinese State-Owned Enterprises Reform*, The Chinese Univ.Press, 2001, p.94.

④ See Justin Yifu Lin, Fang Cai & Zhou Li, *Chinese State-Owned Enterprises Reform*, The Chinese Univ.Press, 2001, p.83.

⑤ Andrew Szamosszegi & Cole Kyle, An Analysis of State-Owned Enterprises and State Capitalism in China (2011).

中国经济仍为国有经济。① 除了盈利,国企存在的一个更重要作用就是完成政府设定的社会公益目标。自然而然地,具有战略重要性的行业仍然只能由国企占据,价格仍然不可能完全放开。这就导致国企仍然可能由于定价原因亏损,作为政策性亏损。在这种情况下,国企能够获得国家的补偿和赔偿。② 如此,国企就有了政策性负担和软性预算限制,这两个因素的存在使得国企的业绩仍然无法用利润率衡量,国家仍然没有充分的信息指标评定国企的表现,国企继续保持了对国家关于企业经营信息的信息优势,这种信息优势继续为国企管理层侵吞国有资产提供便利。

林毅夫认为,全民所有制并不一定是国企无法成为真正市场竞争主体的决定因素。如果国家作为消极的股东,只以利润率为评价标准评价国企的业绩,国企能够以私企一样的公司治理结构来管理。然而,实际上,国企作为"共和国长子"③,常常要肩负政策性的非营利性任务。比如,通过过度招聘来保证城镇就业率而导致企业员工过剩影响效率和盈利水平;29%的城市就业率是由国企提供的。④ 比如,为神舟七号升空做研发工作;⑤参与奥运工程建设,承担奥运科技项目开发;⑥重大自然灾害后的救灾工作常常是由国企不计人工和经济成本来承担的;⑦上海绿地、山东鲁能这些国企以数倍于市场价值的价格购买外援,为响应政府提高中国足球水平的号召而不计成本。追逐这些政策性目标只会影响企业的利润,但同时企业可以不断强调他们的亏损是政策性的,要求国家补助。为了让国企在市场竞争中生存下去,国家必须在企业预算之外提供额外资金,无限制的银行贷款和税收减免、政策扶持,这就是所

---

① Andrew Szamosszegi & Cole Kyle, An Analysis of State-Owned Enterprises And State Capitalism in China (2011).

② 《全民所有制工业企业转换经营机制条例》第28条。

③ 李荣融:《国企发挥特殊作用,无愧于共和国长子地位》,http://www.chinanews.com/cj/gncj/news/2008/10-02/1400107.shtml,下载日期:2018年1月1日。

④ See Jiangyu Wang, The Political Logic of Corporate Governance in China's State-Owned Enterprises, 47 *Cornell Int'l L.J.* 631, 663-664 (2014).

⑤ 李荣融:《国企发挥特殊作用,无愧于共和国长子地位》,http://www.chinanews.com/cj/gncj/news/2008/10-02/1400107.shtml,下载日期:2018年1月1日。

⑥ 李荣融:《国企发挥特殊作用,无愧于共和国长子地位》,http://www.chinanews.com/cj/gncj/news/2008/10-02/1400107.shtml,下载日期:2018年1月1日。

⑦ 李荣融:《国企发挥特殊作用,无愧于共和国长子地位》,http://www.chinanews.com/cj/gncj/news/2008/10-02/1400107.shtml,下载日期:2018年1月1日。

谓的软性预算限制(soft budget constraint)。

政策性负担与软性预算限制使得国有企业无法直接面对充分的市场竞争。没有充分竞争性市场的存在,合同价格不一定是最公平、最有效率的正当价格。充分允许国企行使契约自由只会给国有资产流失带来便利,而不审查价格就允许国企用防止国有资产流失为借口撤销事后发现不划算的合同,只会造成国企赖账的社会现象,影响交易的安全性与私企与国企进行商业交易的积极性。因此,笔者认为,在非充分竞争的市场环境下,契约自由不完全适用于国企,法院应当在适当的时候审查交易价格,通过与同一地域同一时间类似交易市场价格的比较来确定该交易是不是以侵吞国有资产为目的的,并以此为标准确定是否应当撤销某合同。

V.正当价格理论的缺失所带来的问题

如上所述,在西方国家,正当价格利润的缺失可以通过竞争性市场来弥补。只要自由市场存在,契约价格自然而然是公平而高效的市场价格。如今的中国在社会主义市场经济条件下,市场在大多数情况下是充分竞争性市场,企业以利润论成败,市场以成败论英雄,价格基本上由市场价值确定。然而,国企仍然不完全受市场规律约束,盈利和亏损仍然可能是政策导向的结果。因此,当国企订立合同时,并不容易判定企业是以市场竞争者的身份,还是国家计划执行者的身份来签订合同的。如果法院拒绝审查合同价格,国企很可能会利用合同来侵吞国有资产。此外,如果法院允许国企以防止国有资产流失为理由随意拒绝履行合同,市场交易的积极性和稳定性会受到打击。

1.侵吞国有资产

2013年南京秦淮区法院在一起国有股份转让纠纷案件中,在违反行政法规和部门规章中有关评估方法、评估范围的规定的情况下,仍然认为商事行为强调外观主义,只要股权转让在形式上具有合规性,合同就自然有效,法院不应当审查股份转让价格。[①] 在本案中,建扬化工有限责任公司由四家法人单位及八个自然人为股东出资设立。其中,江苏扬剧团是国有企业,2001年7月,经江苏省人民政府批准,江苏省扬剧团并入演艺公司,其在建扬公司的权益归属演艺公司。华扬公司系江苏省扬剧团的下属公司,随着江苏省扬剧团

---

① (2013)白商初字第231号。

并入演艺公司,其在建扬公司的权益也归属演艺公司所有。2005年1月26日,被告演艺公司在没有告知夏云的情况下,批准其下属单位江苏省扬剧团和华扬公司与第三人大风公司签署股权转让合同,将江苏省扬剧团和华扬公司在建扬公司69%的股权一次性转让给建扬公司原股东以外的第三人大风公司。原告夏云为建扬公司的自然人股东,起诉演艺公司和华扬公司侵犯其知情权及优先购买权。除此之外,夏云还从合法性层面挑战合同的效力。她认为在转让国有产权之前没有召开职工大会听取全体职工的意见,同时违反了国务院《国有资产评估管理办法》的规定,国有资产被严重低估,导致国家资产流失,违反国有企业转让资产的强制性规定。

  本文的关注点在于违反《国有资产评估管理办法》是否足以在法律上形成侵吞国有资产的假设,是否足以让法院有足够的法律依据审查合同的价格,以判定该合同是否以合法形式掩盖侵吞国有资产的非法目的。根据建扬公司在《新华日报》刊登建扬公司国有产权公开转让公告,69%股权转让的参考价仅为34.5万元。这也是于2005年1月28日签订的股权转让合同的转让价格。同时据建扬公司2005年12月31日的资产负债表记载,建扬公司的所有者权益合计为3812877.19元。建扬公司还拥有13491.9平方米的土地使用权。显而易见,69%的股权转让价格还不到转让后所有者权益的10%的价格。价格的偏差本身不代表该交易一定是以侵吞国有资产为目的,但本案还牵涉到评估方法的违规:根据国务院《国有资产评估管理办法》第23条之规定,国有资产评估方法有收益现值法、重置成本法、现行市价法和清算价格法,并不包括案涉股权转让评估时采用的成本加和法。尽管如此,法院依照契约自由原则,以保障交易安全为公共政策,不过问合同价格。

  法院认为:"原告张芸所依据的《关于加强企业国有产权转让监督管理工作的通知》非行政法规,不能作为认定合同无效的依据;《国有资产评估管理办法》虽属行政法规,但对于评估方法、评估范围的规定非效力性强制性规定,并不导致股权转让合同无效。至于是否损害公共利益,本院认为,为保障交易安全,商事行为强调外观主义,以交易当事人行为的外观为准来认定商事交易行为的效果,案涉股权转让经过有权部门的审批、面向社会公众公告等流程,且已完成工商登记,形式上具有合规性,至于评估方法、评估范围中出现的问题,也不必然导致损害公共利益。"

  本案在法理上法院并没有错误,但当私法中的契约自由完全赋予非竞争性市场中的国企时,我们无法充分信任合同价格为市场价格,没有正当价格理论作为对合同自由的限制,法院无法找到充分的理论武器来防止国有资产流失。

在另一个案子中,国企经理应在出售国有房产时为买受人提供便利并接受为表示感谢所送的贿赂款 1 万元,并因此被判受贿罪。① 该国企上级机关认为国有资产被低价出售,遂请求法院确认《房地产产权转让合同》无效。法院确认合同效力,拒绝审查合同价格。法院认为该合同系双方意思真实表示,没有法定无效情形,应当尊重双方当事人之间的合同约定。在笔者看来,法院大可以通过与该商品房类似的市场交易价格进行比较,以确定在合同订立时,该房产在该地区的正当市场价值。如 Late Scholastics 所言,正当价格总是根据时间和地点,根据市场的成本、需求以及稀缺性不断变化的。但在某一时、某一地,正当价格是存在的,也是可以确定的。若合同价格偏离正当价格,对等正义将无法实现。此时,合同一方在损害另一方利益的情况下得利,这是合同法应当避免的一种情况。再一次,正当价格输给了契约自由。法院对契约自由的尊崇给国企低价出售国有资产提供了机会。

2.国企以国有资产保值为名"赖账"

自 2012 年陈发树就其收购云南白药 12.32% 股权转让纠纷起诉云南红塔开始,国企"赖账"现象重新成为一个社会焦点。在本案中,中烟总公司拒绝该交易唯一的原因是"为了国有资产的保值增值,防止国有资产流失"②。如果法院允许国企以通过行政审批作为条件不履行订立合同时公平,但订立合同后,履行合同前由于市场价格起伏而变得不"划算"的合同,这实质上是把交易的风险全部转嫁给与国企做生意的民企。当防止侵吞国有资产成为撤销合同的唯一理由时,法院应当审查合同价格以判定合同订立时的价格是不是正当价格,是否构成侵吞国有资产。

在本案中,中烟总公司于 2009 年年初作出同意云南红塔有偿转让云南白药股份的批复。③ 2009 年 9 月 10 日,《股份转让协议》签订,约定红塔将转让白药总股本 12.32% 的股份给陈发树,总价款约 22 亿元人民币。次日,红塔有限公司向其上级机构红塔烟草有限公司进行了上报。然而,直至 2011 年 4 月 27 日,红塔仍然没有收到最终的批复,股份仍然没有交割。陈发树向红塔发

---

① 安徽省宣城市中级人民法院(2014)宣中民四终字第 00105 号。
② 《陈发树深陷云南白药股权之争》,http://wiki.mbalib.com/wiki/,下载日期:2018 年 1 月 1 日。
③ (2013)民二终字第 42 号。

出了《办理股份过户登记催告函》。直到 2011 年 12 月 21 日,陈发树向云南高院提起诉讼,此时红塔仍未收到批复。一直到 2012 年 1 月 17 日,中烟总公司才作出《关于不同意云南红塔集团有限公司转让所持云南白药集团股份有限公司股份事项的批复》。该批复给出的理由是:"为确保国有资产保值增值,防止国有资产流失,不同意本次股份转让。"一审法院确认合同合法有效,且红塔并未违约。陈发树随后向最高人民法院提起上诉。在二审最后一次开庭时,讼争股份的价格已经上涨到了 68 亿元。显而易见,中烟总公司不同意该交易的主要原因是为了国有资产的保值增值,既然股价一直在上涨,自然不能交割股份使国有资产遭受损失了。但若是股价下跌,是否陈发树可以拒绝交付 22 亿元的价款,以确保他的投资保值增值?市场价格的起伏是股权交易必须承担的风险,若连此风险都不承担,只许赚钱不许亏本,还有民企愿意与国企交易吗?

在法理上最高人民法院确实作出正确的裁判,中烟的回复使得合同无法得到有权机关的批准,合同成立的约定条件无法实现,合同不生效。根据《合同法》第 58 条的规定,陈发树重新取回合同价款及利息。

然而,法院的判决在实际上助长了国企赖账之风,使国企能够轻易地通过行政审批,以为国有资产保值增值为由,来逃避不划算的合同。在笔者看来,如果国有资产流失是唯一不能获得行政审批的理由,法院应当审查合同价格,通过与自由市场类似交易价格的比较,以确定该价格是不是合同订立时的公平市场价格,以确定该合同是不是以合法形式掩盖侵吞国有资产的非法目的之合同。仅有在确定该合同是以侵吞国有资产为目的的合同时,合同才能够被撤销。

Ⅵ.结论

综上所述,合同法的历史告诉我们合同必须保证正当价格,保护合同双方的购买力。当代合同法理论普遍认可价值主观论,认为合同法不应当审查合同价格,契约自由应当受到尊重。可合同法实践告诉我们各国的合同法都在通过不同的方式维护正当价格,对极不公正的合同价格给予救济。现实仿佛在告诉我们正当价格理论从未逝去。

另外,中国的国企在优先发展重工业的经济发展策略下诞生,服务国家政策目标。在改革开放以前,在私有财产权与市场机制皆不存在的经济体制下,价格不代表价值,利润不代表企业的业绩,为避免国企通过相对于国家的信息优势,侵吞国有资产,国企不允许拥有经营自主权,契约自由也完全被剥夺。改革开放以后,竞争性市场和激励机制被引入国企,合同自由也最终成为中国合同法的基本原则。由于政策性负担和软性预算限制的存在,国企仍然不直面充分竞争性的市场,价格仍然不能充分反映商品的价值,利润仍然不能提供监督国企的主要信息。契约自由不允许法院审查合同价格是因为在充分竞争的市场环境下,企业自身更了解自己的利益,交易价格自然就是最公平、最有效率的价格,能够实现资源的最有效配置。而当充分竞争性市场不存在时,契约自由只会鼓励国企通过合同贱卖国有资产。因此,笔者主张法院应当在国有资产流失成为讼争事实时,国企违反国资监管法规和规章时,或者国企管理者应在订立合同过程中收受贿赂而被定罪时,审查国企订立的合同价格,通过与同一区域同一时间的交易的比较确定正当价格,通过与正当价格的比较确定该合同是否以合法形式掩盖侵吞国有资产的事实。同时,在国企或上级主管部门以防止国有资产流失为由拒绝批准交易或履行合同时,法院也以应当审查合同价格,以确定该合同价格在订立时是否是正当价格,以确定该合同究竟是以合法形式掩盖侵吞国有资产的非法目的,还是国企企图"赖账",以保护国有资产为由撤销事后发现不"划算"的交易。正当价值理论的缺失给国有企业带来利用侵吞国有资产的便利,同时也给国企在与民企交易时的赖账行为提供了借口。

  忘记历史意味着背叛。正当价格理论的缺失使得我们无法解释当今的西方合同法——无论是在英国、美国,还是法国与德国,法院在处理价格与价值有巨大偏差的合同的时候的判决常常让我们怀疑法官是否真正懂得理论与教义,或者故意误用理论与教义以获得他们期望的结果。在中国,契约自由的原则的引入始于对西方合同法理论和国际公约[如《联合国国际货物买卖公约》(CISG)]的全盘接受,但中国学界并没有为西方的理论难题开出一副灵药,也没有完全解决契约自由对国企的适用性问题。大家可以就国企的存在价值进行探讨,但这不能改变国企在中国经济中巨大的份额,即在商业合同中的重要地位。问题看似很大,但解决方法或许并不那么复杂。如果忘记历史是问题出现的起因,也许我们应当考虑是否应该重新承认那个被潮流所摒弃的正当价值理论。在笔者看来,合同法需要正当价格理论。在解决国企与契约自由的不兼容性时,也需要正当价值理论。

法律中危险的分类
——以一般危险与高度危险为主要考察对象

窦海阳[*]

摘　要：关于危险问题的很多争论是因为没有对危险进行分类导致的，对于相关法律的规定也缺乏准确的区分解释，所以必须解决这个前提问题。危险的主要分类是一般危险与高度危险。对于它们，应当以主体能否将其彻底消除和完全阻止其转化为实害为基本区分标准，辅之以物品性状、活动方式、严重程度、发生概率、普遍程度等特征进行综合判断，并根据社会的发展对两者的区分保持动态化。社会学的风险社会理论对法律影响很大，但在此理论背景下的风险不能直接适用到法学研究中，而应当将其转化为具有法律意义的法律事实。这种风险不能过度泛化，在法律中的具体表现仅对应于高度危险。针对不同的危险，法律的应对措施也有所不同。

关键词：危险；一般危险；高度危险；风险社会；危险责任

一、问题的提出

近些年来，随着社会学中"风险社会"理论的引入，涉及危险事项的相关问题逐渐成为各部门法研究的热点，特别是在刑法领域，关于风险刑法、危险犯

---

[*] 窦海阳，中国社会科学院法学研究所副研究员。

等问题的争论尤为激烈。① 不管这些争论在观点上存在多大的差异,它们都面对一个共同的前提,即作为一种社会现象并为法律所调整的法律事实——危险。但是,从相关的论述来看,这个前提问题并没有得到学者们的基本关注,往往被当然地视为已解决或者不证自明的共识。笔者认为,研究涉及危险的相关问题,无论其兴趣点是什么,从法理层面对危险作基本的区分并进行准确的界定是必要的前提,因为不同类别的危险在特质上的差别决定了法律在价值判断上的不同,也就决定了具体应对措施的不同。然而,从研究的现状来看,既没有对危险进行系统性区分,也没有对不同危险进行准确的界定。同时,在社会学的"风险社会"理论引入法学研究的背景之下,对此前提问题的研究显得尤为重要,因为法学要借鉴社会学对危险问题的研究成果,必须使社会学所指称的社会现象准确地对应于法律所调整的事实,否则可能导致相关的论争因所指对象的不同而存在盲目性。从学者的研究论证来看,很多分歧也多是因为没有解决这个前提问题而产生的。

另外,对于法律中使用的"危险"词语也需要准确的区分解释。对此,我们可以看一下法条中"危险"一词的使用情况。该词的使用非常广泛,以刑法、民法、行政法为主基本上涵盖了法律的各个部门。在各部门法中,"危险"不仅用来表述极易造成非常严重损害事件的现代事物,诸如危险废物、危险化学品、危险作业等,而且还用来表述可能导致一般损害的传统事物,诸如危险动物、危险房屋等。之所以如此,是因为所涉的危险事项都可以用其日常词义予以笼统地解释。根据日常词义,危险是指有遭到损害或失败的可能。② 这种词义反映的是对危险的最基本、最广义的认知,它可以囊括所有涉及危险的事项。因此,在各个部门法条文中出现的词语,比如现代意义上极易造成灾难性事件的危险废物(固体废物污染环境防治法)可以解释为可能导致损害的废物;传统意义上的危险动物(《侵权责任法》第80条)可以解释为可能导致损害

---

① 代表性文章参见劳东燕:《公共政策与风险社会的刑法》,载《中国社会科学》2007年第3期;陈晓明:《风险社会之刑法应对》,载《法学研究》2009年第6期;陈兴良:《"风险刑法"与刑法风险:双重视角的考察》,载《法商研究》2011年第4期;张明楷:《"风险社会"若干刑法理论问题反思》,载《法商研究》2011年第5期;夏勇:《"风险社会"中"风险"辨析》,载《中外法学》2012年第2期。另外须指出的是,在民法中,对于现代社会的危险导致侵权责任转型的问题早已在"危险责任"中深入讨论过,但是有意识地以"风险社会"理论为背景的讨论却并不多见。不过,从论及问题的实质以及所针对的社会现象来看,是大致相同的。

② 《现代汉语词典》,商务出版社2008年版,第1412页。

的动物;《民法通则》第 134 条、《物权法》第 35 条、《侵权责任法》第 15 条等条文中的消除危险可能是现代社会的高度危险,也可能是传统的一般危险,都可以解释为消除产生损害的可能。

不过,若所有的情况都以此一言以蔽之,则不利于法律规范的精密建构和准确适用。细究起来,这些"危险"存在着很大的差别。有的可以用日常词义去认识,而很大一部分则不能仅靠日常词义去解释,因为这种粗浅的解释往往使人难以认识到规范背后真正的意义。比如民法中的危险责任,如果直接将其解释成可能导致损害的责任,则大大偏离了该责任的真正意义,因为任何人的活动或者自然事件都可能导致损害,也可能产生法律责任。再比如行政法和刑法中的危险物质、危险物品,以其日常词义解释会导致过度地扩大条文中危险物的范围,因为从可能性上来说,所有的物品都可能导致损害。所以,在法律中,"危险"词语在更多情况下应当在日常词义的基础上具有更深层面的专业含义和用途,它体现了法律对社会事实具有价值考量的评价,而不再是一种对社会事实的纯粹描述。

"危险"一词在我国法律中的确被作为法律术语使用。该词常常与其他词一起形成词组,比如危险责任、危险犯、危险物、危险作业等。在这些词组中,具有特殊意义的并非被修饰的词语,而是"危险"这个词,它使得词组成为具有专业内涵和外延的法律术语。比如民法中危险责任的"危险"一词隐含着具有法定特征的特殊性危险,它使得责任并不是一般意义上可能导致损害的责任,而是基于具有法律特殊意义的危险而产生的责任。不仅如此,在法律意义上,"危险"一词的背后隐含着被法律规制的各种不同的危险事实,比如行政法中危险物的"危险"与刑法中危险犯的"危险"所表达的社会事实就存在着异同;民法中的危险责任、消除危险、危险动物的"危险"所表达的社会事实也有异同。

在现行的法条中,或者由于长期的约定俗成,或者由于语言表达的贫乏,"危险"一词兼具多重身份。不但有以法律术语身份出现的情况,而且还有以纯粹日常用语身份出现的情况。在作为法律术语时,该词还会在不同法律部门甚至在同一法律部门中表达法律所规制的不同危险事实。这种多重身份的混用或多或少地掩盖和混淆了不同社会危险事实之间的内在差别。对于这种含混模糊,邱聪智先生曾警示道"可能造成法官之擅断,法律安定之破坏"[①]。

---

① 邱聪智:《从侵权行为归责原理之变动论危险责任之构成》,中国人民大学出版社 2006 年版,第 267 页。

因此，有必要透过单一语言的现象对法律中的危险做实质性区分并进行准确的界定，在此基础上明确法律对不同危险的差别对待。

二、法律中危险的基本种类

根据产生原因的不同，法律中的危险可以分为自然危险和人为危险。前者是指基于纯粹自然的原因而产生的危险，比如地震、海啸、龙卷风等自然现象有造成损害的可能。由于人类目前无法通过人为的制度设计完全消除和避免这类危险的产生与存在，而且随着社会的发展、科技的进步，在现代社会中，相较于人为原因对人类安全的威胁，来自自然界的原因越来越退居次要，因此在法律上的应对措施较为简单。在预防方面，一般通过行政类规范对相关的抗灾事项作规定，比如对建筑物抗灾级别的设计和建设做强制性要求，在违反情况下追究刑事或民事的责任。在对危险转化成实际损害的救济方面，一般通过不可抗力制度使得相关的法律责任不成立或者予以免除，比如《刑法》第16条、《民法通则》第107条、《侵权责任法》第29条等，而对于相关损失则通过保险制度以及其他的社会保障制度予以分担。后者则是指因人类活动所产生的危险。这类危险是法律关注的重点，因为它们与可以被法律所规制的人类活动息息相关，而且随着社会的发展，人类活动对自身安全的威胁越来越严重，成为现代社会危险的主要来源，所以需要通过法律制度的设计予以消除或避免。

关于人为危险，从现行法律规定和理论研究现状来看，并没有明确的系统性分类。在现行法律中，通常仅以"危险"一词笼统指称，只有民法提及了"高度危险"，比如《民法通则》第123条、《侵权责任法》第9章。但是，在"高度危险"之外，并没有明确地在形式上提及与之相对应的一般危险，而是分散在机动车交通事故、医疗损害、饲养动物、物件损害等责任的规定中。当然，在立法中并没有必要在形式上将一般危险与高度危险一样进行对应性地明确规定。然而，理论上却不能如此，需要在体系上确定对应性种类，否则会产生两种不良后果：一种后果是仅关注于"高度危险"问题的研究，忽略了与一般危险的比较，从而直接导致了高度危险与一般危险之间界限不明、区分不清，甚至将两者混同。[①] 另一种后果是倾向于把高度危险与一般危险一并统合在"危险责

---

① 比如最高人民法院民一庭编著：《最高人民法院法官阐释侵权法疑难问题》，中国法制出版社2010年版，第223页。

任"之中,忽视了我国现行的法律环境。① 单从民法的角度来看,高度危险与一般危险所面临的法律处理是不同的。比如《侵权责任法》第 9 章的高度危险责任与第 11 章的物件损害责任,虽然都属于广义的"危险责任",但是对于责任人主观方面的要求是不同的。前者不以责任人的过错为要件,而后者却以责任人的过错为要件。由此笔者认为,从体系角度来看,在理论上需要对高度危险以及高度危险之外的一般危险进行对应性的区分研究。

三、一般危险与高度危险的区分

(一)基本的区分标准

将人为危险区分为一般危险与高度危险,首先需要确定区分它们的标准。对于高度危险而言,理论上一般都以"不可控制"为其基本特征,即人们尽最大限度的注意也无法将其彻底消除或完全阻止其转化为实害。② 那么,根据分类逻辑进行推理,高度危险之外的一般危险就是人们可以通过尽到注意义务予以控制的危险。据此,笔者认为,区分一般危险与高度危险的基本标准应当是主体能否彻底消除危险和完全阻止其转化为实害。也就是说,衡量某种危险是一般或是高度,主要是相对于主体的控制能力而言的:

对于一般危险来说,它之所以具有一般性,是因为这种危险没有超出主体的控制能力。它们的产生原因及变化机理可以被人们所认知,当事人通过尽

---

① 比如朱岩:《危险责任的一般条款立法模式研究》,载《中国法学》2009 年第 3 期。
② 王利明:《论高度危险责任一般条款的适用》,载《中国法学》2010 年第 6 期;王胜明主编:《中华人民共和国侵权责任法解读》,中国法制出版社 2010 年版。另外,在近来国外的法律草案中,也体现了这个特征。比如《瑞士侵权法草案》中第 50 条第 2 款"如果一项活动因其性质或其使用的物质、设备及能源的性质,即使尽到了这一领域的专业人士可以期待的所有注意义务,也可能经常造成严重损害,此时该活动就可视为是特别危险的"。《欧洲侵权法原则》第 5:101 条第 2 款 a 项"即便尽到所有的注意义务,该行为仍造成可预见的且极显著的损害危险"。参见欧洲侵权法小组:《欧洲侵权法原则文本与评注》,于敏、谢鸿飞译,法律出版社 2009 年版,第 151 页以下。《美国侵权法第二次重述》第 21 章第 519 条第 1 项"从事异常危险活动者,即使已尽最大可能地注意避免损害的,也应对其活动给人身、土地或动产造成的损害承担责任"。第 520 条第 c 项"即使行使合理关注,仍无法消除该风险"。[美]肯尼斯·S. 亚伯拉罕、阿尔伯特·C. 泰特选编:《侵权法重述——纲要》,许传玺、石宏等译,法律出版社 2006 年版,第 143~144 页。

相应的注意义务,采取合理的措施乃至不为相关行为,能够彻底消除危险,也能够完全避免其转化为实害。比如《侵权责任法》第 85 条规定的建筑物、构筑物或者其他设施及其搁置物、悬挂物致害的危险即一般危险。因为对于这些物件来说,所存在的坠落、倒塌等危险可以被所有人、管理人或者使用人充分认识到,这些主体完全可以通过加固物件乃至拆除、移走等方式彻底消除危险,或者通过设置警戒线、醒目标识等方式提醒行人注意,从而避免物件的危险转化成实害。再比如《刑法》第 114 条规定的放火、决水、爆炸、投毒或者以其他危险方法破坏工厂、矿场、油田、港口、河流、水源、仓库、住宅、森林、农场、谷场、牧场、重要管道、公共建筑物或者其他公私财产而对公共安全造成的威胁也属于一般危险。因为这种危险来源于行为人的故意所为,行为人完全可以通过不为相关行为而彻底消除上述危险。

  对于高度危险来说,它之所以具有高度性,是因为这种危险已经超出了主体的控制能力。高度危险适用于以工业化和科技发展为主的"危险事业"的现代语境,这是学者们的共识,也是相关法律诸如侵权责任法条文设置的立法背景。[①] 在这种背景下的危险本身具有不可估测、不可控制的因素,即使该领域的专业人士尽最大的注意义务,采取所有的措施,既无法彻底消除它对周围环境潜在可能的威胁,也不可能绝对地在所有情况下阻止其转化成实际损害。比如基因技术,人们以当下的科技水平无法认知其本身所具有的不可控因素,即使采取了目前所有可能的防控措施,也无法完全消除它可能对人身健康造成的隐患,亦不能在所有情况下避免其产生严重的损害后果。这里需要强调的是,高度危险是物品或活动的固有危险。也就是说,高度危险的不可控制性源于物品或活动本身的特质。[②] 如果危险是因行为人的过错所致,那么就属于可控制的,行为人可以通过尽到注意义务而彻底消除危险和完全避免其转化为损害。

  由此就需要在一些特殊的情况下区分高度危险本身与因行为人故意或过

[①] 王胜明主编:《中华人民共和国侵权责任法解读》,中国法制出版社 2010 年版,第 343～344 页。

[②] 对于固有危险的强调,在理论特别是近来的法律草案中都有所体现。比如《瑞士侵权法草案》第 50 条第 1 款规定:"从事危险活动者,即使该活动可被现有法律秩序接受,对因该活动的固有危险的实现而造成的损害,仍须赔偿责任。"《欧洲侵权法原则》第 5:101 条第 1 项也规定:"从事异常危险活动者,应对该活动的固有风险造成的损害承担严格责任。"参见欧洲侵权法小组:《欧洲侵权法原则文本与评注》,于敏、谢鸿飞译,法律出版社 2009 年版,第 151 页。

失利用具有高度危险活动或物而产生的危险。比如《刑法》第 116 条规定的破坏交通工具罪,即故意破坏航空器、火车使其有发生颠覆、毁坏危险。第 125 条规定的非法制造、买卖、运输、储存危险物质罪,即故意非法制造、买卖、运输、储存毒害性、放射性、传染病病原体等物质,危害公共安全。航空器、火车、危险物质在侵权责任法中属于第 9 章高度危险责任的调整范围,但是该章所规定的高度危险仅意指危险物质或者驾驶航空器、火车等活动本身所具有的不可控制性。上述危险犯中的危险并非物品或活动本身所固有的高度危险,而是可以由行为人主观方面所控制的一般危险,因此不能将两者在这种情况下混淆。再比如对高度危险活动或物品都有严格的管理规定,如果工作人员违反了该管理规定,同时根据高度危险物品的性状或活动的方式,必然会引致损害后果。对于这种后果的产生,既有行为人违反规定存在过错的原因,也有物品或活动本身固有危险的原因。那么在这种情况下,既存在一般危险,也存在高度危险。对于相关后果的处理,需要进行区分对待。①

正是由于上述控制能力的差别,倘若这两种危险转化为实害,法律对相关主体承担责任的要求才有所不同。对于高度危险来说,法律责任的确定并不考虑责任人的主观可归咎性,因为这里并没有因未尽注意义务而存在过错的可能。比如《侵权责任法》第 69 条、第 70 条、第 71 条、第 72 条、第 73 条等关于高度危险活动和高度危险物的责任都属于典型的无过错责任。而对于一般危险来说,当其转化为实害就表明了行为人未尽到注意义务,在主观上具有可归咎性,即存在过错,这将成为法律要求相关主体承担民事、刑事等责任的前提。比如前述的《侵权责任法》第 85 条规定的建筑物、构筑物或者其他设施及其搁置物、悬挂物致害要求以责任人存在过错为要件。再比如第 54 条、第 58 条规定的医疗机构损害责任,也要求医疗机构具有过错。在刑法中,对危险犯的要求也是如此,诸如放火罪、爆炸罪、破坏交通工具罪等所有的危险犯罪名都以主体的过错为犯罪的构成要件。

当然,法律责任在一些属于一般危险的情况下对过错的要求会出于对受害人保护的考虑而被修正,这种考虑所基于的原因大致包括从危险中对利益的获取、危险产生的来源、公众的合理信赖、社会的公共政策或习惯、当事人的经济状况等。② 也就是说,虽然危险转化为实害是因行为人未尽注意义务导

---

① 欧洲侵权法小组:《欧洲侵权法原则文本与评注》,于敏、谢鸿飞译,法律出版社 2009 年版,第 154~155 页。

② 叶金强:《风险领域理论与侵权法二元归责体系》,载《法学研究》2009 年第 2 期。

致的,但是为了保护受害人的利益,法律作出对安全的偏向性处理,行为人不能再以没有过错为免责或抗辩条件,只要具有因果关系的损害发生,即应承担无过错责任。比如《侵权责任法》第10章所规定的动物致害的危险。这种危险是可以为人们所控制的,因为饲养人、管理人可以通过对动物进行训练,并对锁链、围栏等工具进行加固,对动物进行巡视、控制,完全可以避免动物伤人事件的发生。如果发生了动物致害事件,那么相关责任人必然是未尽到上述注意义务而在主观上存在可归咎性。尽管如此,考虑到这种危险产生的源头是相关主体饲养动物,该主体从中获得相应的利益,而且他人对其管控动物有合理的信赖,由此法律就偏向于对受害人的赔偿需求而对饲养人等主体苛以无过错责任。须指出的是,正是基于对受害人保护的考虑,这种修正主要发生于以损害赔偿为主要任务的侵权法领域,而不在针对行为人进行惩罚的公法领域。

关于对危险的控制问题,需要对以下两个方面做进一步说明:

1. 无论是一般危险,还是高度危险,人们都可以对其采取措施进行管理。只不过一般危险因在主体的控制能力之内,所以可以彻底消除,也可以在任何情况下阻止其转化为实害。而对于高度危险来说,因其超出了主体的控制能力而不能完全消除,也不能在所有情况下避免其转化为实际损害。尽管如此,还是可以通过相应的技术手段和管理措施在一定程度上对其予以消减,也可以在一些情况下避免其转化为实际损害。因为危险与实际损害是两个层次,它们之间有递进的过程,可以通过相应的手段和措施阻止其递进。对高度危险进行预防,最普遍的方法就是对涉及高度危险的物品或活动进行管理时确定量化指标以及操作规程,符合该指标的即可适用,并严格按照规程从事相关事项,否则即予以禁止。正是因为高度危险在一定程度上可以降低和阻止,所以法律特别是行政类法律规范对涉及高度危险的事项作了严格的规定。比如化学危险品安全管理条例明确要求,生产、储存、使用危险化学品的,应当根据危险化学品的种类、特性,在车间、库房等作业场所设置相应的监测、通风、防晒、调温、防火、灭火、防爆、泄压、防毒、防潮、防静电、防腐、防渗漏、防护围堤或者隔离操作等安全设施、设备,并按照国家标准和国家有关规定进行维护、保养,保证符合安全运行要求。

2. 对于高度危险来说,判断是否具有控制能力的参考主体是全社会意义上的人。由于这种危险的高度性是对于整个社会来说在绝对意义上不可控制的,因此无论是具有专业知识的技术人员,还是社会中普通的可以尽到合理谨慎注意义务的人,都没有能力彻底消除或者完全避免这种危险。[①]

对于一般危险来说,控制能力的判断较为复杂。由于一般危险是主体有能力进行控制的危险,因此需要确定参考的主体以及应当以何标准来判断该主体是否具有上述能力。一般危险可能因涉及专业事项而产生,也可能因普通事项而产生。对于这两种情况的判断会有所不同:

对于前者比较容易确定,因为专业事项一般由具备专业知识和资质的主体实施,所以其参考主体的范围应当是相关的专业人士,是否具备控制危险的能力也应当以该专业领域确定的要求为准。如果专业人士未达到该要求,比如具有持枪资格的专业人士没有按照枪械使用规则使用枪械,或者非专业人士实施了只有专业人士才能实施的事项,比如没有相关资格的人持有、使用枪械,都在主观上具有故意或过失,可能导致其承担相关法律责任。

对于后者则较为困难,因为普通事项是所有人都可以实施的,其中既可能是具有高等文化水平和专业技能的人,也可能是没有任何教育背景和技能的人。对此,可供选择的判断标准大致包括两种:第一种是以根据科学法则确定的具体情况下当事人的能力为标准;第二种是以根据社会经验确定的一般情况下社会中普通人的能力为标准。所谓社会中普通人,是指在某个社会中具有正常的判断和控制能力的人。

笔者认为,应当以社会中普通人的能力为判断标准。其理由在于:涉及危险事项的法律规范在一般情况下都属于行为规范。与发现客观世界真实情况的自然科学不同,它作为调整社会关系的规范,并不仅仅从科学的角度来确认客观事实,更要对相关事实作出价值评判,以便通过规范特别是强制性规范的设置来确认或者引导人们的行为,以此形成社会秩序。因此,对于相关法律规范的设置应当反映社会大众的一般观念,与民众普遍的法感情相适应,对其理解和解释也不能脱离普通人的基本认识。在现实生活中,不同主体对各种普通事务的能力千差万别。依据科学法则的确可以针对不同当事人确定出在具体情况下的实际能力,以此对个体利益的安全作出针对性保护。然而,法律规范调整的对象不只在于具体的个人,更在于各种各样个体所形成的社会整体,这就需要以正常性、普通性为基准确定主体的能力。由此形成的法律规范具有两个方面的意义:一方面,它表明通常的或者多数人的行为;另一方面,社会规范通过其存在和发展影响着集体的、社会的意识,借此调整着人们的行为。

[①] [奥]伯恩哈德·A. 科赫、赫尔默特·考茨欧主编:《侵权法的统一——严格责任》,管洪彦译,法律出版社2012年版,第464~467页。

一个人如果不想被孤立,就必须将社会规范作为自己的行为标准。①

(二)其他的典型差别

除了上述基本的区分标准之外,两者在现实中还在诸多方面表现出明显的差别,包括活动方式、物品性状、致害概率、后果的严重程度、普遍程度等,这些也是在对两者进行区分时应当综合考虑的因素:

1. 活动的方式或物品的性状

高度危险在活动方式以及物品性状上具有特殊性,这主要表现在《民法通则》第123条以及《侵权责任法》第9章的规定中。比如《侵权责任法》第72条规定了涉及高度危险的物品的性状,包括易燃、易爆、剧毒、放射性等。除此之外,第70条的民用核设施也具有易爆、放射性等性状。在第73条中规定了涉及高度危险的活动的方式,包括高空、高压、地下挖掘活动、使用高速轨道运输工具。除此之外,第71条的驾驶民用航空器的方式也具有高空、高速的特征。对于物品、活动是否具备上述性状、方式,可以参照相关的国家标准。比如对易燃、易爆、剧毒、放射性等物品的认定,可以参照《危险货物分类和品名编号》(GB6944-2012)、《危险货物品名表》(GB12268-2012)和《常用危险化学品分类及标志》(GB13690-1992)中的列举。以天然气为例,在《危险货物品名表》中,它被划归为易燃性气体。再比如对于高空的认定,《高处作业标准》确定"凡距坠落高度基准面2米及其以上"。这些国家标准从技术的角度对具有易燃、易爆、剧毒等性状的物品以及高空、高压等方式的活动做了事实性描述。在这些标准中被认定为上述性状或方式等的物品、活动,一般而言都具有高度危险性,因为它们大多属于不可控制的且损害后果严重或者具有高度的致害率。不过,需要注意的是,这些标准仅仅是从事实角度所进行的认定,而"高度危险"属于法律认定的范畴。因此,符合标准的物品或活动即使具备上述性状、方式,也不一定属于法律上"高度危险"的范畴。要确定是否属于高度危险,尚需结合其他因素进行综合考量。

相比较于高度危险,涉及一般危险的活动或物品则不具有上述性状或方式。一般而言,产生一般危险的情况大致包括两种:一种是源于被管控的物或动物的情况,有的基于物的空间位置有致害的可能,比如《侵权责任法》第11章所规定的建筑物、构筑物或者其他设施及其搁置物、悬挂物、堆放物、林木可能发生脱落、坠落、倒塌;有的基于物的用途有致害的可能,比如治安管理处罚

---

① [日]大谷实:《刑法总论》,黎宏译,法律出版社2003年版,第82页。

法等法律法规所规定的管制性刀具;有的基于动物的本能有伤人的可能,比如《侵权责任法》第 10 章所规定的饲养动物。另一种是源于被管控的人的情况,比如《侵权责任法》第 32 条所规定的被监护精神病人或未成年人有致害的可能。

2. 致害的概率或后果的严重程度

高度危险在致害的概率上体现为高度性,在损害的后果上体现为严重性。相对于一般活动或者物品来说,具有高度危险的活动或者物品造成损害的可能性非常大。对于这种可能性的大小,可以通过概率论予以确定。① 虽然一次事件的发生带有偶然性、随机性,但是那些可在相同条件下大量重复的事件往往呈现出明显的数量规律。比如,天然气、烟花爆竹在同等条件下肯定比其他物品发生燃烧或爆炸事件更多。正因为如此,《侵权责任法》第 72 条才对易燃、易爆、剧毒等物品做列举性规定。除了大概率之外,高度危险也体现在损害后果的严重性上。有的物品或者活动在现实生产生活中发生实际损害的概率很低,但是一旦发生损害,其后果将非常巨大,有的甚至难以挽回。这种危险实现所造成的损害不再是个体性的事故,也不只是灾难发生地受影响,而是跨越了特定区域、人群成为普遍性的危险,经过持续和全面的扩散而会使每个人都受到波及,并且在时间上也没有界限,有的甚至能危及下一代。比如,切尔诺贝利核电站的核物质外泄所产生的灾难,不但使核电站当地产生了至今无法弥补的损害,而且还对周边甚至更广的区域造成不利的影响。

这里需要说明的是,致害概率和损害严重程度对于判断高度危险时并没有必然的关联,也不是在所有情况下都是正向相关的。也就是说,高度危险并非发生损害的概率高且后果严重的危险。有的高度危险发生实际损害的可能性大,但是其后果并不严重,而有的高度危险可能发生实际损害的可能性小,但其后果非常严重。另外,单从致害概率或后果严重程度来看,很难得出某种物品或者活动属于高度危险的确定性结论,需要结合其他考量因素。因为在现实中,狗咬伤人的概率远远高于核泄漏致害的概率,易燃易爆物在夜晚无人地区燃烧爆炸的后果不一定比市中心低层建筑物在川流不息时倒塌所导致的后果严重,而动物以及建筑物肯定不能与易燃易爆高危险物质一起置于高度危险的范畴进行相提并论。

相比较于高度危险来说,一般危险在发生概率或者严重程度上都比较轻

---

① 欧洲侵权法小组:《欧洲侵权法原则文本与评注》,于敏、谢鸿飞译,法律出版社 2009 年版,第 155~156 页。

微。不过,一般危险之所以被法律予以特别规定,是因为它们比正常行为乃至一般的过错行为更易造成实际损害。从绝对意义上讲,任何活动都有造成损害的可能,即使是智商正常、情感健康的人也有伤人的可能。但是,如果将危险概念泛化,扩展至所有的情况,这一方面可能导致相关的法律制度偏向于保守而过于束缚主体的自由,另一方面也不利于法律制度基于人的不同活动进行区分并细致建构。细究起来,一般危险较之正常情况更易造成损害,比如动物有难以控制的本性,精神病人或未成年人对自己行为后果认识不清,这些都比可以控制自身行为的理性人更易对他人造成损害。再比如,管制刀具等武器的主要用途是致人伤亡,它被人持有比其他物品被人持有造成伤亡的可能性更大。因此,对于这些情况,需要法律以危险事项予以特别对待。

3. 普遍程度

在实践中,涉及一般危险的物品或者活动可以为社会中的大部分人占有或者实施,具有普遍性。而涉及高度危险的物品或活动仅为社会中少部分人占有或实施,具有非普遍性。这种区别也是衍生自上述控制能力的差别。由于高度危险物或者活动具有不可控制性,需要经过严格训练、具有专业技能的人才能介入,因此国家法律特别是行政法规在相关的活动或物品的管理方面会要求相关主体必须具有专业资质。那么,这部分人在社会中当然属于少部分。而对于大部分人来说,没有资质就不得介入高度危险事项,不可能让这些高度危险物或活动由平常人随便从事或者占有、使用。如果某个活动或者物品为社会上大多数人所实施或占有,即使它具有一定的危险,那也不是高度危险。在现代社会中,许多活动或者物品具有明显的危害性,如驾驶汽车或者使用天然气,但是由于其大量的普及使用,这些具有危险的物品或活动已经融入社会大众的平常生活之中,它们都可以通过谨慎注意予以避免。比如驾驶汽车,完全可以通过驾驶前仔细检查车辆、定期保养以及驾驶时遵守交通规则避免发生交通事故。因此,这些情况就被排除出高度危险的范畴,而属于一般危险。

(三)小结

对于上述基本区分标准以及相关的典型差别,需要做如下总结性说明:

第一,对危险属于一般抑或高度的区分,需要综合考虑各种因素,包括控制能力、物品性状、活动方式、严重程度、发生概率、普遍程度等,不能唯某项因素为准进行片面判断。在考量因素的运用方面,由于各项因素的影响程度在个案中均有不同,因此需要根据案件的具体情况具体对待。但是,在各项因素中,应当以控制能力为重点,在判断时应予以特别地考虑,因为其他因素都源于控制能力的差别。与产生一般危险的活动(比如骑电动自行车)或者物(比如悬挂物)相比,导致高度危险的活动(比如驾驶喷气式飞机)或者物品(比如核材料)之所以被视为具有高度危险性,是由于它们或者因其方式或者因其性状具有可能致害的不可测因素,已经超出了主体的控制能力,人们无法将危险彻底消除,也无法在所有情况下阻止其转化为实害。在致害概率、后果严重程度方面,之所以高度危险比一般危险高,是因为主体不具有相应的消除危险和避免其转化为实害的控制能力。如果有这种能力的话,就可以使之降低。

第二,一般危险与高度危险之间的区分会随着社会的发展而处于不断变化之中,因此本文所确定的区分标准和考量因素并不是一个自我封闭的结构。随着社会观念的转换,必然会出现变化,比如人们对于某些危险的控制能力在起初可能不具备,但是随着生产力的进步,相关知识与技术的不断完善,人们具备了相应的能力,原来的高度危险由于可以被彻底消除或者被阻止转化为实害,从而变成了一般危险。以美国的驾驶汽车和飞机为例就可以对此充分说明。驾驶汽车在最初时期被美国社会视为高度危险,但当汽车技术日臻成熟,驾驶汽车逐渐成为社会普遍性活动,对其处理就以过错为主,而不再视为高度危险。对于飞机也同样如此。在1938年航空初步发展的阶段,飞行被视为高度危险活动。但是到了20世纪60年代,随着飞行的普及,美国法院逐渐改变了原来的态度,现在大多数州都不再将其归入任何高度危险活动。[①] 只有随着社会的发展作出的判断才会符合当下的正义理念,从而在个案中才具有妥当性。由此,对于一般危险与高度危险的区分就表现出动态化的特征。虽然这种动态化的判断具有非确定性的缺陷,但是在无法具体、明确的情况中,只能保持一定的弹性,以适应社会生活变化的需要。

四、风险社会理论中"风险"与法律中"危险"的对比

关于危险问题的讨论,应当与时下备受关注的"风险社会"及其"风险"联系在一起。"风险社会"是贝克等社会学学者们提出的理解现代社会的概念,是指一种应对现代化本身引致之危害和不安全的系统方式。他们指出随着科学技术的迅猛发展,现代化文明在不遗余力地利用各种科技手段创造财富的

---

① [奥]伯恩哈德·A. 科赫、赫尔默特·考茨欧主编:《侵权法的统一——严格责任》,管洪彦译,法律出版社2012年版,第351页。

同时产生了各种风险,而人们总是沉浸在可见财富的欲望和财富得失的悲喜之中,对包括导致财富本身悄悄贬值在内的毁灭性风险的防范无所作为,或者视而不见,或者缺乏信心。这些风险已经侵蚀并且破坏了当前由国家深谋远虑建立起来的安全系统,对社会的生产生活乃至对人类的生存和发展造成严重的威胁。①

在这种背景下,社会学学者们认为风险社会中的风险是一种人为制造的不确定。② 它在社会现象上主要表现为因现代科技的应用而造成的不可预测和难以控制的事件,比如核物质、生化、基因技术等可能导致的灾难。③ 这种风险具有的特征包括:自反性,即这种风险是建立在人类的行为与决策之上的,由人类在运用科技的过程中主动创造出来,是人类实践行为不可避免的伴随性结果,而且随着人类活动能力的增强,风险程度也在加大;不确定性,即对于新科技应用所产生的后果,人们往往不可预测、无法确知;隐蔽性,即人们无法直接感知风险的存在,许多情况需要经过科学的研究方可得知;普遍性,即风险危及的群体不限于特定区域、阶层,可能会危及整个地区乃至全球;严重性,即风险造成的有害影响往往是不固定且不可控的。④

自"风险社会"理论引入我国之后,在法学界产生了强烈的反响,特别是在刑法学者之间就风险社会的风险是否影响刑法原则、规则设置等问题产生了激烈的争论。笔者认为,无论如何争论,所有的前提都需要在法学语境下准确地理解社会学意义上"风险社会的风险",在此基础上才能进行相应的讨论。

这里需要先对相关术语在字面上做一定的解释。"风险"与"危险"这两个

---

① [德]乌尔里希·贝克:《再谈风险社会:理论、政治与研究计划》,载[英]芭芭拉·亚当、乌尔里希·贝克、约斯特·房·龙编著:《风险社会及其超越:社会学理论的关键问题》,赵延东等译,北京出版社2005年版,第10页以下。

② [德]乌尔里希·贝克:《再谈风险社会:理论、政治与研究计划》,载[英]芭芭拉·亚当、乌尔里希·贝克、约斯特·房·龙编著:《风险社会及其超越:社会学理论的关键问题》,赵延东等译,北京出版社2005年版,第10页以下。

③ [德]乌尔里希·贝克:《世界风险社会》,吴英姿、孙淑敏译,南京大学出版社2004年版,第66～67页。

④ [德]乌尔里希·贝克:《风险社会》,何博闻译,译林出版社2004年版,第19页以下。

词存在一定的区别。① 尽管如此,它们在基本意思上是类同的,都是在强调未来发生某种后果的可能性。因此,学者们在使用这两个词时并没有做实质性区分。比如吉登斯认为风险指的是在与将来可能性关系中被评价的危险程度。② 卢曼曾指出,产生某种损害的可能性,受众不同,决定了用词不同,对决定者构成风险,对决定的被影响者则构成危险。③ 这就意味着风险与危险在本质上是一致的。沃克在《牛津法律大辞典》中将风险界定为危险或意外事故或损失等的可能性,④而将危险界定为导致某些伤害的风险。⑤ 从词语使用的领域来看,"风险"一词多用于社会学、经济学等关涉行为描述和预测的科学,而"危险"一词多用于法学这种关涉行为规范的科学,它在法律上属于可归责的范畴,与法律制度的条件设定有密切的关系。正因为如此,在法律条文中,多见"危险"一词的使用,而罕见"风险"。即使在合同法、保险法中涉及风险,也是因为与经济有密切关系而借用自其他学科。

  正是因为词义上的类同,而且风险社会理论所诠释的社会现象在很多情况下的确是法律所调整的事实,这就在研究中造成了一种倾向,即很多学者在以风险社会为理论背景讨论法律问题的时候,往往将其风险非常笼统地等同于法律中的危险,将风险社会理解为有危险的社会或者危险增多频发的社会,将各种危险都视为风险社会的结果。⑥ 比如有的学者主张在风险社会背景下

---

  ① 比如有的学者指出,风险是一个较为中性的名词,而危险则完全是负面意义。风险具有二重性,它意味着不确定性,可能导致危害性后果的同时,却又反映出积极意涵,因为它是人类对客观现象进行认识的一种图谱,反映了人类拓展和征服未来的一种企图,是经济活力和多数创新,包括科学和技术类创新的源泉。而危险则代表了一种危机,会给人类带来不利后果的情况,含有完全负面的意涵。不过,该学者并不否认风险与危险在本质内容上的一致性。参见陈晓明:《风险社会之刑法应对》,载《法学研究》2009 年第 6 期。

  ② [英]安东尼·吉登斯:《失控的世界》,周红云译,江西人民出版社 2001 年版,第 18 页。

  ③ Niklas Luhmann, *Risk: A Sociological Theory*, trans. By Rhodes Barrett, Berlin, 1993, p.218.

  ④ [英]David M.Walker:《牛津法律大辞典》,李双元等译,法律出版社 2003 年版,第 973 页。

  ⑤ [英]David M.Walker:《牛津法律大辞典》,李双元等译,法律出版社 2003 年版,第 303 页。

  ⑥ 这种观点多见于刑法领域,比如王立志:《风险社会中刑法范式之转换——以隐私权刑法保护切入》,载《政法论坛》2010 年第 2 期;李秋高:《风险控制法制化研究》,载《法学杂志》2011 年第 8 期;等等。

应当增设抽象危险犯,并对此以"只要行为人在公共场所携带管制刀具,尽管没有使用,也可以被认为实施了危害公共安全的行为"为例予以说明。①

除了上述倾向之外,还有的学者强调应当在整体意义上理解风险社会理论,在质疑现代化的基础上寻求对公共讨论与政治决策的影响,即工业社会以发展导向的政策基调不能适应风险社会的发展,应当被安全导向的政策基调所取代。在公共政策导向改变的基础上再对法律的具体规则进行改变。由此,该观点倾向于认为风险社会理论中的风险仅仅是一个媒介,它是被利用来解读当代社会基础的,关心它是如何削弱和改变原有的工业化社会基础的,而不能对它作具体化理解。②

笔者认为,这两种研究倾向都应当被纠正。理由如下:

首先,风险社会理论中的风险不能等同于法律中所有的危险,而仅对应于法律中的高度危险。对于人类社会来说,危险一直如影随形,并不是在现代社会才出现的。正如金德霍伊泽尔教授所指出的,人类自从有历史记载以来,都是过着群体生活,这是基于生存的基本需求即安全需求。不管是原始社会还是近现代文明社会,人类从来都把这一需求视为生存的根本。安全需求产生群体、社会以及国家,其对立面就是危险。③ 因此,危险在人类社会的整个发展过程中都是法律所关注的问题。如果将贝克等社会学者提出的风险非常笼统地等同于法律中所有的危险的话,未免过于泛化甚至贬低该理论的创新价值以及对当代世界所产生的爆炸性影响。如社会学者所表述的,风险社会理论中的风险在社会现象上专指那些因现代科技的运用而产生的后果,是根源于人类活动的,具有不能控制、不可避免且后果严重等特征。只有这样的社会现象才属于风险社会理论所指称的对象。而在法律中,根据前面对危险类别的描述,高度危险在社会背景、产生的原因、表现的特征等方面无一不对应于社会学者所描述的风险。也就是说,社会学者所指的"风险"这种社会对象仅仅是法律中高度危险所指称的领域,而不能包括高度危险之外的一般危险。因此,不能将风险泛化成法律中所有的危险,以至于草木皆兵。前面提到的学者所举的"携刀具危害公共安全"例子完全不符合风险的特征,而仅具有一般

---

① 薛进展、王思维:《风险社会中危险犯的停止形态研究》,载《华东政法大学学报》2009年第5期。

② 劳东燕:《风险社会与变动中的刑法理论》,载《中外法学》2014年第1期。

③ 薛晓源、刘国良:《法治时代的风险、危险与和谐——德国著名法学家、波恩大学法学院院长乌·金德霍伊泽尔教授访谈录》,载《马克思主义与现实》2005年第3期。

危险的表征,与他所依托的风险社会理论背景相去甚远。这种对风险社会理论的误用,究其原因就在于没有细致地区分法律中的危险,笼统地将风险社会理论中的风险完全等同于法律中所有的危险。

其次,风险社会理论对法律的影响远没有达到彻底颠覆原有价值理念的地步,而且即使以风险社会理论为研究法律问题的背景,也应当将风险具体化为法律要解决的法律事实。贝克等人的风险社会理论的确是从整体意义上提出的,是一种从社会学角度系统地、全面地反思现代社会的宏观理论。这种理论的确会对法律政策以及具体的法律制度产生或多或少的影响,比如它可以为民法中高度危险责任的产生与存在提供社会学的理论依据,也可以影响到高度危险责任在现代民法体系中的扩张。但是,据此说明要完全改变法律制度的根基,似乎不具有事实的说服力。从侵权法的角度来看,过错责任的基础地位仍然是牢不可破的,而高度危险责任仅仅是无过错责任的一种形式。在风险社会理论背景下的风险的确是从社会整体的、抽象意义上提出的,它与作为法律事实的具体危险并不在一个层面上。但是,如果要以社会学中风险社会为理论背景解析法律问题,就应当使社会学意义上的风险在法律层面上具体化,成为建构相关法律制度所必需的法律事实——危险。法律规范是处理社会事实的规则,它必须要面对具体问题。比如我们讨论现代社会核设施的风险问题,在法律中,我们就必须面对由核设施产生的具体危险。也正是这一个个法律所面临的具体的高度危险才构成了风险社会的整体特征。因此,当我们以风险社会理论来研究法律问题时,需要将其中的风险具体化为法律中的高度危险。

总之,对于社会学中风险社会理论的引入与借鉴,需要将相关术语在法学语境下进行对应和转换,以法律自身的逻辑进行思维,而不能生搬硬套直接适用。否则,会出现理论误用的窘境。

五、结语

危险一直是法律关注的焦点。对危险进行区分并基于各自的特质予以不同的对待,也是现代法律精细化的体现。一般危险与高度危险所存在的区别就影响了法律应对的不同,这主要体现在危险转化为实害情况下不同法律部门的介入。

对于一般危险而言,其转化为实害的情况反映了相关主体缺乏对注意义务的遵守,从而在主观上具有可归咎性,因此法律的应对就具有惩罚性色彩,刑法以及民法中的侵权法的相关调整都含有这样的考虑。比如刑法遵守的责任主义强调了规范意义的主观责任，认为行为人基于自由意志选择违法行为，他应当承担受谴责的责任。责任主义的基本意义在于认定犯罪时，不仅要求有客观上的行为，而且还要求具备可将行为归咎于行为人主观上的故意或过失态度。① 民法的侵权法也是如此，虽然其主要功能在于弥补受害人的损失，但是过错责任的基本考虑与刑法一致，归责基础是责任人的过错，对于过错行为的苛责具有对相关主体做道德非难的效果。②

对于高度危险而言，由于这种危险已经超出了人的控制能力，不能再追究行为人的过错，而且这种危险是现代科学技术应用的必然结果，不能加以禁止，在法律上被界定为"被允许的危险"③，因此，法律的应对就不再具有惩罚性色彩，而完全出于补偿性考虑。这样，民法或者其他的社会保障法就起到了主要作用。

在这种情况下，刑法能否介入？基于高度危险的特性，它无法与人的过错联系在一起，如有的学者所指出的，没有过错不能排除损害赔偿义务，却是排除刑罚的必要基础。④ 因此，笔者认为，只要刑法坚持责任主义这个基本原则，那么刑法就不能染指该领域。

需要指出的是，有些学者主张风险刑法，认为在现代社会中刑法的终极目标是赋予国家中公民合理的安全感。刑法不再为报应与谴责而惩罚，主要是为控制风险进行威慑。罪责概念的核心不再是以意思决定自由为核心，为了有效控制风险，防范风险制造人利用"有组织的不负责任"的机会主义，即便其对危害结果之产生没有故意甚至没有过失，但只要其亲身参与了风险制造过程，就会被作为潜在的刑事责任主体而被刑法规制。⑤ 这种观点遭到了主流观点的驳斥：责任主义维护了人的基本自由，防止国家公权力的过度干涉，因此它作为刑法的基本原则是不可动摇的。而风险刑法是以危险源的管控和预防取代可非难性作为罪责基础，以义务违反取代法益侵害作为处罚的基础，这是一种完全有别于罪责伦理，甚至可以说是完全去伦理化。风险刑法是将行

---

① 陈兴良：《本体刑法学》，商务印书馆2001年版，第316页。
② 王泽鉴：《侵权行为法》（第一册），中国政法大学出版社2001年版，第13～14页。
③ 张明楷：《论被允许的危险的法理》，载《中国社会科学》2012年第11期。
④ Regina Ogorek, *Unterrsuchungen zur Entwicklung der Gefährdungshaftung im 19. Jahrhundert*, Böhlau-Verlag Köln Wien, 1975, S.124.
⑤ 劳东燕：《公共政策与风险社会的刑法》，载《中国社会科学》2007年第3期；陈晓明：《风险社会之刑法应对》，载《法学研究》2009年第6期。

为人当成特定危险源而加以管控,而非将行为人作为道德主体加以尊重,这种纯粹从预防的需求而动用刑法的方式,使罪责的基础发生错位,过度地干预了个人的自由,忽略了对人格权的衡平考虑。风险刑法的风险控制理念在于尽可能地控制风险,为达到预防的目标,需要提高管制的密度,将刑罚进行扩张和前置,亦即扩大刑法的适用范围。风险刑法企图以法律作为预防风险发生的手段,实行高度管制,有集权化的倾向,被认为是警察国家的再现。①

笔者认为,除主流观点的理由之外,上述观点最大的问题在于忽视了法律中原本的危险分类体系,而将社会学中的风险理论全盘套用到法学研究中,从而将原本仅属于高度危险的情况扩大到了危险的所有领域,使得原本不应介入的刑法也被迫改变原本的价值体系。这种改变违背了实际情况以及基本的价值理念。刑法作为法律中最严厉的制裁手段,仅具最后防卫的作用。只有当其他法律不能充分保护时,才可适用刑法。因此,刑法所调整的在原则上应是严重的不法行为,它对人们社会生活的介入只应控制在维护社会生存发展所必需的最低限度之内。高度危险表现为现代科技与经济利益动因相交织的后果,而且属于法律允许的范畴,因此它并非刑法所能调整的。对高度危险来说,采取其他措施预防和补救会比刑法的禁止性调整更为有效。

---

① 张明楷:《"风险社会"若干刑法理论问题反思》,载《法商研究》2011 年第 5 期;夏勇:《"风险社会"中"风险"辨析》,载《中外法学》2012 年第 2 期;陈兴良:《"风险刑法"与刑法风险:双重视角的考察》,载《法商研究》2011 年第 4 期。

合同与侵权行为两不属之地:所谓的"缔约过失"

[意]费德里克·普洛奇[*]著 张晓勇[**]译

一、绪言与研究对象

一如所知,1942年的《意大利民法典》第1218条及以下调整不履行债务的合同责任,第2043条及以下规范对侵权行为的赔偿。

此外,法典结构中还简要地提及了"先合同"责任,只是立法者既没有考虑给出其清晰内涵,也没有想到说,通过更新合同责任或者侵权责任规则来调整其内容。

上述规范以两个条文的规定就结束了,它们位于第四编"债"、第二题"合同总则"、第二章"合同的要件"、第一节"当事人的合意"部分:

> 第1337条(磋商与先合同责任):在磋商与形成合同的过程中,当事人应根据诚实信用来行为。
>
> 第1338条(对无效原因的知悉):知道或应当知道合同存在无效原因的当事人,没有通知对方当事人的,应当赔偿后者因无过失地信赖合同有效而生的损害。

因欠缺特别规定,学说与判例长期疲于分析这种形式的先合同责任,有时将之归诸不履行的合同责任规则,有时归诸侵权行为规则,有时归诸第三类债因(un *tertium genus*)[①]。由此,我们发现一个灰色地带,其被权威地界定为

---

[*] 费德里克·普洛奇,意大利比萨大学法学院教授。
[**] 张晓勇,湖南大学法学院助理教授。
[①] 应注意的是,《意大利民法典》第1173条也规定了第三类债的渊源:"债,或产生于合同,或产生于侵权行为,或产生于其他符合法律秩序的适格行为与事实。"

"合同与侵权行为的两不属之地"①。

该问题并不仅仅在法教义学视野中才具有重要性,一如所知,合同责任与侵权责任从属于非常不同的适用规则②。第一项区别在于证明责任的不同。在侵权责任场合,受害人(原告)就存在侵权行为——涵盖其全部要件——负担证明责任,包括归责标准(或过失或故意);在合同责任场合,证明责任倒置:原告实际上限于证明对方的不履行,由此要债务人抗辩,证明自己的行为没有过失,进而,履行不能是不可归责于他的原因导致的。

第二项,区别在于可赔偿损害的估算方面,只是在合同责任领域才适用民法典第1225条(损害的可预见性):"如果债务人并非故意地不履行或履行迟延,赔偿限于债产生时债务人可得预见的损害。"

第三项区别涉及债务人迟延:只有在侵权责任领域,债务人才需要立即履行;在合同责任领域,债务人迟延履行应为债务的,债权人应容忍。

第四项区别是损害赔偿权利的时效期间不同。合同责任适用《民法典》第2946条规定的10年普通时效(例外地,对于一些类型的合同,立法者明文规定了更短的时效)。对于侵权行为,《民法典》第2947条规定,一般适用5年的短期时效;就各种类型车辆(veicolo)运输产生损害的赔偿,时效缩短为2年。

以上勾勒出的框架,清晰地显现出本文要研究的先合同责任归类问题的强烈实践意义。

这些问题与教义学建构中的"缔约过失"相关联——作为今天意大利民法理论中现实的、激烈争论的主题,也值得对其历史——比较面向的分析予以特别注意。特别地,根据最近的最高法院的判决,其在一度鲜明地(per lustri)表示将先合同责任确认为侵权责任性质之后,现在作出一项重大改变,承认先合同责任具有合同责任性质,即使当事人之间欠缺形式上的合同关系(vincolo negoziale);同时其提醒说:"这种观点在概念与建构上的根源均可溯源至罗马法,持续了几个世纪……"③

---

① 吉尔莫首先提出这个贴切的比喻,参见 Gilmore, *The Death of Contract*, Columbus (Ohio),1974,88;在意大利理论界,布斯奈里对此作出权威的调整,参见 Busnelli, Itinerari europei nella 《 terra di nessuno tra contratto e fatto illecito》: la responsabilita'da informazioni inesatte, in *Contratto e impresa*,1991,539 ss.

② 教科书方面,Cfr. Aa. Vv., *Diritto private*, II, Torino,2014,502 ss.; Gazzoni, *Manuale di diritto private*, Napoli,2015,637 ss.,715 ss.

③ Cass. Civ., sez. I,12 luglio 2016,n.14188.

因此，将这些理论问题与缔约过失制度的根源相关联予以深化研究，以正确定位这个主题上的现代争论，就显得非常重要了。

接下来，本文将非常概括地勾勒出，两个今天仍被许多国家的学者[①]热烈争论之基本问题的历史起源，其在实证法上也是争论不休的：

1. 先合同责任的性质；
2. 法官计算应清偿之(liquidabile)损害时的标准。

因为这两个问题在一定程度上深深植根于耶林1860年[②]一篇著名论文所提出的问题，即在合同无效或构成要件未充分的情形下的损害赔偿问题，现代法学家们就首先以对这篇论文的批判解读为起点，以检讨其对先合同过失责任之现代教义学有哪些直接或间接的影响。

---

① Cfr.F.Kessler—E.Fine, Culpa in Contrahendo, bargaining in Good Faith, and Freedom of Contract: a Comparative Study, in *Harvard Law Review*, LXXVII, 1964, pp.409-449; Y.Ben-Dror, The Perennial Ambiguity of Culpa in Contrahendo, in *The American Journal of Legal History*, XXVII, 1983, pp.178-198; E.H.Hondius, *Precontractual Liability. Reports to the XIIIth Congress International Academy of Comparative Law*. Montreal, Canada, 18-24 August 1990. Deventer and Boston, 1991, pp.3-28; R.Zimmermann, *The Law of Obligations. Roman Foundations of the Civilian Tradition*. Oxford—New York, 1996, 245 e nt.77; A.M.Rabello, *Culpa in Contrahendo: Precontractual Liability in the Italian Legal System* in Aequitas and Equity: Equity in Civil Law and Mixed Jurisdictions edited by A.M.Rabello. Jerusalem, 1997, pp.464-498; Id., *Buona fede e responsabilità precontrattuale nel diritto israeliano alla luce del diritto comparato*, in Il ruolo della buona fede oggettiva nell'esperienza giuridica storica e contemporanea edited by L.Garofalo. Padova, 2003, pp.125-227; G.Luchetti—A.Petrucci, *Fondamenti di diritto contrattuale europeo*. Bologna, 2006, pp.115-123; N.Kuonen, *La responsabilité précontractuelle*, Zürich, 2007, *passim*; L.Solidoro Maruotti, *Gli obblighi di informazione a carico del venditore. Origini storiche e prospettive attuali*, Napoli, 2007, 71-74 e, pp.125-127; F.Procchi, *Licet emptio non teneat. Alle origini delle moderne teoriche sulla cd. culpa in contrahendo*, Padova, 2012, *passim*.

② 有关出版年份方面的考证，参见 F.Procchi, *Nota di lettura* alla traduzione italiana Della "culpa in contrahendo" ossia del risarcimento del danno nei contratti nulli o non giunti a perfezione, Napoli, 2005, xviii-xix e nt.11.

二、耶林与拒绝将表象缔约所招致的损害归诸侵权责任

明显受到实践理由之影响,耶林追问:当民事主体在磋商缔约过程中失败时,是否有可能赋予某种诉来保护该主体。

具体而言,当时,意志论受到权威萨维尼与历史法学派的支持,在德国处于支配地位,该理论(从逻辑上)迫使解释者①承认所有因实质错误而缔结的合同为无效②,进而,因他人错误表示而遭受损害者,不能通过合同之诉请求损害赔偿。另外,对于遭受这种类型损害的人而言,为保持忠于罗马法法源,走侵权责任的路子作用也微乎其微,这种有限作用体现在:其一,只有在一方当事人故意加害的情形,才可以适用补充性的诈欺之诉③;其二,只有在当事人(直接)以其身体接触招致受害人物质损害的典型情形(*damnum corpore corpori datum*),才能适用阿奎利亚法之诉④。

---

① Cfr. K. Kindereit, *Wer fühlt nicht, dass es hier einer Schadensersatzklage bedarf—Rudolf von Jhering und die "culpa in contrahendo"*, in *Zivilrechtliche Entdecker*, edited by T. Hoeren, München, 2001, p.122; F. Procchi, *Nota* , cit., xxxii. 耶林很早就从历史法学派的影响中脱离出来,开始自己的原初的、独立的学术研究,他从不加入所谓"意志论"的讨论。Cfr. T. Giaro, "*Culpa in contrahendo*": *eine Geschichte der Wiederentdeckungen* in *Das Bürgerliche Gesetzbuch und seine Richter. Zur Reaktion der Rechtsprechung auf die Kodifikation des deutschen Privatrechts* (1896—1914), edited by U. Falk and H. Mohnhaupt, Frankfurt am Main, 2000, p.114,作者说,在潘德克顿法学中,存在意志教义的"肥大症"。

② Cfr. H. Coing, *Europäisches Privatrecht*, II, *19. Jahrhundert. Überblick über die Entwicklung des Privatrechts in den ehemals gemeinrechtlichen Ländern*, München, 1989, p.439; R. Zimmermann, *The Law*, cit., 602-604 e, pp.614-616.

③ Cfr. M. Kaser, *Das römische Privatrecht*, I, *Das altrömische, das vorklassische und klassische Recht*, München, 1971, 627 s.

④ 事实上,潘德克顿法学恢复了提起阿奎利亚法之诉的古代前提,这妨碍他们继续像共同法时代那样使用一般的赔偿之诉。Cfr. H. Coing, *Europäisches Privatrecht*, II, cit., 440. Sulle caratteristiche dell'*actio legis Aquiliae*; v. M. Kaser, *Das römische Privatrecht*, I, cit., 621 s.

在耶林看来,上述实践方案显得相当不具有正当性①,特别是涉及当时实务中经常发生的如下三种案型时:

(1)以书信方式缔约过程中,发生书写错误的;②

(2)当事人交由信使捎带纯粹口头的交易意图,但所托非人;③

(3)因信赖电报员错误发送的电文而作出的意思表示。④

就最后一种情形,有一件司法案例深深地冲击了当时德国的公众意见与国际商业习惯。

该案被提交给在 Colonia 的大区法院 Landgericht 审判。1856 年 1 月 17 日,法兰克福的经纪 Weiller 收到一封来自 Colonia 的 Oppenheim 银行的电报,银行要求为他卖掉(verkaufen)一定数量的证券(titoli),然后以电报的形式确认完成操作。Weiller 立即实施了所委托的事项,并在当天下午 3 点向银行发出电报确认出售事宜,要求对方支付保证金(la copertura)。在晚上 7 点,经纪收到银行的另一封电报,对方拒绝承认因受托事项而发生的账单(nota),因为他下达的其实是购买的指令。

经检查明显发现,双方之间发生了通讯错误:电报处的职员将本应发出的购买(kaufen)委托弄成了出售(verkaufen)的委托。

Weiller 请求因接受出售委托而导致的损失,而 Oppenheim 则拒绝支付,并认为,像其他任何合同一样,应以当事人之间的合意为前提,而本案中双方欠缺合意。

Weiller 只得向 Colonia 的 Landgericht 法院起诉,法院适用当时在

---

① R.von Jhering,"*Culpa in contrahendo*" oder Schadensersatz bei nichtigen oder nicht zur Perfection gelangten Verträgen in *Jahrbücher für die Dogmatik des heutigen römischen und deutschen Privatrechts*,Ⅳ,1860,2."在实践层面,不正当与不准确的结果相似;一些主体因他方过错得到赔偿,另一些则不能得到赔偿而成为他人过错的受害者!"

② Cfr.R.von Jhering,*Culpa in contrahendo*,cit.,2.

③ Cfr.R.von Jhering,*Culpa in contrahendo*,cit.,4 s.

④ Cfr.R.von Jhering,*Culpa in contrahendo*,cit.,6.

Renania 生效的《法国民法典》①,在同年 7 月 21 日的判决中,要求 Oppenheim 承受错误传达自己意志的后果,判决其赔偿经纪的损害②。具体而言,该判决确认作为发信人的银行承担侵权责任(依据《法民》第 1382 条③),其过错在于选择了(当时)尚未得到广泛信赖的通信工具。就此,人们还不知道(使用它时)可能发生的干扰,它以快速传送为特征,容易发生疏忽、错误或者误解;公共管理部门也不会为电报提供任何形式的担保④。

如果这类案件发生在适用当代罗马法的地方,则欠缺任何赔偿性保护,这在耶林看来完全无法接受。

由此,耶林开始提出作为其思考中心的"法律感情"⑤,尔后这慢慢成为基

---

① 根据 1801 年 2 月 1 日的 Lune'ville 协议,Renania 属于法国,因而,自 1804 年《拿破仑民法典》在该地区也有效。根据 1815 年的维也纳会议,该地区被归还普鲁士等小国。特别地,Colonia 成为普鲁士王国的一部分,自 1871 年归属德意志帝国,但《拿破仑民法典》仍在王国的左岸(Baden,Palatinato,Renania,Assia Renana 等)有效,直至《德国民法典》生效。比较,F.Wieacker,*Privatrechtsgeschichte der Neuzeit unter besonderer Berücksichtigung der deutschen Entwicklung* 2,Göttingen,1967,345 s.(trad. it. U. Santarelli—S. A. Fusco, *Storia del diritto privato moderno*,2 voll.,Milano,1980,II.527 s.)

② 可比较 F.Procchi,'*Licet*',cit.,189 ss.

③ *Code civil*,art.1382:"Tout fait quelconque de l'homme, qui cause à autrui un dommage, oblige celui par la faute duquel il est arrivé, â le réparer."

④ 判决的第一批评注者对将责任的基础建立在过失之上持批评态度。A. L. Reyscher, *Das Telegraphenrecht, insbesondere die Haftpflicht aus unrichtiger oder verspäteter Telegraphirung*, in *Zeitschrift für deutsches Recht und deutsche Rechtswissenschaft*, XIX, 1859, 271 ss.;Id., *Urtheil des Landgericht zu Köln vom 29. Juli 1856, die Haftpflicht bei telegraphischen Briefen betreffend mit Anmerkungen von Reyscher*, ibid., 456 ss. 依 Reyscher,在使用电报这种手段时,并无过失发生;只有在发紧急指令时,才有寄信人的责任,根据指令的性质需要立即实施,或在双方间有持续的商业关系。在这种情形,寄信人要承担所有来自通信方式的风险。不同意见,Cfr. C. Fuchs, *Einige Fragen aus dem Telegraphenrechte*, in AcP, XLIII, 1860, 94 ss. 依其判断,当借电报通信产生损害时,该损害一直要由寄信人而不是收信人承担。通过选择这种通信手段,不仅仅在 Reyscher 所指出的场合,寄信人应当一直为可能发生的风险进行担保。

⑤ 该表达是 1884 年在维也纳举行的一场著名会议上提出来的。Cfr. R. von Jhering, *Ueber die Entstehung des Rechtsgefühles* in *Allgemeine Juristen-Zeitung*, VII, 1884.

本线索指导他学术进路的展开——"通过罗马法,超越罗马法"①;同时也代表了启发耶林1860年所发表缔约过失方面之论文的思想源泉②。

三、建构"缔约过失"的罗马法基础

接下来需要详细论述耶林理论的罗马法基础。基于上述理由,不可避免地要从确认因错误而有瑕疵的合同无效(la nullita')出发,耶林继而检索罗马法渊源,求证在规定行为无效的情形中,是否可以确切地说,对于单纯信赖合同成功缔结的当事人享有赔偿性救济?

早在1837年,Richelmann曾出版过一本书③,里面的结论基本上被后来的文献忽视,只有耶林沿着他的路线,关注一些以给付不能为主题的法源。

众所周知,如果当事人在合同中所约定的给付自始无效,无法产生债的效力。

像Richelmann一样,耶林也认为:应重视注解有关出售不流通之物(cose fuori commercio)与尚不存在之遗产(eredita' inesistente)的法源④。

根据耶林的判断,在相关渊源中,罗马法学家已经证明承认陷入错误状态(ingannato, *deceptus*)的买方可提起有赔偿功能的购买之诉(*action ex empto*),虽然因客体给付不能合同明显无效⑤。

耶林在论文中认为,可以对有关将自由人卖为奴隶的渊源作相似的解释,就这个主题古罗马法学家则还在行为有效还是无效间摇摆不定⑥。

---

① Cfr.R.von Jhering, *Geist des römischen Rechts auf den verschieden Stufen seiner Entwicklung*, I, Leipzig, 1878, 14; Id., *Unsere Aufgabe in Jahrbücher für die Dogmatik des heutigen römischen und deutschen Privatrechts*, I, 1857, p.52.

② Cfr.F.Procchi, *Nota*, cit., xxxix-xli.

③ Cfr.H.Richelmann, *Der Einfluß des Irrthums auf Verträge*, Hannover, 1837, pp. 129-138.

④ 可比较 M.Talamanca, voce *Vendita (diritto romano)* in *Enciclopedia del diritto*, XLVI, Milano 1993, 335-337, 348-355; A.Trisciuoglio, *Sinallagma genetico e vendita delle 'res extra commercium'* in *La compravendita e l'interdipendenza delle obbligazioni nel diritto romano*, edited by L.Garofalo, I, Padova, 2007, pp.279-310.

⑤ Cfr.R.von Jhering, *Culpa in contrahendo*, cit., pp.28-30.

⑥ Cfr.R.von Jhering, *Culpa in contrahendo*, cit., pp.63-66.

撒开耶林在罗马法领域①(不久就成为猛烈批评的对象②)的相关论据正确与否不论,他建构了基本原则,基础是在一项无效合同中,卖方"不必要地"将买方卷入,前者能适格地成为购买之诉中的被告,以赔偿(买方)的消极利益(*id quod interest deceptum non esse*)。

四、将缔约过失责任归诸合同类型的诉(un'azione di tipo contrattuale)

像我们已经提及的,作为耶林研究起点的法源,以在一个所产生的购买之诉中同时具有赔偿的功能为特征;实际上,对于出售不流通之物或尚不存在之遗产的当事人,不能提起合同之诉。萨维尼已经使用上述要件事实以论证某些合同有限效力:这些合同虽然有效,但只具有"微弱效力"——在卖方不交付标的物时,可确保买方能借合同之诉以获得赔偿③。

耶林持完全相反的立场:萨维尼认为合同有效只是效力有限的地方,他则认为属于无效的特定情形,就这些情形,如果充分特定条件,能提起具有赔偿功能的购买之诉④。

在理论的安排上,不能忽视建构的不同:以赔偿产生于有效合同之要件事实(虽然只具有"微弱效力")为内容的规范模式,对于解决合同因实质错误合同无效,从而招致损害的赔偿问题,不能合理地提出有效的说明。

独立于合同无效,当事人也能提起旨在赔偿其不陷入错误的话将能获得的利益的购买之诉,代表某种(似乎)"办不到的事"。借助这种建构,耶林可以

---

① 可比较 M. Talamanca, voce *Vendita*, cit., 439, nt. 1417; F. Procchi,'*Dolus*'e '*culpa in contrahendo*' nella compravendita.Considerazioni in tema di sinallagma genetico in *La compravendita e l'interdipendenza delle obbligazioni nel diritto romano* edited by L.Garofalo,I,Padova,2007,pp.224-246.

② Cfr.F.Mommsen,*Erörterungen aus dem Obligationenrecht*,II,*Ueber die Haftung der Contrahenten bei der Abschließung von Schuldverträgen*,Braunschweig,1879,pp.1-55; W.Brock,*Das negative Vertragsinteresse*,Berlin,1902,10,pp.48-58.

③ 可比较 F.C.von Savigny,*Das Obligationenrecht als Theil des heutigen Römischen Rechts*,II,Berlin,1853,pp.284-292.

④ Cfr.R.von Jhering,*Culpa in contrahendo*,cit.,28 s.

摆脱罗马法中侵权责任的严格(适用)限制①。

五、客观"过失"概念的建构

不赞同 F.Mommsen 所提出的意见②，耶林认为：责任不应限于买方故意的情形③。耶林的论证是通过分析动词"essere ingannato"(*decipi*)，其含义不应必然地等于相对方的故意行为，而是也可以具备"客观"意义——只是简单地指当事人陷入错误的状态中④。实际上，之前萨维尼就曾指出：就 *deceptus* 这个词，应明确 ingannato 的意义不确定，没有明确的证据表明可以将相对方的故意这个意义赋予 inganno⑤。

在故意之外，(后来)基于明显的理由被抛弃的(未为)看管(la *custodia*)，与一般性的归责原则(故意或过失)不同，它是合同责任可归责标准中唯一灵活的，如此被界定的(未为)看管标准不可能等于过失。

> 如果不诉诸过失，我们不可能找到一项普遍原则，能来正当化我们提到的诉。若不求诸过失，我们就只能仅仅有限地注意到(罗马)法源所规定的两种情形，这正是直至今日我们所处的理论状态。就此欠缺一座桥梁，可以连接法源已规定的两种情形，与所有其他许多同样迫切地需要提供损害赔偿救济的场合。否则，如涉及另一种类型的错误，类推扩张适用法源规定的法律基础(我说的不是某种形式的制定法基础)又在哪里呢？⑥

在耶林的视角下，这种情形中的责任，选择过失作为归责标准将不可分离地与同样要求的合同责任相连接。事实上，任何不同的方案都将与当时萨维

---

① 可比较 N.Kuonen, *La culpa in contrahendo : un colosse aux pieds d'argile?*, in *Revue d'histoire du droit*, LXXIII, 2005, p.272

② 可比较 F.Mommsen, *Beiträge zum Obligationenrecht*, I, *Die Unmöglichkeit der Leistung in ihrem Einfluß auf obligatorische Verhältnisse*, Braunschweig, 1853, 122. 就此, 广为流传的意见, Cfr. B. J. Choe, "*Culpa in contrahendo*" *bei Rudolf von Jhering*, Göttingen, 1988, pp.72-74.

③ Cfr.R.von Jhering, *Culpa in contrahendo*, cit., 11.

④ Cfr.R.von Jhering, *Culpa in contrahendo*, cit., 11.

⑤ 可比较 F.C.von Savigny, *Das Obligationenrecht*, II, cit., 291 s.

⑥ 即 R.von Jhering, *Culpa in contrahendo*, cit., 40 s.

尼所确认的一项准则相冲突:根据该准则,过失仅能使既存的合同关系发生变更,而不能变动一般的债因(不像故意)①。

这样,耶林试图将责任的过失基础与合同"表面"地缔结相关联,通过已经建构的买方所享有之诉的合同属性,这种关联性得到加强。我们已经以一定的方式说明过这种建构,虽然买卖并不生效。

> 取其外在的或表面的意思,缔结合同表明,在所有提出这种请求的场合,应直接推定:其处于在这些情形中所设置的责任与合同关系的关联之中,这种责任的合同属性是此处的赔偿请求权所内含的。②

过失行为先于合同关系而存在的位置,创设出一种纯粹外在的连结,借合同(il negozio)及该连结能正当化买方所享有的诉,也能正当化就此适用合同关系中过失之典型规则(的做法)。这种建构基于以下设置——合同关系中的勤谨注意不仅仅涉及已然充分的合同,也关涉那些仍处于"孕育"中的合同:借开始磋商,当事人创设一种能基于此发生权利义务的"类合同"关系③。

由此,作为特例的先合同过失得以建构,它适用的规则例外地借用自合同过失,因为两项要件事实相互紧密接近(在表面上)④。

依据耶林的理论,随着磋商的开始,当事人从纯粹消极的侵权关系中脱离出来,以进入合同规则主导的领域,不仅指向作为的过失(*culpa in faciendo*),也包括违反积极的勤谨注意义务⑤。

> 不仅是既存的合同关系中,还有那些仍处于孕育中的关系,均置于过失规则的保护之下,包括不使当事人遭受实际损害,也不任由当事人置身成为他人疏忽牺牲品的危险之中。⑥

因此,依耶林之理论,缔约中责任的过失基础在于,当事人将他方卷入无效(inutili)交涉之中的行为,使他方就合同缔结的表象产生信赖,然而一定程

---

① 可比较 F.C.von Savigny,*System des heutigen Römischen Rechts*,III,Berlin,1840,295,nt.d)。

② R.von Jhering,*Culpa in contrahendo*,cit.,p.26.

③ 可比较 Y.Ben-Dror,*The Perennial Ambiguity*,cit.,147;R.Zimmermann,*The Law*,cit.,p.244.

④ Cfr.R.von Jhering,*Culpa in contrahendo*,cit.,26 s.

⑤ Cfr.R.von Jhering,*Culpa in contrahendo*,cit.,41 s.

⑥ R.von Jhering,*Culpa in contrahendo*,cit.,p.42.

度上却没有保证该合同有效成立①。从而,耶林得出结论,应谴责在交涉中因其疏忽、不审慎,致使无法缔结有效合同结果产生的一方当事人。

这里的过失基于疏忽、不审慎的抽象概念之上,该概念包含在妨碍合同有效成立的事实之中。

六、所谓"消极利益"概念的教义学建构

基于同样的有关出卖不流通之物、尚不存在之遗产领域的法源,F.Mommsen②还有之前的萨维尼③,均以某种方式说明,存在不同于履行利益的债权人利益。事实上,显得至为清楚的是:只有产生一项待履行之债的时候,说履行利益才有意义,但在给付不能的场合,履行的结果被排除掉。从这里,有必要确认一种不同的利益,即债权人所要求的就给付可能性不陷入错误状态(inganno)的利益④。

准此,产生"积极的合同利益"与"消极的合同利益"之间的现代区分。

> 在我们所说的情形,买方的利益可以两种不同方式予以构造。首先,买方要求保持合同的利益(un interesse alla conservazione),亦即实现合同的利益,就此,买方可以取得在合同有效场合等值的金钱。其次,在未完成缔约场合,他也可以要求相应利益。此时,他可以取得如果没有缔约之外在表象的情形下所获得的利益。有实例能直接澄清我所提出的区分,要言之,区隔积极与消极的合同利益……第一类利益以合同有效为基础,第二类利益基于合同无效的情事。⑤

那么,根据耶林的判断,在合同无效的场合,债权人的履行利益无法得到清偿,因为该利益是履行的替代形式,不存在有效的合同之债即不能请求。未完成缔约从来不能确保当事人能获得合同有效场合的实益,在这种情形,我们应当将可赔偿的损害(无论是既得利益损失,还是可得利益损失)限制为,相对方因无过失地信赖合同会完成缔结而招致的损害。

基于这种建构的设置,同时依据具体情形中的背景,在合同未完成缔结

---

① Cfr.R.von Jhering,*Culpa in contrahendo*,cit.,p.41.
② 可比较 F.Mommsen,*Die Unmöglichkeit*,cit.,p.107.
③ 可比较 F.C.von Savigny,*Das Obligationenrecht*,II,cit.,293 nt.d).
④ 可比较 B.J.Choe,*Culpa in contrahendo*,cit.,pp.87-109.
⑤ R.von Jhering,*Culpa in contrahendo*,cit.,p.16.

时,债权人可以取得在合同完成缔结时所获利益的等值数额,但不能超过这个数额。

在特定情形中,消极利益可能会与积极利益数额相等。在最后提到的两种情形中,原告能完全取得在合同履行时所能请求的利益,但如我们在后文马上要指出的,就此的理由完全不同。①

依耶林之理论,履行利益的总额构成清偿消极利益时不可撤开、不可越过的限制。此外,当合同未成功缔结的结果早在其造成相对方损失时就显露出来时,消极利益为零。

七、后续发展与对现代教义学的反思,特别是关于所谓的"消极利益"

由耶林所建构的缔约过失理论,自其在德国民法科学中引发争论始,对欧洲现代民法产生了深刻影响。

事实上,1900年1月1日生效的《德国民法典》并没有真切地在基本原则层次上承认耶林缔约过失责任理论的根本——只是通过后续的学说与判例予以渐进建构,2002年修正前的第307条(倒是)完整采纳了"消极利益"理论的规范结构②。

修正前《德国民法典》第307条:

"合同给付不能的,如果一方当事人在缔约过程中知道或应当知道该不能之情事的,其应当赔偿另一方当事人信赖合同会生效而生的损害;不过,赔偿额不应超过在该合同有效情况下所能获得的利益。如果另一方当事人知道或应当知道该不能之情事的,则不得请求损害赔偿。

如果给付只是部分不能,且合同就其他可能部分仍为有效的,或者依选择而定的数项给付中有一项不能的,准用上述规定。"

并行的是,修正前《德国民法典》第309条③将第307条的适用扩张至所

---

① R. von Jhering, *Culpa in contrahendo*, cit., p.21.
② 该条款自2002年1月1日后不再生效。其内容现由《德国民法典》第311a条第2款调整。
③ 这一条也被废除,2002年修正案后不再生效。

缔结的合同违反法律禁令的情形。

修正前《德国民法典》第 309 条:"合同违反法律禁令的,得准用第 307 条、第 308 条之规定。"

因此,20 世纪初德国解释者将缔约过失的教义理解为《德国民法典》"隐蔽存在"的原则,(部分)被(直接)接纳为民法典中的句子。

在 1911 年,德国最高法院在著名的亚麻油毡布地毯案中,将其中的缔约过失问题归诸合同责任领域[①]。一名顾客来到一家商店购买亚麻油毡布地毯,并要求查验地毯;有一块地毯被卖主错放在楼梯平台上展示,顾客的儿子因而跌倒并受伤。双方并没有缔结任何合同,根据普遍的法律感知,此案表明,我们面对的是过失侵权责任的情形。最高法院认为:裁判时应强调本案事实,即事故发生在最终并未缔结之买卖合同的预备阶段;该先合同关系本身使店主产生(类合同性质)的保障对方健康与财产的明确义务,后续的理论反思以此为基础将之发展来确定债法关系上债权人的"保护"利益,区别于传统的"履行"利益[②]。

从 20 世纪 20 年代以来,一般化的缔约(过失)责任得到承认,适用于所有当事人不能缔结有效合同的情形。就责任的基础,在第一个阶段,解释者实用主义式地将之归诸为某种"类合同式的信赖"(affidamento pseudo-contrattuale)。此后,在 40 年代,德国理论界建构出"事实合同关系"理论,以双方当事人开始磋商而未能成功缔结有效合同而形成的"社会交往"为基础。

正是所谓的"社会交往理论"直至今天仍影响着意大利最高法院,根据《意大利民法典》第 1173 条中"适于产生债的事实"的规定,适用于以下所有情事,即那些既不属于侵权行为,也不属于合同的,对于最高法院来说"更接近第二

[①] 可比较 A.M.Rabello, *The Theory Concerning Culpa in Contrahendo. Precontractual Liability: from Roman Law to the German Legal System—A Hundred Years after the Death of Jhering in European Legal Traditions and Israel*, edited by A.M.Rabello, Jerusalem, 1994, 147 s.

[②] 可比较 H.Stoll, *Abschied von der Lehre von der positiven Vertragsverletzung*, in AcP, n. f. XVI, 1932, 257 ss.; K. Larenz, *Schuldrecht*, I14, *Allgemeiner Teil*, München, 1987, 10 ss.; D.Medicus, *Schuldrecht*, I, *Allgemeiner Teil*7, München, 1988, 170 ss.就该理论对意大利现行民法的影响, Cfr. F. Procchi, *La rilevanza dell'interesse del creditore nei rapporti obbligatori*, in *Trattato delle obbligazioni*, diretto da L. Garofalo, I.2, *Soggetti e contenuto del rapporto obbligatorio*, Padova, 2014, 572 ss.

类要件事实,而不是第一类"①。

意大利最高法院上述意味深长的、最新之判例的教义学基础,是对耶林建构的缔约过失理论的应用发展,且该判例强化了双方关系的合同面向,该关系被认为产生于双方磋商开始后的"社会交往"。

八、结语

前述概念与建构可溯源至罗马法,尔后持续几个世纪,新近意大利最高法院受其影响,在确定公共行政管理部门的先合同责任时,改变了判决方向②,根据论述的顺序,最后我需要检讨:对此的分析是否能提供有效的支点,以反思在缔约过失领域直至今日仍在争论的两个基本问题之解决方案。

就从先合同责任所产生的赔偿之诉的性质,曾指导耶林将之朝合同性质方向建构,并视之为一种"必要进路"的两大前提,在意大利现代民法中则是欠缺的,即产生自阿奎利亚法之诉(侵权之诉)的严格典型性,进而,与故意不同,不能将侵权过失构造为债发生的一般原因。

实际上,沿着《拿破仑民法典》传统的轨迹,《意大利民法典》第2043条采取了"开放式"一般条款的立法例,准此,"任何故意或过失的行为",均能产生可赔偿的不当损害。

在一个采取了"非典型"侵权责任立法例的体系中,并不存在沿着耶林的轨迹,将缔约过失责任构建为"源自"确切意义上之合同责任的强烈需要;在违背先合同义务的场合,一方当事人根据具体案件的情况可以获得在合同有效缔结情形下的最大利益,这看起来也并不绝对如此。

实际上,与在先合同责任情形下对可赔偿性损害问题的分析相近,显得强调罗马法学家深具吸引力的视角是适当的,即莫德斯汀及其他法学家所使用的"不陷入错误状态的利益"(interesse a non essere ingannati, *quod interfuit eius ne deciperetur*)之表达,以指明不陷入错误状态的利益不允许先验地区分积极的与消极的合同利益,因为根据具体案件的情形,如此的利益能有效地与有效缔结合同所产生的利益一致,前提是对方当事人受到诱导合同存在③。在合同欺诈领域,这种背景清晰地出现在罗马法学家对其决定的分析中,就

---

① 可比较 A.M.Rabello, *The Theory*, cit., 143 s.
② 可比较 Cass.Civ., sez.I, 12 luglio 2016, n.14188.
③ 不同意见参见 Y.Ben-Dror, *The Perennial Ambiguity*, cit., p.149.

此,合同的有效性从来不是讨论的对象,不陷入错误状态的利益有时与合同(il negozio)不曾缔结时的利益一致("消极利益"),也能合法地与合同已然缔结时的利益相同,条件是合同一方被对方故意地诱使相信合同存在①。

依我看,单单是这种背景就能充分地排除:从罗马法的视角看,能合法地,一方面,在合同有效与积极利益的清偿间画等号;另一方面,在合同无效与消极利益的赔偿间画等号②。

如果我的结论是正确的,今天并不存在任何合理理由来支持先合同责任本质属于合同责任的建构,或者将确定消极利益的相应赔偿限制在相应给付之履行利益的不可越过的界限内③。

---

① 可比较 M.Talamanca,voce *Vendita*,cit.,p.441.
② 可比较 F.Procchi,'*Dolus*',cit.,pp.202-204.
③ Cfr.F.Procchi,*Roman Contracts and The Construction of Fault in Their Formation*,in *Obligations in Roman Law.Past,Present and Future*,edited by T.A.J.Mc Ginn,Ann Arbor,2012,pp.76-101.

欧洲私法史上的法人理论*

[德]赫尔穆特·科英** 著　傅广宇*** 译

摘　要：旧共同法时期形成的"人的集合体""伦理人"等概念,其内容与今天教义学意义上的"法人"并不重合,但对于最早的民法典编纂意义重大,而且在罗马法圈国家和意大利,直到19世纪下半叶都统治了学术界。作为法律技术概念的"法人",则是19世纪潘德克顿法学的产物。这种新的法人概念不再局限于人的团体,而是一个指称各种有权利能力的组织的上位概念,因而可以容纳独立的财团。19世纪的德国法学就法人的"本质"发生过激烈的争论,这种争论在20世纪初偃旗息鼓,但并未真正结束。德国关于法人的讨论,在其他欧洲国家也受到关注,进而导致了一种欧洲性的讨论。

关键词：法人；人的集合体；伦理人；拟制说；实在团体人格说

一、旧共同法与自然法

1. 旧共同法发展出了"人的集合体"(*universitas personarum*)的理论。"集合体"(*universitas*)是一种人的团体(Personenverband)。它有自己的财产,与成员的财产相区别。它能取得权利和承担义务。关于其组织,人们提出了某些基本原则。某些按照今天的概念更应归属于公法的组织,也被看作"集

---

*　本文译自[德]赫尔穆特·科英:《欧洲私法》,第二卷,第五十九章(Coing, Helmut, Europäisches Privatrecht, Bd.II, § 59, München 1989, S.336-346)。原标题为"法人理论",此处标题为译者所拟。就部分法文和意大利文的翻译,译者曾求教于上海交通大学凯原法学院肖俊老师和中国人民大学外国语学院法语系田园老师,在此谨致谢忱。如对译文有任何建议,可通过以下邮箱与译者联系:guangyujiaoxue@163.com。

**　赫尔穆特·科英(Helmut Coing,1912—2000年),20世纪德国著名法律史、法哲学和民法学者,法兰克福大学法学院教授,马普欧洲法律史研究所创始所长。

***　傅广宇,法学博士,对外经济贸易大学法学院副教授。

合体"。纯粹私法类型的组织［合法社团(collegia licita)］作为"集合体"虽然也是可能的,但是至少不典型。① 而社会公共机构(Anstalt)和独立的财团的清晰概念,在旧共同法中并未被发展出来。② 我们今天所称财团,当时是在"慈善目的"(*piae causae*)理论的范围内被探讨的。③

2."伦理人"(moralische Person)的概念,是由18世纪的理性主义自然法创造的。至少在18世纪末,该概念指称各种人的共同体和联合。比方说,在19世纪初一部关于婚姻财产制的专著中,夫妻双方也能作为婚姻财产共同体的成员而被称为伦理人。④

人的共同体能拥有不同于其成员权利的权利。但这一概念在内容上与今天教义学意义上的法人并不重合。⑤

然而,在19世纪的发展过程中,"伦理人"这一表达还是逐渐成为法人这一表达的同义词。⑥

二、这些观点在19世纪上半叶的继续作用

这些观点对于最早的法典编纂具有决定性的意义;而且,在罗马法系国家和奥地利,它们直至19世纪下半叶都统治了学术界。在法国,它们广泛成为学术考察的基础。

1. 在较老的几部法典中,《法国民法典》完全没有关于法人的规定。法人的规定可能被看成是公法问题。《奥地利普通民法典》在第26条中只提到"合法的人合团体"(erlaubte Gesellschaften);该法的制定者显然是从较旧的观

---

① Vgl.dazu Band I,§ 47,pp.261-265.
② Vgl.Band I,§ 48,pp.265-268.
③ Vgl.dazu Band I,§ 127,pp.593-597.
④ Vgl.Hasse,Johann Christian,Beytrag zur Revision der bisherigen Theorie von der ehelichen Gütergemeinschaft nach deutschem Privatrecht,Kiel 1808.
⑤ Näheres bei Lipp,Martin,"Persona moralis","Juristische Person" und "Personenrecht"—Eine Studie zur Dogmengeschichte der Juristischen Person im Naturrecht und frühen 19.Jahrhundert,in: Quaderni fiorentini 11/12 (1982/83)I,pp.217-262.
⑥ Vgl.Etwa Michoud,Léon,La théorie de la personnalité morale et son application au droit français,I-II,Paris 1906—1909,I,Nr.1; auch Schnizer,Helmut,Die juristische Person in der Kodifikationsgeschichte des ABGB,in: Festschrift zum 60.Geburtstag von Walter Wilburg,Graz 1965,p.143.

念出发的。内容不限于私法的《普鲁士普通邦法》,在乡镇和城市之外还规定了特许的或公共的社团(privilegierte oder öffentliche Korporationen);它们服务于公共利益,且需要国家批准。《普鲁士普通邦法》并没有关于法人的一般规定。①

在西班牙,人们很早就打算(在计划的民法典框架内)对伦理人进行法律规定。基于1833年一件法令起草的《坎布罗内罗草案》,就已作出相应的规定;1836年和1851年的草案也同样如此。②但是在这些草案中被看作伦理人的,是国家、市镇、公共机构、教士会和医院,也就是被旧共同法算作伦理人的那些组织。

2. 旧共同法的这些观点起初也统治了学术界。关于西班牙,马卢克·德·莫特斯(Maluquer de Motes)在其上文引用过的作品中就此已有说明。奥地利的情况也是相同的;③直到19世纪下半叶,才在潘德克顿法学理论的影响下出现了一些变化。

法国法学至少坚持了这样一条原则,即只有人的联合(Personenverbände)可以是伦理人或法人。"任何私法上虚拟的人",普拉尼奥-里佩尔说,"必然对应一个人的联合"④。

三、潘德克顿法学的新理论:"法人"概念

一种新观点在德国潘德克顿法学中得到了发展。今天的法人概念就是在这里被创造出来的。

1. 此一概念构成,以人的一般权利能力的思想为基础,并将单个个人的能力转用于各类组织上。这些组织于是也同样具有了权利能力。它们可以获得权利和承担义务,并因此而拥有自己的财产。如果涉及的是一种团体(Verband),则该财产与各个成员的财产相分离,构成自己的责任财产(Haftungsmasse)。对于团体,这可以(但不必然)意味着,对法人的义务仅以其财

---

① Vgl. ALR I,6,§ 25; I,7,§ 19; I,8,§ 108; dazu Dernburg, Preuß. Privatrecht I, § 50, insbes. Anm.2.

② Maluquer de Motes Bernet, Carlos Jordi, La fundación como persona juridica en la codificación civil: de vinculación a persona, Barcelona 1983, p.121 s.; pp.123-128, p.131s.

③ Vgl. Brauneder, Wilhelm, Von der moralischen Person des ABGB zur juristischen Person der Privatrechtswissenschaft, in: Quaderni fiorentini 11/12 (1982/83) I, p.308ss.

④ Planiol-Ripert I, Nr.3029.

产为限承担责任。但是,相对于单个个人的权利能力,法人的权利能力是有限的。按照19世纪的通说,它只意味着财产能力。此外,法人还具有诉讼法上的当事人能力,它本身可以起诉和被诉。

2. "法人"这一术语,最初似乎出现在德国法学家古斯塔夫·胡果(Gustav Hugo)的作品中。① 但胡果只对团体(Körperschaft)使用该术语。在19世纪法学所赋予的那种意义上使用"法人"术语,首先是由海泽(Heise)在其《供潘德克顿讲授使用之共同民法体系概要》一书中实现的。

3. 法人概念现在不再是只被用于团体了。与旧共同法中的人的集合体(*universitas personarum*)概念相对,它不限于团体(Körperschaft),也不等同于团体和社团(Korporation)的概念。除了团体,社会公共机构(Anstalten)和独立的财团也被纳入"法人"概念之下。所以,该概念是一个指称各种有权利能力的组织的上位概念。这里存在着两种类型的法人:团体(Körperschaften,亦作Verbände)和财团。

这种划分也可以追溯到海泽。他的理论迅速得到推广,也成为萨维尼《体系》第二卷中很有影响力的论述的基础。② 潘德克顿法学普遍采纳了他的理论;奥地利法学界自与历史法学派紧密相连,也采纳了海泽的理论。③

因此,关于法人的新理论,同时也意味着独立财团的新理论。

4. 关于术语需要说明的是,19世纪在德国,尤其是在其他欧洲国家,伦理人这种表达或其他语言中的对应词还经常被使用,但指的是新概念。情况决不总是这样的。新理论的代表们因这些术语过于模糊而予以拒绝。④

---

① Vgl. Hugo, Gustav, Lehrbuch des Naturrechts, als einer Philosophie des positiven Rechts, Berlin 1798, p.445; dazu Schnitzer (wie n.6) p.144, mit Hinweis auf einen möglichen Einfluß Domats.

② Zum Einfluß der Heiseschen Begriffsbildung vgl. Pfeifer, Karl, Die Lehre von den juristischen Personen nach gemeinem und württembergischem Rechte, Tübingen 1847; ihr folgt z.B. auch Rosshirt, Konrad Franz, Über juristische Personen, in: AcP 10 (1828) p.315; vg. Auch Unger, System I, p.319; sowie Liermann, Hans, Handbuch des Stiftungsrechts I. Geschichte des Stiftungsrechts, Tübingen 1963, p.235ss.

③ So Stubenrauch, Moritz von, Commentar zum österreichischen allgemeinen bürgerlichen Gesetzbuche, 8. Auflage, hrsg. Schuster von Bonnot/Schreiber, I-II, Wien 1902—1903, I, p.141ss.; Unger, System I, §42; vgl. Dazu Brauneder (wie n.9).

④ Vgl. Savigny, System II, p.240.

四、法人概念的应用范围

上文曾经提及,在旧共同法中,人们根据罗马法和教会法的原始文献,将集合体(*universitas*)理论尤其适用于作为国库(*fiscus*)的国家、各省、乡镇、一些被承认的联合(如行会)以及教会组织。19世纪的理论起初也还是从这种观点,①而不是从19世纪新形成的组织形式出发的。比如说,萨维尼在《体系》第二卷中讨论法人时就没有提到股份公司;在《债法》一书中,他才在与无记名证券问题的关联中谈到股份公司。② 在德国法学中,那种认为股份公司是法人的观点,是19世纪下半叶才被广为接受的。③ 此后,那些现代的组织形式才得以被纳入法人概念之下。

五、关于法人的各种理论

在19世纪的德国法学中,关于法人的特征和"本质",曾存在长期的争论。这或许与一个事实有关,即当时的法学家们总是在寻找"事物的本质",即便是经常以令今天的法学家惊讶的方式。

1. 在德国的潘德克顿法学中,居于统治地位的是所谓的拟制理论(Fiktionstheorie)。

该理论由萨维尼在其《体系》中进行了详细的阐述。④ 法律上的人格意味着私法范围内的权利能力。这种能力本身只属于自然人,而这也是萨维尼的出发点。只有自然人具有人格,不仅是在意志能力和行为能力(Wollen-und Handelnkönnen)意义上,而且是在伦理学的意义上。但是法律有可能将这种

---

① Vgl.etwa Savigny,System II,§§ 85ss.,insbes.p.272;Puchta,Georg Friedrich,Corporationen,in:Rudorff,Adolph August Friedrich(Hrsg.),Georg Friedrich Puchta's Kleine civilistische Schriften,Leipzig 1851,pp.497-518,insbes.pp.511-515.

② Savigny,Obligationenrecht II,p.95 ss.;vgl.dazu Kiefner,Hans,Personae vice fungitur? Juristische Person und "Industrielle Corporation" in System Savingys,in:Festschrift für Harry Westermann zum 65. Geburtstag,hrsg. Wolfgang Hefermehl u. a.,Karlsruhe 1974,pp.263-274.

③ Vgl.dazu unten § 63.

④ Vgl.Savigny,System II,§§ 85-102;vgl.Flume,Werner,Savigny und die Lehre von der juristischen Person,in:FS Franz Wieacker,Göttingen 1978,p.340ss.

能力扩大到像国家、乡镇、行会等特定的社会构成物(soziale Gibilde)上。这种情况的出现,是为了使这些社会构成物的"自由行动"变得简单,以及对它们达到其目的有所帮助。①

但是在技术上来说,这里涉及的是以拟制的方式对权利能力的转用。而这种拟制也并不会产生(与自然人)完全同等的地位:那些社会构成物的权利能力仅限于财产能力。法人因而是"一种在财产上有能力的、人造的主体"②。

一般而言,这种对权利能力的"扩张"只能基于相应的法律规定或国家行为来实现。因此,萨维尼的理论证实了一条流传下来的共同法定律:法律上的人格原则上要求通过特许来授予。

法人这一人造的主体不具有自然人那样的行为能力,而是需要代理,就像一个未成年的儿童那样。在这个意义上,萨维尼采纳了旧共同法的理论。③因为法人不具有自然意义上的行为能力,在萨维尼看来,它也不具有侵权能力。④

一种观点认为,萨维尼意欲通过这种理论来否认被他视为法人的那些构成物的社会实在性。这种观点是很难被接受的。萨维尼明确提到了这些有争议的构成物,甚至还阐述了这些组织的历史。他完全是在技术意义上来使用拟制这一概念的。适用于某一事实(此处指关于自然人的事实)的规则,被转用于另一种事实(如国家、乡镇、行会)。他并未将现实的构成物看作是虚拟的。⑤

然而,在后来的潘德克顿法学家中,出现了一些与另一种观点相近的表述,即法人根本就缺乏实在性(Realität)。普赫塔认为,在法人的情形,"主体本身也不具有自然的存在(Dasein)";其人格只是和"法律概念相联系"。⑥ 阿恩茨说,法人"只是因为法律的拟制"而存在,它只有"思想的,而非自然的存在"。⑦ 在翁格尔的著作中,则有"法人的创造是无中生有"之语。⑧ 但即使是

---

① Savingy, System II, p.239.

② Savingy, System II, p.239.

③ Vgl. Band I, § 47, p.264 s.

④ Savingy, System II, p.318.

⑤ Richtig Flume, Werner, Allgemeiner Teil des Bürgerlichen Rechts I/1: Die Personengesellschaften, Berlin 1977, § 1, pp.3-11.

⑥ Vgl. Puchts (wie n.15) Nr.XXVIII, pp.497-518, insbes. p.498s.

⑦ Vgl. Arndts, Pandekten, p.38.

⑧ Unger System I, p.316.

这些学者也表示,法人需要一个"根基"(Substrat);这个根基可能是人的联合(Personenvereinigung)或者财团[有人认为也包括尚未被继承的遗产(heredita iacens)]。因此,他们是否真的想要否认法人的社会实在性,还是不无疑问的。①

拟制理论在潘德克顿法学中完全居于统治地位。但也有一些潘德克顿法学家,如雷格尔斯贝格,部分地接受了基尔克的异议和观念。②

但是在一些具体问题上,后来的潘德克顿法学者所持观点还是偏离了萨维尼的理论。如温德沙伊德和德恩堡就对许可原则(Konzessionsprinzip)表示反对,他们还认为法人具有侵权能力。③

针对拟制理论的出发点,即只有自然人具有意志能力,齐特尔曼主张,法律上重要的不是"自然的"意志能力,而是"法律的意志能力",也就是说,重要的是客观法律赋予谁以这种意志能力。④

2. 19世纪下半叶,与潘德克顿法学者的拟制理论针锋相对,权威的日耳曼法学者主张"实在的团体人格"(reale Verbandspersönlichkeit)理论。

(1)这种理论指向的是人的团体(menschlichen Verbände)。它首先指出,团体是一种现实,而非拟制。为此,基尔克一方面提到团体在社会生活中可确认的影响力,另一方面又提到(每个人)内在的经验:每个人都感觉自己归属于某个团体,比如宗教共同体或民族。⑤

这些团体被理解为"有机体"(Organismus)。虽然人们都清楚这只是一个比喻,但是还是相信,借助这个比喻可以把握团体的本质。比喻导致的结果是,"我们在社会的身体中可以看到一个由部分所组成的整体的生命单位,就

---

① Vgl. Puchta (wie n.15) p.499s.; Arndts, Pandekten, p.38; Unger, System I, p.317; Windscheid, Pandekten I, § 57; vgl. Henkel, Wolfgang, Zur Theorie der juristischen Person im 19. Jahrhundert. Geschichte und Kritik der Fiktionstheorien, Diss. Jur. Göttingen 1973.

② Regelsberger, Pandekten, § 76.

③ Vgl. Windscheid, Pandekten I, p.168; Dernburg, Pandekten I, p.151s.

④ Zitelmann, Ernst, Begriff und Wesen der sogenannten juristischen Personen, Leipzig 1873, insbes. § 23.

⑤ Vgl. vor allem Beseler, System I, § 66; auch Volksrecht und Juristenrecht, Leipzig 1843, p.164 und Gierke, Otto von, Die Genossenschaftstheorie und die deutsche Rechtsprechung, Berlin 1887; Gierke, Otto von, Das Wesen der menschlichen Verbände (Rektoratsrede vor der Universität Berlin am 15. Oktober 1902), Neudruck der Ausgabe Darmstadt 1954, Darmstadt 1965.

像我们此外只能在自然的生物中所感知到的那种"①。由此得出的结论是,团体也具有行为能力和意志能力,是像个人那样的一个法律上的人格(Person);它是"一种主动介入外部世界的主体"②。

团体需要一种特别的、符合其本质的,并与个人法(Individualrecht)相区别的制度。基尔克为此使用了社会法(Sozialrecht)这一术语。那些决定团体生命的法律行为,应当和个人主义私法的法律行为区别开来。团体的成立不是合同,而是"共同行为"(Gesamtakt)。团体机关的行为也不是代理;而是"作为感知的、判断的、意欲的和行为的单位的看不见的团体人格",在机关的行为中"显示了出来"。③

(2)日耳曼法上这种团体理论的发展,与合作社理论的发展有着紧密的关联。

合作社理论的发展经历了多个阶段。我们要将旧的合作社理论和新的合作社理论区分开来。④

潘德克顿法学家对合伙(*societas*)和团体(Körperschaft)作了严格的区分,并将这两种人合团体的形式(Gesellschaftsformen)视为对立面。基于对某些中世纪共同体形式,如马尔克合作社(Markgenossenschaft)、堤坝合作社(Deichgenossenschaft)以及矿山工会(bergrechtliche Gewerkschaft)等的分析,日耳曼法学者,尤其是布伦奇利和贝泽勒,得出了这样的结论,即潘德克顿法学家主张的那种对立与"德意志法"不相容。他们认为,德意志法中存在的是一种中间形式,"将全体(Gesammtheit)中的多个个人联接成为一个整体,而各个部分在整体中仍然可见;这种联接不是撇开被联接的各个主体不予考虑,而是将他们联合起来"⑤。贝泽勒的表述是,这种中间形式的形成,"是通过将整体的权利和各个成员的权利混杂在一起,特别是在财产方面存在集体

---

① Gierke, Verbände (wie n.31) pp.16,18.
② Gierke, Verbände (wie n.31) p.30.
③ Gierke, Verbände (wie n.31) p.30.
④ Überblick bei Sohm, Rudolf, Die deutsche Genossenschaft, in: Festgabe der Leipziger Juristenfakultät für Dr.Bernhard Windscheid zum 22.Dezember 1888, Leipzig 1888, pp. 141-181; Schröder, Jan, Zur älteren Genossenschaftstheorie. Die Begründung des modernen Körperschaftsbegriffs durch Georg Beseler, in: Quaderni fiorentini 11/12 (1982/83) I, pp. 399-459.
⑤ Vgl.Bluntschli, Deutsches Privatrecht I, p.107.

(universitas)与共同体(communio)的联接"①。这种中间形式,就是德国法上的合作社。贝泽勒将很多组织都纳入该概念之下:从德意志邦联到大型工业企业和铁路公司以至非经济社团。②

较新的合作社理论主要是由基尔克发展出来的。他拒绝将合作社看成介于团体和合伙之间的中间形式的观念,认为这种观念"模糊不清"。他将合作社理解为团体,因而也就是一个总体的法律人格(Gesamtperson)。但是相对于罗马法上的社团(Korporation)而言,合作社的特点在于"统一权利与众多权利在全体(Gesamtheit)中的联接",以及"共同体的存在与成员的存在的相互交融"。③ 基尔克在这里首先考虑的,是那些特定的权利与义务属于各个成员的团体;比如说对团体所有权的某些权利("所有权片段")。④

(3)合作社理论和实在团体人格理论,对于德国法中团体法的发展具有重大意义。它们在逻辑上的结果,首先就是团体成立自由原则;如果团体是单个个人那样的真正的法律人格,它就必然具有权利能力。事实上,这些理论的支持者们认为,德国的共同法采取的是该原则而非许可原则。此外,尽管这些理论提出的有机体思想对于今天的观察者们或许会显得甚为可疑,它们还是使团体法大大地精致化了,我们只须想想成员权的发展便知。

3. 潘德克顿法学者中的一些人提出了第三种法人理论,但他们始终属于少数派。该理论着眼的不是各种人的联合(Personenvereinigung),而是属于法人的财产。它的出发点是,这里涉及的是服务于特定目的的财产。该理论最重要的代表人物布林茨对此解释道:"在语言上,某物不仅可以属于某人,还可以属于某物。我们的主张是,如同在语言上那样,在法律上,某物也可以属于某物。"⑤该理论认为,要使其目的有效实现,并不必虚构一个法律上的人格;无主的权利也是存在的。⑥ 这种理论,与耶林在告别概念法学后提出的主观权利理论颇为契合。"权利的实质是利益而非意志。""权利的主体,是由法

---

① Vgl. Beseler, Georg, Volksrecht und Juristenrecht, Leipzig 1843, p.164; Sohm (wie n.35) p.141.

② Volksrecht und Juristenrecht, pp.165-168.

③ Gierke, Genossenschaftstheorie (wie n.31) pp.2,8,9.

④ Vgl. Gierke, Genossenschaftstheorie (wie n.31) p.306ß319; sowie die Kritik bei Sohm (wie n.35) p.145 s.; Nach Sohm ist die Genossenschaft keine juristische Person, pp.160,165s.

⑤ Brinz, Pandekten I, § 61.

⑥ Brinz, Pandekten I, § 59.

律给与其权利益处的人(受益者)。"①耶林由此认为,对社团而言,作为受益者的成员才是真正的权利享有人;而法人只是"考虑到诉讼的实用"被人为地加进来的。② 恩斯特·伊曼努尔·贝克尔也曾基于相似的考虑来尝试解释股份公司的本质。

4. 20世纪初,以上争论已经结束,又有一种新理论萌芽发展起来:法人的管理被当成了考察的出发点。爱德华·赫尔德尝试将法人的特性理解为一种职务(Amt)和共同体的结合:"它是一种法律关系",而且有时候是"一种职务关系,有时候是一种共同体关系"。这里涉及的是"人格化的各种职务和共同体"③。

5. 德国关于法人本质的讨论在20世纪初偃旗息鼓,但并没有真正地结束。更确切地说,是人们放弃了讨论。

(1)但是,要达到对各种理论进行综合(Synthese)是不可能的。而且,作为这种综合的基础的各种观点,与私法组织的中心问题并无直接的关系。拟制理论起初的出发点,是所有人都有权利能力这一准自然法的原则;而认为只有人才具有真正意义上的权利能力这一原则,其基础却是对主观权利的一种特定的理解,即主观权利是一种自由权,它创造了一个权利人的意志居于统治地位的领域,所以权利能力原则上只限于具有意志能力的自然人。至于各种专用财产理论的背后,则是另一种主观权利学说;该学说将主观权利视为对财产的分配和对享受财产的保障。

实在团体人格理论的出发点,是各种团体在社会生活中所扮演的角色。但是,该理论接下来又基于有机体理论来解释团体,并由此得出团体是有意志能力的法律人格的结论。

以上这些理论的出发点,无疑是不能和谐共存的。

(2)引人注目的是,它们在私法中并未受到批判性的检视,也未得到进一步的发展。人们也未采纳外国还在继续进行的讨论的成果,比如说费拉拉的学说。费拉拉将法人视为私法组织法律制度的要素,并因此将整个讨论引回到具有决定性的问题上来。④

---

① Jhering, Geist IIII/1, § 60, pp.336 und 338.

② Jhering, Geist IIII/1, p.356.

③ Vgl. Hölder, Eduard, Natürliche und juristische Personen, Leipzig 1905, Neudruck Aalen 1964, p.341.

④ Dazu unten VI.

(3)论争和与此相联的不确定性的一个消极后果是,德意志的立法者在19世纪下半叶经常避免在成文法律中使用法人这一术语。他们转而对法人的根本效果(当事人能力、取得权利的能力)进行描述。在《德意志普通商法典》和各种合作社法中,立法者采取的就是这种做法。①

六、欧洲各国法律中的法人理论

1. 作为一种一般法律理论的一部分,法人理论在其他的欧洲国家也为人所知,有时候还得到采纳。

就法人发展起来的各种理论,也在外国受到关注,在有的国家还得到深化。可以说,德国的讨论导致了一种欧洲性的讨论。

(1)随着向潘德克顿法学的转向,奥地利法学接受了法人理论,并参与了对法人本质的讨论。相同的情形也适用于瑞士。

(2)在法国,萨莱伊将法人理论作为其关于法律人格历史发展的杰作的基础。② 莱昂·米舒在其《伦理人格理论》③一书中深入地研究了德国的理论。④ 普拉尼奥提出了自己的独特理论,将法人的本质视作一种"集体财产"(*propriété collective*)的形式。这种理论从财产及其目的出发,将组织的所有权作为集体的所有权与个人所有权对立起来。⑤ 但是,该理论未扩大到独立的财团这样的组织,因为法国法上并未规定这些组织。

(3)在意大利,19世纪下半叶就法人问题曾有过非常热烈的讨论。⑥ 在这场讨论中,问题得到了进一步的发展。这里尤其应当提及费拉拉的贡献。他

---

① Zur Beurteilung des Streites vgl.Flume, Werner, Allgemeiner Teil des Bürgerlichen Rechts II, Berlin 1983, p.25ss.; Wieacker, Privatrechtsgeschichte, p.492 s.; Staudinger-Coing, 11. Auflage, Rz 2c Einleitung vor § 21 BGB.

② Saleilles, Raymond, De la personnalité juridique. Histoire et théories, Paris 1910.

③ Vgl.n.6.

④ Michoud (wie n.6), Nr.6s., 17s., 32.

⑤ Planiol-Ripert I, Nr.3017, 3020-3033.

⑥ Giorgi, Giorgio, La dottrina delle persone giuridiche o corpi morali, I-VI, Firenze 1889—1927, I, Nr. 14-60, mit einer eingehenden Darstellung der deutschen Diskussion. Giorgi kommt aber zu einer eigenen gesonderten Auffassung.Vgl.ferner Ferrara, Francesco, Teoria delle persone giuridiche, Napoli 1916, 2. Auflage 1923, dort Nr. 30-62, eine Darstellung der Meinungen in der deutschen Theorie.

认识到,法人是客观法律关于各种组织的规定的一种形式,是"一种管理的模式……是由客观法所吸收的社会组织和联合的特定现象的法律形式"①。

(4)西班牙的发展也颇为相似。萨维尼的理论在那里已广为人知;在民法典编纂前,人们就已对各种团体的实在性问题进行了讨论。② 克莱门特·德·迭戈在其《西班牙民法教科书》③中阐述了那些最重要的观点,他自己倾向于实在团体人格理论。④

(5)甚至在英国和斯堪的纳维亚国家的法学中,法人理论也具有一定的意义。⑤

2. 19世纪下半叶的立法也是从法人理论的新表达出发的,并采用了相应的规则。布伦齐利就已经将这种理论作为《苏黎世私法典》非常全面的规范的基础。⑥

1889年《西班牙民法典》在第35条中对各种法人进行了列举,在团体之外也提到了财团。⑦《德国民法典》和《瑞士民法典》同样在社团之外规定了作为法人的财团。⑧

---

① Ferrara（wie n.52）,Nr.69.

② Maluquer de Motes（wie n.8）p.197s.,214.

③ Clemente de Diego I,Lección 13.

④ Clemente de Diego I,p.191ss.Vgl.im übrigen zur Bedeutung der Lehre von der juristischen Person in Spanien Mozos,José Luis de los,La evolución del concepto de persona juridica en el derecho español,in：Quaderni fiorentini 11/12（1982/83）II,pp.833-858,insbes.pp.833-835.

⑤ Vgl.dazu Stein,Peter,Nineteenth Century English Company Law and Theories of Legal personality,in：Quaderni fiorentini 11/12（1982/83）II,pp.503-519 sowie Tamm,Ditlev,Die juristische Person in der dänischen Rechtswissenschaft des 19.Jahrhunderts,in：Quaderni fiorentini 11/12（1982/83）II,pp.475-501.

⑥ Zürcher Privatrechtsliches Gesetzbuch §§20-58.

⑦ Dazu Maluquer de Motes（wie n.8）p.227 s.

⑧ BGB §§21 ss.(Vereine),§§80 ss.(Stiftungen)；ZGB Art.60 ss.(Vereine),80 ss.(Stiftungen).

私法与国家

——比较分析和历史考察[*]

[德]尼尔斯·扬森、[美]拉尔夫·迈克尔斯[**]著　叶浩拉 译，史志磊 校[***]

摘　要：私法与国家的关系是欧洲一体化和全球化为法律带来的挑战中最复杂的方面之一。它不仅异于公法与国家的关系，而且在不同法律体系中也有不同的体现。本文提供了一个该关系在德国和美国的历史和比较

---

[*] 本文是为"超越国家——私法的再思考"会议所准备的两篇论文之一，该会议由《美国比较法杂志》和《拉贝尔杂志》在汉堡马克斯-普朗克研究所于2007年7月12日至14日联合举办。更多的信息，请访问 www.private-law.org．感谢 Joan Magat、Mathias Reimann 和 Reinhard Zimmermann 有价值的评议。

译者注：本文原载 Rabels Zeitschrift fuer auslaendisches und internationales Privatrecht 2007年第71卷，经作者授权，发表于本刊，文章的关键词为译者所加，为了译文的流畅，对部分脚注的顺序做了调整。

下文以缩略形式引用的文献包括：Harold J. Berman, Law and Revolution. The Formation of the Western Legal Tradition (1983); Helmut Coing, Europäisches Privatrecht, Vol. I, Älteres Gemeines Recht (1500—1800) (1985); Martin van Crefeld, The Rise and Decline of the State (1999); Marie T. Fögen, Römische Rechtsgeschichten (2002); Jansen, Die Struktur des Haftungsrechts. Geschichte, Theorie und Dogmatik außervertraglicher Ansprüche auf Schadensersatz (2003); Michaels, The Re-State-Ment of Non-State Law. The State, Choice of Law, and the Challenge from Global Legal Pluralism: Wayne L. R. 51 (2005) 1209 ff.; Mathias Reimann, The Historical School Against Codification: Savigny, Carter, and the Defeat of the New York Civil Code: American Journal of Comparative Law 37 (1989) 95 ff.; Wolfgang Reinhard, Geschichte der Staatsgewalt. Eine vergleichende Verfassungsgeschichte Europas von den Anfängen bis zur Gegenwart[3] (2002); Fritz Schulz, Geschichte der Römischen Rechtswissenschaft (1961); Werner Teubner, Kodifikation und Rechtsreform in England. Ein Beitrag zur Untersuchung des Einflusses von Naturrecht und Utilitarismus auf die Idee einer Kodifikation des englischen Rechts (1974); Gunther A. Weiss, The Enchantment of Codification in the Common-Law World: Yale Journal of International Law 25 (2000) 435 ff.; Franz Wieacker, Privatrechtsgeschichte der Neuzeit2 (1967); Franz Wieacker, Römische Rechtsgeschichte. Erster Abschnitt (1988); Reinhard Zimmermann, The Law of Obligations. Roman Foundations of the Civilian Tradition (paperback ed., 1996); Reinhard Zimmermann, Codification: History and Present Significance of an Idea: European Review of Private Law 3 (1995) 95 ff.

[**] 尼尔斯·扬森(Nils Jansen)为德国明斯特大学法学院教授；拉尔夫·迈克尔斯(Ralf Michaels)为美国杜克大学法学院教授。

[***] 译者叶浩拉为南昌大学法学院学生，校者史志磊为南昌大学法学院讲师，赣江青年学者。

的概览,分析了在欧洲国家成为私法的最终权威来源,但在私法理论和裁判中被严重忽视的历史条件和原因,界定了一些能够解释美国异常不同的发展状况的因素。在美国,虽然在私法中国家的概念缺失,但是在某种程度上,私法从来不被认为独立于社会政策。在比较及历史考察的基础上,本文对一些可被视为私法与国家关系中的核心问题作出更具一般性和理论性的评论。

关键词:私法;国家社会政策

每个人都在谈论欧洲一体化与全球化对法律——包括私法——带来的挑战。但对于挑战的构成在概念上却极不清晰。这些发展在很大程度上关乎私法与国家的关系。然而,即便法律与国家的一般关系在法学理论中是一个常见的主题,但私法的特殊性经常被忽视。即使粗略的分析都能够显示出:私法与国家的关系不仅十分复杂和独特,而且它们的关系在不同的法律体系中也明显不同。但该关系还没有被系统地分析过,事实上,在某一法律体系中,私法是如何与国家相联系的也很少为人所知。

本文和姊妹篇[①]一起,致力于解释一些相关的问题。当然,私法与国家的关系太复杂以至于不能在一篇文章中进行全面的分析,即使两篇文章也很难进行全面的分析。这两篇文章的首要目的不是提供答案,而是提出能够激发进一步讨论的问题。另一篇文章将体系化地整理关于欧洲一体化和全球化对法学理论和比较法的影响的零散讨论,本文为相关问题提供一个历史和比较的背景。本文第一部分介绍20世纪德国与美国关于私法与国家关系的不同认知。第二部分转向国家与私法关系的早期历史。在此,一方面,我们考察在欧洲国家成为私法的最终权威来源的历史条件和原因,另一方面,我们提出了为何国家与私法理论和裁判基本无关的问题。同时,我们发现了能够解释欧洲大陆与美国出现不同发展状况的因素。在这些比较和历史观察的基础上,本文对一些可被视为私法与国家关系中的核心问题作出更具一般性和"理论性"的评论。

---

① Michaels, Jansen, Private Law Beyond the State. Europeanization, Globalization, Privatization: American Journal of Comparative Law 55 (2007) xxx.

一、比较分析

(一)欧洲:处于背景中的国家

在19世纪至20世纪的大部分时间里,欧洲学者的工作主要以两个紧密关联的假定为基础。一个是所有法律——包括私法——的有效性最终排他地取决于国家。① 学术文献中讨论的私人纠纷几乎全部诉诸或可以诉诸国家法院,并理所当然地适用国家法律。对大多数的法学家而言,"难道所有的法的有效性都取决于国家不是显而易见的吗?"这既不是一个问题,也不觉得有一点奇怪。实际上,当汉斯·凯尔森和赫伯特·哈特在概念上将实证法的有效性和特性依附于一项基本规范或承认规则,②并因而预设了主权的权威时,③他们不过是将通常的理解表达了出来。对于大多数法学家而言,该主权只能是由立法或司法权威所代表的民族国家。④

第二个假定是,至今人们关于规范私人关系的规则和原则(私法)⑤实质的认识基本上与法的有效性取决于国家这一命题无关。即使国家垄断法的实

---

① 譬如,Eugen Ehrlich, Internationales Privatrecht: Deutsche Rundschau 126 (1906) 419, 425: "现在,在国家领土范围内只有国家能够决定哪部法律具有效力是毋庸置疑的。"(参见 Michaels 1245 f.); Reinhard 281: "现在,权利被国家权力所垄断。"

② Hans Kelsen, Reine Rechtslehre (1960) 196 ff.; Hans Kelsen, Pure Theory of Law (1967) 193 ff.; Herbert L.A. Hart, The Concept of Law (1994) 100 ff.须注意,两位学者都将公法和私法的划分相对化,参见 Kelsen, Rechtslehre, 284 ff.; Kelsen, Theory of Law, 281 f.; Hart, loc.cit., 27 ff.

③ Hart, Concept of Law (N.3) 50 ff.

④ 关于来自不同传统的学者的不具代表性的观点,参见 Klaus F. Röhl, Allgemeine Rechtslehre (2001) 184 ff., 186, 282 ff.; Dieter Grimm, Rechtsentstehung, in: id. (ed.), Einführung in das Recht (1991) 40 ff., 41: "国家决定的产物"; Johann Braun, Einführung in die Rechtswissenschaft (2001) 216 ff.; (批判的观点)Josef Esser, Grundsatz und Norm in der richterlichen Fortbildung des Privatrechts (1990) 337: "在国家集权立场下的法学理论的唯我论与政治实证主义的排他性完全相应"; Roberto M. Unger, Knowledge and Politics (1975) 281-284. 关于一个简要的概括,参见 Edgar Bodenheimer, Jurisprudence (1940) 52 ff.

⑤ 当然,这一观点预设了私法是一个独立的领域,这为凯尔森所否认,参见 Kelsen, Reine Rechtslehre 109 ff.. 关于在德国和美国学界中私法概念的更加系统的讨论,参见 Michaels/Jansen II.A..

施,私法在此意义上也通常不被视为公共治理的一部分,而是作为基本独立于政府决策的矫正正义的一种表达。法典通常不是由政治家而是由法律专家进行编纂的;伟大的欧洲法典编纂更像是在技术上提升法律的重述,[1]而不是对实质内容的根本变更。[2] 根据一种古典的看法,私法的基本原则具有普遍的效力,国家在私法上不存在正当的政府利益。[3] 因此,主权可被视为一种平衡双方当事人冲突利益以及为纯粹私人之间的争议寻求解决的中立权威。[4]

即使当适用于一些纠纷的矫正正义原则成为政治争议的对象时,该学说仍然被维持。显然,在这些案件中,现代国家通过(以民主方式颁布的)法令"介入"私法,严格责任与消费者保护是最近经常涉及的事例,在这些场合私法成为政治争议的对象。但是,大多私法学家并不认为这些争论比早期关于非

---

[1] Konrad Zweigert/Hein Kötz, Einführung in die Rechtsvergleichung (1996) 78 ff., 84 ff. (法国的情况), 137 ff., 142 ff.; Paul Koschaker, Europa und das römische Recht (1966) 205(德国的情况).关于方法论的讨论,参见 Bernd Mertens, Gesetzgebungskunst im Zeitalter der Kodifikation (2004) 18 ff., 33 ff., 51 ff., 以及书中所引用的文献。

[2] Zimmermann, Codification; Jansen, European Civil Code, in: Jan M. Smits (ed.), Elgar Encyclopedia of Comparative Law (2006) 247 ff.因此,Bernhard Windscheid 认为德国民法典是法"发展过程中的一个节点",参见 Bernhard Windscheid, Die geschichtliche Schule in der Rechtswissenschaft (1878), in: Bernhard Windscheid, Gesammelte Reden und Abhandlungen, ed. by *Paul Oertmann* (1904) 66, 75 f.; 也参见 Gottlieb Planck, Zur Kritik des Entwurfes eines bürgerlichen Gesetzbuches für das Deutsche Reich: Archiv für die civilistische Praxis 75 (1889) 327, 331 ff.

[3] 关于私法的民族国家形式与其非实证的普遍价值之间的张力,参见 Christian Joerges, Die Wissenschaft vom Privatrecht und der Nationalstaat, in: Dieter Simon (ed.), Rechtswissenschaft in der Bonner Republik (1994) 311 ff., 然而,该篇文章的焦点在于可归因于18世纪和19世纪德国"私法社会"(Privatrechtsgesellschaft)的关于私法的非政治化和形式主义的具有想象性的理解与20世纪由政治推动的私法变革之间的张力。本文强调的重点在于对私法的理解从矫正向工具主义转变。但两种发展在智识上存在紧密的关联并不是没有可能的。

[4] See Philipp Heck, Grundriß des Schuldrechts (1929) 1 ff.; *Ludwig Enneccerus*, *Heinrich Lehmann*, Recht der Schuldverhältnisse. Ein Lehrbuch14 (1954) 5 ff.; Ulrich Huber, Leistungsstörungen, Vol. I (1999) 24 ff.; 也参见 Werner Flume, Allgemeiner Teil des Bürgerlichen Rechts II. Das Rechtsgeschäft(1974) 3 ff.

常损失原则①或最轻过失②的学术讨论更有"政治性"。即使这些纠纷属于政治上的争议并且与经济和社会密切相连,它们仍然被大多数法学家③理解为私行为人之间的纯粹私人关系。仅有的例外是,在民族国家最强盛的时期,在强烈的意识形态的基础上讨论社会的经济制度(economic constitution)时,私法成了管制所考虑的对象。④ 但是这些讨论仅涉及经济法,因为只有私法中

---

① 关于因交易显失公平的合同救济,参见 cf. Zimmermann, Obligations 259 ff., 264 ff., 以及所列的参考文献。

② 因最轻微过失的准严格责任,相当于"无过错的过失",参见 Jansen 340 ff., 433 ff., 以及所列的参考文献。

③ 但作为例外,参见 Victor Mataja, Das Recht des Schadensersatzes vom Standpunkt der Nationalökonomie (Leipzig 1888); 关于合同外责任的经济分析(当时该术语尚未被提出),(参见 Izhak Englard, Victor Mataja's Liability for Damages from an Economic Viewpoint: A Centennial to an Ignored Economic Analysis of Tort: International Review of Law and Economics 10〔1990〕173 ff.); Karl Renner, Die Rechtsinstitute des Privatrechts und ihre soziale Funktion. Ein Beitrag zur Kritik des bürgerlichen Rechts (1929/1965) 58 ff. 以及其他受马克思主义思想所激发的关于私法核心制度的社会经济分析。这两部作品长期被主流法律学说所忽视并不是巧合。

④ 关于在魏玛共和国时期对私法的大规模介入,参见 Knut W. Nörr, Zwischen den Mühlsteinen. Eine Privatrechtsgeschichte der Weimarer Republik (1988) 3 ff. 这些介入基本可归因于战时经济(即战后经济)。更加重要的是,真正从经济和工具角度的论述,比如 Franz Böhm, Wettbewerb und Monopolkampf (1933) 187 ff., 210 ff., 318 ff.; Franz Böhm, Die Ordnung der Wirtschaft als geschichtliche Aufgabe und rechtsschöpferische Leistung (1937) 54 ff.; Franz Böhm, Privatrechtsgesellschaft und Marktwirtschaft: Ordo. Jahrbuch für die Ordnung von Wirtschaft und Gesellschaft 17 (1966) 75 ff. 该文没有在第三帝国发表。从法律角度的论述,尤其应参见 Walter Schmidt-Rimpler, Grundfragen einer Erneuerung des Vertragsrechts: Archiv für die civilistische Praxis 147 (1941), 130 ff., 149 ff., 157 ff.; Walter Hallstein, Von der Sozialisierung des Privatrechts: Zeitschrift für die gesamte Staatswissenschaft 102 (1942) 530 ff., 546 f. 该文将个人行使权利视为"职能"或"法秩序的机构"; Walter Hallstein, Wiederherstellung des Privatrechts: Süddeutsche Juristen-Zeitung 1946, 1, 6 f.; Ludwig Raiser, Wirtschaftsverfassung als Rechtsproblem, in: Festschrift Julius von Gierke (1950) 181, 196 ff.; Ernst Steindorff, Politik des Gesetzes als Auslegungsmaßstab im Wirtschaftsrecht, in: Gotthard Paulus (ed.), Festschrift Karl Larenz zum 70. Geburtstag (1973) 217 ff.; Ernst Steindorff, Wirtschaftsordnung und -steuerung durch Privatrecht?, in: Fritz Baur (ed.), Festschrift Ludwig Raiser (1974) 621 ff.; Ernst-Joachim Mestmäcker, Über das Verhältnis des Rechts der Wettbewerbsbeschränkungen zum Privatrecht: Archiv für die civilstische Praxis 168 (1968) 235, 237 ff.; Ernst-Joachim Mestmäcker, Der Kampf ums Recht in der offenen Gesellschaft: Rechtstheorie 20 (1989) 273, 281 ff. Joerges 对这些讨论的综述,参见 Joerges, Wissenschaft vom Privatrecht (N.9) 324 ff.

这些"现代的"、革新的部分才被理解为对社会现实具有特殊的塑造和变革作用。①

因此，尽管受到变革或充满争议的社会价值的影响，私法的传统核心领域——如债、财产和继承——仍然没有被视为推动社会变革或维护第三人利益和集体目标的工具。② 至少在欧洲，这些目标被广泛地认为属于公法的领域，只有在这个领域，国家才真正积极地变革与塑造社会。即使第三帝国和德意志民主共和国也很快放弃了它们（及它们理论家的）将私法社会化的远景规划，③让这些私法的核心领域的结构基本保持它们的传统样态。④ 私法在相当大的程度上改变了自身（尽管其范围存在争议），但这些改变基本上为对社会

---

① K.W.Nörr,Zwischen den Mühlsteinen (N.14) 16 ff.,42 ff.; Steindorff,Politik des Gesetzes (N.14) 232 f.相应的，这些讨论基本限于经济法学家，对私法方法的一般理解并没有产生持续性影响，尽管经济法的理念被视为对这种方法的一种恰当批评，参见 Heinz-Dieter Assmann et al.(eds),Wirtschaftsrecht als Kritik des Privatrechts (1980);以及非常新的文献，Karsten Schmidt, Wirtschaftsrecht: Nagelprobe des Zivilrechts—Das Kartellrecht als Beispiel: Archiv für die civilistische Praxis 206 (2006) 169 ff.

② K.W. Nörr,Zwischen den Mühlsteinen (N.14) 48 ff.,72 ff.,100 ff.尤其参见 Ludwig Raiser,Der Gleichheitsgrundsatz im Privatrecht: Zeitschrift für das gesamte Handelsrecht 111 (1948) 75,78 ff.尽管从平等原则具有实现社会某种状态的功能的假定开始（第77页），并且在 Böhm、Eucken 和 Hallstein(93 ff.;参见 N.14)的基础上展开论述，但 Raiser 明显将私法的这些核心领域首先视为社会生活的反映（第77页），相应的，在他的论述中，私法好像只与两个（或多个）个人之间的关系有关（特别参见第88页，以及第95页及以次）。一些反对的观点，参见 Alternativkommentar zum Bürgerlichen Gesetzbuch(1979 ff.);也参见 Christian Joerges, Bereicherungsrecht als Wirtschaftsrecht.Eine Untersuchung zur Entwicklung von Leistungs-und Eingriffskondiktion (1977).

③ Inga Markovits, Sozialistisches und bürgerliches Zivilrechtsdenken in der DDR (1969) 105 ff.; Inga Markovits,Civil Law in East Germany—Its Development and Relation to Soviet Law and Ideology: Yale L.J.78 (1968) 1,35ff.;也参见 Hans-Peter Haferkamp,Das Bürgerliche Gesetzbuch während des Nationalsozialismus und in der DDR-mögliche Aspekte und Grenzen eines Vergleichs (2005).

④ 计划和行动之间的冲突迷惑了一些学者，例如 Uwe Wesel,Geschichte des Rechts (1997) 474 ("民法产生了巨大的变革"),475 ("没有发生太大的变革")。

环境变化的解释性应对,而不是经由国家介入引起的。① 人民法典的计划失败了,②东德于 1975 年颁布的新私法典看起来非常像旧民法典的现代版本。③ 相应的,当西德的债法在 20 世纪变得更具"社会性"时,主流的解释是法律(或多或少直接地)反映了社会和文化的变革,显然国家在这个过程中没有扮演特别的角色。④

当今,这些假定都丧失了它们不证自明的特性。事实上,它们提供了一副 19 世纪和 20 世纪欧洲法律的不完整图景。私法规则永远不可能仅被缩减为某一法律争议中个体当事人利益的公平衡量,善意取得第三人财产的能力或者如何设计商事企业的法律形式的问题常被一个繁荣市场中的公共利益所引导,⑤自然法法典在很大程度上被维护共同利益的冲动所驱使。此外,在没有某一特定国家法律为基础的前提下,⑥私人仲裁⑦和独立发展的跨国贸易惯例

---

① 从表面上看,这一观点与 Bernd Rüthers 的观点不同,关于后者,参见 Bernd Rüthers,Die unbegrenzte Auslegung.Zum Wandel der Privatrechtsordnung im Nationalsozialismus6(2005)114 ff.*et passim*.作者在第三帝国时期强调政治对法律方法的影响,与之相对的是,在魏玛共和国时期强调政治经济的影响。但一旦我们接受在整体主义国家中 Rüthers 所称的"政治"包含经济和"社会",上述区分就不再那么对立。

② Gerd Brüggemeier,Oberstes Gesetz ist das Wohl des deutschen Volkes. Das Projekt des "Volksgesetzbuches":Juristenzeitung 1990,24 ff.

③ 更深入的分析,参见 Jörg Eckert,Hans Hattenhauer(eds),Das Zivilgesetzbuch der DDR vom 19.Juni 1975(1995).

④ Franz Wieacker,Das Sozialmodell der klassischen Privatrechtsgesetzbücher und die Entwicklung der modernen Gesellschaft (1953) 18 ff.;Claus-Wilhelm Canaris,Wandlungen des Schuldvertragsrechts——Tendenzen zu seiner Materialisierung:Archiv für die civilistische Praxis 200(2000)273 ff.:两位学者均首先将私法的传统核心领域的变革归因于法官对变化的社会价值的表达,而不是国家的介入。

⑤ David Mevius,Commentarii in Jus Lubecense Libri Quinque(Frankfurt and Leipzig 1700)pars III,tit.II,art.II,n.5,作者认为善意取得制度是由制定法——而非共同法的原则——为了公共商业利益确立的。

⑥ Hans Großmann-Doerth,Der Jurist und das autonome Recht des Welthandels:Juristische Wochenschrift 1929,3447 ff.

⑦ Knut W. Nörr/Kerstin Schlecht,Zur Entwicklung der Schiedsgerichtsbarkeit in Deutschland:Gesetze und Entwürfe des 19.Jahrhunderts,in:Vito Piergiovanni(ed.),From lex mercatoria to Commercial Law,Comparative Studies in Anglo-American and Continental Legal History(2005)165,166 ff.;Julian D.M.Lew,Achieving the Dream:Autonomous Arbitration:Arbitration International 22(2006)179,183 f.

在19世纪之前长期存在。但在20世纪,学者基本上不认为跨国法独立于国家法律体系。① 但更为重要的是,大多数从事私法研究的学者认为该发展对私法的理解来说是次要的。

(二)美国:无国家的工具主义

有趣的是,美国的法律体系经历了十分不同的发展。一方面,即使在法律形式主义时期,公法和私法的划分与欧洲大陆相比也具有较少的规范意义。② 今天只有从矫正正义的角度切入私法的学者,如弗里德(Fried)或者科尔曼(Coleman),③明确地支持私法与公法之间的严格区分并认为私法独立于公共关切。另一方面,早在19世纪初期,美国的法官已经在工具考量的基础上发展法律,④在20世纪,由于法律现实主义批判公私法划分的人为性,⑤在公共政策的基础上发展私法对于他们来说是十分常见的。法官理所当然地将私法理解为达到社会目的的一种工具。虽然就这些目的应当是什么存在广泛的分歧,但是私法应当根据这些目的来理解和评价是毫无疑问的。确实,即使像洛克那诉美国(Lochner v.U.S.)这样的案例,⑥现在普遍被斥为一个司法形式主义和对自主私人领域的偏爱胜过正当的公共关切大爆发的判例,实际上建立

---

① Francis A.Mann,Lex Facit Arbitrum,in: Pieter Sanders (ed.),International Arbitration.Liber Amicorum for Martin Domke (1967) 157,159:"在法律意义上,不存在国际商事仲裁……任何仲裁都是国家仲裁,也就是说,从属于一个特定的国家法律体系";当下类似的论述,参见 Christian von Bar/Peter Mankowski,Internationales Privatrecht2 (2003) § 2-75 ff.

② John H.Merryman,The Public Law-Private Law Distinction in European and A-merican Law: Journal of PublicLaw 17 (1963) 3 ff.;也参见 Michaels/Jansen (N.1) II.A.

③ Charles Fried,Contract as Promise (1981); Richard A.Epstein,A Theory of Strict Liability: Journal of Legal Studies 2 (1973) 151 ff.; Ernest J.Weinrib,The Idea of Private Law (1995); Arthur Ripstein,Equality,Responsibility,and the Law (1999); Jules L.Coleman,The Practice of Principle (2001) 3 ff.

④ Morton J.Horwitz,The Transformation of American Law 1780—1860 (1977) 1 ff.,17 ff.

⑤ Cf.Morton J.Horwitz,The Transformation of American Law 1870—1960 (1992) 206; Morton J.Horwitz,The History of the Public/Private Distinction: University of Pennsylvania L.R.130 (1982) 1423 ff.

⑥ 198 U.S.45 (1905).

在公共关切衡量的基础上——一方面是"国家利益,即国家的人口应当强壮和强健"①,另一方面是"劳动者供养自身和其家庭的能力"②。当霍姆斯大法官在反对意见中写道"一部宪法并不意欲包含某一特定的经济理论,无论是主张公民与国家间家长制的和有机联系的理论还是自由放任的理论"时,清楚地表明判决与相互冲突的工具理论有关。③

然而,尽管激进的法律现实主义者及新政的理论家明确地将这些社会目的与国家联系起来,④当下这些政策显然都不源于国家政治领域或与其有关。相反,法律学术界和法院——在较低程度上——让自己跨学科地受制于其他社会科学,尤其是经济学,包括公众选择或者博弈论。⑤ 除遵循先例外,法官希望执行根植于社会的道德规范和有益于社会的政策,他们这样做并不是因为这些政策是政府的,而是因为它们有充分的社会支持。⑥ 的确,认为在美国而非欧陆普通法立基于社会而非国家是合理的。吊诡的是,虽然欧洲私法看起来建立在国家的基础上,但是并不受制于国家的工具目的,私法在美国受制于这些目的,但这些目的(和法的有效性)并不建立在国家的基础上。

(三)错误的认识? 跨国私法和国家工具主义

最近,这个吊诡的区别发生了根本性的变化:一方面,国家明显从法律体系中退出。⑦ 因此,在内国法律体系、跨国法以及劳动法、会计准则、良善治理

---

① 198 U.S. 45 (1905).
② 198 U.S. 45 (1905).
③ 198 U.S. 45 (1905).也参见 Lawrence Friedman, American Law in the 20th Century (2002) 18:"在某种意义上,霍姆斯和判决的多数意见是一致的。"
④ Robert L.Hale, Coercion and Distribution in a Supposedly Non-Coercive State: Political Science Quarterly 38 (1923) 470 ff.; Morris R.Cohen, Property and Sovereignty: Cornell Law Quarterly 13 (1927) 8 ff.; Morris R.Cohen, The Basis of Contract: Harvard L.R.46 (1933) f553,585 ff.
⑤ Brian H.Bix, Law as an Autonomous Discipline, in: Peter Cane/Mark Tushnet (eds), The Oxford Handbook of Legal Studies (2003) 975,978 ff.
⑥ Melvin A.Eisenberg, The Nature of the Common Law (1988) 28.
⑦ Philippe Nonet, Philip Selznick, Law and Society in Transition (2001) 102 f.

(good governance)、体育法等不同领域中,民间立法变得越来越常见。① 随着当事人在法律选择中自主性的兴起,当事人选择希望适用于他们案件的法律成为常见的事情;因此国家法的适用性受制于私人的选择。一个平行的发展是,国家法庭越来越被认为只是一个国际仲裁之外的选择,后者自1950年代后越来越独立于国家法律体系。② 法律工作者开始在跨国的层面上行动和思考问题。③ 因此,现代商人法的激烈争论④可以被理解为很多争论者关于一个国际性的法律体系或具有法律拘束力的惯例正在形成的意识的表达。⑤

---

① 一个新近的概述,参见 Johannes Köndgen,Privatisierung des Rechts:Archiv für die civilistische Praxis 206(2006)477,479 ff.;Jens Adolphsen,Eine lex sportiva für den internationalen Sport?,in:Carl-Heinz Witt et al.(eds),Die Privatisierung des Privatrechts (Jahrbuch Junger Privatrechtswissenschaftler 2002) 281 ff.;Jens Adolphsen,Grenzen der internationalen Harmonisierung durch Übernahme internationaler privater Standards:RabelsZ 68(2004) 154 ff.

② Lew,Achieving the Dream(N.25) 184 ff.,189 ff.,195 ff.

③ H.Patrick Glenn,A Transnational Concept of Law,in:Handbook of Legal Studies (N.37) 839,844 ff.;Peer Zumbansen,Transnational Law,in:Elgar Encyclopedia of Comparative Law (N.8) 738 ff.

④ Ursula Stein,Lex Mercatoria.Realität und Theorie (1995);对跨国性规则和惯例有效性的分析,参见 Michaels 1218 ff.;Michaels,Privatautonomie und Privatrechtskodifikation.Zu Anwendbarkeit und Geltung allgemeiner Vertragsrechtsprinzipien:RabelsZ 62(1998) 580,601 ff.,614 ff.商人法观念的拥护者,包括:Clive M.Schmitthoff,Commercial Law in a Changing Economic Climate(1981) 18 ff.;Jan H.Dalhuisen,Dalhuisen on International Commercial,Financial and Trade Law(2000) 63 ff.,98 ff.;Hans-Joachim Mertens,Nichtlegislatorische Rechtsvereinheitlichung durch transnationales Wirtschaftsrecht und Rechtsbegriff:RabelsZ 56(1992) 219,226 ff.;Hans-Joachim Mertens,Lex Mercatoria:A Self-applying System Beyond National Law?,in:Gunther Teubner(ed.),Global Law Without a State (1997) 32 ff.;Köndgen,Privatisierung(N.40) 501 f.;也参见 Klaus Peter Berger,Understanding International Commercial Arbitration,in:Klaus Peter Berger (ed.),The Practice of Transnational Law (2000) 5 ff.;The Empirical and Theoretical Underpinnings of Law Merchant:Chicago Journal of International Law 5(2004) 1 ff.(Symposium Issue);Roy Goode,Commercial Law in the Next Millenium(1998) 88 ff.,作者试图回避该问题;更具批判性的观点,参见 Filip De Ly,International Business Law and Lex Mercatoria (1992) 207 ff.

⑤ Gunther Teubner,Globale Bukowina.Zur Emergenz eines transnationalen Rechtspluralismus:Rechtshistorisches Journal 1996,255,264 ff.

同时,法学家已经开始讨论独立于国家法律体系的私法的理论论题和体系问题:①欧洲的"原则"和跨国家法已经出现,②它们可被视为一种认为私法的基础可以——或甚至应该——独立于国家法的意识的表达。③ 甚至法官也逐步跨越他们法律体系的国家边界,接受外国判决或国际渊源的权威性。很多讨论聚焦于已经变得很平常的关于人权的判决,④在此领域,一个相关的因素可能是法官或其听众的如下观点,即人权保护公民免受国家侵害,因此应被

---

① Ernst Rabel, Das Recht des Warenkaufs, Vol. I, (1936); *Ernst von Caemmerer*, Bereicherung und unerlaubte Handlung, in: Hans Dölle (ed.), Festschrift Ernst Rabel, Vol. I (1954) 333 ff.; Zimmermann, Obligations (1st ed. 1989); Hein Kötz, Europäisches Vertragsrecht, Vol. I (1996). 在法国,类似的观念在 20 世纪初已经有人提出,参见 Christophe Jamin, Saleilles' and Lambert's Old Dream Revisited: American Journal of Comparative Law 50 (2002) 701, 705 ff.

② Ole Lando, Hugh Beale, Principles of European Contract Law, Part I/II (2000); Ole Lando, Eric Clive, André Prüm, Reinhard Zimmermann, Principles of European Contract Law, Part III (2003); UNIDROIT (ed.), Principles of International Commercial Contracts, 2004 (first 1994); see also Michael J. Bonell, An International Restatement of Contract Law3 (2005); *European Group on Tort Law*, Principles of European Tort Law. Text and Commentary (2005); *Study Group on a European Civil Code/Christian von Bar*, Principles of European Law. Benevolent Intervention in Another's Affairs (PEL Ben. Int.) (2006).

③ Reinhard Zimmermann, Roman Law, Contemporary Law, European Law (2001) 107 ff.; Reinhard Zimmermann, Ius Commune and the Principles of European Contract Law. Contemporary Renewal of an Old Idea, in: Hector MacQueen, Reinhard Zimmermann (eds), European Contract Law. Scots and South African Perspectives (2006) 1 ff.; Reinhard Zimmermann, Comparative Law and the Europeanization of Private Law, in: *Mathias Reimann/Reinhard Zimmermann* (eds), The Oxford Handbook of Comparative Law, 539, 563 ff.

④ Anne-Marie Slaughter, A New World Order (2004) 65 ff.; Christopher McCrudden, A Common Law of Human Rights?: Transnational Judicial Conversations on Constitutional Rights: Oxford Journal of Legal Studies 20 (2000) 499 ff., 506 ff.,作者对这一发展在概念、规范和理论上的论题进行了富有启发性的讨论,参见第 510 页及以次;Ruth Bader Ginsburg, "A Decent Respect to the Opinions of [Human]kind": The Value of a Comparative Perspective in Constitutional Adjudication: Cambridge L.J. 64 (2005) 575 ff. = Florida International University L.R. 1 (2006) 27 ff.; 也参见 Angelika Nußberger, Wer zitiert wen? —Zur Funktion von Zitaten bei der Herausbildung gemeineuropäischen Verfassungsrechts: Juristenzeitung 2006 763, 765 ff.

理解为一种非国家法的独立体系,在跨国家层面的讨论中发展并正当化。① 如果类似的发展可以在私法领域逐渐被发现,②这意味着私法产生于跨国家层面的讨论的类似假设是可能的——尽管不明显。③

另一方面,国家工具主义似乎正在崛起。在美国,管制性法令的兴起被批评为一种国家对普通法的侵害。④ 同时,欧盟(在这方面像一个国家在行动)越来越多地采纳"美国的"、工具的路径介入私法:⑤越来越多地以私法规则追求社会目标。结果,国家成了私人之间法律程序中"看不见的当事人"⑥。消费者保护法是一个生动的例子:在由欧洲不同国家的法律体系所代表的传统中,消费者保护法旨在保护"弱势的"消费者免受处于优势地位或甚至不公平

---

① McCrudden, A Common Law of Human Rights? (N. 48) 527 ff.; Jeremy Waldron, Foreign Law and the Modern Ius Gentium: Harvard L.R.119 (2005) 129 ff.; 也参见 Reinhard 25 f.

② 例如上议院审理的 Fairchild v.Glenhaven Funeral Services 一案,载(2000) 1 A.C. 32 ff.(H.L.);德国的情况,参见 2005 年 1 月 12 日联邦最高法院的判决,索引号为 XII ZR 227/03 (BGHZ 162,1,7 f.);Walter Odersky, Harmonisierende Auslegung und europäische Rechtskultur: Zeitschrift für Europäisches Privatrecht 1994,1 ff.;Hein Kötz, Der Bundesgerichtshof und die Rechtsvergleichung, in: *Claus-Wilhelm Canaris et al.* (eds), 50 Jahre Bundesgerichtshof, Festgabe aus der Wissenschaft, Vol.II (2000) 825 ff.欧洲的情况,还可参见 Ilka Klöckner, Grenzüberschreitende Bindung an zivilgerichtliche Präjudizien. Möglichkeiten und Grenzen im Europäischen Rechtsraum und bei staatsvertraglich angelegter Rechtsvereinheitlichung (2006).

③ 对欧洲内部情况的分析,参见 Reinhard Zimmermann, Savigny's Legacy: Legal History, Comparative Law, and the Emergence of a European Science: Law Quarterly Review 112 (1996) 576 ff.;全球(欧洲—美国)框架下的分析,参见 James Gordley, Comparative Legal Research: Its Function in the Development of Harmonized Law: American Journal of Comparative Law 43 (1995) 555 ff.

④ Guido Calabresi, A Common Law for the Age of Statutes (1982) 1 ff.

⑤ 关于这一路径,参见 William W.Fisher III et al.(eds), American Legal Realism (1993) 167 ff.,以及书中所列参考文献。

⑥ 参见 Berman 37.如果伯尔曼将此解释为全新的发展就可能言过其实了,当善意取得财产制度被设计出来时,或者当罗马营造官要求奴隶的出卖者告知买受人全部隐藏的瑕疵时,社会已经成为一方"看不见的当事人"。因此,与伯尔曼的观点相左,该发展是否必将给西方法律体系带来毁灭性影响是不确定的。关于法律的死亡,参见 Steven Smith, The (always) Imminent Death of the Law: San Diego L.R.43 (2006).

的商事企业的侵害,①该法建立在从矫正正义的角度理解私法的基础上。相反,现代欧洲关于消费者保护的指令被用来建立和保护一个共同的欧洲市场。它们旨在促进竞争与贸易,并因而为每个人参与这个市场创造便利条件。②因此,它们并不仅仅致力于平衡消费者与商事企业之间的利益。相反,它们将个体消费者的权利作为实现公共或集体福利利益最大化的工具,只有从此工具主义的视角它们才可被理解。

(四)国家、统治(domination)和工具主义

从表面上看,前述两个发展方向背道而驰,并且它们激发重新思考国家在私法和私法理论中的角色:在多大程度上私法的基本概念被国家塑造,依赖于国家,聚焦于国家;是否可能或可以追求将对私法的思考与国家相分离;如果法律规则和论证不是从国家权威中获得合法性,那么可以从何处获得等。这些问题需要明确国家与私法间的关系。

正如今天被理解的那样,国家是一个现代概念。它是一个抽象的法律实体,或者更加具体地说,是一个在世界特定的地理区域内统治一个族群的法律上的人。③ 在这层意义上说,它描述的既不是罗马共和国也不是古代和中世纪的帝国,更不是西西里、英国、法国或西班牙早期的君主国。事实上,仅在16世纪与17世纪的宗教战争之后,当传统的君主国家演变成了欧洲民族国家时,这个概念才被塑造出来。④ 正是在此之后国家被视为一个独立于君主个人的抽象实体,它组建了垄断权力运行的全面而复杂的行政机构,并因此获得了对公民的直接控制。⑤ 但是,现代国家并不是企图公开控制和实施私法的唯一主体。因此,当重建私法与国家之间的现代关系时,从韦伯合法性统治

---

① Reinhard Zimmermann, The New German Law of Obligations (2005) 160 ff.

② Bettina Heiderhoff, Vertrauen versus Vertragsfreiheit im europäischen Verbrauchervertragsrecht: Zeitschrift für Europäisches Privatrecht 2003, 769 ff.; Bettina Heiderhoff, Gemeinschaftsprivatrecht (2005) 79 ff.; Caroline Meller-Hannich, Verbraucherschutz im Schuldvertragsrecht (2005) 59 ff., 67 ff., 以及作者所引文献。

③ Georg Jellinek, Allgemeine Staatslehre (1914) 174 ff., 180 ff.; van Crefeld 1; 也参见 Reinhard 15 ff. 实际上,国家的这种观念可以追溯至霍布斯,现在已经获得广泛的承认。

④ Alan Harding, Medieval Law and the Foundations of the State (2002) 295 ff., 307 ff.; van Crefeld esp.124 ff.; Christoph Möllers, Staat als Argument (2000) 215 ff., 以及作者所引文献。

⑤ 此前,中央的统治经常被独立的中间权力所阻碍,参见 Reinhard 196 ff., 212 ff.

(legitime Herrschaf)的概念出发或许更有帮助。① 当然,这并不是说国家这个概念是无用的;相反,"统治"并没有完整地描述国家在现代私法中的地位。因此,它并不能解释现代国家的权力和控制是抽象的而不是针对个人的这一事实,在诸多方面,国家所扮演的心理角色是"统治"的概念所不及的。然而,从历史的角度来看,"统治"能够带来一些特殊的洞见,它不仅能界定私法与国家现代关系的核心方面,而且它也适用于其他政体,比如酋长制、古代的城邦或帝国。

然而,针对私法的"外在"统治的观念并不是简单而明显的,而是复杂且难以理解的:它预设了一个私法的先在领域,古代城邦、至高无上的君主或国家的政府职员作为外在行动者介入该领域。因此,私法能够被认为是"优先"且独立于这样的公共权威。在此意义上,私法仅为规范私人之间关系的规则体系。现在,至少在观念上,统治表现为两种不同的形式。首先,外部权威可被视为一个不涉及其利益的因而是中立的主权者或法官。在此方面,私法继续被认为是独立于任何外在——公共的或私人的——利益的。在此意义上,统治仅表现为垄断了私法的创制和实施,并以外在权威对私法领域内的判决的控制为基础。在统治的第二种表现形式中,外在权威能够通过私法积极地追逐一些外在——个人的或集体的,私的人或公共的——利益。在规范层面上,它因此而成为私人交易的第三方当事人。欧洲消费者保护指令致力于推动共同市场为其适例。

虽然从分析和将要介绍的历史角度来看,对私法的公共统治的两个方面可能相融合,但是它们是相互独立的两个方面。一方面,完整的主权可能对作为追求集体目标的工具的私法来说是不必要的,另一方面,一个完全垄断私法的主权者可能依然处于中立公正的地位。因此,对私法的公共统治不应当在概念上等同于从工具和管制的路径介入法。工具主义和法的垄断是公共统治的独立方面,并且在相关的分析中应该如此对待。因此,私法可能独立于任何公共统治,也可能被一些外在统治者所统治。该统治可能表现为(在不同程度上)垄断法的创制和实施,也可能表现为私法的政治工具化,区别于从非工具

---

① Max Weber, Die drei Typen der legitimen Herrschaft, in: Gesammelte Aufsätze zur Wissenschaftslehre(1988) 475 ff.; Max Weber, Wirtschaft und Gesellschaft(1972) 28 f., 122 ff.;关于英语术语,参见 Max Weber, Economy and Society, Vol. I, ed. by *Guenther Roth*, *Claus Wittich* (1968) 53 f., 212 ff.;"统治"不同于"权力",它被界定为"命令将被特定人群遵守的可能性",通常建立在"合法性信仰"的基础上。

的、矫正正义的角度理解的私法。

二、历史观察

(一)法学家、执法官和皇帝

私法的历史基本始于罗马法,①事实上,罗马法可能是西方私法理论传统最重要的渊源。② 相反,现代国家对私法的实施与控制溯源至一个较晚的时期是比较恰当的,即当基督教会将自己建构为一个呈现为某种法律构造、科层式组织的社会并因而产生了主权和自主立法的现代观念时。③ 准确地说,罗马法的发展因时间的错位而变得十分有趣:它在现代意义上的国家缺失的时候,展现了对私法的公共干预不断增强的历史。更重要的是,即使罗马法发展的最终成果——优士丁尼《民法大全》是在帝国的统治下编纂的,但它后来成为共同法的参考,作为一个法律思想传统,共同法将私法设想为基本独立于国家统治或政治权威。

罗马的法学家通常不愿讨论抽象的问题,如法律的"渊源"或者私法与公共统治或政府之间的关系。他们对具体案件的讨论更感兴趣,理论处于他们工作范围之外。④ 但是,他们需要知道去哪里寻找法律,公元 2 世纪,盖尤斯告诉罗马的学生在复数意义上谈论罗马人的法是更可取的。这些法不仅包括法律(leges)、平民会决议、元老院决议、皇帝的敕令和执法官告示,还包括法学家的解答。⑤ 因此,在不同时期发展起来的法律的不同部分或"层级"注定是彼此补足,甚至矫正的,⑥相应的,在规范层面上,它们被认为是彼此独立

---

① 甚至,对普通法(至少在英国)来说,这也是正确的;参见 David Ibbetson,A Historical Introduction to the Law of Obligations (1999) 6 ff.; Stroud F.C.Milsom,A Natural History of the Common Law (2003) 1 ff.,20 ff.

② 在历史研究中对"起源"的发现和虚构,参见 Jansen,"Tief ist der Brunnen der Vergangenheit".Funktion,Methode und Ausgangspunkt historischer Fragestellungen in der Privatrechtsdogmatik:Zeitschrift für neuere Rechtsgeschichte 27 (2005) 202 ff.

③ Berman 4 f.,85 ff.,113 ff.;也参见 Reinhard 28,186 f.,259 ff.

④ John P.Dawson,The Oracles of the Law (1968) 113 ff.; Schulz 70 ff.,146 ff.

⑤ Gai.1,2;Barry Nicholas,An Introduction to Roman Law (1969) 14 ff.

⑥ Papinian,D.1,1,7,1.

的。① 因此,法的有效性既不与"国家"有关,也不与"主权"的一般意志有关,至少在优士丁尼将法编纂成一个新的法律大全之前是这样的。② 它是不同且独立的立法者活动的产物。

从表面上看,罗马法学家没有提出一个国家的现代概念可以解释这个多元的法源体系,在概念上,罗马"国家"与罗马人民是一体的。③ 的确,直到罗马共和国末期,罗马人更加接近于采纳一个离散国家(separated state)观念。④ 可以被称为罗马人民的共和国(res publicae Populi Romani),罗马人民可以由此获得权利并且承担责任,事实上,执法官为罗马人民工作,⑤ 与今天美国检察官代表"人民"十分相似。但是,后来,统治被赋予皇帝个人,而不是一个罗马人民的抽象政府。⑥ 此外,即使在罗马共和国末期,罗马法学家认同他们法律渊源的多元概念,这正充分展现了在法律体系内,法律是不同立法团体或个人活动的产物;当然,法学家认为作为罗马第一部成文法及市民法核心的十二表法对全体罗马人民来说是基础的和综合性的法律文本。⑦ 但是元老院的决议主要代表了罗马贵族或政治统治阶层的利益,相反,平民会决议被赋予法律效力是为了赋予平民一个以具有法律约束力的形式表达他们意志的手段。甚至更重要的是,法律长期在政府外实施和发展;祭司,而不是立法者,告诉当事人提起法律诉讼的时间及法律诉讼、遗嘱、合同的正确有效程式。⑧ 此

---

① Wieacker,Röm.Rechtsgeschichte 198 ff.

② D.Const.Tanta,19:优士丁尼颁布的法律大全的文本将取代所有之前的法律。然而,即使优士丁尼也试图用罗马人传统的法律思想正当化其命令;参见 Inst.Const.Imperatoriam,3 ff.; D.Const.Tanta,13,19,21,23 f.; Schulz 359 f.

③ Max Kaser,Das Römische Privatrecht,Vol.I2 (1971) 304 f.

④ van Crefeld 53 f.;也参见 Walter Eder,Der Bürger und sein Staat—der Staat und seine Büger,in:Walter Eder (ed.),Staat und Staatlichkeit in der frühen römischen Republik (1988) 12 ff.,以及该书的其他文章。

⑤ Wolfgang Kunkel, Roland Wittmann, Staatsordnung und Staatspraxis der Römischen Republik.Zweiter Abschnitt.Die Magistratur (1995) 11 and passim.

⑥ Max Kaser,Das römische Privatrecht,Vol.II (1975) 151 f.现在,政府充任皇库的角色,皇库最初是皇帝的私财,与罗马人的财产不同,参见 Max Kaser,Privatrecht I 305 f.

⑦ "所有公法和私法的起源",参见 Livius, Ab urbe condita,3,34,6;3,31-57;Jochen Bleicken,Lex Publica.Gesetz und Recht in der Römischen Republik (1975) 92 f.; Fögen 63 ff.;Wieacker,Röm.Rechtsgeschichte 287 ff.

⑧ Wieacker,Röm.Rechtsgeschichte 310 ff.,551 ff.;也参见 Alfons Bürge,Römisches Privatrecht (1999) 87 ff.; Fögen 127 ff.

后，这个传统被终生致力于法律的私人法律顾问及博学的法学家传承。经过几个世纪，他们发展出了特殊的法律语言，利用希腊学术方法将古老的十二表法发展为高度复杂的法律理论体系并将之写入大量教科书之中。① 故而，在共和国末期，"私人制定的"法学家法基本独立于政府统治并因此独立于政治体系。②

不管怎样，政府掌握了松散地控制法律实施及影响法律实质发展的手段。因此，元老院继续颁布元老院决议，即权威的元老院意见，即使在技术上不是立法文件，但它也很快成为法律体系的一部分。一个著名的例子是为了公共政策而禁止妇女为他人提供债务担保的《韦勒雅元老院决议》。③ 更重要的是执法官对法律实施的控制。根据程式诉讼的规则，④ 裁判官或营造官——负责法律实施的高级执法官——有权决定在具体案件中是否授予诉权或抗辩。因此，他们通过在他们的告示中规定新的诉讼即每年公布他们准备承认的诉权和抗辩的方式在法的实体发展的过程中扮演了关键的角色。

这些执法官是政府的高级官员，他们非常清楚明白地从事上述行为。即使他们中的大多数或许不能独自将自己的告示写成具有高度技术性的文本，并且在此方面必须依靠私人法律顾问⑤的专业建议，但是由此主张他们不过是法律共同体在政治领域的代理人或"桥头堡"是错误的。⑥ 采用新的程式和授予一项诉权仍是由政府决定的，很多程式实际上是基于公共政策对法律体

---

① 关于博学的法学家的角色，参见 Ernest Metzger, Roman Judges, Case Law, and Principles of Procedure: Law and History Review 22 (2004) 243, 251 ff..事实上，法学家可被视为古典罗马法的主要渊源。

② Fögen 174 ff., 199 ff., 207 ff.

③ D.16, 1; C.4, 29; Nov.134, 8; 参见 Zimmermann, Obligations 145 ff.; Wolfgang Ernst, Interzession. Vom Verbot der Fraueninterzession über die Sittenwidrigkeit von Angehörigenbürgschaften zum Schutz des Verbrauchers als Interzedenten, in: Reinhard Zimmermann et al.(eds), Rechtsgeschichte und Privatrechtsdogmatik, 1999, 395, 397 ff.

④ 关于这一点，参见 Wieacker, Römische Rechtsgeschichte, 447 ff.以及作者所引文献。

⑤ Wieacker, Röm.Rechtsgeschichte 452 f.; Schulz 63; 详细讨论，参见 Fögen 190 ff.; Oliver M.Brupacher, Wider das Richterkönigtum / A King of Judges?: Ancilla Iuris 2006, 107 ff.

⑥ Fögen 196 ff.: "小人物"(homunculus)。该问题在罗马法研究者中存在争论。传统观点认为裁判官主要为一个具有政治性的"司法部"，虽然 Fögen 对该观点的批判富有洞见，但是裁判官在法律体系内承担的政治功能不应被忽视。

系的干涉。因此,(现代的)关于出售商品瑕疵的"营造官救济"是从一个具有衡平性的特定和实用的营造官告示中发展出来的,该告示要求臭名昭著的奴隶贸易者告知潜在的买主关于奴隶的任何疾病或者瑕疵。① 任何在市场上被出售的奴隶必须戴一个列明其瑕疵的木板,如果卖方违反该义务,要承担责任。这与欧盟的信息告知义务与个人撤销权之间的相似性是明显的:为了给普通大众创造一个正常运转的市场,政治家在法律体系中将私法作为工具。类似的,房屋的居住人即承租了整栋房屋并将不同的房间或楼层租给其他房客的人,对高空抛物造成的损害负有严格责任。② 泼洒或抛掷物的裁判官诉讼的首要目的一项是公共政策——不是为了合理赔偿而是为了打击高层将垃圾扔出窗外的恶劣的危险行为。③ 居住人没有任何过错应要承担责任,④因为他是唯一有可能控诉其房客不良行为的人。并且当造成自由人死亡时,提起的诉讼被认为是一种民众诉讼,这意味着任何人都可为他自己的利益而主张惩罚行为人。⑤

但是尽管法律体系受到政治的干预并且在形式上政府控制着法律的实施,罗马法因在共和末期获得的高度自治于政治而闻名。事实上,裁判官从来不能完全掌控法律的发展;在很大程度上,正如法学家共同认为的那样,裁判官的角色仅仅在于对早期法律体系自我发展的承认。⑥ 法的这种自主性渊源于它在法学家手中学术性和自我指向的发展,法学家即使经济上独立,也不是政治阶层的一部分。⑦

法的这种自主性不被意欲控制法律体系的皇帝所接受。因此,从帝政早

---

① Ulpian,D.21,1,1 pr.;参见 Zimmermann,Obligations 311 ff.,以及作者所引文献。
② Ulpian,D.9,3;参见 *Reinhard Zimmermann*, Effusum vel deiectum, in: Dieter Medicus (ed.),Festschrift Hermann Lange (1992) 301 ff.
③ Ulpian,D.9,3,1,1:"没有人会否认该告示的实益,因为人们应在没有恐惧或危险的环境中活动和聚集是公共利益之所在"(Alan Watson,The Digest of Justinian,Vol.I [1998]);参见 Zimmermann,Effusum 301 ff.
④ Ulpian,D.9,3,1,4.
⑤ Ulpian,D.9,3,5,5;也参见 Julianus B.M. van Hoeck,D.9,3,5,4:Übersetzungsfragen im Bereich der actio de deiectis vel effusis als Popularklage:Zeitschrift der Savigny-Stiftung für Rechtsgeschichte/Romanistische Abteilung 117 (2000) 454,463 ff.
⑥ Fögen 196 ff.
⑦ Wolfgang Kunkel,Herkunft und soziale Stellung der römischen Juristen2 (1967) 41 ff.,50 ff.,58 ff.;Schulz 48 ff.,119 ff.

期开始,皇帝允许针对程式诉讼中作出的裁决以非常的方式上诉,因此一个新的由公共官员控制的"非常诉讼"程序开始取代传统的程式诉讼程序。大约公元 130 年前后,哈德良皇帝委托年轻的法学家尤里安编纂永久告示,它是告示的最终版本。因此,不再像以前那样允许执法官每年在新告示中宣布新的诉讼形式或法律抗辩。他们对于法律发展的建设性贡献基本结束了。此外,奥古斯都早已将有影响的法学家与他自己的政治管理联系起来。① 他们成为政府体系内的高级官员,②自从公元 2 世纪末,最重要的法学家通常作为公共官员而被支付薪水。③ 在这个时期,皇帝的法律机构变成了法律体系的中心,该体系逐渐被认为是一种以皇帝的权威为支撑的同质性的规范体。④ 此后,法律通过皇帝的敕令和敕答而发展。尽管它们都由专业的法学家撰写,法律现在由皇帝的政府体系所主导。

  罗马法学家已经形成了公法与私法的划分。⑤ 但是这个划分在现实上和概念上都是不清晰的——部分因为能够代表"公的"一方的国家观念的缺失,⑥部分因为高度发达的行政管理的缺失,部分因为很多当今被认为是公共职责的法律体系的职能是由私人履行的。因此,只有当执法官认为犯罪威胁到全体罗马人民时才会追诉,针对个人的犯罪,受害人需要自己提起针对违法犯罪者的诉讼。⑦ 此外,很多诉讼兼有公共利益和私人利益的特征,不仅对由

---

  ① Fögen 200 ff.,以及作者所引文献。

  ② Schulz 121 ff.;作为罗马最著名的法学家之一的尤里安经历了一个长期的、成功的公共官员生涯;他曾担任十人争议裁判委员会成员、财务官、平民保民官、裁判官和执政官,作为国库长官和军事国库长官负责公共财政,后来担任下日耳曼、近西班牙和阿非利加行省的总督,参见 Kunkel,Herkunft 157 ff..当然,他也是君主顾问委员会成员,皇帝就重要的政治决定向该委员会进行咨询。

  ③ Kunkel,Herkunft 290 ff.

  ④ Kaser,Privatrecht II (N.74) 53 f.

  ⑤ Ulpian,D. 1,1,2;Inst. 1,1,4;参见 Max Kaser,"Ius publicum" und "ius privatum":Zeitschrift der Savigny-Stiftung für Rechtsgeschichte/Romanistische Abteilung 103 (1986) 1 ff.,以及作者所引文献;Wieacker,Röm.Rechtsgeschichte 492 f.,以及作者所引文献。

  ⑥ J.Walter Jones,Historical Introduction to the Theory of Law (1940) 141,145 ff.

  ⑦ Bernado Santalucia,Diritto e processo penale nell'antica Roma (1989) 37 ff.;Andrew M.Riggsby,Crime and Community in Ciceronian Rome (1999) 151 ff.,157 ff.;Jansen 198 ff.

个人起诉并部分操控的针对犯罪的"公共"诉讼如此,①而且对造成受害人死亡时作为民众诉讼提起的具有"私人性"的泼洒或抛掷物之诉也是如此。② 并且针对不法搜刮钱财的行省总督的诉讼正在逐步由私人诉讼转变为公共刑事诉讼。③ 相应的,罗马执法官和政治家从来没有产生公共利益应当仅由公法保护的观念——事实上,罗马并没有能够承担这种责任的机构。相反,政府在私法工具主义的基础上开展活动是理所当然的。营造官救济、泼洒或抛掷物之诉和韦勒雅元老院决议都是这种私法观的示例,④奥古斯都因其为了人口政策而利用婚姻法而闻名。⑤ 身为"古典"法学家之一的帕比尼安甚至认为执法官干预市民法的原因经常是公共政策。⑥ 然而,这种状况仅在公共功利原则(utilitas publica)之前持续了很短的时间,该原则侵蚀了所有个人自由或财产,并成为后来皇帝专制主义个人统治下所有法律的指导方针。⑦

这种工具性考量通常不会出现在共和时期私人法学家的作品中,对于他

---

① Arnold H.M.Jones, The Criminal Courts of the Roman Republic and Principate, with a Preface by John Crook (1972) 46,63 ff.; Jansen 227 ff.

② Ulpian, D.9,3;参见 *Reinhard Zimmermann*, Effusum vel deiectum, in: Dieter Medicus (ed.), Festschrift Hermann Lange (1992) 301 ff.

③ Wolfgang Kunkel, Untersuchungen zur Entwicklung des römischen Kriminalverfahrens in vorsullanischer Zeit (1962) 61 f.; Arnold H.M.Jones, The Criminal Courts of the Roman Republic and Principate, with a Preface by John Crook (1972) 48 ff.,63 ff.

④ Ulpian, D.21,1,1 pr.;参见 Zimmermann, Obligations 311 ff.,以及作者所引文献。

⑤ Max Kaser, Das Römische Privatrecht, Vol.I 318 ff.;这些法律不仅禁止某些婚姻,还课加罗马人结婚和生孩子的义务。

⑥ Papinian, D.1,1,7,1:"裁判官法是裁判官为了公共利益,为了帮助、填补、纠正市民法而引进的法。"这种论述已经出现在尤里安(约公元 100 年至公元 170 年)的作品中,参见 D.9,2,51,2,在该片段中尤里安重新解释了共同过失责任人累积责任的古老规则,认为该规则建立在惩罚全部违法行为人的公共政策的基础上,但该规则最初建立在公正复仇的矫正正义的基础上(Jansen 209)。

⑦ Max Kaser, Das Römische Privatrecht, Vol.II 14,263 ff.

们而言,"功利"通常是个人的功利。① 实际上,在公元 2 世纪的下半叶即法律职业成为行政管理的一部分之前,这些法学家对关于公法事务不感兴趣。② 很明显,他们基于法律关乎罗马市民个人利益的直觉性假设而工作。因此,他们试图将政府工具性干预的结果融入传统的法律体系中,营造官救济③和对待韦勒雅元老院决议的方式④就是典型的示例⑤。若这样的融合是不可能的,法学家将政府命令视为一个例外,是基于一些特殊的公共政策考量作出的,并且其拘束力仅源于执法官或皇帝的权威。⑥ 但是,某人在这个方面进行详细的研究或许是徒劳的,因为罗马私法仅是以详尽的矫正正义理论为基础的。因此,这仍旧是一个开放的问题。对于私法独立于政府统治而言,法学家对公共关切的抽离是否是必要的,或者是否只是由于历史的偶然性导致对私人利益的关注与法学家法在社会及制度层面上的自治相关联。

---

① 因此,契约的"个人功利",比如一方当事人接受代偿物是否意味着对方当事人履行了义务是注意标准的问题,参见 Dietrich Nörr, Die Entwicklung des Utilitätsgedankens im römischen Haftungsrecht: Zeitschrift der Savigny-Stiftung für Rechtsgeschichte/Romanistische Abteilung 73 (1956) 68 ff.; Zimmermann, Obligations 198 f.在无因管理中,行为人满足管理他人事务的类似要求对请求返还费用是必要的,参见 Ulpian, D.3, 5, 9, 1; Zimmermann, Obligations 442; Hans Hermann Seiler, Der Tatbestand der negotiorum gestio im römischen Recht (1968) 51 ff., 109 f., 302; 以及最新的文献 Giovanni Finazzi, Ricerche in Tema di Negotiorum Gestio, Vol.II/1 (2003) 515 ff.

② Schulz 54 ff., 106 ff., 164 f.

③ Ulpian, D.21, 1, 1 pr.; 参见 Zimmermann, Obligations 311 ff., 以及作者所引文献。

④ 法学家将该元老院决议的目的泛泛地解释为保护妇女,因此它适用于妇女易于陷入受约束于他人危险的所有场合,法学家不认为元老院决议可适用于此等危险缺失的场合,而不考虑元老院决议的用词,参见 Zimmermann, Obligations 148 ff., 705。

⑤ 就介入私法的这一路径来说,无因管理是另一个非常有益的例子。现在,无因管理一般被理解为一种激励有益于他人行为的工具,参见 Jeroen Kortmann, Altruism in Private Law (2005) 91 ff., 99 ff.尽管这种理解可以溯源至优士丁尼法学阶梯(I.3, 27, 1),但古典的罗马法学家不这么认为。对他们来说,无因管理仅意味着承认帮助其朋友的先法律的社会义务的存在。因此,在这方面,优士丁尼法学阶梯和盖尤斯法学阶梯并不一致,在私法基本丧失其自治性之前,这种工具性理解显然是不合适的。具体论述,参见 Jansen, in: *Mathias Schmoeckel, Joachim Rückert, Reinhard Zimmermann* (eds), Historisch-kritischer Kommentar zum BGB, Vol.III (to appear 2007) §§ 677-687, n.9.

⑥ Paulus, D.1, 3, 16:"个别法是为了某些特殊利益,凭借立法者的权威,违背制度的一般原理而制定的。"相应的,这些个别法的规定将被狭义地解释,参见 Paulus, D.1, 3, 14; D.50, 17, 141 pr.

(二)一个多元的法律世界？

虽然罗马法建立在独立法渊的多元体系上，但是从程序的角度来看，它是统一的。只要裁判官掌控正义的实现，在不同法院之间的选择原则上被禁止。相似的是，当承认那些合理的但被裁判官拒绝的诉讼的非常诉讼程序引入后，实际上并没有产生两个独立的私法体系。相反，在非常诉讼中，至高无上的皇帝被视为对共和时期法律的修改与进一步发展，①新程序的引入意味着法律体系的权威中心从裁判官移转到了皇帝手中。

与这样融贯的法律体系模式形成截然相反，法律史学家描述了一幅完全不同的关于12世纪到16世纪欧洲法律秩序的图景②——被认为与我们时代越来越多元的法律世界十分相似的该法律秩序的特征是独立的法院因适用不同的规则和原则而相互冲突。③ 人们认为，旧欧洲秩序是一个相互冲突的多元法律体系，而不是统一的法律体系。每个人都受制于城市的地方法律或者他生活的地方习俗，就私法而言，这些地方法律被融入日益具有普遍性的共同法中。④ 同时，每个人也都是受制于普遍适用的教会法。基督教会宣称它对所有精神事务享有广泛的一般管辖权，如家庭法（因为婚姻具有神圣性）、继承法以及合同法（因为合同一般需要通过宣誓确认，而教会对誓言有管辖权）被

---

① Max Kaser, Karl Hackl, Das Römische Zivilprozeßrecht (1996) 435 ff.

② 这是伯尔曼在第10页及以次和第199页至第519页的中心议题；类似的文献有，Paolo Grossi, L'ordine giuridico medievale (1996) 223 ff.；关于16世纪和17世纪的情况，还可参见 Peter Oestmann, Rechtsvielfalt vor Gericht (2002)，不过，作者关注的焦点为在神圣罗马帝国因不同的——成文和不成文的——地方法和共同法之间的张力而产生的特殊世俗法问题。

③ 关于欧盟的情况，参见 Massimo La Torre, Legal Pluralism as Evolutionary Achievement of Community Law: Ratio Juris 12 (1999) 182 ff. "法律多元主义"的概念最初用来描述前殖民地的法律图景，除了殖民地的传统习俗秩序外，欧洲国家也在推行它们的法律。关于这一不具有同质性和技术性意义的概念的讨论的概览，参见 Sally Engle Merry, Legal Pluralism: Law and Society Review 22 (1988) 869 ff.；Franz von Benda-Beckmann, Who's Afraid of Legal Pluralism?: Journal of Legal Pluralism 47 (2002) 37 ff.；Michaels 1221 ff., 1250 ff., 以及这些作者所引的文献。

④ Wieacker, Privatrechtsgeschichte esp. 80 ff., 124 ff.; see also Karl Kroeschell, Universales und partikulares Recht in der europäischen Rechtsgeschichte, in: id./Albrecht Cordes (eds), Vom nationalen zum transnationalen Recht (1995) 265, 270 ff.

认为具有与生俱来的"精神性"。① 此外,贵族受制于封建法,农民受制于庄园法。很多工匠必须遵从地方法律和他们的行规,商人从事商业活动时要遵守所谓的具有普遍性的"商人法"。

然而多元的程度不应当被高估。封建法在很早的时候就被法学家整合到共同法中。② 封建法最重要的来源是11世纪和12世纪的将封建习惯法重述与一些重要的帝国法律相融合的伦巴第《采邑手册》。③ 在13世纪初,这个文本被纳入优士丁尼新律并因此成为民法大全的一个部分。同时,封建权利被准罗马财产法的术语解释(直接所有权和用益所有权)。④ 因此,至少在这个时期,封建法不能被视为一个独立的法律体系。类似的是,行规被很容易地整合进了城市法的体系。更重要的是,不同的地方和地域的法律——习惯法或成文法——是复杂的政治秩序的表达;因此它们之间的关系建立在准宪政的基础上,并借助于现代国际私法前身的法则区别说予以确定。⑤ 于是,只要所主张的管辖权没有政治上的争议,法律渊源的多元性并不当然导致真正的冲突,即独立的法院对同一类案件都主张管辖权并因此而适用导致不同的法律。因此,用真正的相互冲突的、独立的法律体系的多元主义的术语描述这个法律世界可能是具有误导性的,至少在理论上,⑥它与经过整合的封建体系可能更

---

① Richard H.Helmholz,The Spirit of Classical Canon Law (1996) 145 ff.;对教会法院广泛管辖权的一般介绍,参见 loc.cit.,116 ff.;Berman 221 ff.;Winfried Trusen,Die gelehrte Gerichtsbarkeit der Kirche,in:Helmut Coing (ed.),Handbuch der Quellen und Literatur der neueren Privatrechtsgeschichte,Vol.I (1973) 467,485 f.

② Coing 36,349 f.;也参见 Charles Donahue,Comparative Law Before the Code Napoléon,in:Handbook of Comparative Law (N.47),1,10 f.

③ Gerhard Dilcher,Libri Feudorum,in:Handwörterbuch zur deutschen Rechtsgeschichte,Vol.II (1978) cols.1995 ff.

④ Robert Feenstra,Dominium utile est chimaera:Nouvelles réflexions sur le concept de propriété dans le droit savant:Tijdschrift voor Rechtsgeschiedenis 66 (1998) 381 ff.;Robert Feenstra,Dominium and ius in re aliena:The Origins of a Civil Law Distinction,in:Peter Birks (ed.),New Perspectives in the Roman Law of Property,Essays for Barry Nicholas (1989) 111,112 ff.;也参见 Maximiliane Kriechbaum,Actio,ius und dominium in den Rechtslehren des 13.und 14.Jahrhunderts (1996) 328 ff.,335 ff.

⑤ Coing 138 ff.;Reinhard Zimmermann,Statuta sunt stricte interpretanda?:Cambridge L.J.56 (1997) 315 ff.,以及两位作者所引文献。

⑥ 然而,事实更为复杂,适用的法律具有非常的不确定性。稍晚一点的情况,参见 Peter Oestmann,Rechtsvielfalt vor Gericht (2002),以及作者所引文献。

为相似。

相比之下,教会法与世俗法之间的关系更加复杂。① 除了对精神事务的管辖权外,教会对其他的事务还有更广泛的管辖权。② 尤其是,教会主张其对各种身份的人都有广泛的管辖权——不仅包括牧师,还包括旅行者、大学的成员、与基督教徒有纠纷的犹太人以及处境凄惨的人,如孩子与寡妇。③ 明确教会与世俗法界限的尝试被证明不是十分成功的,④事实上,即便在刑法中,一个案件经常被认为是落入"混合法庭",即教会与世俗法院都有管辖权。这类案件可能简单地由首先受理的法院裁判。⑤ 此外,教会也宣称对上诉案件有管辖权。如果世俗法院的法官违背了正义的原则,针对世俗法院的判决在教会法院提起上诉是被允许的。⑥ 因此,管辖权的真实冲突必定会成为日常生活的一个部分,而不是仅在不常见的、国际的或者在政治上存在争议的案件中遇到。

此外,即使是世俗法也具有真正的多元结构——至少在主张商人法是一种独立的跨国商法体系的观点正确时如此。然而,除了13世纪至17世纪之

---

① Peter Landau, Der Einfluß des kanonischen Rechts auf die europäische Rechtskultur, in: Reiner Schulze (ed.), Europäische Rechts-und Verfassungsgeschichte (1991) 39, 40 f.确实,注释法学家尤其强调建立在自然法且最终建立在统一的欧洲罗马—基督教文明之上的他们的法律体系的统一性,因此,可以说他们工作的起点为一个"统一的"法概念,参见 Udo Wolter, Ius canonicum in iure civili. Studien zur Rechtquellenlehre in der neueren Privatrechtsgeschichte (1975) 23 f.;也参见 Jan Schröder, Recht als Wissenschaft (2001) 21 f. 然而,教会法和市民法实际上是两个不同的法律体系,建立在由独立的司法体系所执行的不同政策的基础上。统一更多的是一个智识上的理想而不是对现实的正确描述。

② 针对契约案件的管辖权和协议管辖问题,参见 Winfried Trusen, Die gelehrte Gerichtsbarkeit der Kirche, in: Helmut Coing (ed.), Handbuch der Quellen und Literatur der neueren Privatrechtsgeschichte, Vol. I (1973) 467, 486 f.

③ Winfried Trusen, Die gelehrte Gerichtsbarkeit der Kirche, in: Helmut Coing (ed.), Handbuch der Quellen und Literatur der neueren Privatrechtsgeschichte, Vol. I (1973) 467, 483 ff.

④ Wolter, Ius canonicum 27 ff., 37 ff., 91 ff.

⑤ Richard Helmholz, The Spirit of Classical Canon Law (N.115) 117 ff.

⑥ Winfried Trusen, Die gelehrte Gerichtsbarkeit der Kirche, in: Helmut Coing (ed.), Handbuch der Quellen und Literatur der neueren Privatrechtsgeschichte, Vol. I (1973) 467, 487; Richard Helmholz, The Spirit of Classical Canon Law 119 f.

间的一些关于"商人法"的著作,①该体系是否真实存在有激烈的争论。② 但这些争论或许与其说是历史事实问题,倒不如说是在概念上对这些事实的正确解释问题。在中世纪晚期,商事案件长期由商事法院管辖。这些法院通常由商人组成,而不是由经过专业训练的法官组成,而且它们基本上,虽然不是完

---

① 最早的著作出现在 1280 年前后,书名为《商人法》,但作者不为人所知,该著作被 Mary E.Basile 等人主编的 *Lex Mercatoria and Legal Pluralism*(1998 年)一书收录;后来的著作,参见 Gerard Malynes, Consuetudo, vel Lex Mercatoria or The Ancient Law-Merchant (London 1622)。这些作品都不能被轻易地认为是商人法存在的证据,因为它们都是从政治上作出有利于商人法的论证的。但这些作品的存在也意味着至少一些商人和法学家认为,商事习惯应当被作为一种基本独立于政府控制的跨国商法的基础。

② 存在与现代商人法类似的中世纪商人法的观点,参见 Schmitthoff, Commercial Law 2 ff.; Hansjörg Pohlmann, Die Quellen des Handelsrechts, in: Handbuch I 801 ff., 810 ff.; Kroeschell, Universales und partikulares Recht 273; Coing 519; Berman 333 ff.; Grossi, L'ordine giuridico 225;关于商事法院的特殊程序,还参见 Vito Piergiovanni, Diritto e giustizia mercantile a Genova nel XV secolo: I consilia di Bartolomeo Bosco, in: *Ingrid Baumgärtner* (ed.), Consilia im späten Mittelalter (1995) 65 ff.这些观点尤其被以下学者批评, John H.Baker, The Law Merchant and the Common Law before 1700: Cambridge L.J.38(1979)295 ff.; Albrecht Cordes, Auf der Suche nach der Rechtswirklichkeit der mittelalterlichen Lex mercatoria: Zeitschrift der Savigny-Stiftung für Rechtsgeschichte/Germanistische Abteilung 118(2001)168 ff.(English translation in *Piergiovanni* [ed.], From lex mercatoria to Commercial Law [N.25], 53 ff.; The search for a medieval *Lex mercatoria*); Charles Donahue, Benvenuto Stracca's De Mercatura: Was There a Lex mercatoria in Sixteenth-Century Italy? in: Piergiovanni (ed.), loc.cit., 69 ff.;也可参见该文集的其他作品。对 13 世纪至 20 世纪上半叶的争论及其政治意涵所做的富有启发性的概览,参见 Mary E. Basile et al., Introduction, in: ead.et al.(eds), Lex mercatoria (N.127) 13, 20 ff., 123 ff., 及其所引文献。从经济—功能的角度对中世纪商人法和现代商人法的比较,参见 Oliver Volckart, Antje Mangels, Are the Roots of the Modern Lex Mercatoria Really Medieval?: Southern Economic Journal 56(1999)427 ff.

全地,独立于政府或者教会的控制。① 商事法庭的程序形式性不强,②并且认为商人的习惯决定了商人间的关系;③商人法"被认为是从市场中产生的"。④ 当然,这并不意味着所有相关的共同法和地方法都被排除在外了。相反,共同法通常是商事法庭作出裁决的基础,共同法被称为"商人法之母"。⑤ 然而,共同法经常根据商人的需求被修改,至少有学问的法学家是这么认为的。⑥ 取

---

① Wilhelm Endemann, Beiträge zur Kenntnis des Handelsrechts im Mittelalter: Zeitschrift für das gesamte Handelsrecht 1862, 333, 355 ff.; Julius Creizenach, Das Wesen und Wirken der Handelsgerichte und ihre Competenz (Erlangen 1861) 15 ff.; Wilhelm Silberschmidt, Die Entstehung des deutschen Handelsgerichts (Leipzig 1894) 26 ff.; 意大利的情况,尤其应参见前引书,第4页及以次(商人领事法院由商人行会选举组成);英格兰和德国的情况,参见前引书,第18页及以次,第23页及以次(法院从市议员中选举组成,有时也有一些政府的代表); Bogdan Duschkow-Kessiakoff, Das Handelsgericht. Ein Beitrag zu Geschichte, Wesen und Wirkung der Handelsgerichte (Diss. Greifswald, 1912) 18 ff.; Berman 345 f. 但 Baker 认为商事案件经常在普通法院被审理,虽然商人一般倾向于商事地方法院,参见 Baker, Law Merchant 300 ff. 在现代的文献资料中,涉及商人法早期历史的非常少,作为例外,参见 Stephen E. Sachs, From St. Ives to Cyberspace: The Modern Distortion of the Medieval 'Law Merchant': American University International L.R. 21 (2006) xxx. 19 世纪末期,商事法院在本质上变成了政府设立的公共法院,仲裁或自治制度在本质上也变了样儿(参见 Silberschmidt, 前引书, 第1页及以次)。因此,德国当代的自商事法院被纳入政府控制之后的某一时间起展开他们的研究的研究者经常发出为什么"业余"法官可以成为公共法院的部分的疑问。参见 Friedrich Merzbacher, Geschichte und Rechtsstellung des Handelsrichters (1979), 作者自1504年皇帝马克西米里安一世颁布的一项特权令开始研究; Dorothea Schön, Die Handelsgerichtsbarkeit im 19. Jahrhundert unter besonderer Berücksichtigung des Rheinlands (Diss. Bonn, 1999).

② Lex mercatoria ch.1 f. and *passim*; 也参见 *Endemann*, Beiträge 362 ff., 383 ff.; Knut W. *Nörr*, Procedure in Mercantile Matters. Some Comparative Aspects, in: Vito Piergiovanni (ed.), The Courts and the Development of Commercial Law (1987) 195, 197 ff.

③ Wilhelm Endemann, Beiträge zur Kenntnis des Handelsrechts im Mittelalter: Zeitschrift für das gesamte Handelsrecht 1862, 347 ff.

④ Lex Mercatoria and Legal Pluralism, ch.1.

⑤ Lex Mercatoria and Legal Pluralism, ch.9. 关于商人法和普通法之间复杂关系的详细分析,参见 Mary E. Basile et al., Introduction 23 ff., 以及作者所引文献。

⑥ Charles Donahue, Benvenuto Stracca's De Mercatura: Was There a Lex mercatoria in Sixteenth-Century Italy? in: Piergiovanni (ed.), loc.cit., (N.128) 109 ff.

得意欲结果的合适工具是商人的衡平理念，它允许严格法律存有例外。① 因此，不同于罗马共同法，商人并不适用裸体简约仅产生抗辩这一限制规则，根据该规则，"裸体的"、不成文的协议不能在法庭上被强制执行。② 此外，除了不同的地方及跨国习俗和普通法或共同法，商人法由无数成文的地方渊源组成：包含程序法与实体法的行会与城镇的法令，以及由城镇或君主授予贸易地点和旅行商人的特权。③

这些发现可以作出不同的解释并存在争论：商事法院是根据"法律"作出裁决，还是仅根据基于习俗的"衡平"？④ 什么将商业习俗转化为真正的法律？由国家承认或吸纳的现代答案并不可取，⑤因为即便在概念上，在现代国家创造法律垄断之前并不存在法律垄断。这些习俗被视为法律，足以承认契约典型形式的有效性吗？可以用来解释不完整的协议吗？还是契约的特定形式或内容对契约的拘束力是必不可少的？⑥ 类似的讨论也出现在现代"商人法"中。⑦ 相比之下，现代商人法中所谓的财产法——它具有跨国性（例如现代意义上的"国家"缺失，独立于地方政治组织）——在历史中并没有找到真正相似

---

① Charles Donahue, Equity in the Courts of Merchants: Tijdschrift voor Rechtsgeschiedenis 72 (2004) 1 ff.; Charles Donahue, Benvenuto Stracca's De Mercatura 84 ff.; *Pohlmann*, Quellen des Handelsrechts 801, 813. 当商事法院受到政府管控后，这一观念依然有效，参见 Donahue 在前引作品中所引的与 16 世纪的 Stracca 有关的文献；Andreas Gail, Practicarum Observationum tam ad processum iudiciarium, praesertim Imperialis Camerae … libri duo (Cologne 1668) lib.II, obs.XXVII, n.27.

② 详细情况，参见 Charles Donahue, Equity in the Courts of Merchants: Tijdschrift voor Rechtsgeschiedenis (N.135) 4, 23 ff., 以及作者所引文献。

③ Claudia Seiring, Fremde in der Stadt (1300—1800). Die Rechtsstellung Auswärtiger in mittelalterlichen und neuzeitlichen Quellen der deutschsprachigen Schweiz (1999) 39 ff.

④ Pillans v. Van Mierop, (1765) 97 E.R.1035, 1041 (K.B.) 一案中的不同意见。

⑤ Michaels 1231 ff.

⑥ 这显然是 Cordes 在论证商人法不存在时所主张的，参见 Cordes, Rechtswirklichkeit 179。但这似乎未给自由裁量留下空间。参见 Michaels, Systemfragen des Schuldrechts, in: Historisch-kritischer Kommentar, Vol.II (2007) before § 241, n.59.

⑦ Gunther Teubner, Globale Bukowina. Zur Emergenz eines transnationalen Rechtspluralismus: Rechtshistorisches Journal 1996, 265 ff.; Ursula Stein, Lex Mercatoria. Realität und Theorie (1995); Hans-Joachim Mertens, Nichtlegislatorische Rechtsvereinheitlichung durch transnationales Wirtschaftsrecht und Rechtsbegriff: RabelsZ 56 (1992) 219, 226ff.; Michaels 1224 ff., 1231 f. 以及这些作者所引用的文献。

的例子。如果"跨国法"指称适用世界上任何地方的法律规范体,那么商人法并不是此类的跨国法,因为它主要建立在地方习俗和城镇以及集市的特权之上。任何"跨国的"性质存在于智识和规范的基本类似,该类似根植于对商业和公平交易的共同理解。

最后且或许较为重要的问题是法律体系"独立"观念的模糊性。如果独立以一项所涉法律体系中的自主性基础规范或"承认规则"为前提,[1]那么将商人法清晰地界定为"独立"是困难的,因为将其规范基础置于市场或普通法中是困难的。另外,如果独立的前提是相关的规范、习俗以及概念构成了一个完整的在智识和规范上独立于其他法律体系和由规范及信仰组成的非法律的体系的"法律体系",那么商人法也不具有独立性,因为它基本上建立在普通法的基础上。如果"独立"意味着实质上的差异,那么教会法甚至也不构成一个独立的法律体系,原因是,一般认为教会法建立在罗马共同法(教会靠罗马法而生存)[2]和基督教真理的基础上。

显然,"自主"与"独立"在分类上是可以相互替代的,一个法律体系不是独立的就是更宏大体系的一部分。该二选一的方案可能是不够的,甚至对理解中世纪晚期的法律秩序是有误导性的,或许将法律体系描述为或多或少具有一定的独立性同时也是被整合为一体的更为恰当。那么,与教会法相比,商人法可能与共同法的结合更为紧密,但弱于封建法。相应的,中世纪晚期的法律秩序可能呈现为一个相互联结的网状结构,但法律的次级体系又不是完全融合在一起的。非常有意思的是,该图景将进一步提出法的概念和法律有效性的问题。现在,法律的有效性通常一元论地被解释——统一于国家的权威。相反,为了描述中世纪的法律,提出一个真正的法律渊源多元性的概念是必要的。当时的法学家和其他法律裁决的作出者是如何处理由不同法律的次体系的相对独立所产生的不确定性的?这些问题的答案可能有助于理解法律最新的发展——当然,并不是因为今天应当适用中世纪的概念和工具,而是因为它

---

[1] Hans Kelsen, Reine Rechtslehre(1960) 196 ff.; Hans Kelsen, Pure Theory of Law (1967) 193 ff.; Herbert L. A. Hart, The Concept of Law (1994) 100 ff.须注意,两位学者都将公法和私法的划分相对化,参见 Kelsen, Rechtslehre, 284 ff.; Kelsen, Theory of Law, 281 f.; Hart, loc. cit., 27 ff.

[2] "Ecclesia vivit iure Romana";参见 Richard H. Helmholz, The Spirit of Classical Canon Law (1996)17 ff.

们能够将现代的法学家从无意识的后来产生的概念的束缚中解放出来。①

(三)"洛塔尔的传说":法律权威与皇帝的至高无上

在大多数情况下,商事案件都诉诸一般由商人组成的特别商事法院。但从16世纪起,这些法院逐渐被政府的权威所控制并成为公共司法的一部分。② 同时,商人法——作为商人的个别法——被整合进富有智慧的共同法之中。③ 因此,商人之间产生的制度现在已被视为普通法的一部分。显然,这与作为(所有)法律有效性最终来源的国家的崛起是相关联的。然而,这种整合是代表国家主权的政府统治的积极扩张还是商人自己为确保法律的确定性而推动的该法律体系的自我发展,仍然是一个开放的问题。通过清晰界分具有法律拘束力的规范和纯粹的习俗来划定商人的准法律体系的边界是一个重要的问题。当新商人法的支持者强调它相对于国家和国家法的自治以及倡导国家承认该商人法为有效法律的义务时,这个二分法在今天已然重现了。④

有意思的是,类似的发展在中世纪法律世界的其他部分也是显而易见的:如果某人问14世纪的法学家,为什么商人法或共同法是有效的以及这意味着什么,他的答案将可能不会令现代的法学家满意。当时的法学家可能会谈及法律权威的基础,认为教会法建立在教会和教皇的权威上;⑤他所在城市的城市法一方面建立在特定法令的基础上,另一方面建立在高傲的或强有力的侯爵授予的特权之上;商人法同样建立在特权和习俗之上。

罗马法的权威是一个不同的问题。中世纪法学家视民法大全为"圣

---

① 关于历史研究的这一解释功能,参见 Jansen,"Tief ist der Brunnen der Vergangenheit".Funktion, Methode und Ausgangspunkt historischer Fragestellungen in der Privatrechtsdogmatik:Zeitschrift für neuere Rechtsgeschichte 27 (2005) 210 ff.

② Coing 521 ff.;Merzbacher,Geschichte des Handelsrichters.

③ Coing 519 ff.;例如 Heinz Mohnhaupt,'Jura mercatorum' durch Privilegien.Zur Entwicklung des Handelsrechts bei Johann Marquard (1610—1668),in:*Gerhard Köbler* (ed.),Festschrift Karl Kroeschell (1987) 308 ff.,322 f.在英格兰,这样的发展在13世纪末期就可看到,Basile et al.,Introduction 31 f.,也参见 Lord Mansfield 在 Pillans v.Van Mierop,(1765) 97 E.R.1035,1038 (K.B.)一案中的意见,"商人法和土地法是一样的";美国采纳商人法的情况,参见 Swift v.Tyson,41 U.S.1,20 (1842).

④ 参见 Michaels 1232.

⑤ Landau,Einfluß des kanonischen Rechts 40 f.

书":①一个包涵法律永恒真理的卓越文本。由于其被奉为权威,它被置于与圣经、(当时已知的)柏拉图和亚里士多德的经典哲学著作同样的地位。它的权威源于将罗马帝国视为欧洲文明的摇篮的理想主义的观点,以及它的文本中所固有的特殊的法律理性,它是"经历史检验且抽象有效的自然法"②。但这并不意味着罗马法具有一般的可适用性。③ 至少在理论上(虽然在实践中并不经常如此)④,成文的城市法具有优先性,罗马共同法仅具有补充的可适用性。⑤ 在法庭上统一适用的规则远没有共同的学术语言多。《优士丁尼民法大全》是共同法律知识参考的权威文本。⑥ 因此,罗马法的有效性不能以理想的"自然"法概念为基础来解释。自然法是一个不同的概念,它所指的并不是先验的典范,而是一系列宽松的拘束,也不是经常被直接适用的规范,如同摩西十诫。⑦ 同时,罗马法也与衡平(aequitas)不同。它是一个建立在不同法律权威基础上的独立法源,可以在商业习惯中发现它。

此外,在这方面,显然只有些微的历史知识,法律权威的不同来源可能与不同的政策相关联。虽然罗马法权威的来源基本上始于私法的矫正正义,⑧但中世纪法令的颁布主要是基于工具性的公共政策考量。因此,这些法令并

---

① Raoul C.van Caenegem, European Law in the Past and the Future (2002) 55.
② Paul Koschaker, Europa und das römische Recht (1966) 69 ff.
③ Wieacker, Privatrechtsgeschichte 48 ff., 51. 英译文,参见 Tony Weir: Franz Wieacker, A History of Private Law in Europe (1995) 32.
④ Paul Koschaker, Europa und das römische Recht (1966) 88 ff.
⑤ Wieacker, Privatrechtsgeschichte 80 ff.; Coing 12 f., 以及两位作者所引用的文献。
⑥ 参见 Klaus Luig, Institutionenlehrbücher des nationalen Rechts im 17.und 18.Jahrhundert: Ius Commune 3(1970) 64 ff.; Klaus Luig, Der Geltungsgrund des römischen Rechts im 18.Jahrhundert in Italien, Frankreich und Deutschland, in: La formazione storica del diritto moderno in Europa (Atti del terzo congresso internazionale della Società Italiana di Storia del Diritto), Vol.II (1977); Raoul C.van Caenegem, European Law in the Past and the Future. Unity and Diversity over Two Milennia (2002), 1 ff., 13 ff., 22 ff.; Zimmermann, Ius Commune 8 ff.; Zimmermann, Die Principles of European Contract Law als Ausdruck und Gegenstand Europäischer Rechtswissenschaft (2003) 17 f.:"统一的智识居于当时法律多元性之上。"
⑦ Berman 145 ff.; Jan Schröder, Rechtals Wissenschaft (2001) 9 ff.
⑧ 本文第2部分的第1项。

不呈现为一部综合性法典,而是限于对共同体的社会和经济秩序特别重要的事项。①

因此,在中世纪晚期的法律世界中法律权威或有效性呈现为非常不同的观念和渊源。某一法源的权威只是相对于其他法源的权威而言的。② 对于当代的法学家来说,由多元和相对性的权威所导致的不确定性是不能令人满意的。相互冲突的权威彼此圈定了它们各自的范围,③并因此基本上不能满足最终确定规范冲突的法律要求。显然,需要一个绝对的法律权威的来源,所有权威都来源于它,在这里,主权立法的观念产生了,根据这一观念,所有的法律的有效性建立在主权"意志"的基础上。现代学者一般将主权立法的观念归功于 16 世纪和 17 世纪提出现代国家概念的政治作家,④比如让·博丹⑤或托马斯·霍布斯⑥。正如故事所说的那样,正在产生的现代国家将法律⑦——包括私法——作为逐步实现对其全部公民进行直接统治的一部分。⑧ 一个类似的

---

① Reinhard Zimmermann, Statuta sunt stricte interpretanda?: Cambridge L. J. 56 (1997) 317. 也参见 Petra Koch, Die Statutengesetzgebung der Kommune Vercelli im 13. und 14. Jahrhundert (1995) 68 ff., 76 f., 99f.; Peter Lütke Westhues, Die Kommunalstatuten von Verona im 13. Jahrhundert (1995) 265 ff. 大多数法令是在政治改革或根本性的政治变革之后起草的,因此它们包含规定政治组织框架的条款以及对城市的社会结构和经济活动特别重要的规范;参见 Armin Wolf, Die Gesetzgebung der entstehenden Stadtstaaten, in: Coing (ed.), Handbuch I (N.115) 517, 573 ff., 606 ff.

② Thomas Duve, Mit der Autorität gegen die Autoritäten? Überlegungen zur heuristischen Kraft des Autoritätsbegriffs für die Neuere Privatrechtsgeschichte, in: Wulf Oesterreicher et al. (eds), Autorität der Form-Autorisierung-Institutionelle Autorität (2003) 239 ff.

③ Duve, Autorität 249.

④ J. Walter Jones, Historical Introduction to the Theory of Law (1940) 81 ff.; Jan Schröder, Rechtals Wissenschaft (2001) 97 f.; Stephan Meder, Die Krise des Nationalstaates und ihre Folgen für das Kodifikationsprinzip: Juristenzeitung 2006, 477, 479 f. 有关主权的政治理论论述以及国家的超人格性(transpersonality),参见 *Reinhard* 100 ff., 122 ff.

⑤ Jean Bodin, Les Six Livres de la République (1583) 135 (liv. I, chap. VIII). van Crefeld 175 ff. 以及所引文献;John W.F. Allison, A Continental Distinction in the Common Law (1996) 45 f. 以及所引文献。

⑥ Thomas Hobbes, Leviathan (1651) ch.26,对作者来说,在国家内部,主权是法律有效性的唯一来源。

⑦ Reinhard 281 ff.

⑧ Reirchard 196ff., 212ff.

解释或许是国家的立法权威对解决法律体系的根本问题是必需的。

然而,除去表面上的合理性,进一步的考察或许将对该解释提出一些疑问。首先,很久以前法律就已经是主权统治的一种方式。① 基督教会在很多方面成为后来的民族国家的智识和制度模板,这不是一个革命性的观点:自从 11 世纪,教皇利用立法既在内部将教会建设为一个实体团体又在外部统治着基督教世界。事实上,正是这里,通过立法变革——而不是描述或重述——法律的观念产生了。② 西西里和英格兰的城市共和国遵循此例,它们颁布法令并建立了早期的君主制度。③ 因此,阿奎那将法律设想为一种命令(ordinatio),即主权者的命令,④对巴尔都斯来说,法令的有效性取决于主权者的"意愿和命令"(sic volo sic iubeo)。⑤ 所以法律有效性存在于主权者的命令中找的观点在 16 世纪不可能是一个新观点。用无限的立法权限描述(民族)国家的主权才是创新点。但这并不与实证法的概念或者法律权威和有效性直接相关。

其次,在 15 世纪末期——现代国家概念产生之前——学者将所有世俗法的有效性,⑥故而也包括罗马共同法的有效性,归因于皇帝的命令。1135 年,

---

① Berman 85 ff.,113 ff.;Reinhard 28,186 f.,259 ff.,285 f.;Horst Dreier,Kanonistik und Konfessionalisierung—Marksteine auf dem Weg zum Staat,Juristenzeitung 2002,1,4 ff.,以及所引文献。事实上,教会法可以被视为第一个现代法律体系,参见 Berman 12,116 ff.,199 ff.

② 除了 Berman 外,还参见 Helmut Quaritsch,Staat und Souveränität,Vol. I. Die Grundlagen (1970) 132 ff.;Landau,Einfluß des kanonischen Rechts 45 ff.;Dreier,Kanonistik und Konfessionalisierung 5,以及所引文献。卜尼法斯八世明确地将其颁布的《西克斯特斯教令集》称为"新法律"。

③ Reinhard 35 ff.,60 f.,64,67 f.,244 ff.,291 ff.;Csaba Varga,Codification as a Socio-Historical Phenomenon (1991) 61.

④ Aquinas,Summa theologica II 1,qu.90,art.1 und 4:"法律只不过是为了公共利益的理性命令,由关心共同体的人制定并公布";还可参见 qu.91,art.1;qu.95,art.2;qu.96,art.4;qu.97,art.1;qu.104,art.1.因此,产生了新法优于旧法的格言,并且禁止法的溯及力成为教会法的一项根本原则。

⑤ "地方法令基本建立在意愿和命令之上",参见 Baldus,Super usibus feudalibus,转引自 Helmut Coing, Zur Romanistischen Auslegung von Rezeptionsgesetzen:Fichards Noten zur Frankfurter Reformation von 1509;Zeitschrift der Savigny-Stiftung für Rechtsgeschichte/Romanistische Abteilung 56 (1936) 264,269.

⑥ 具体细节参见 Hermann Krause,Kaiserrecht und Rezeption (1952) 126 ff.

正如他们所说的,苏普林堡的洛塔尔三世批准适用最新发现的学说汇纂。①显然,这是一个事后杜撰的故事,目的在于使罗马法的适用合法化。事实上,私法权威源于主权统治的现代观念是由法学家以虚构出来的。很明显,这个归因的结果是十分复杂的:通过在法律体系之外建构一个长期以来无法成为私法事务主宰者的最终权威来源,该归因将罗马共同法的自主性和不断增强的影响力交由法律学术界"管理"。当解释政府的命令时,法学者继续发展法律,基本不受政府或司法的影响。然而,除了法的现代概念中国家的核心地位外,该虚构的动机和结果都没有被充分地分析。但自 17 世纪起,关于罗马法继受的争论②使这一问题隐而不显。不过,若对法律的有效性只能来自外部统治且因此来自最终世俗权威的主权的观念产生的因素没有清晰的认识,就不能理解私法与国家的现代联系。

最后,即使是在 16 世纪和 17 世纪,拥有主权的君主或城市对全面控制法律并没有表现出特别的兴趣。确实,他们削弱了教会法的影响力并垄断了司法。③并且越来越多地颁布了调整公共政策事项的法令。④但这些立法大部分涉及的是公法问题,⑤并且——除刑法外⑥——直到 18 世纪才出现综合性

---

① Wieacker, Privatrechtsgeschichte 145; Klaus Luig, Conring, das deutsche Recht und die Rechtsgeschichte, in: Michael Stolleis (ed.), H. Conring (1606—1681). Beiträge zu Leben und Werk (1983) 355, 357 f., 372 f.

② Peter Bender, Die Rezeption des römischen Rechts im Urteil der deutschen Rechtswissenschaft (1979); Wieacker, Privatrechtsgeschichte 124 ff.

③ Reinhard 281, 291 ff.

④ Reinhard 298 ff. 关于"警察条例",参见 Wilhelm Ebel, Geschichte der Gesetzgebung in Deutschland (1958) 59 ff.; Michael Stolleis, Geschichte des öffentlichen Rechts in Deutschland, Vol. I, 1600—1800 (1988) 369 ff., 及其所引文献。

⑤ 关于神圣罗马帝国的情况,参见 Heinz Mohnhaupt, Gesetzgebung des Reichs und Recht im Reich vom 16. bis 18. Jahrhundert, in: *Barbara Dölemeyer, Diethelm Klippel* (eds), Gesetz und Gesetzgebung im Europa der Frühen Neuzeit (1998) 83, 97, 101.

⑥ 关于编纂了神圣罗马帝国的刑法的《加洛林纳刑法典》,参见 Harold J. Berman, Law and Revolution, II. The Impact of the Protestant Reformations on the Western Legal Tradition (2003), pp. 138-154, 作者在具体的路德教理念的基础上解读了该法典。

的法典式立法。① 私法继续建立在共同法的罗马文本以及地方法令之上。因此,可以认为国家的出现与私法的本质无关,甚至保留了私法的自治性。

(四)主权与有效性(之一):法典编纂与国家

17世纪,法律的有效性成为法律体系中的一个根本问题。一方面,皇帝洛塔尔三世颁布学说汇纂作为实证法的故事与德意志帝国之外的地域无关。1643年,当赫尔曼·康林(Hermann Conring)出版其"日耳曼法律的起源"一书后,该故事在德国也成为一个"传说"。另一方面,可适用的"实证"法的有效性与主权者的意志之间的关联越来越紧密。在18世纪,即使是习惯法也被重新定义为主权者默示同意的法律,并因此而获得效力。② 这就产生了一个矛盾的和令人沮丧的状况:虽然法律的有效性仅取决于主权者的命令,但是私法的最重要部分从来不是通过任何立法者的权限颁布的。因此,根据以立法者命令为基础的流行的法的概念解释市民法大全的有效性变得非常困难。③ 事实上,罗马共同法已经被认定为显著偏离了国家的政府统治。④ 然而,18世纪,在大学中教授罗马法成为理所当然的事,而且法庭也在实践中适用它。⑤ 很多理论家在完全不同的基础上将罗马法正当化,比如治权(君主默示地承认盛行的司法实践)、适用罗马法的传统或罗马法固有的法律品质(理性和确

---

① 早期人文主义者关于法律法典化的讨论,参见 Pio Caroni, Kodifikation, in: Handwörterbuch zur deutschen Rechtsgeschichte, Vol.II (1978) cols.907,911 f.; Helmut Coing, Zur Vorgeschichte der Kodifikation: Die Diskussion um die Kodifikation im 17.und 18.Jahrhundert, in: *Bruno Paradisi* (ed.), La formazione storica del diritto moderno in Europa (1977) 797,798 ff.,805 ff.; Mohnhaupt, Gesetzgebung des Reichs 103 ff.

② Peter Oestmann, Rechtsvielfalt Vor Gericht (2002), 367 f.及其所引文献。类似的,当 Malynes 强调商人法是由所有王国的权威批准而不是由任何君主颁布的法律时(参见 Malynes, Ancient Law-Merchant [N.127] i-3 f.),他含蓄地认为它的有效性依赖于国家的默示接受。

③ 较具体的情况,参见 Luig, Geltungsgrund des römischen Rechts 819 ff.及其所引文献。

④ Franz Wieacker, Aufstieg, Blüte und Krisis der Kodifikationsidee, in: Festschrift Gustav Boehmer (1954) 34,35.

⑤ 德国的帝国枢密法院也须适用罗马法,这一信息是由1495年帝国枢密法院的诉讼规则提供的。

定),但这些论证都不能让法学家自己真正满意。①

　　此外,康林并没有站在客观的立场上驳斥洛塔尔传说。他成功地为真正的德国法律史和德国私法的承认而努力,②他甚至主张一个为德国私法建构一个新的综合的法律基础(一部"法典")。③ 因此,一方面,继受的罗马法不断被怀疑为"外国的",并且私法的概念第一次在智识上与民族的观念相联系。当孟德斯鸠在 18 世纪发表他的《论法的精神》时,以及当萨维尼关于法律是民族共同"意识"或"精神"的流露的观念成为 19 世纪德国历史法学派的核心观点时,将法律置于民族之内的观念在之后的欧洲法律思想中得到了充分的辩护。类似的观点同时也在英国普通法中流传。在另一方面,即使没有载入书面文本,后来的现代应用学派的学者们也将习惯法作为法源之一。④ 结果,适用哪些法律的问题变得更加困难,法律程序也饱受可适用法律的极端不确定的折磨。⑤

　　在这一时期,欧洲的立法者登场并积极地将其主权扩张到私法领域。在欧陆,私法在一个相当短的时间内被全面编纂。⑥ 因此,从表面上看,将法典编

---

　　① Anton F.J. Thibaut, System des Pandekten-Rechts4 (Jena, 1814) Vol. I, 11 (§13):"现在继受法的基础被忽视或我们需要更加适合的法律的事实并不能合法地阻止这些法律的适用。"

　　② Klaus Luig, Conring, das deutsche Recht und die Rechtsgeschichte, in: Michael Stolleis (ed.), H.Conring (1606—1681).Beiträge zu Leben und Werk (1983) 359 ff., 375 ff.

　　③ Klaus Luig, Conring, das deutsche Recht und die Rechtsgeschichte, in: Michael Stolleis (ed.), H.Conring (1606—1681).Beiträge zu Leben und Werk (1983) 378:法典编纂。

　　④ Wieacker, Privatrechtsgeschichte 207;更详细的介绍,参见 Klaus Luig, Samuel Stryk (1640—1710) und der "Usus modernus pandectarum", in: Michael Stolleis (ed.), Festschrift Sten Gagnér (1991) 219, 225 ff.; Klaus Luig, Conring, das deutsche Recht und die Rechtsgeschichte, in: Michael Stolleis (ed.), H.Conring (1606—1681).Beiträge zu Leben und Werk (1983) 381 ff.

　　⑤ Peter Oestmann, Rechtsvielfalt Vor Gericht (2002), passim.

　　⑥ 关于编纂法典的观念和法典编纂计划的历史,参见 Wieacker, Privatrechtsgeschichte 322 ff.; Wieacker, Kodifikationsidee; Coing, 77 ff.; Coing, Vorgeschichte der Kodifikation; Zimmermann, Codification 98 ff.; Caroni, Kodifikation; Caroni, Gesetz und Gesetzbuch. Beiträge zu einer Kodifikationsgeschichte (2003) esp.14 ff.; Weiss 448 ff., 470 ff., 以及这些作者所引用的文献。

纂视为"强大国家"的表现是非常合理的。① 确实,法典编纂由政府机构首先提出,因此它始于政治领域。有意思的是,它们仅在强大的国家内被首次成功地实践;但法典编纂计划与政府形式无关:传统专制主义王国的瑞士(1734年)和巴伐利亚(1756年)进行了法典编纂,较为开明的普鲁士国王(1794年)和奥地利皇帝(1811年)编纂了法典,资产阶级革命后的法国政府也进行了法典编纂(1804年)。从概念的角度来看,通过将私法型构为主权国家立法意图的表达,法律被纳入国家之中。

然而,法典编纂也被描述为"一个源于法律科学的特殊历史现象"。② 事实上,普通法体系对法典编纂具有非常强的抵抗力。③ 因此,为了理解国家在法典编纂进程中扮演的角色,深入了解推动法典编纂的动机是有必要的,显然,该动机是多方面的和复杂的。首先是一个混合着实践和理论的考虑。整个法律体系需要根本改革以及一个统一的立法基础,这不仅是因为法律的多元及不安全状态令人十分沮丧,也因为作为实证法渊源之一的罗马法的规范地位不能继续维持。这部分地可归因于第二个因素——理性地重构和体系化私法的需求。事实上,在18世纪越来越理性的世界,罗马法丢失了它之前作为书面理性的地位,长期以来,这对其适用是一个主要的理由:对每一个头脑敏锐的人来说,理性应是简单的和清楚明白的,但罗马法和市民法律科学十分复杂并且明显充满了不必要的争论。理性需要在一般命题即抽象法中呈现,但学说汇纂充满了关于个别案件的细微讨论。早在17世纪,这就成为人文主义和自然法学者重构传统私法和将其理性化地置入一个新的法秩序体系中的动机,④因此,莱布尼茨提出了一个能够逻辑地重构市民法的理想法典。⑤

---

① Meder,Kodifikationsprinzip 477 ff.;Caroni,Gesetzbuch 39 ff.; Wieacker,Privatrechtsgeschichte 324,333;"国家艺术"(Staatskunstwerk); Wieacker,Kodifikationsidee 35 ff.,41;Reinhard 301 ff.;Varga,Codification 71 ff.,334 ff."法典编纂只不过是国家通过塑造和控制法律主张其统治的工具。"

② Zimmermann,Codification 98;也参见 Mohnhaupt,Gesetzgebung des Reichs 104。

③ 详细的分析,参见下文第三部分第5项。

④ 著名的例子有 Donellus' Commentarii de iure civili (1589/90),Grotius' Inleidinge tot de Hollandsche rechtsgeleerdheid (1620/31), or Domat's Lois civiles dans leur ordre naturel (1689).债法部分,参见 Michaels,Systemfragen des Schuldrechts nn.24 ff.,28 ff.

⑤ Gottfried W.Leibniz,Corpus Juris reconcinnatum (1672);参见 Michael H.Hoeflich,Law & Geometry: From Leibniz to Langdell: American Journal of Legal History 30 (1986) 95,99 ff.

另外，理性和体系化思想已经成为自然法思想的基础。在 17 世纪和 18 世纪，格劳秀斯、普芬道夫、托马修斯、海内修斯以及沃尔夫等学者将传统基督教学派的自然法转变为世俗的事业。他们认为道德与法律的真理对于人类理性而言是可获得的，进而在有限的基本道德原则的基础上，提出了符合逻辑的、以概念为结构基础的自然法体系。因此，法律的体系化结构已经不仅是一个便于展示的工具，而是关乎道德原则。

虽然这些自然法体系不具有直接的适用性，但是它们在欧陆十分有影响力，因为它们成了法典编纂运动的驱动力。法典编纂的观念吸引了开明君主和新兴资产阶级的注意，这不仅因为法典编纂能够在私法领域强调君主的主权和新成立国家的统一，①同时也因为这可以使所有人接近法律：显然，另一个且可能为决定性的因素是这种建立在对较好且合理社会秩序清晰认识之上的世俗自然法所具有的工具和功利性格。② 因此，将法律全面而体系化地重组为一部自然法典能够保证进一步维护共同利益以及带来一个更好的且更开明的社会：③自然法典最终建立在一个改革性和工具性的私法观之上。④ 因此，它们最初并不是由法律精英起草，比如说学者或法官，而是由受哲学和政治学教育的政府代表起草。⑤（当然，这些起草者通晓很多实证法，如果法典编纂不以传统罗马法为主要基础，那么它们将难以理解）。然而，追溯和界定

---

① 法典编纂的这方面功能，参见 Jansen, Binnenmarkt, Privatrecht und europäische Identität (2004) 19 ff.; Barbara Dölemeier, Kodifikationsbewegung, in: Coing (ed.), Handbuch Vol.III/2 (1982) 1421,1427; Franz Wieacker, Der Kampf des 19.Jahrhunderts um die Nationalgesetzbücher, in: id., Industriegesellschaft und Privatrechtsordnung (1974) 79,84 ff.

② 关于推动法典编纂的这两个因素，参见 Zimmermann, Codification 99 f.; Caroni, Kodifikation col.909。

③ Wieacker, Privatrechtsgeschichte 323；也参见 Coing, Vorgeschichte der Kodifikation 806 ff.：社会秩序的变革。事实上，为了将自然法理论的哲学理念转变为有效的实证法，该理论在 18 世纪下半叶已经形成了立法理论，参见 Diethelm Klippel, Die Philosophie der Gesetzgebung.Naturrecht und Rechtsphilosophie als Gesetzgebungswissenschaft im 18.Und 19.Jahrhundert, in: Gesetz und Gesetzgebung 225,233 ff.

④ Klippel, Philosophie der Gesetzgebung 237 ff.; Dieter Grimm, Zur politischen Funktion der Trennung von öffentlichem und privatem Recht in Deutschland, in: id., Recht und Staat der bürgerlichen Gesellschaft (1987) 84,96, 及其所引文献；也参见 B.Mertens, Gesetzgebungskunst, 25 ff.

⑤ 详细介绍，参见 Wieacker, Privatrechtsgeschichte 324 ff.

这一工具主义私法观的基础和后果将为法典编纂的理念和私法与国家的关系提供重要的洞见。

总而言之,法典编纂的观念最初被一些差异甚大的因素所激发。另外,在19世纪和20世纪法典编纂与新政治价值观相联系,尤其是作为人民意志表达的民主法律理念。然而,这些道德理想是否曾实现过还是充满疑问的:首先,法典的文本在今天并不是由立法者,甚至经常不是由行政机构,而是由学者和其他法学专家组成的委员会完成的。法典编纂的民主立法观念因此被认为是假的。事实上,即使在今天,法典编纂的观念仍然表现为与自然法的直觉相关,即法律能被抽象的法律思想"发现"或"建构"(因此并不需要民主同意)。相应的,参与者指出,当前新的欧洲法律"原则"的建议稿有时是在比较研究完成之前写出来的。① 其次,法典编纂从来没有让法律体系之外的门外汉可接近。即使每一位法国人曾经随身携带民法典的传闻是真的,这并不代表他能够理解民法典。实际上,使一般大众理解法典法需要采取一些额外的措施,一些开明的立法者已经这样做了。② 最后,即使具有较大改革性的法典编纂也没有根本性地改变法律:法典编纂的一个主要目标经常是简单地重述法律,③

---

① 事实上,欧洲"参考框架"的规则已经起草出来了,但很多准备性报告中依然缺乏比较的材料,参见 Jansen, Traditionsbegründung im europäischen Privatrecht: Juristenzeitung 2006, 536 ff., 及其所引文献。

② 因此,在小学教授法典、在教堂阅读法典和就大部分法典的重要基本规则编写易于理解的纲要被认为是必要的,详细论述,参见 Bernd Mertens, Gesetzgebungskunst im Zeitalter der Kodifikation (2004), 251 ff.

③ Konrad Zweigert/Hein Kötz, Einführung in die Rechtsvergleichung (1996) 78 ff., 84 ff.(法国的情况), 137 ff., 142 ff.; Paul Koschaker, Europa und das römische Recht (1966) 205(德国的情况).关于方法论的讨论,参见 Bernd Mertens, Gesetzgebungskunst im Zeitalter der Kodifikation (2004) 18 ff., 33 ff., 51 ff., 以及书中所引用的文献。

相应的,法院也经常仅是继续先前的审判路径。① 因此,法律体系基本保留了它的自治性。当然,政府通过立法干预影响了私法的发展,这已经可以从前述欧盟的指令和罗马的执法官中看出。② 但法典编纂从来没有使私法发展彻底脱离法官和学者而转向政府。只要法官不被构想为同质的抽象国家的一部分,③即使在当下,私法也能被认为是基本独立于国家的,尽管通过法典编纂,私法在形式上已被纳入国家,这一观点应被遵循。

这将我们带回到最开始的问题:在法典编纂过程中国家与法律体系的关系问题。如果从形式的角度回答这个问题,答案应该是,通过单一的国家法,法典取代了现代应用晚期的多元法源;法典编纂运动因此被描述为国家将其统治扩张到法律体系的传统自治领域的进程。④ 然而,法典编纂同样可被理解为一个基本为内部的法律进程,在此进程中,法律体系在没有放弃它内部自治的前提下,构建了法律效力的外部来源。从该内部视角观察,国家对于欧洲民族国家法律体系的意义可能并不比罗马裁判官对罗马共和国的意义大。⑤ 然而,内在法律因素和外在政治因素之间准确的历史联系目前还没有被充分地分析。该分析对历史发展的完整图景和理解当下国家与私法之间的关系都是必要的。欧陆和普通法世界不同发展之间的比较或许也有助于该分析。

---

① Reinhard Zimmermann, Das Bürgerliche Gesetzbuch und die Entwicklung des Bürgerlichen Rechts, in: Historisch-Kritischer Kommentar, Vol. I (2003) before § 1, n. 17;也参见 Ulrich Falk, Heinz Mohnhaupt (eds), Das Bürgerliche Gesetzbuch und seine Richter. Fallstudien zur Reaktion der Rechtspraxis auf die Kodifikation des deutschen Privatrechts (2000);法国的情况 Zweigert, Kötz, Rechtsvergleichung 88 ff., 93 ff.; James Gordley, Myths of the French Civil Code: American Journal of Comparative Law 42 (1994) 459;也参见 Donald R. Kelly, Ancient Verses on New Ideas: Legal Tradition and the French Historical School: History and Theory 26 (1987) 319 ff. 详细的分析可参阅 Jean-Louis Halpérin, in: Jansen (ed.), The Making of European Tort Law: Doctrine(待出版,2007)。

② 关于欧盟的情况,参见 William W. Fisher III et al. (eds), American Legal Realism (1993) 167 ff.;罗马法的情况,参见 Zimmermann, Obligations 145 ff.。德国在魏玛共和国时期的发展的清晰图景,参见 Knut W. Nörr, Zwischen den Mühlsteinen. Eine Privatrechtsgeschichte der Weimarer Republik (1988) 3 ff.

③ 司法在法律体系和国家之间的特殊地位,参见下文第 2 部分第 5 项。

④ 关于这一观点,参见 Wieacker, Kodifikationsidee 35 ff.; Caroni, Gesetzbuch 39 ff.; Meder, Kodifikationsprinzip 477, 479 ff.

⑤ 前文第 2 部分第 1 项。

(五)主权和有效性(之二):人民和普通法

即使在当下,与普通法相比,国家与私法之间的关系在欧陆看起来更为紧密。这至少可归因于普通法一致保留在法官手中,法官相对于国家具有高度的独立性并且具有强烈的集体职业认同。尽管在任何地方,法院都成了国家(或者王权,在英国)集中管理的一部分,但法官——在不同程度上——保留某种相对于具有政治性的政府的独立性。① 即使法院不具有形式上和宪法上的独立性,②法官有能力保护个人免受绝对的恣意。③ 他们形成了一个自己招募的职业精英阶层,并因此形成了特定的价值和特定的法律观念。相应的,他们经常被置于国家与法律体系"中间"的位置。④ 因此,同时扮演法官和政府官员的角色可能对私法与国家之间的关系具有决定性意义并且应当受到特别关注。法官——规范上或事实上——的独立性限制了政府主权。⑤

然而,将"法典化的"民法和非法典化的普通法进行简单的区分,并将此区分与私法中国家地位的不同联系起来,就过于简单化了。第一,在本质上,将普通法描述为反法典化是错误的。民法学家或许知道"法典编纂"的概念是杰瑞米·边沁创造的,⑥但英格兰、英联邦和美国关于法典编纂的很多讨论很少被人注意到。英格兰法典编纂的争论与欧洲大陆的一样古老,⑦自 19 世纪以

---

① 在英格兰,自《王位继承法》(1701 年)后,司法就非常独立,它被视为人民自由的保卫者和国家内的独立角色,参见 Reinhard 73,121,294.

② Coing 52 ff.

③ Regina Ogorek, Individueller Rechtsschutz gegenüber der Staatsgewalt. Zur Entwicklung der Verwaltungsgerichtsbarkeit im 19. Jahrhundert, in: Jürgen Kocka (ed.), Bürgertum im 19.Jahrhundert, Vol.I (1988) 372, 385 ff.; Grimm, Funktion der Trennung von öffentlichem und privatem Recht 86 f.

④ 这一点与广泛讨论的法官是否为立法者的问题不同(比如,参见 Duncan Kennedy, A Theory of Adjudication [fin de siècle] [1997] 23 ff.)。法官是否为立法者的问题至少部分不同于法官是否作为国家机构而活动的问题。

⑤ Ogorek, Rechtsschutz gegenüber der Staatsgewalt 381 f.

⑥ Hans Schlosser, Grundzüge der Neueren Privatrechtsgeschichte (2005) 112, 249.

⑦ Barbara Shapiro, Codification of the Laws in Seventeenth Century England: Wisconsin L.R.1974, 429 ff.; George L. Haskins, De la codification du droit en Amérique du Nord au XVIIe siecle: Une étude de droit comparé: Tijdschrift voor Rechtsgeschiedenis 23 (1955) 311 ff.; W.Teubner 56 ff.; 也参见 Varga, Codification 145 ff.

来，①这些争论与欧陆一样激烈。② 然而,仅例外地产生了几部民法典,最著名的是《英属印度民法典》③和《路易斯安那民法典》④。相反,法典编纂的争论在美国产生了不同的特别的成果,即各种重述和美国统一商法典,它们都在很大程度上实现了法律的国家统一和体系化。与欧洲法典编纂不同,重述不是作为国家的事业启动的,⑤并且直到现在还保留了这一状态。⑥ 因此,比较欧陆和美国不同的法典编纂进程特别有助于理解私法与国家之间的关系。

基本上,英格兰和美国法典编纂的理由与欧陆是相似的。⑦ 法典编纂通过理性的方式将使法律更具有可接近性和体系性,适用起来也因此更有效率。有影响力的法学家,尤其是边沁,强调法典编纂在社会变革方面的推动作用。⑧ 此外,法典也被视为美国革命的表达,该论断在17世纪马萨诸塞州的早期法典编纂尝试中是重要的。⑨ 人们或许有疑问,为什么在美国这些论断最后很少成功?

标准的答案是法典编纂具有不能令人满意的僵硬性,建议文本的质量也

---

① 然而,18世纪实际上并没有这样的讨论,参见 W.Teubner 126 ff.

② W.Teubner 136 ff.,144 ff.；Reimann 95 ff.；Weiss 470 ff.,498 ff.；cf.also Varga,Codification 147 ff.,154 ff.

③ 这里,法典编纂对克服真正的相互冲突的法律体系的多元性是必要的;参见 Zweigert,Kötz,Rechtsvergleichung 222 f.；Varga,Codification 149 ff.；Weiss 484 ff.,及其所引文献。也参见 B.Mertens,Gesetzgebungskunst,对发生在德国、奥地利、瑞士和英格兰、英属印度的方法论讨论进行了历史性比较。

④ 在路易斯安娜成为美国的一个州后,法典编纂计划迅速启动了,显然,这是为了保留它针对英文美国的西班牙—法国身份。参见 Shael Herman, The Louisiana Civil Code: A European Legacy for the United States (1993) 28 ff.；Zweigert,Kötz,Rechtsvergleichung 115；Weiss 499 ff.,及其所引文献。因此,可以认为路易斯安娜的法典编纂源自民法传统而不是普通法传统。

⑤ Weiss 517 ff.

⑥ Thomas Schindler, Die Restatements und ihre Bedeutung für das amerikanische Privatrecht: Zeitschrift für Europäisches Privatrecht 1998, 277 ff.；Richard Hyland, The American Experience: Restatements, the UCC, Uniform Laws, and Transnational Coordination, in: Arthur S.Hartkamp (ed.), Towards a European civil code(2004) 59 ff.,64 ff.

⑦ W.Teubner 认为相似的理由具有不同的权重。但该观点低估了欧陆社会变革的所带来的推动力以及英格兰和美国对法律理性秩序的渴望。

⑧ W.Teubner 132 ff.,136 ff.；Weiss 480,511；Reimann 102.

⑨ George L.Haskins, Codification of the Law in Colonial Massachusetts: A Study in Comparative Law: Indiana L.J.30 (1954) 1 ff.

被认为是低下的。普通法法学家通常不相信议会以及它们的立法能力。议会议员反对社会变革。具有政治影响力的法律工作者同样是保守的,他们或许对于保留当前的作为他们职业地位和生计基础的法律状态享有政治利益。① 但是,即使在20世纪,法典的僵硬性也没有阻止欧洲立法者编纂法典,在保守性和自我利益上,民法法域的法律工作者不逊于英国和美国的法律工作者。欧陆法典编纂运动的成功和普通法法典编纂运动的失败或许有更具决定性的其他理由。

显然,第一个理由是英国和美国的法律秩序在某种程度或意义上都未呈现出使欧陆人民遭受法律不确定性的多元性。② 法律与衡平、海商法与普通法之间确实存在差异,但它们可能比欧洲法源之间的差异所带来的压力要小。

第二,与17世纪的罗马共同法不同,流行的普通法从来不被视为一个异质的外来的体系。在英国和美国,对流行的法律体系从来不存在情感上的距离。相反,普通法法学家对普通法存在身份认同,③英国法典编纂的首席支持者边沁对普通法的猛烈攻击反过来导致了对全部的法典编纂运动的根本不信任。④ 有意思的是,对普通法的认同也发生在美国,1800年前后,美国普通法不被认为是一个对外来英国法的继受,而被认为是美国人民的习惯法。⑤

第三,与上述观察相关,欧陆和普通法世界法官扮演的角色不同可解释对立法的不同态度。法国大革命将法典编纂作为保护人民免受司法腐败侵害的堡垒,⑥而普通法世界的目标是通过法院保护人民免受腐败政府的侵害。对民主和自由的相同追求因此转变为欧陆对法典编纂的支持和英国和美国的反对,并最终呈现为各自在私法与国家关系上的重大差异。

对于本研究来说,第四个因素或许是最有意思的一个:普通法的有效性通常被认为是独立于国家的。⑦ 这在英国看起来似乎是有疑问的,因为英国的

---

① W.Teubner 176 ff.,198 ff.;Weiss 489 f.,510 f.,514,及其所引文献。

② W.Teubner 159 f.关于亨利二世通过中央集权和特别化对英格兰法律的统一,参见 Raoul C.van Caenegem,The Birth of the English Common Law (1988) 19 ff.,88 ff.

③ Cf.W.Teubner 179 f.,184 f.,193,202,及其所引文献。

④ W.Teubner 137 ff.,161 f.

⑤ Morton J.Horwitz,The Transformation of American Law 1780—1860 (1977) 17 ff.

⑥ Raoul C.van Caenegem,Judges,Legislators & Professors (paperback ed.,1993) 152 ff.

⑦ 参见 Milsom,A Natural History of the Common Law (2003),xvi.

普通法是由其权威源于国王的普通法法院发展起来的,①并且国王通过国王大法官法院引入衡平救济积极地参与法律的发展。②然而,即使普通法法院的权威源自国王,但他们适用的法律被认为是被发现的而不是被制定的,而且法律同样也约束国王:③为了推翻法律,国王须诉诸法律之外的规则体,即衡平。

无论如何,当美国反对英国王室的主权时,他们继受的普通法也因此失去了(英国)王室意志的基础。显然,美国法学家从未认为普通法法律权威的丧失需要另外一个实证法源。这并不是说法律有效性问题没有被提出。相反在17世纪和18世纪,与民法法系的发展类似,④美国也将习惯法的有效性与主权者的意志相联系。但就我们所知,这在概念上和实践上并不成为问题。可以认为,不成为问题的原因是主权并不附属于抽象国家而是美国人民,人民的同意对宪法("我们,人民")和普通法来说都是必不可少的,而普通法被认为是由人民的代表法院同意和塑造的习惯法。⑤这只不过是没有必要引入抽象国家,因为政府和立法者在私法发展中并不扮演必要的角色。1842年,当斯托雷大法官公开宣称建立在多样性基础上的联邦法院可以发展出联邦普通法而不是不同州的共同法则时,⑥他这样说是以其有效性不需要——州的或联邦的——形式主权的(受商人法观念影响的)国家(甚至跨国的)普通法观念为基础的。大概100年后,这一既不以州也不以联邦政府为基础的私法观念被发

---

① 参见 Berman 445 ff.。

② van Crefeld 89 ff.；Günther Lottes,Souveränität,Recht und Gesetzgebung im England des 16.Jahrhunderts,in: Gesetz und Gesetzgebung 17,26 ff.。

③ 因此,法院能够成为国家内部的独立角色,参见 Reinhard 294。在中世纪,国王受习惯法约束的观念在德国也盛行,但 17 世纪和 18 世纪,这一观念对法律体系来说,丧失了它的意义。

④ Oestmann,Rechtsvielfalt 367f.。

⑤ Horwitz, American Law 1780—1860 19 ff.；Sheldon Amos，Codification in England and the State of New York (London 1867) 20 f.；Sheldon Amos,An English Code: Its Difficulties and the Modes of Overcoming Them. A Practical Application of the Science of Jurisprudence (London 1873) 57 ff.(明确引用了萨维尼关于法律是民族精神的流露的观念)。该观念已经出现在英格兰早期的讨论中(William Blackstone, Commentaries on the Law of England [Dublin 1771],Vol.I,68 ff.,73),但对司法推理的这一理解被边沁和后来的法律分析理论强烈批评。

⑥ Swift v.Tyson,41 U.S.1 (1842)。

现是一种"弥漫在空中的沉思"①并被人们拒绝。② 然而,拒绝这一观念并不是由于国家实证主义对普通法有效性源于社会而不是国家的观念的批判,而只是由于对相关的社会是一个国家甚至跨国家的社会而不是每一个州的社会的观念的批判。③

美国私法概念的这一特征在纽约州民法典的争论中具有特别的意义。④ 法典计划的主要反对者詹姆斯·柯立芝·卡特凭借的论据与 19 世纪初萨维尼反对德国民法典的论据类似。除了批判起草的法典没有准确反映纽约的现行法外,他在一个更加基础的层面上反对法典编纂观念本身。卡特认为法律是"一个原始的、但不断发展的习俗整体",反映了"正义的民族标准"和"公共意见"。这与萨维尼认为法律是共同"意识"或民族"精神"的产物的观念基本相似。它们之间唯一的区别是民族精神是由学者提出的,而"公正的民族标准"是从普通法的先例中总结出来的。⑤ 然而,正如马蒂亚斯·莱曼(Mathias Reimann)所评论的,⑥与建立在"外来"罗马法基础之上和长期将国家视为法律的来源的德国法律文化相比,该观念更符合美国的法律思想和原初的普通法传统。因此,萨维尼最终将其观点限制在主张德国法对于法典编纂而言还没有成熟(这样的法典编纂后来确实发生了),但卡特不需要考虑这些理由去限制其观点,并且纽约州法典编纂计划最终失败了。

---

① Southern Pacific Co.v.Jensen,244 U.S.205,222 (1917),小霍姆斯的反对意见,"普通法不是弥漫在空中的沉思,而是能被识别的主权或准主权的清晰的声音,它一般为国家的法律"。这里"国家"是指州的联合。

② Erie Railroad RR.v.Tompkins,304 U.S.64 (1938).

③ 当然,这太简化了,详细的历史分析,参见 Tony Freyer, Harmony and Dissonance: The Swift and Erie Cases in American Federalism (1983); Edward A.Purcell, Brandeis and the Progressive Constitution: Erie,the Judicial Power, and the Politics of the Federal Courts in the Twentieth-Century America (2000);与欧洲私法的比较,参见 Koen Lenaerts, Kathleen Gutmann,"Federal Common Law" in the European Union: A Comparative Perspective from the United States: American Journal of Comparative Law 54 (2006) 1 ff.

④ 对该争论的全面介绍,参见 Reimann 99 ff.,及其所引文献。

⑤ 参见 Reimann 111 f.

⑥ Reimann 108 f.;也参见 Reimann, Historische Schule und Common Law.Die deutsche Rechtswissenschaft des 19.Jahrhunderts im amerikanischen Rechtsdenken (1993) 56-73; Michael H.Hoeflich, Savigny and his Anglo-American Disciples: American Journal of Comparative Law 37 (1989) 17 ff.

在今天,这一失败被认为是美国立法法典化发展中的重大事件。① 然而,权威地体系化和统一法律的愿望依然存在。该愿望在法律重述中以不同的方式表现了出来。作为一项纯粹民间的事业,它们让普通法的权威保持原封不动。同时,它们在概念上及事实上对法律的发展保持开放。它们并不要求权威地固定法律,而是谦逊地利用权威文本重构法律。因此,重述不被时间淘汰是十分自然的。它们经常定期重编,并因此在实体上与体系上适应法律的变化。②

总而言之,主权概念的不同可认为是国家在现代私法中扮演不同角色的一个基本原因。然而与国家全面控制法律的观念相比,将私法建立在至高无上的人民意志或意识之上的观念甚至更像是空想。该观念一方面服务于为法律的自治辩护,另一方面,维护博学的法学家精英阶层的利益。③ 由此产生了一个有意思的问题,在西方法律史的某一时期,为什么会产生法律在概念上需要外部权威来源即所谓主权的一般共识。无论如何,引入这一外部主权的后果是复杂的:在概念上,这意味着私法自治性的丧失。然而,最初引入这一概念时,有助于保持私法事实上的自治性。只是近来,或许十分讽刺的是,它可能也为事实上自治的丧失创造了条件。事实上,在最近150年时间里,国家在私法领域变得越来越活跃,在国家垄断法律的视野内,批判这样的发展是十分困难的。在当下的美国,立法也渗透到私法中来了。④ 只有在当下,对私法的控制从人民转移到国家手里了。

(六)国家、社会和公私划分

现代学者在重构私法和公法划分的发展时通常始于对公私划分的政治理解。他们将私法自治性的观念理解为特定自由(或自由意志主义⑤)价值的代表,如私人自治、合同自由以及财产的绝对观念。根据该理论,在18世纪和

---

① Weiss 511,514 f.,及其所引文献。

② Richard Hyland, The American Experience: Restatements, the UCC, Uniform Laws, and Transnational Coordination, in: Arthur S. Hartkamp (ed.), Towards a European civil code(2004) 60.

③ Reimann 110 ff.

④ Guido Calabresi, A Common Law for the Age of Statutes (1982) 1 ff.

⑤ 美国读者可能认为欧洲的"自由"(liberal)概念代表了社会—民主的价值,欧洲的"自由"与美国的"自由意志主义"(libertarian)相等同,然而,该词应从客观描述的意义上理解,并不包含贬损的意思。

19世纪资产阶级社会反对不断增长的国家权力。① 自由主义者认为私法免受政府干预,只有公法领域对政府决定才是开放的。在私法中,立法者被限于描述建立在正义原则的历史发展基础上的所谓中立的无关政治的"自然"法。② 当自由主义者试图保卫"社会"以抵抗不断增强的"国家"控制时,仅仅作为特定政治辩论的结果,公私法的划分在法律体系中变得根深蒂固。③

当然,这个理论非常合理并且包含了重要的真理:在此意义上,公私法的划分具有政治性,并且早期世俗自然法经常主张私法的工具性理解。此外,该理论有助于解释普通法系与民法法系关于公私划分的不同路径。在英格兰,资产阶级通过光荣革命成为政府的参与者,它不需要一个免于政府干预的领域。④ 确实,德国思想家传统上将国家设想为一个自己拥有抽象价值的独立实体(黑格尔),⑤盎格鲁—美国仅将国家视为社会的产物,不是一个独立存在物,也不拥有内在价值。⑥

然而,这是否为故事的全部是有疑问的。一方面,德国严格区分公私法有更加实际的原因,特别是行政和私法案件由不同的法院负责审理。自从17世纪,国家行政行为逐渐被认为是免于司法审查的,这在1806年发展到了顶峰,

---

① Georg W.F.Hegel, Grundlinien der Philosophie des Rechts (Berlin 1821) § 182, 作者认为虽然资产阶级社会在逻辑上先于国家,但是只有在国家存在之后,它才发展起来。

② 对该观点最新的辩护,参见 Nigel E.Simmonds, The decline of juridical reason. Doctrine and theory in the legal order (1984) 120 ff., 128 ff.:公法由罗尔斯的正义原则所指导,私法由诺奇克的自由主义理论所指导。

③ Grimm, Funktion der Trennung von öffentlichem und privatem Recht 84 ff., 94 ff.; Horwitz, History of the Public/Private Distinction; 也参见 Dirk Blasius, Bürgerliches Recht und bürgerliche Identität, in: Helmut Berding et al. (eds), Vom Staat des Ancien Régime zum modernen Parteienstaat, Festschrift Theodor Schieder (1978) 213, 221 f.在美国,这一发展出现在相当晚近的时期,即19世纪下半叶抽象国家的概念出现在公共讨论中的时候,参见 Morton J. Horwitz, The Transformation of American Law 1870—1960 10 f., 19 f., 213 ff.

④ W.Teubner 194 f.

⑤ Georg W.F.Hegel, Grundlinien der Philosophie des Rechts (Berlin 1821) §§ 257 ff.

⑥ Reinhard 19.

此时，由于神圣罗马帝国的灭亡，个人丧失了他们针对地方政府的传统宪法性保护。① 因此，需要新建针对行政行为的司法审查制度，由此产生了特别的行政法院。② 这一机构分离可能加剧了理论上视为根本不同的两个学科的公法和私法的划分，该划分源自如下事实：16 世纪后神圣罗马帝国的政制架构需要在罗马渊源之外独立发展，而后者继续作为私法的参考。③ 结果，甚至今天，在德国不可能同时在行政法和侵权法上成为执牛耳者。一名大学教师被期待成为公法学家或私法学家。总而言之，在德国，私法与公法的明确区分有强大的社会原因，这一方面导致公私法的划分不可置疑，另一方面阻止了私法学家将私法视为公共关切的工具。

另一方面，从公私法划分的起源来看，以政治和国家为基础的区分的观点是有疑问的。公私法的划分出现于罗马法，并无类似的政治寓意。当然，在欧洲社会基本封建化后，该区分丧失了其大部分意义。在封建体系下，国王不直接统治其人民：统治通过居于中间的诸侯实现，并且封建关系建立在自愿同意和互惠理念的基础上。④ 这些关系依凭矫正正义原则维持，事实上，统治基本上是根据财产（所有权）的概念构建的，⑤因而根据的是私法中的概念，在此情形划分公私法是不合适的。⑥ 私人对于其所有物的权力与君主对其诸侯和臣

---

① Grimm, Funktion der Trennung von öffentlichem und privatem Recht 86 ff., 91 ff.; Ogorek, Rechtsschutz gegenüber der Staatsgewalt 375 ff.

② 关于 19 世纪对行政行为司法审查的发展，参见 Wolfgang Rüfner, Die Entwicklung der Verwaltungsgerichtsbarkeit, in: Kurt G. A. Jeserich, Hans Pohl, Georg-Christoph von Unruh (eds), Deutsche Verwaltungsgeschichte, Vol. III. Das Deutsche Reich bis zum Ende der Monarchie (1984) 909 ff.; Ogorek, Rechtsschutz gegenüber der Staatsgewalt, 378 ff., 401 ff.

③ Rudolf Hoke, Die Emanzipation der deutschen Staatsrechtswissenschaft von der Zivilistik im 17. Jahrhundert: Der Staat 15 (1975) 211, 223 ff. 对作为学科的公法尤其是行政法的历史的较为一般性的介绍，参见 Stolleis, Geschichte des öffentlichen Rechts in Deutschland I, 141 ff., Vol. II, 1800—1914 (1992) 229 ff., 240 ff, 英译本，参见 Stolleis, Public Law in Germany, 1800—1914 [2001].

④ Marc Bloch, La société féodale (paperback ed., 1994), 183 ff.

⑤ 拉丁词"主宰"(dominium)的含义既包含了私法上的"财产权"，也包含了公法上的"统治"，参见 Wieacker, Röm. Rechtsgeschichte 376. 相反，在罗马法中，"主宰"的概念后来仅限于针对物和非自由人的权力，执法官的权力受到更多的限制，并被称为"治权"。

⑥ John W.F. Allison, A Continental Distinction in the Common Law (1996), 42 f. 及其所引文献。

民的权力之间仅存在程度上的差别。①

然而欧洲社会的这些封建结构在国家以及与国家相对的同质社会的观念出现之前已经开始消失了。早在 14 世纪与 15 世纪，在西西里和英格兰出现了第一批君主国，君主可直接统治其臣民。② 显然为回应这些发展，很快一般性地承认了针对君主与臣民之间的关系和市民之间的关系需适用不同的原则。这一认识明显表现在区分分配正义和矫正正义的讨论中。虽然该区分已被亚里士多德和阿奎那权威地说明过，但是他们都没有涉及不同的社会关系。③ 就我们所知，只有萨拉曼卡经院学派后期的代表人物卡耶坦（Cajetan）大主教在 1518 年将该区分重构为代表纵向和横向的社会关系。矫正正义规制市民之间的关系，分配正义原则指导代表"整体"（社会或国家）的某人在其"部分"（市民或臣民）中分配社会利益和负担。相反，"部分"由法律正义（iustitia legalis）原则所规制：有义务遵守法律。④ 这是一种主权统治在规范和法律的视角中具有根本的不同的直觉的表达：公共和私人领域分别适用不同的原则。几年内，在国家的现代概念和私人社会的观念产生之前，这一对亚里士多德理论的改造已被普遍接受，⑤并且继续决定着所有将来的讨论与立法。⑥

相应的，虽然世俗自然法学家通常从一个工具性视角看待私法，但是他们清楚地将之从公法中区分出来。因此，普芬道夫在其《论自然法和万民法》中

---

① James H. Burns, Fortescue and the Political Theory of Dominium: The Historical Journal 28 (1985) 777, 778.

② Berman 405 ff.

③ Aristotle, Nikomachic Ethics, 1130 b, 30 ff.; 1131 a, 16 ff. 对阿奎那来说，矫正正义也指导着对损害共同体的过错行为的惩罚，参见 Summa theologica II 1, qu. 61, art. 4:"他通过实施返还而受到惩罚，因为他不仅是一个私主体，还是公共的……"

④ Thomas Cajetan, In secundam secundae ... doctoris Thomae Aquinatis ... commentaria (Paris, 1519) ad II-II, qu. 61, art. 1；参见 John Finnis, Natural Law and Natural Rights (1980) 184 ff.; Jansen 83 ff.

⑤ Domingo de Soto, De iustitia et iure (1556, reprinted 1968) lib. III., qu. V., art. I, at Secundo argumento and Quo responsio.

⑥ 关于早期立法的公私划分，参见 Wilhelm Brauneder, Frühneuzeitliche Gesetzgebung: Einzelaktionen oder Wahrung einer Gesamtrechtsordnung?, in: Gesetz und Gesetzgebung, 109, 122 ff.

首先讨论自然状态中的私人关系,如侵权、合同及财产法,①然后在以公法②和行政法③结束论述之前,讨论支配性的私人关系④。显然他认为法律的不同领域具有足够的区分度并需要不同的对待。私法的工具性概念没有将其特定根基建立在无关的矫正正义基础上。私人对于过错责任的正当性基础为后来出现在法律经济分析之中的预防性和惩戒性考量:若无该责任,公民将不会克制自私的相互伤害行为。⑤但普芬道夫既没有提出侵权法的替代方案,也没有将它与刑法相等同。

同时,普芬道夫也不认为私法应该免受公共管制。很多私法问题不能最终通过自然法解决,因而留给主权决断。⑥因此,对私法免受公共干预的自治性观念的完整理解需要明白私法等同于包括民法法系和普通法系法学家在内的西方法学家(尽管方式不同)所具有的某些法律原则居于政府决断之上的(同样具有根本性的)直觉。⑦无论如何,如果公私法划分不同历史层面的规范含义被理顺,将会提升对公私法划分的全面理解。

---

① Samuel Pufendorf, De iure naturae et gentium libri octo (cum integris commentariis Io.Nic.Hertii atque Io.Barbeyraci, Frankfurt and Leipzig, 1759) lib.II, cap.II—lib.V.

② Samuel Pufendorf, De iure naturae et gentium libri octo (cum integris commentariis Io.Nic.Hertii atque Io.Barbeyraci, Frankfurt and Leipzig, 1759), lib.VIII.

③ Samuel Pufendorf, De iure naturae et gentium libri octo (cum integris commentariis Io.Nic.Hertii atque Io.Barbeyraci, Frankfurt and Leipzig, 1759), lib.VII:国家的政制结构、公民或君主的最高治权。

④ Samuel Pufendorf, De iure naturae et gentium libri octo (cum integris commentariis Io.Nic.Hertii atque Io.Barbeyraci, Frankfurt and Leipzig, 1759), lib.VI,该卷讨论了家庭法(婚姻和家父权)和对仆人的主宰(主人权)。

⑤ Samuel Pufendorf, De iure naturae et gentium libri octo (cum integris commentariis Io.Nic.Hertii atque Io.Barbeyraci, Frankfurt and Leipzig, 1759), lib.III, cap.I, §2.

⑥ Pufendorf, De iure naturae et gentium (N.270) lib.VIII, cap.I, §1.

⑦ 在古代,日耳曼区分 Weistum 和 Gesetz,前者指称自然"赋予"的法,后者来源于受制于其效力的人的现实同意,参见 Wilhelm Ebel, Geschichte der Gesetzgebung in Deutschland (1958),12 ff.。罗马法学家清楚地区分仅约束罗马人的市民法和对所有人类都有效的不考虑其所属城邦的万民法,参见 Gai.1,1:"根据自然原因在一切人当中制定的。"当下,这一直觉为约束政府甚至国家的人权观念的历史渊源。对万民法的最近的解释,参见 Jeremy Waldron, Foreign Law and the Modern Ius Gentium: Harvard L.R.119 (2005),132 ff.

更重要的是,独立于任何政治论断,如保护社会免受国家干预,从规范角度来看,矫正正义与分配正义的区分对公法和私法的区分而言或许是非常重要的。的确,私人关系从来就不能在没有公共政策分配性考量的情况下被最终确定:①侵权/不法行为法分配性地指派被保护的利益及确定个人责任范围(严格责任还是过错责任)。② 契约法为某法律秩序内所有公民分配性地确定某公民针对其他公民被保护的利益。但是这样的分配涉及在规范上由矫正正义确立的对立关系。它们与不存在这种对立性的税法的分配不同。因此,将公私法的划分完全视为政治上的保守主义的产物过于轻率了。

三、结论

总之,这些观察显示了,从历史视角来看,关于私法与国家间关系的很多问题仍是开放的。该关系历史起源的很多方面是未知的或可讨论的。同时,虽然不能从历史分析中得出"结论",但是这些观察为概述其发展时所提出的较为基础性、概念性和规范性的问题提供了新的知识。

(一)主权、有效性和权威

历史考察表明将私法的有效性根植于某些外部权威的观念一般具有某种程度的虚构性:无论是美国人民还是由政府代表的欧陆国家从来没有完全掌控私法的发展。在政府之外,学者和法官扮演了重要的角色。因此,没有外部主权根基的合法的私法是可能的。实际上,将全部的有效性建立在唯一权威的基础上在跨国法的时代可能不是很有用的,③这一概念在解决不同国家和跨国法律体系的冲突时具有有限性。

现在,脱离国家的私法或许简单地被视为一种自然法。④ 实际上,这一观念又在商人法⑤和欧洲民法典⑥的争论中出现了。然而,对一个新自然法途径

---

① Hanoch Dagan,The Distributive Foundation of Corrective Justice:Michigan L.R. 98 (1999) 138,146 ff.
② 对 Epstein、Coleman、Weinrib 和 Ripstein 所持反对观点的讨论,参见 Jansen 90 ff.
③ Michaels 1226;Michaels,Privatautonomie und Privatrechtskodifikation.
④ Peter Jäggi,Privatrecht und Staat (1946).
⑤ Dalhuisen,International Commercial Law,30 ff.,98 ff.
⑥ Jansen,Traditionsbegründung im europäischen Privatrecht:Juristenzeitung 2006, 536 ff.

来说,与对永恒法律价值的某种单纯的信仰相比,需要更多的讨论,虽然自然法的观念并不依赖外在权威,①但是自然法缺少对跨国法而言也是不可缺少的实证因素。② 因此,与法源和法律权威多元性相关的较为古老的概念对理解和处理现代复杂的法律状态可能更有帮助。现代法律理论已经提出了不同的有效性概念③——法律有效性、道德有效性和社会有效性——并将它们分别与内部解释、最高道德和外部描述的不同视角相联系。④ 然而,历史经验暗示这些视角可以纠缠在一起。因此,无论跨国渊源是否能够或应当被用于解决法律冲突,法律权威的观念可能是厘清困难问题的合适工具。该观念可容纳不同视角在各种程度上的纠缠。因此,它对法律有效性的一元概念构成了补充。然而,为了使仍旧空洞的"法律权威"的观念成为一个有用的法律工具需要做进一步的分析。

(二)政策的正当性:民主和理性

当规范问题成为讨论的对象时,法律有效性或权威的起初为概念性的问题就更加具有实践性了。今天人们普遍认为私法包含了广泛的政策性决定:简单地讲,私法或多或少是自由的或社会的。它是政府权威地编纂私法⑤和挑战跨国家全球法合法性⑥的根本原因之一。这一讨论认为政府能够决定私法的发展,但是历史证明该观点是有疑问的。法典不是由政治立法者起草的,他们被证明没有能力决定法律未来的发展。虽然私法已经被法典化了,但是

---

① 然而,理性可以被视为自然法的"外部"权威。

② 现代体系理论和自创性理论能够在无外部权威的情形下解释法律的实证性(Niklas Luhmann, Das Recht der Gesellschaft [1995] 98 ff.; Niklas Luhmann, Law as a Social System [1995] 122 ff.; Gunther Teubner, Recht als autopoietisches System [1989] 1 ff.; Gunther Teubner, Law as an Autopoietic System [1993])。然而,自创性理论能很好地解释法的创制、持续和演进,但对其合法性解释力不足。

③ Michaels, Jansen, Private Law Beyond the State. Europeanization, Globalization, Privatization: American Journal of Comparative Law 55 (2007), IV.A., 及其所引文献。

④ Robert Alexy, Begriff und Geltung des Rechts (1992) 47 ff., 139 ff.; Michaels, Privatautonomie und Privatrechtskodifikation, 611 ff.

⑤ 不同政治阵营的观点,参见 Gordon Tullock, The Case Against the Common Law (1997) 53 ff.; Ugo Mattei, Hard Code Now!: Global Jurist Frontiers 2 (2002) No.1, Article 1, http://www.bepress.com/gj/frontiers/vol2/iss1/art1.

⑥ Michaels, Jansen, Private Law Beyond the State. Europeanization, Globalization, Privatization: American Journal of Comparative Law 55 (2007), IV.C.

它仍旧保留较大程度的自治。因此,承认私法在跨国家或司法层面的自治或许在事实层面带来的新问题比通常认为的要少。一方面,国家政府依然享有介入该法律的选择权;另一方面,如果根本不可能通过政府的介入证明私法政策的正当性,可以求助于法律论证的适当形式、决策的透明度以及影响决定的其他(商谈性的)参与形式。跨国家的商谈和同意可被视为正当化的一个适当形式,并因此作为法律权威与合法性的渊源。①

(三)体系化的私法

法典编纂从结构上改变了系统性和学术性的法律论证的本质。只要某一法律的权威文本不被认为存在一个明示或默示的体系,如同欧洲在法典编纂之前那样,②普通法法域现在依然如此,③体系化思考就具有建设性、创造性并且因此易于被修订。在这种情形下,体系是"从外部"引入法律的。④ 最近,美国各种重述以及塑造作为比较法基础的跨国家理论体系的工作就是以这一路

---

① Christopher McCrudden, A Common Law of Human Rights?: Transnational Judicial Conversations on Constitutional Rights: Oxford Journal of Legal Studies 20 (2000) 529 ff.,作者对反对观点进行了讨论。

② 19世纪德国学术界对体系展开了讨论,并最终决定了德国民法典的体系,关于该讨论,参见 Andreas B. Schwarz, Zur Entstehung des modernen Pandektensystems: Zeitschrift der Savigny-Stiftung für Rechtsgeschichte/Romanistische Abteilung 42 (1921) 578 ff.

③ 关于体系化普通法的路径,参见 Peter Birks, Definition and Division: A Meditation on Institutes 3.13, in: id. (ed.), The Classification of Obligations (1997) 1 ff.; Peter Birks, English Private Law, 2 vols (2000) esp. the introduction, xxxv ff.; Stephen Waddams, Dimensions of Private Law: Categories and Concepts in Anglo-American Legal Reasoning (2003).;也参见 John A. Jolowicz (ed.), The Division and Classification of the Law (1970).对这些路径的批评, Geoffrey Samuel, System und Systemdenken—Zu den Unterschieden zwischen kontinentaleuropäischem Recht und Common Law: Zeitschrift für Europäisches Privatrecht 1995, 375 ff.; Geoffrey Samuel, English Private Law: Old and New Thinking in the Taxonomy Debate: Oxford Journal of Legal Studies 24 (2004) 335 ff.; Geoffrey Samuel, Can the Common Law Be Mapped?: University of Toronto L.J.55 (2005) 271 ff.

④ 在方法论上,它们最好被理解为重构性的,罗尔斯在(在政治理论上)称其为"反思平衡",参见 John Rawls, A Theory of Justice (rev. ed. 1999) 41 ff.关于正义理论,参见 Jansen, Dogmatik, Erkenntnis und Theorie im Europäischen Privatrecht: Zeitschrift für Europäisches Privatrecht 2005, 750, 768 f.,及其所引文献。

径为前提的。① 只要不同国家的制度在实质上具有充分的相似性,那么原则上就可以形成这一跨国家的体系。②

然而,法典化的法律秩序内的体系化思考的目标是发现并且至多在法律内提出一个权威的强加的体系,③它是解释最高立法者命令的解释适用过程的一部分。④ 相应的,法典编纂倾向于将它们颁布时代的体系观点固定下来,并且因此成为恰当描述法律此后发展的障碍。虽然个别法律规则能被立法或者司法(相对)容易地改变,⑤但是用新的法律体系取代传统法律体系被证明是困难的,且甚至经常是不可能的。作为一个自然结果,法典编纂的体系结构和不断改变的价值与规则之间的张力出现了。因此,包含于法典编纂中的体系观点为法律论证和通过司法发展法律带来严重的问题。⑥

如果法律应当保持对价值变革的回应,或者如果这样的变革是不可避免

---

① Ulrich Drobnig, Methodenfragen der Rechtsvergleichung im Lichte der "International Encyclopedia of Comparative Law", in: Ernst von Caemmerer (ed.), Ius Privatum Gentium. Festschrift Rheinstein, Vol.I (1969) 221,228 ff.; Mauro Bussani, Ugo Mattei, The Common Core Approach to European Private Law: Columbia Journal of European Law 3 (1997/98) 339 ff.然而,这些体系基本不具有说明功能,它们的目标并不在于达致法律体系内在的规范融贯。

② 相应的,共同法时代的地方方法经常被置于优士丁尼法学阶梯的跨国家体系框架中解释,Klaus Luig, Institutionenlehrbücher des nationalen Rechts im 17.und 18.Jahrhundert: Ius Commune 3(1970), 64 ff.; 也参见 Michaels, The Functional Method of Comparative Law, in: Handbook of Comparative Law, 339,372 f.

③ Claus-Wilhelm Canaris, Systemdenken und Systembegriff in der Jurisprudenz (1983) 13 and passim.

④ 关于适用性和建构性的法学理论,参见 Jansen, Dogmatik, Erkenntnis und Theorie im Europäischen Privatrecht: Zeitschrift für Europäisches Privatrecht 2005,764 ff.

⑤ Zimmermann, Codification 108 f.

⑥ 在侵权法中这一问题被清晰地展示出来,参见 Jansen 76 ff., 181 ff., 271 ff.; Jansen, Duties and Rights in Negligence. A Comparative and Historical Perspective on the European Law of Extracontractual Liability: Oxford Journal of Legal Studies 24 (2004) 443, 447 ff.; Reinhard Zimmermann, Wege zu einem europäischen Haftungsrecht, in: id. (ed.), Grundstrukturen des Europäischen Deliktsrechts (2003) 19,29 f. More generally Jansen, Brunnen der Vergangenheit, 210 ff., 217 ff.

的(正如法典化法律的历史展现的那样),①那么将建构体系的任务交给学术界,并将民主的合法的立法机构的立法权限限制在制定规范之内是较好的选择。总之,如何建构理论和体系的问题应当由更具"学术性的"法律内在标准决定,如技术精确、适当和内在融贯,这些标准基本独立于政治权威。这样,法律知识又可以独立于国家法律体系,欧洲法学制定的欧洲法律"原则"可被视为往这个方向前进了一步。②

(四)结语

这些是针对现在和未来的问题,而不是针对过去的。它们是欧洲一体化和全球化争论中的核心问题。然而本文一方面展示了这些问题是特定历史发展的后果:私法与国家之间的关系并不是"自然赋予的"。另一方面,这些问题明显也不仅是私法与国家全新矛盾的产物。类似的问题在法学家的脑海中盘旋了几个世纪。因此,本文已经展示了一些在漫长而曲折的德国和美国法律史中给出的答案。很明显,这些答案不能被简单地复制,因为我们的时代与这些答案产生的时代不同。同时,在回答我们时代问题时忽视这些讨论意味着摒弃我们有这些或者类似问题的数世纪的经历。甚至更重要的是,如果它们不被视为特定的、部分偶然的历史发展的产物,那么我们的现代问题经常不能被完全理解。如果本文成功地使现代争论的历史背景更易接近,那就已经达到了本文的目的。

---

① 关于德国的情况,尤其应参见 Jansen,in:*Mathias Schmoeckel/Joachim Rückert/Reinhard Zimmermann* (eds),Historisch-kritischer Kommentar zum BGB;该评注的文章清晰地显示法律在法典化后仍然继续发展,事实上,德国法典编纂仅是德国私法发展中的一步。

② Michaels,Jansen,Private Law Beyond the State. Europeanization,Globalization,Privatization:American Journal of Comparative Law 55 (2007) IV.B.然而,为这一努力方向提供适当的方法论工具是必要的。这将进一步提出广泛的不直接涉及私法与国家间关系的问题:法律原则能否在法律体系中适当地表达;体系化选择本身是否为一个规范性问题;特定的(公共)政策在多大程度上体现于规范决定;相对于内容来说,体系结构是中性的;体系对内容或至少对内容的理解是否有影响;对于跨法律体系的理论话语和法律知识而言,不同法律体系之间需要多少相似性和哪方面的相似性。

罗马法研究

"法典翻译的日本倾向"
——以贾文范《罗马法》译著为例

程 波[*]

摘 要：贾文范所著《罗马法》是一本既比较早又比较全面地介绍罗马法知识的教科书,并多有学术创见。以今天的眼光来看,贾氏这本《罗马法》在法律名词概念的释义方面,尽管仍存在着局限性,但广泛地收录了罗马法律名词的拉丁文和英文术语,这成为该书最大的特色。依贾氏成书于1913—1914年的这本"译著之作"进行类推,至少贾氏在这本《罗马法》译述期间,书中仍大量地借助从日本流入中国的新名词进行创作。正因如此,重印《罗马法》一书,一个重要意义在于它便于制定一个日语借词词表,进而考察这些来自日本的法律词汇在现代法律语言中的地位:使用率、覆盖率,与其他词语搭配上的特征等,如此这般,或许是罗马法在中国传播史的新课题。

关键词：罗马法;法典翻译;法律名词;日语借词

2015年10月,在天津大学法学院主办的"纪念罗马法走进中国"研讨会

---

[*] 程波,湖南华容人,湘潭大学法学院教授、博士生导师,研究方向为法理学。本文为国家社会科学基金项目"中国近代法理学史研究"(13BFX019)的成果。

暨贾文范法学教育基金成立仪式上,徐国栋教授作了名为《贾文范先生〈罗马法〉的自本、母本和摹本——该书的原创性及其对当代人的意义》的报告,徐国栋认为,贾文范所著《罗马法》是我国早期专门研究罗马法的一部十分重要的著作,由此可见北洋大学对罗马法研究之领先与深入。该书对罗马法的研究有许多创见,如他将作为主体资格的人格与作为具体权利的人格权区分开来,高度重视人格权制度的研究,将遗产信托理解为信托,提出罗马法兼包私法与公法等等,这些对当代学界都具有重要的意义。正因为如此,徐国栋教授呼吁应重印《罗马法》一书,让更多的现代读者分享北洋大学的罗马法教学成果和贾文范先生的智慧。承蒙国栋教授美意,笔者承担了重印这本《罗马法》的点校工作。在这一工作即将完成之际,结合贾文范关于《罗马法》之法律名词的译名翻译,故有本文之作。

一、贾文范和他编著的《罗马法》之介绍

众所周知,北洋大学是中国第一所真正意义上的大学。在其创办伊始,就设法律、土木、机械、采冶等四科,学制为头等学堂(即正科四年毕业)和二等学堂(即预科四年毕业)。1903年在天津西沽武库复课后,采纳日本人的建议,改正科和预科学制为三年(但法律正科仍为四年,工科三年),这一学制沿用到1916年。从1907年开始,北洋大学新生班级按甲、乙、丙、丁……顺序列,至1916年,法律系共招收六个班,已班(法律科最后一班)于1920年毕业后,北洋大学法科全部并入北京大学。

贾文范于1910年春季入法科乙班(四年制),1913年12月毕业,获北洋大学法学士学位。同学22人中,[①]曾留校并在北京朝阳大学任过教员的李浦,于民国时期法学界而言,颇有声望。以下是贾文范先生的个人信息:贾文范,字子式,河北南乐人,北洋大学法科法律学门乙班1910年春季入学生,1913年12月毕业于北洋大学,成绩卓著,授为法学士。历任庚戌科举人农工商各部主事、直隶法政专门学校教务主任,著有《罗马法》一书,编有《行政法》《法院编制法》等讲义。

---

① 据《北洋大学—天津大学校校史(第一卷)(1895—1949)》一书记载,乙班1910年春季入学生(四年制):李浦、贾文范、张星泉、孔德贞、张瑛、王征善、辛正儒、燕世英、王肇春、李廉泉、刘书城、陈永年、薛允中、王瑛琈、卢之垣、张籍桂、刘九经、王纯儒、杨文炳、韩树言、胡鸣皋、张孟麟。

在"北洋大学堂"(1896年)①创办法科的过程中,《罗马律例》是法科教学的一门主要课程,由于缺乏专门教员甚至教科书,从目前所获得的间接资料上看,这门课的开设,可能最初由美国人林文德(Edbar P.Allan)讲授,其他外教如任纳福、席威、荫福满、法克司、柯雷因、爱温斯、陶木森等先后在北洋大学任教。例如,据王健先生在他的《中国近代的法律教育》一书中的考证,在天津执业的美国律师爱温斯(Richard Taylor Evans)和法克斯(Charles James Fox),以及美国人陶木森(Yeo J.Thompson,民法教员)分别于1909年和1914年在北洋大学任教。1917年又添聘奥地利的法学博士孔爱格为法科教员,并将原订的罗马法课程扩充为大陆法课。② 至于"律例学门的课都是由谁来教授的,使用什么样的教材,这些还都缺乏直接材料"③。但在这本由贾文范译述的《罗马法》一书中,作者特别提及该书"系用德人韩特(W A.Hunter)④所述之罗马法……又用德人宋母(Sohm)所著者补充之",这一段话基本印证了王健先生的判断:"北洋大学自1895年开办时起,即于学堂章程中列有律例学门,并在其下设若干法律课目","一门律例学门毕业生4年所学的课程大约是英文、几何学……法律通论、罗马律例……"⑤国内研究罗马法的重要学者徐国栋则进一步断言:"罗马法走进中国120年,通过的路径主要是中国第一所综合性大学——北洋大学的罗马律例课程,输入的是英国的罗马法材料,结晶的成果是贾文范的《罗马法》,该书反映了他在北洋大学学习罗马法的经验。"⑥

---

① 盛宣怀在天津发展洋务期间,创办了北洋大学。其前身就是1895年10月的"天津北洋西学学堂",校址在天津大营门外的梁家园。1896年,更名北洋大学堂,1902年校址迁西沽武库。北洋大学堂以近代的美国哈佛大学、耶鲁大学的教育模式为蓝本,进行专业设置,课程安排和学制规划,以培养高级人才为办学目标。创建之初,北洋大学堂设立头等学堂和二等学堂。头等学堂为大学本科,二等学堂为预科。这是中国近代教育分级设学之始。头等学堂即大学本科,学制四年,分基础课和专业课。基础课有20余门课程,专业课分5个专业:工程学、电学、矿务学、机器学、律例学,共30余门课程。任课教师多为中外硕学鸿儒,尤以美、日、英、法、德、俄学者任主课,教材也多采用外文原版。

② 王健:《中国近代的法律教育》,中国政法大学出版社2001年版,第156页。

③ 王健:《中国近代的法律教育》,中国政法大学出版社2001年版,第154页。

④ 此处"德人韩特"可能系作者笔误,在黄右昌的《罗马法与现代》一书中,韩特系英美学者。参见黄右昌:《罗马法与现代》,何佳馨点校,中国方正出版社2006年版,第51页。

⑤ 王健:《中国近代的法律教育》,中国政法大学出版社2001年版,第154页。

⑥ 徐国栋:《贾文范先生的〈罗马法〉的自本、母本和摹本——该书的原创性及其对当代人的意义》(2015年10月2日在天津大学举行的"纪念罗马法走进中国"研讨会上的讲话)(未刊稿)。

为何会有"输入的是英国的罗马法材料,结晶的成果是贾文范的《罗马法》"?带着这样的问题,笔者认为,多角度地剖析当时中国法政教育的日本因素,或许能够找到一些答案。例如,1903年,北洋大学在西沽复建新校,并改名为北洋大学堂,采纳的就是日本人的建议,四年制的法律正科仍得以保留。至1905年,日俄战争之日本胜出,中国又在变革的情况下,废止科举,到处成立新式学校,留学生也大批涌入日本,"这一系列因素,促使清政府下决心以招聘日本籍教员代替向日本派遣留学生"①。这一点大体上还可从位于天津的北洋师范学堂、北洋法政学堂聘请有大量的日本教习,以及北洋法政学堂大量采用当时国内出版的主要是来自日本教员著述的法政教科书(包括《罗马法律史》的课程用书)等因素可以推断出来。因此,至贾文范1910年入北洋大学堂法科时,北洋大学堂的罗马法教育或有了一些日本因素。

第一,据中国近代教育史专家王健教授的研究,他根据1907年的统计,指出这一时期北洋大学堂法科仅有教外国法的美国人林文德和教中国法律的中国人刘国珍,在校学生32名。特别是在这一时期的法律科设置的科目中,原来的"罗马律例"也变成了"罗马法律史"。②另据汪向荣先生依1907—1914年间有关资料作出"日本教习分布表"的统计:仅在1910年前后,天津著名的日本教习就有60多人,其中著名者有中岛半次郎、吉野作造、今井嘉幸等。③上述两个材料,在笔者看来,其相关性在于,当时北洋法政学堂的日本教习,很可能填补了北洋大学堂法科师资不足的空间(缺),进而影响了北洋大学堂的罗马法的教育。

第二,据同一时期黄右昌完成的《罗马法与现代》(1930年版,该书于1915年即出了第一版,1918年有第二版)所列出的参考书中,仅日本学者之著书就有多种,他们是:"文学博士末松谦澄译并注解的有优帝钦定《罗马法提要》、嘎尤士《罗马法解说》、乌尔鄢亚鲁士《罗马法范》三种,法学博士户水宽人讲《罗马法讲义》、法学博士春木一郎讲《罗马法笔记》、德国法学博士冈本芳二郎讲《罗马法讲义》、法学博士土方宁、有贺长雄共译《罗马法纲要》、民法博士杉田金之助著《罗马法》和法学博士渡边安积著《罗马法》。"④另据顾燮光编的《译书经眼录》的"法政第二"部分,已提及光绪三十一年(1905年)启新书局翻译

---

① 汪向荣:《日本教习》,商务印书馆2014年版,第74页。
② 王健:《中国近代的法律教育》,中国政法大学出版社2001年版,第155页。
③ 汪向荣:《日本教习》,商务印书馆2014年版,第85~87页
④ 黄右昌:《罗马法与现代》,何佳馨点校,中国方正出版社2006年版,第52页。

的《罗马法》一卷(启新书局洋装本,一册)。① 只是这本《罗马法》具体是黄右昌所列参考书中的哪一本,可能仍需要进一步考证,但在笔者看来,这本《罗马法》与湖北法政编辑社于同年(1905年)出版的户水宽人、田中逊、冈本芳次郎合著,樊树勋译的《罗马法》一起,恐怕都是中国最早系统地介绍罗马法的中文译著。因此,这两本1905年就已由日本传入中国的《罗马法》以及黄右昌先生所提及的由日本学者著述的"罗马法"一起,对当时主要参酌"英国的罗马法材料"的贾文范而言,不可能没有影响。

第三,自甲午战败后,中国开始大规模地吸收西方知识。据沈国威先生关于"近代新词与中日词汇交流"一文的研究,1895—1919年是日本书翻译期,在这一时期,除了严复等少数人以外,翻译工作主要是由留学日本的人翻译日语图书,或从日语转译西方书籍。这种情况导致了大量日制译词、新词流入汉语。② 其中,一些日本词语如"取消、引渡、场合、打消"等,主要是通过法律方面书籍的翻译借入汉语的,这些词的一部分已经逐渐脱离了法律意义,另外一些继续保持着法律专用词语的特点。例如,日语中的"取消"有抹消之意,谓涂抹而消灭之,乃沿我国古语之抹杀也。在贾氏这本"罗马法"中,全书有42处用到"取消"一词。甚至有"取消诉权"(Actio Pauliana)之译名。该译名在今天已改译:保利安诉讼或撤销转让行为之诉。③ 又如"亲等"(Gradus)之译名,也是一个日语借词,在日本民法中,有三亲等、四亲等诸名。而贾氏之《罗马法》仍用"亲等(Gradus)者亲属之等级也"的译法,全书亦有19处用到"亲等"这一概念。占有(possessio),在日语中以不问其物之属已属人。得以随意使用其物之权利者,曰占有权。如借他人寄存之品皆是。贾氏之《罗马法》关于

---

① 顾燮光(1875—1949年)曾编有《译书经眼录》八卷,于1934年石印出版,该书收录光绪二十八年(1902年)至光绪三十年(1904年)之新学译著,在"法政第二"部分,提及光绪三十一年(1905年)启新书局翻译的《罗马法》一卷(启新书局洋装本,一册)顾燮光在书目提要中介绍说:罗马法为欧美现行法律之渊源,中世以来欧美学者悉力考求,斯旨益畅。本书凡四章,分四期,自罗马创立至奢士芝尼亚帝(今译优士丁尼)时代止;其第二章为表十二,第一表至第十表为平民所规定,以剥夺从来贵族之权利使近于平民之地位,十一表为贵族所定,则以压民权为宗旨,十二规定表举仅存五条之重要者;三、四章则叙述罗马法沿革之由及现代各国采用之实。本书为日本早稻田大学讲义,译者附案语,有足以发明其理趣者矣。

② 沈国威:《近代新词与中日词汇交流》,载《近代中日词汇交流研究 汉字新词的创制、容受与共享》,中华书局2010年版,第25页。

③ 黄风编著:《罗马法词典》,法律出版社2002年版,第14页。

"占有"的译法与今天相同,全书共有 387 处用到"占有"和"占有者"的概念。

事实上,贾文范为这本《罗马法》译著作序的时间为 1914 年 1 月,在序及例言中,作者提及译书的原因时说:"吾中华民国肇造,方内乡宁,一切法律固将参合中外而厘定之。然欧西古典,实为其近世因革损益之本。吾欲藉资考镜,而茫无适从,数新典而昧祖法,亦学术之大耻也,援取而辑之,以为吾国考古之资","吾国法律之学,现始萌芽,而制定法律尤复兼采德法。今欲穷流溯源,当亦以罗马法为根据,是著者之微意也"。由"援取而辑之",可以断定贾文范这本《罗马法》,仍属于编译大于创作的法科类教科书。然而,该书到底何时成书,由于没有版权页等信息,笔者目前已难考证。但从著者在例言中言明:"是书为译著之作,原人系用德人韩特(W A.Hunter)所述之罗马法,嗣以民法之中三四五各编不适用,又用德人宋母(Sohm)所著者补充之,并参以东西各国名著译辑斯编。"我们大概可以推测以下两点:

一是根据例言提及"民法之中三四五各编不适用",笔者认为,此处的"民法"应是指 1907 年 10 月开始起草,1911 年 8 月完全脱稿的《民律第一次草案》(计有总则、债权、物权、亲属、继承共五编),其中"三四五各编"系指该草案的物权、亲属、继承各编。此处的"民法"绝对不是完成于民国十四年(1924 年)至民国十五年(1925 年)的《民律第二草案》。这是因为,"体质素弱",加之"公私事务日繁,应付不暇"的贾文范"精神日形憔悴",已于民国十三年(1923 年)病逝,享年 45 岁。基于此,笔者大体判断这本《罗马法》译著成书时间亦在贾文范写序的 1914 年 1 月前后,届时的贾文范正任教于直隶法政专门学校(即 1906 年创办的北洋法政学堂,今天津南开大学的前身)。因此,该书亦极可能为直隶法政专门学校的罗马法课程内部用书,故未有公开出版的版权页信息。

二是根据例言提及"是书为译著之作,原人系用德人韩特(W A.Hunter)所述之罗马法……又用德人宋母(Sohm)所著者补充之",笔者据此判断,该书的母本系从韩特和宋母的罗马法著述中转译而来。必须指出的是,贾氏将韩特说成是"德人"可能是一个笔误。黄右昌先生在其《罗马法与现代》一书中,对韩特及其罗马法著述的介绍,是归类在英美学者部分中的。例如,"W. A. Hunter: A Systematic and Historical Exposition of Roman Law in the Order of a Gode, Landon, 1885"[①]。至于宋母的信息,可据民国时期的《法律大辞书(补编)》(1936 年)一书,补录如下:"Sohm, Rudolf 1841—1917,德国之私法学

---

① 黄右昌:《罗马法与现代》,何佳馨点校,中国方正出版社 2006 年版,第 51 页。

家。……[著书]罗马法教科书(institutionen des romischen rechts 1883；17. A.1923)……"①徐国栋教授则有"贾文范的自本与其两个母本的比较"的论述，他提到韩特的《罗马法导论》于1880年许由 M.Maxwell 出版社出版，1887年出了第7版。比黄右昌在《罗马法与现代》提到的这本书的英文版(1885年版)还晚了两年。另外，英国学者 James Crawford Ledlie 于1907年前，已将宋母的《法学阶梯：罗马私法的历史与体系教科书》翻译为英文，由牛津大学出版社出版。② 因此，基本可以推断的是，贾文范参考的两个有关"罗马法"的母本是徐国栋教授上面提及的英文版本，进一步的推断则是"二个母本"可能已有了中文译本。至于最初的中译者是谁——即贾氏提及的"原人"，笔者认为，极可能是一位日本学者或在日本有留学经历的中国留学生翻译的，关于这一点笔者将在下文详述之。也许正是因为有了"两个母本"的中译本，所以徐国栋教授认为：贾文范的《罗马法》不是单纯的翻译之作，他的自本表现出明显的与母本的不同，而具有相当的原创性，尤其在大篇幅专门阐述人格权以及阐述罗马刑诉法和刑法上。可以说，他的书很可能是中国学术史上最早阐述人格权和罗马公法的文本。后一特色与北洋大学设置罗马法史的课程有关。③

此外，根据贾氏在例言中说："各国关于罗马法之著书，大半皆依据本国法律，以便学者之易于明了。本著亦采斯旨，编章节目，亦我国法律为归。"这段话以及例言中"嗣以民法之中三四五各编不适用……并参以东西各国名著译辑斯编"等语来判断，亦是有关于贾氏这本《罗马法》为何"具有相当的原创性"(徐国栋语)的进一步解读。

首先是贾氏例言提及的我国民法，即笔者推断的旧民律草案(1911年起草)。而这部民律草案正是日本学者松冈义正博士帮助起草的。例如，松冈氏言中国典当，大体同于日本不动产质押。因此，松冈氏于其起草之民律中，亦仅规定质权，而未有规定典权。这种典质观念的混同，不仅在民律草案中误以典权为不动产质权，故设不动产质权的规定，而不规定典权，而且在贾文范的

---

① 郑竞毅、彭时编著：《法律大辞书(补编)》(1936年)，商务印书馆2012年版，第448页。

② 徐国栋：《贾文范先生的〈罗马法〉的自本、母本和摹本——该书的原创性及其对当代人的意义》(2015年10月2日在天津大学举行的"纪念罗马法走进中国"研讨会上的讲话)(未刊稿)。

③ 徐国栋：《贾文范先生的〈罗马法〉的自本、母本和摹本——该书的原创性及其对当代人的意义》(2015年10月2日在天津大学举行的"纪念罗马法走进中国"研讨会上的讲话)(未刊稿)。

《罗马法》的体例安排中,亦可见其所受的影响。查贾氏《罗马法》之编二(物权)第三章第二节第四款担保物权(Mortgagae)之内容,下有三项,分别是典当权(Fiducia,pawn)、质权(Pignus;Pledge)、抵押权(Hypotheca)。由此可见,贾氏这本罗马法的写作体例安排与当时"靡然风从"所谓"法家之先进"①是极有关系的,同时也解释了这种编排体例与"二个母本"不同的真正原因,即"大半皆依据本国法律",而当时本国法律却又是多受日本因素影响的产物。

其次,可以解释贾氏这本《罗马法》与黄右昌几乎是同一时期的《罗马法与现代》(1930年版,该书于1915年即出了第1版,1918年有第2版)的体例安排略有不同。黄右昌《罗马法与现代》的本论部分包括人法、物法、诉讼等三编。这是一个典型的盖尤斯法学阶梯体系。虽不包括对人格权、罗马刑法的阐述。但包括对法人的详细说明。分法人为公团体、准公团体和私团体。也讲农奴、信托、罗马刑诉法。据此,徐国栋教授认为:"在一些细节上,黄右昌的著作与贾文范的著作相似,不排除前者借鉴了后者的可能。"②而贾氏这本《罗马法》则在本论中列有八编,分别是总则、物权、债权、亲属、继承、民事诉讼法、刑法、刑事诉讼法。许多"具有相当的原创性"还可从贾氏《罗马法》绪论之第四章关于"罗马法法律之意义"的内容中展现出来,在笔者看来,今天我们耳熟能详的出自罗马法的许多说法,皆能从贾氏之下段文字中找到比较早的出处:"……仿拉丁语而解释法律之意义,则以 Jus 为最适当。……是以罗马硕学塞尔撒士(Celsus)对于 Jus 而加解释曰:法律者善及公正之术也(Jus est ars boni et aequi)。罗马法律之定义以此为最。……而法学大家武尔滨更引申其义曰:正义者,使人各得其所,而有恒久之意思也。故法谚有之曰:正直生活,不害他人,各得其所。……武尔滨曰,法律学者,神事及人事之智识,而正不正之科学也(Juris prudentia est divinarum atque humanarum rerum notitia, justi atque iniust scientia)此定义亦胚胎于希腊斯氏之哲学,其派泰斗克立奚菩士所下法律定义曰:法者,神事及人事之君也(Lex est omnium divinaruin et humanarum rerum regina)。"

最后,徐国栋教授则从贾文范的著作(自本)与两个母本进行了比较,这对

---

① 刘重荫:《物权中典之研究》,载方新军、胡亚球主编:《东吴法学先贤访文录·民事法学卷》,中国政法大学出版社2015年版,第44~45页。

② 徐国栋:《贾文范先生的〈罗马法〉的自本、母本和摹本——该书的原创性及其对当代人的意义》(2015年10月2日在天津大学举行的"纪念罗马法走进中国"研讨会上的讲话)(未刊稿)。

理解贾氏这本罗马法写作的体例安排亦有参考价值,进而也说明了贾氏之"自本""具有相当的原创性"。徐教授首先指出贾氏"自本"与韩特的母本结构相似,区别在于韩特的著作没有专门的亲属编,这一内容被安排在总则部分,而贾文范的著作有专门的亲属部分。韩特的著作只包括民事诉讼法,而"自本"多出刑事诉讼法和刑法。韩特的著作在总则部分不讲法人,而"自本"讲。韩特不在物权部分讲人格权,在亲属法中不包括"独身及无子女"问题,继承法部分未谈到信托,也未谈到农奴,而贾文范的著作都有。其次是指出了贾氏之"自本"与宋母的著作在结构上"颇有差异":宋母的著作没有总则,只有人法,而贾氏之"自本"中有总则。宋母把家庭法和继承法合为一编,而"自本"则各自安排为一编。宋母的书名上就表明只研究罗马私法,不涉及公法,所以连民事诉讼法都不涉及,"自本"则不仅有民诉法,而且有刑诉法和刑法。微观相似如下:二者均分设专章研究法人,除讲公司(社团法人)和基金会(财团法人)外,贾氏之"自本"还讲了公益法人和营利法人。宋母的著作并未讲到人格权和农奴,但讲到了独身和无子女,并在"与奴隶制类似的关系"讨论了农奴问题。尽管都讲到了遗产信托,但贾文范在这个主题上花费了更多的篇幅。①

二、"法典翻译的日本倾向"

此次点校贾文范之《罗马法》全本,依据的是徐国栋教授提供的影印本,该影印底本的尺寸为 22.5cm×11.5cm,共 550 页。全书由绪论、本论和附录三个部分组成,其中绪论部分有"罗马法之势力""罗马法之沿革""罗马法之分类"和"罗马法法律之意义"等四章内容;本论则有总则、物权、债权、亲属、继承、民事诉讼法、刑法和刑事诉讼法等八编内容。书后附罗马十二铜表律(即《十二表法》)全文。本书体例于各编之内,分章、节、款、项、目,对罗马法的基本概念进行了简要的解说。

李贵连教授曾在《近代中国法律的变革与日本影响》一文中,不仅有许多关于近代中国"法典翻译中的日本倾向"②的精彩论证,而且特别提及日本"法

---

① 徐国栋:《贾文范先生的〈罗马法〉的自本、母本和摹本——该书的原创性及其对当代人的意义》(2015 年 10 月 2 日在天津大学举行的"纪念罗马法走进中国"研讨会上的讲话)(未刊稿)。

② 李贵连:《近代中国法律的变革与日本影响》,载李贵连:《近代中国法制与法学》,北京大学出版社 2002 年版,第 77~79 页。

律用语的采纳"对中国近代法的起步,"作用是很大的"。① 仅从所谓"法典翻译的日本倾向"来看,贾氏这本《罗马法》的重要参考文献虽来自英、德等外文文献,但从对西学采译的角度来说,该书可能有太多的日本因素,此处不再赘述。但根据沈国威先生的研究,从1900年开始,中国留日学生开始积极参与书籍的翻译、出版活动。一些包括法律等学科的许多专业类书籍都由日语翻译成中文,其中包括许多由日语转译的西方名著。由于"时间紧迫和专业知识的不足","癸卯、甲辰之际,海上译籍初行,社会口语骤变,报纸鼓吹文明、法学、哲理名词稠叠盈幅。然行之内地,即积极消极、内籀外籀,皆不知何语"。② 一方面,留日学生在译词创造上遇到了极大困难,于是,一些直接采用的日本制的译词,在他们的译书中出现了;另一方面,这种语言混乱现象对于当时的国内读者而言艰涩、难懂,因此,一些解释这些新词、译语的术语集和新词辞典的工具书,例如留日学生汪荣宝、叶澜共同编写的《新尔雅》(1903年)就应运而生了。③

由于《新尔雅》在"释法""释政"等编目下的词汇不分章节,对政治、法律概念进行了全面的说明。今天看来,至为重要的是这些说明采用了"谓之"释义的形式和附有夹注的词条及其注释的方式。例如,"规定国家生存必要之条件,以国家之强力而履行者谓之法","规定国家与国民之关系者谓之公法","规定人民相互之关系者,谓之私法",或"国家者有治者被治者之区别也(治者或为君主或为大统领其余则为被治者)",这样的法律名词及术语表达,在贾氏的《罗马法》中仍然多处可见。

虽然笔者尚未查到大约在1910年,北洋大学是否有日本教习讲授罗马法的记录,但是是否可以通过北洋大学"课本购自国外之英文原版"教科书,建立一种日本对中国法政教育的可能影响并加以研究,答案应是肯定的。换言之,依贾氏成书于1913—1914年的这本"译著之作"进行类推,至少贾氏在这本《罗马法》译述期间,书中仍大量地在借助从日本流入中国的新名词进行创作。如果以今天的眼光来看,贾氏这本《罗马法》在法律名词概念的释义方面仍然存在着局限性。但是,作为一本既比较早又比较全面地介绍罗马法知识的教

---

① 李贵连:《近代中国法律的变革与日本影响》,载李贵连:《近代中国法制与法学》,北京大学出版社2002年版,第87页。
② 《辞源》(初版1915)卷首的"辞源略说"。癸卯为1903年,甲辰为1904年。
③ 沈国威:《解题:〈新尔雅〉(1903)》,载沈国威编著:《新尔雅》,上海辞书出版社2011年版,第5页。

科书,其最大的特色在于它广泛地收录了罗马法律名词的拉丁文和英文术语,其存在的意义和价值是不可忽视的。

首先,关于法律名词概念的释义。例如,自然人、人格权、役权、债权、要物契约、夫妇关系等,贾氏的《罗马法》基本沿袭了当时流行的日语翻译的中文表达式,即"某某者,谓之某某"——中国《尔雅》式的记叙模式。例如,"夫所谓自然人者,即有形之人";"夫所谓人格权者,果何权利耶?以罗马法之意义言之,即于权利人自身上所存之权利也";"役权者,为所有人以外之人,以属于他人所有之物类,依特定之方法而享有使用之权利也";"考罗马私法上之意义,债权者乃对于特定人之请求权也";"要物契约者,为债权人以物品相与,而债务人负有返还义务之契约也";"夫妇关系,谓之婚姻。婚姻者,以永续个人之共同生活为目的,而法律所认定之男女结合也"。

其次,在一部分词语的下面,还有对该词语进行补充说明的行间夹注,这也是当时流行的日语翻译模式。在贾氏这本《罗马法》一书中,这一现象大量出现。例如,人格(权利能力)、目的(准则主义)、官吏(独立法官或省长)、言辞(直接谈论或间接传达)、书状(书信或证书)、动产(器皿、马匹、牛羊、奴隶、衣服、酒谷等类)、不动产(土地及其定着物)、妾(内缘婚姻)等等。这样简略的说明对于该词的意义界定和正确理解都有一定的难度。但这一中文表达式,也是当时日译作品的流行表达。这种补充说明夹注说明的文风,在当时由日本教习讲授、中国学生译著的法政学堂的教科书作品中,极为流行。因此,据笔者推测,贾氏所参考的韩特和索姆这两本原版的《罗马法》教科书,很有可能也是由日本教习("原人")在北洋大学堂讲授完成的中译,或由1910年春季入法科乙班贾文范等同学诸君记录而成,这一方面是当时流行的法科教学模式,另一方面也从贾氏目前这本《罗马法》一书的译述风格中,暴露出来了。

最后,也是对这本《罗马法》一书最值得肯定的地方在于,它记录了罗马法传入中国的最早关于罗马法之法律名词的模样。贾文范"罗马法例言"中如是说:"法律名词,最难适当,是书所用诸名词,俱援用吾国法律所有者,以期易于了解。然诸多名词,乃为吾国法律中所绝无,势不得不自行捏造,而恐其不能通也。故于名词下皆存其原有之拉丁文并译以英文随其后,庶可按文索意,免生误谬。"这种"名词下皆存其原有之拉丁文并译以英文随其后"的译法,既是该书之特色,亦是罗马法传入中国的早期样式,具有开路意义。关于这一点,徐国栋教授亦给予贾文范之《罗马法》以高度的评价,他举例如是说道:该书在"术语译名上的特色",把 mancipatio 译为"拟卖",今人译为"要式买卖"。把 Pactum 译为"无式约束",今人译为"简约"。把 Fiducia 译为"典当",今人译为"信托"或"信托质"。把 Fideicommissum 译为"信托",今人译为"遗产信托"。①

三、法律用语中的日语借词及十二表最早之中译本

据李贵连教授指出,中日两国法律用语,写法、含义完全相同的概念,其数量之大、非常惊人。汪庚年所编的《京师法律学堂笔记》最后一本附有《名词解》,专门解释日本教习讲授中出现的新名词,其中一部分法律用语,如:不动产、不当得利、不可抗力、上告、上诉、仲裁、优先权、信教自由、债权、代位、代理、保释、公判、公诉、再审、动产、动议、自诉、引渡、心证、所有权、抗辩、抗告、拘留、教唆、时效、法定代理人、法人、物权、现行犯、破产、行为地法、证券、预审、质权、违约金等等。这些写法相同、当日(时)需要解释才能明白的日本法律用语,今天已经成为中国惯用之词。②

然而,这些今天成为"中国惯用之词"是怎样传入中国的?李贵连教授关于"中日两国法律用语,写法、含义完全相同的概念",在语言学者看来就是指这样一种现象,即甲午战争之后大量日制译词被借用到汉语中来。由于日译词的"构造和汉语相同,意义多半可以从汉字上求得解释"③,就是"日中同形词"④,词汇研究的主要任务是在近代中国新词范围内对日语借词的数量和影响进行研究。⑤ 因此,重印贾文范译著的《罗马法》,一个重要意义在于它便于制定一个日语借词词表,例如,可以以贾氏《罗马法》一书中出现的法律词汇为范围,确定日中法律同形词的数量,然后对这些同形词加以甄别:哪些词是日语借词。或受到了日语影响的词,哪些不是。通过这样的方法即可以把日语

---

① 徐国栋:《贾文范先生的〈罗马法〉的自本、母本和摹本——该书的原创性及其对当代人的意义》(2015 年 10 月 2 日在天津大学举行的"纪念罗马法走进中国"研讨会上的讲话)(未刊稿)。

② 李贵连:《近代中国法律的变革与日本影响》,载李贵连:《近代中国法制与法学》,北京大学出版社 2002 年版,第 87 页。

③ 北京师范学院中文系汉语教研组:《五四以来汉语书面语言的变迁和发展》,商务印书馆 1959 年出版,第 77~78 页。

④ 沈国威:《近代新词与中日词汇交流》,载《近代中日词汇交流研究 汉字新词的创制、容受与共享》,中华书局 2010 年版,第 56 页。

⑤ 沈国威:《近代新词与中日词汇交流》,载《近代中日词汇交流研究 汉字新词的创制、容受与共享》,中华书局 2010 年版,第 56 页。

法律借词从汉语法律词汇中分离出来,又可以考察这些来自日本的法律词汇在现代法律语言中的地位:使用率、覆盖率,与其他词语搭配上的特征等,如此这般,或许亦是罗马法在中国传播史的新课题。

早年在日本大学学习法政,归国后曾任北平朝阳大学教务长的语言学家胡以鲁,1914年在《庸言》杂志上发表论文:《论译名》。"传四裔之语者曰译。故称译必从其义。若袭用其音,则为借用语。音译两字不可通也。"在这里,胡提出了"译"与"借"两个不同的概念,由此便有了"译词"和"借词"。而现代语言学家沈国威先生则采用孙常叙(《汉语词汇》,1956年)以来的术语,将汉语中来自日语的词皆称为"日语借词"。据沈先生关于"清末民初中国社会对日本借词之反应"一文的研究,大约在贾氏译这本《罗马法》之际的1914年间,中国社会对日语借词的议论达到了一个前所未有的高峰。该文既有对来自日本新名词的恐慌,例如,柴萼《梵天庐丛录》关于新名词"时或误会,亦足解颐",叶德辉、樊樊山(樊增祥)等对"新名词""正坐危言"的调侃,又有报刊媒体对新名词的态度;既有词源学视角的考察,又有彭文祖《盲人骑瞎马之新名词》和胡以鲁对日语借词的态度之分析,并在"结语"部分,沈国威如是说:"在1915年以后,关于日语借词的议论逐渐减少,人们关注的热点转向以'言文一致'为目标的文体改革上去了,文体问题常常就是词汇的问题……日语帮助汉语在短短的20年间完成了这一过程。"①

事实上,在贾文范的《罗马法》一书中,保留了诸多来自日语翻译痕迹的法律用语。例如,与"日语借词"完全相同的有:移转(97),今译转移(1);贷借(2),今译借贷(1);贷金(1),今译借款(1);契约(9),今译合同(1)……(括号内的数字是指贾文范这本《罗马法》中出现法律用语的次数,下同)。上述法律概念,贾文范亦多采用的是日本的译法,这些译法事实上在中国均有新概念表达。以下是刘正埮编的《汉语外来词词典》(1981年)认定的部分日语借词,举例如下:共和(54)、议院(9)、解放(10)、银行(2)、议员(9)、刑法(24)、公判(1)、会社(4)、权限(5)、警察(2)、金属(1)、建筑(28)、金额(19)、记者(2)、社会(68)、宗教(24)、选举(11)、自由(226)、主义(42)、知识(4)、法律(858)、民主(1)、民法(195)、教授(3)、协会(2)、商业(8)、图书馆(1)、美术(2)、文学(2)、帝国(26)、公权(15)、私权(12)、人权(5)、动产法(1)、债权(398)、不动产(51)、商法(2)、破产法(3)、诉讼法(12)、义务(323)、目的(86)、规则(48)、代表(1)、区

---

① 沈国威:《清末民初中国社会对日本借词之反应》,载《近代中日词汇交流研究 汉字新词的创制、容受与共享》,中华书局2010年版,第286~320页。

别(70)……

本书附录有十二表,或许这是中国目前最早知见的十二表中译本。徐国栋教授说:"它代表了民初的中国人对该法的认识,所以对我们研究《十二表法》在我国的传播史很有价值。"①据笔者目前所掌握的资料来看,1923 年,浙江人氏应时在《浙江公立法政专门学校季刊》第 8 月期上发表《罗马〈十二表法〉之概略(一)》一文,主要涉及《十二表法》的地位及其各表之名。1926 年,丘汉平署名子模、知行在《法学季刊》(上海)第 3 卷第 1—2 期发表论文"罗马《十二表法》之研究",但该文主要记述了十二表法的沿革历史,基本没有涉及十二表的内容。1934 年,湖南湘阴人氏王去非先生在《法轨》是年第 2 期上发表《十二铜标法之正文》,但从内容上看,实际上只是《十二表法》的节译本。②不过,徐国栋教授认为,"该文把'铜表'称为'铜标',值得注意"③。1935—1936 年,朝阳大学的李景禧从日文翻译了《十二表法》的前 5 表,并陆续发表于《法律评论》1935 年第 13 卷第 1 期、第 2 期、1936 年第 13 卷第 12 期上。1937 年,周枏、路式导在《社会科学月报》第 1 卷第 2 期上发表了《罗马十二表法》长文。分为如下小节:《十二表法》之制定、《十二表法》之散佚失与整理、《十二表法》之译文、《十二表法》之真伪。徐国栋教授认为,"这是一篇学术含量很高的文章,包含了中文世界的第二个《十二表法》全译本"④。当然,徐教授也注意到了贾文范这本《罗马法》的附录,认为贾文范"他是第一次把《十二表法》介绍到中国,并且显然从英文翻译而来,因为容易引起误解的术语译本都以英文解释"⑤,以下是贾文范《罗马法》原书第 535 页下之"附罗马十二铜

---

① 徐国栋:《贾文范先生的〈罗马法〉的自本、母本和摹本——该书的原创性及其对当代人的意义》(2015 年 10 月 2 日在天津大学举行的"纪念罗马法走进中国"研讨会上的讲话)(未刊稿)。
② 市民法与大官法,市民法之渊源,最要者为十二铜标法:(1)第一标提传,(2)第二标审问,(3)第三标责偿,(4)第四标家长权,(5)第五标承继及监护,(6)第六标所有权及占有,(7)第七标家屋及土地,(8)第八标犯罪法,(9)第九标公法,(10)第十标宗教法,(11)第十一标为前五标之追补,(12)第十二标则为后五标之追补。至于大官法之渊源即为高级官吏之告示所集成,其中以优帝国法大全(Corpus Juris Civilis)最为重要,为下列四种所编纂而成:(1)优帝法典(Codex Justinianus),(2)优帝学说汇纂(Digesta Justiniani),(3)优帝法学阶梯(Institutiones Justinian),(4)优帝新律(Novellae Constitutiones Justiniani)。
③ 徐国栋:《〈十二表法〉在中国》,载《河南财经政法大学学报》2017 年第 1 期。
④ 徐国栋:《〈十二表法〉在中国》,载《河南财经政法大学学报》2017 年第 1 期。
⑤ 徐国栋:《〈十二表法〉在中国》,载《河南财经政法大学学报》2017 年第 1 期。

"表律"的全文,现抄录在此,以供方家进一步研究。

表一 传唤(Table I-Proceedinaly preliminaly trial)

第一条 被告人因原告之传唤,应即到场,原告人得人任取在场之一人为证,以强力迫其到场。

第二条 被告若有规避或逃亡之情形,原告人得以腕力制服之。

第三条 被告人若因残疾或年老而不能到场者,原告人应负运送之义务,但除原告人自愿设备外,被告人无要求盖车之权利。

第四条 纳税多额人(一千五百金以上者)之保证人,须以同等财力人充之,纳税少额之人(一千五百金以下者)如其可能,亦应择纳税多额者任保证。

第五条 当事人之两造,若无争执,原告人即开始宣布其案于法庭(倘细则尚有讨论,则待事定再行宣布)。

第六条 当事人之两造,若有争执原告人须将其案之内容,于日中前宣告于公民会(Comitium)以便与被告人共同辩论其相争之点。

第七条 倘一造于日中尚不到场时,司法官吏应为缺席判决,此判决以利于到场之一造为断。

第八条 两造若均到场,至日落时法庭应即停讯。

第九条 两造应重订时期以便再行出庭。

表二 审理(Table II-Trial)

第一条 每次诉讼应提存担保金,对千金上之争议,提五百金,千金下五十金,但其所争执者,若系人之自由,无论人之价值若何,担保金概为五十金。

第二条 遇危险之疾病或当事人之一造系一属民,及其他特别障碍发生在法官或当事人者,其诉讼应即中止。

第三条 当事人之一造,若无人证时,应高呼于其家门外,俟至法定期限(third market day following),始传其到场。

第四条 窃盗诉讼,得为和解之标的。

表三 执行(Table III-Execution)

第一条 已承之债务或判定之偿金,须于二十日以内交付。

第二条 逾期不交付者得将其债务人逮捕,(或经自提起抗债之诉)献之官署。

第三条 除债务人逐债还其债务,或他人赴法庭为其担保外,债权人得将债务人逮获,施以手钮或脚镣,但其重量应不过(任债权人自便得以减少)十五磅。

第四条 债务人欲自备饮食者,任其自便,否则,管押伊之债权人,每日须给面食一磅。欲多予者听。

第五条　对绝不能清偿债务之债务人,得施以禁锢六十日,于此期间内,应三次献俘于法官,并应将债务声扬于众,至法庭期限后(after the third market day)处债务人以死刑,成售卖于泰波河(Tiber)之彼岸。

第六条　逾法定期限后,债权人得将债务人之肢体分割,债权人所脔割部分,若超过或不及其应得时,应不为罪。

表四　家长权(Table IV-Patria Potestas)

第一条　妖异或形容不类之子,得处以死。

第二条　家父生时对子有无限全权,虽其子已受国家尊爵膺公益要职,家父仍得禁锢鞭笞役或杀伤之,且家父并得售卖其子。

第三条　但家父售卖其子至三次者,其子应归自主。

第四条　子生在其母之夫死十个月以内者,应为嫡子。

表五　继承与监护(Table V-Inheritance and Tutelage)

第一条　凡妇女须服从监护权,但为神巫者,不在此限。

第二条　受法定监护之妇女,除得其监护人之同意,自行付交外其动产不得以使用占取之。

第三条　凡家父关于财产及监护规定之遗嘱,其效力与法律同。

第四条　遗产人死亡而无遗嘱及子嗣者,以直系血统关系最近者为继承人。

第五条　无直系血统关系者,以同族之人为继承人。

第六条　遗嘱未指定监护人者,以血统关系最近之男子为监护人。

第七条　凡精神丧乱或浪费之人,应受血统关系最近者之监护,无血统关系最近之人,受同族人之监护,若有选定监护人者不在此限。

第八条　被释放人死亡而无遗嘱及子嗣者,以家主为继承人。

第九条　所继人之债务,应按继承人所继财产之比例,分别担负。

第十条　所余财产,除家庭急需外,由继承人依法均分。

第十一条　遗嘱释放之奴隶,假定与继承人赎金若干者,应自交付赎金三日起,许其自由。

表六　所有与占有(Table VI-Ownership and possession)

第一条　契约与交易(成立时曾为凭衡交钱之程序)之效力,应以两造之宣言为定。

第二条　一造不履行其宣言者,须赔偿损失二倍之金额。

第三条　不动产以二年占有取得所有权,动产以一年之占有取得之。

第四条　周年中若其妻（非由共食式或买卖式而成婚者），因规避其夫之使用婚姻权三夜继续寄宿于外，其夫本年之使用时效即行消灭。

第五条　属民占有财务，不计时期，不得与罗马民抗拒。

第六条　一财务于官吏前有二人争议时，应以原占有人暂保管之，但其所争者若系人民之自由，则当以主持自由之一造为正。

第七条　凡材木被他人取用为建筑物或架葡萄树者，所有人不得移动之。

第八条　所有人对于前条之材木，得请求二倍之价额。

第九条　当葡萄初花与收获期间内，材木所有人不得提起取回原物之诉讼（若自架上分离后，所有人即可请法庭判回）。

第十条　买主非交付代价，或得卖主允许，不得以卖与及移交之货物视为己之财产。

第十一条　代价之交付，以秤金为衡，且须至法庭履行拟诉弃权之程序。

表七　不动产法(Table VII-Real property law)

第一条　每房周围，须留二尺半之隙地（即两房须有五尺空地之距离）。

第二条　清勘疆界[据法家吉亚士(Gaius)之考查]，准用梭伦(Solon)雅典法典之规定（即若欲植藩篱者，不得逾越疆界线，欲筑墙垣者须留一尺，建房舍者须留二尺之距离，欲为沟渠者，其距离须与沟渠之宽深相等，欲掘井者，须留六尺之距离，橄榄无花果等树，须在邻地九尺以外，他树则五尺以外）。

第三条　关于别墅农场田庐之规定，当查看情形为之。

第四条　两地界内五尺之距离，彼此皆不得以使用时效，取得所有权。

第五条　疆界之争议，应由公断三人审定之。

第六条　通行之道，直处以八尺为限，弯处加倍。

第七条　邻地之道，须以能行为度，若不能平行时，得驱使车马任意择地行走。

第八条　凡之财产，因雨水而达于危险时，若有人更以人力致水汛滥，骤使之损伤者，所有人得提起决水损财之诉讼，并请求适当之赔偿。

第九条　树木之枝叶若照护邻地者，其距地高低，当在十五尺以上。

第十条　果实有落于邻地者，果实所有人得拾取之。

表八　侵权行为(Table VIII-Torts)

第一条　凡公然侮辱人者（用文辞公示人之罪恶或失德之事实），击毙杖下。

第二条　凡无故折伤人肢体者，亦折伤其肢体。

第三条　凡折伤公民一骨者，罚锾三百金，奴隶一百五十金。

第四条　伤人皮肤,罚锾二十五金。

第五条　因过失损伤他人财物者,应付赔偿之责。

第六条　凡牲畜损伤邻地稼禾者,除非由牲畜所有人照数赔偿,则牲畜即为被害人所有。

第七条　凡在邻地牧放牲畜者,负诉讼之责任。

第八条　人不得以邪术移取邻地之禾稼果实。

第九条　凡十四岁以上之人,于夜间窃取邻人禾稼者,为重罪处绞。但该犯若未满十四岁,应由法官自由笞责,并科以损伤价额二倍之罚金。

第十条　故意放火,烧毁家屋或放火于切近家屋之禾堆者,处禁锢鞭笞与焚化之刑,倘火之发生系由于过失,责其赔偿,若太贫者则斟酌处刑。

第十一条　因错误伐倒邻人树木者,每株赔偿二十五金。

第十二条　凡夜间行窃者格杀勿论。

第十三条　但白昼行窃者,除盗犯以凶刃抗拒,不得格杀之。

第十四条　对于白昼行窃而被逮捕,且并无以凶刃抗拒情形者,系自由人除笞责外,判归权利人管辖,系奴隶笞责后,使其坠于太比山崖之下,若系十四岁以下之幼孩,由法官自由处罚,并使其负盗窃之赔偿。

第十五条　不求主人同意,径入其地搜索盗赃者,须裸体束带,仅持时计以往,若赃物果即搜得,占有人应以正犯论。若于证人前,得主人之同意而入内搜索,并因之搜得者,所有人对占有人得提起赃匿盗赃之诉,占有人对供给人得提起存寄盗赃之诉,并请求赃物价额三倍之偿金。

第十六条　贼证未能由所指人搜得者,处盗赃二倍之罚金。

第十七条　盗窃财物,不得以时效取得所有权。

第十八条　放债人取息,逾法定每年十分以上者,责照四倍赔偿。

第十九条　存储货物人以欺罔使他人将财物交付于己者,处二倍价额之罚金。

第二十条　监护人管理财产有不明时,凡公民皆可提起变更监护人之诉,处其盗窃财物价值二倍之罚金。

第二十一条　恩主对其保护人有过失时,须内自修省。

第二十二条　凡得其同意为证人或监护人(假拟售卖时所用)而不为证明之陈述者,应剥夺其名誉及公证之权后,即对于本身事实亦不许为证。

第二十三条　为证人而为虚伪之陈述者,使其坠于太比山崖之下。

第二十四条　凡因过失杀人者,应备一羊以祭之。

第二十五条　习惯妖术,或制造毒药者处死。

第二十六条　夜间聚集而为暴乱之举动者,应严行禁止。

第二十七条　会社可自由议定规则,但不得与国法抵触。

表九　公法(Table IX-Public law)

第一条　无论何法,不得特为一人创设。

第二条　军事百人会(为官吏选举案财产而编制之百人队)得为一人特创法律。

第三条　司法官或公断人奉长官委任,审理案件,而私受贿赂者处死。

第四条　为关于故杀审判官(或检查厅)之规定,对于司法官之裁判或处罚有提起上告之权。

第五条　通谋仇敌使之抗敌本国,或诱本国人而为敌人者,处死。

第六条　除受正式裁判及宣告死刑外,无论何人,不得处死。

表十　宗教法(Table X-Sacred law)

第一条　死人身体,不得于城内葬埋或焚化。

第二条　焚尸之架,禁以斧斤刮光,重于此者,更不得为之。

第三条　埋葬之仪,除乐祝十人得到埋前外,守服之人,披毛布者不得过三人,衣紫裤者只许有一人(案毛布紫裤皆罗马守制之服)。

第四条　妇女不得垂涕及放声号哭。

第五条　死人之骨,除亡于阵前及外国者外,不得停放,以待后日埋葬。

第六条　安神之物,如旨酒、佳肴檀香、珠花等类皆应有节。

第七条　死者若因一己之功勋,或奴隶战马之劳力,得有念珠,当尸体陈于祭场及殡于坟垒时,其自身或其父母,均得佩带之,以彰其生时之正直忠勇。

第八条　无人得置一个以上之塚或一个以上之棺。

第九条　凡金饰之物,不得随尸体焚毁,或葬埋之,但金牙之固定于死人身体者,不在此限。

第十条　焚尸柴堆,或葬尸塚垒,除得同意外,不得于距离他人房舍六尺以内建筑之。

第十一条　凡塚垒及埋道,不得以使用时效,取得所有权。

表十一　最初五表之追捕(TableXI-Subblementary)

第一条　贵族不得与平民结婚。

表十二　终尾五表之追捕(Table XII-Subblementary)

第一条　对于购买牺牲,及凭借牲畜资敛金钱,以备祭祀之用而不偿价者,应即差押。

第二条　奴隶犯窃盗或伤害人者,主人若不即赔偿,应负交付犯人之义务。

  第三条　因错误占有他人财物而生争议者,官署应委公断三人判定之,若确认其占有系出于恶意,应处占有人财务价值二倍之罚金。

  第四条　凡人之财物所有权,因不确定而生诉讼者,此财物不得充作神用物,应处财物价额二倍之罚金。

  第五条　凡最新律例颁布后,而以前之法律与其抵触者,均作为无效。

罗马法中的客观责任与主观责任

陈帮锋*

摘　要：客观责任向主观责任的转化早在罗马法中就已经形成。这种历史拐点因不同类型的法律责任而有所不同，在合同责任中，客观责任向主观责任的转化肇始于后古典法时期，而定型于优士丁尼法时期；在侵权责任中，客观责任在古典法时期已经转化为主观责任，这得益于法学家们以过错（culpa）来界定不法（iniuria）；在刑事责任中，王政时期的罗马第二王努马（Numa）颁布的杀人法便开始关注行为人的主观意图，但客观责任向主观责任的转化是古典法时期的事了。

关键词：客观责任；主观责任；罗马法

一、缘起

所谓客观责任就是结果责任，也就是以损害结果作为行为人是否承担法律责任的判断标准，即客观归责。而主观责任则不一样，除了考虑行为的结果这一因素之外，它还要考虑行为人在行为时对行为结果所持的内心认知状态，所以主观责任也就是主观归责。

稍有常识的人都知道，客观责任较为古老、原始，甚至落后，而主观责任较为晚近，而且先进。客观责任只关注外在的损害结果，只要行为与损害结果具有因果关系则可归责，而主观责任还要关注行为人内在的主观意志。由以物为中心，转为以人为中心，当然是后者先进。我们一般认为，法律关注人的本身是从文艺复兴时期才开始的，人文主义法学派就是代表，而关注人的主观意志也应当是因为近代自由主义、个人主义思潮才盛行的。外国很多学者也持这样的观点。

---

* 陈帮锋，厦门大学法学院讲师，法学博士。

本文通过对罗马法原始文献的证实分析,展示给大家一个全新的认识。本研究集中在合同法、侵权法以及刑法这三个古老而具有代表意义的法律分支。

二、在合同法中的情形

在合同法领域,客观责任向主观归责的演进已经被追溯到了罗马法,早在20世纪初罗马法学家就已经确认了这点。在这个问题上,学者唯一有争论的是:在罗马法中,是主观责任转为客观责任,还是客观责任转向主观责任?前者属于退化论,后者则为进化论。在退化论者看来,客观责任演化为主观责任的时间还要早得多,在罗马帝国的某个时期又发生了主观责任向客观责任的退化。

(一)退化论

意大利罗马法学家得·麦迪奥(Alfredo de Medio)教授采取退化论的解释模式。他认为,在罗马的古典法时期(公元前27年至公元235年)已经形成唯一的"意外事故—过错"(*casus-culpa*)契约责任评价体系,也就是说,所有债务不履行的情形要么属于过错而应承担责任,要么属于意外事故而得以免责。后来,优士丁尼《市民法大全》的编纂者为了加重个别种类的债务关系中的债务人的责任,让债务人对特定风险承担绝对责任,[①]从而打破了这个评价体系。[②] 按照他的研究结论,在古典法时期,罗马契约法已经实行主观归责,但是,《市民法大全》的编纂者推翻了这个体系,让某类债务人对特定风险(标的物被偷、第三人不法损害)承担客观责任,而不考虑行为人的主观过错。这种情形就是所谓的看管责任(*custodia*)。那么,在他看来,契约法的客观责任与主观责任的历史拐点是:客观责任在罗马古典法时期演化为主观责任,而在优士丁尼法时期又演变为混合的主、客观责任。

---

① 从《市民法大全》的片段来看,采用这种绝对责任的契约有:使用借贷、船东、旅店主或马厩主承保责任、租赁、质押、标的物未交付的买卖、试用买卖、货栈主保管以及工作成果租赁。在这些情形下,债务人不管是否有过错都要对标的物因第三人损害、盗窃、鼠咬等情形导致的损害承担责任,但是,海啸、地震、强盗、敌人攻击等具有压倒性的事故导致的履行不能却可免责。这相当于现代法的严格责任原则。

② Cfr. Alfredo de Medio, Caso Fortuito e Forza Maggiore in Diritto Romano, B.I.D.R., Vol.20(1908), p.157ss.

其实，得麦迪奥是追随了意大利学者卢西那尼（Luigi Lusignani）教授的观点。① 持相同观点的还有苏格兰学者托马斯（J.A.C.Thomas）教授，他认为，"古典法时期只有故意责任与过失责任两种，看管责任的实例是优士丁尼的杰作"②。

（二）进化论

这种观点受到了后来者的强烈质疑。意大利学者卢扎多（Giuseppe Ignazio Luzzatto）教授认为，得·麦迪奥的研究受到了卢西那尼教授的 *custodia* 理论的误导，而且他的研究也因他的去世而未能全部完成。③ 卢西那尼（Lusignani）教授认为 *custodia* 本来在古典法中只是表示一般的看管活动或看管行为，并没有法技术上的意义。但《市民法大全》的编纂者却使用它来表示那种由某几类债务人对标的物因被偷或被第三人不法损害而承担的无过错责任。④ 卢扎多认为，契约责任的演化进程应当是由客观责任到主观责任。他的理由是这样的，*custodia* 在古典法时期属于客观责任，但在优士丁尼法中却被做了主观化改造，优士丁尼法往往使用 *diligentia in custodiendo*（看管式的注意）来代替它，这个术语其实与 *diligentia diligentissimi patris-familias*（最勤谨家父的注意）等同。在古典契约法中，只存在两种责任形式，即故意责任与看管责任，也就是所谓的 *dolus-custodia* 责任体系。⑤ 这一观点得到很多权威学者的肯定。例如，意大利的阿兰乔-鲁易兹（Vincenzo Arangio-Ruiz）教授认为，"在优士丁尼《市民法大全》的大部分片段中，归责标准有所改变，优士丁尼的编纂者不但将一般责任从故意扩大到疏忽与草率，也

---

① Cfr.Luigi Lusignani,Studi sulla Responsabilità per Custodia secondo il Diritto Romano,Parma：Adorni-Ugolotti,1902,I,II,III.

② J.A.C.Thomas,Textbook of Roman Law.Amsterdam,New York,Oxford：North-Holland Publishing Company,1976,p.253.

③ Cfr.Giuseppe Ignazio Luzzatto,Caso Fortuito e Forza Maggiore come Limite alla Responsabilità Contrattuale,Milano：Dott.A.Giuffrè,1938,p.20.

④ Cfr.Luigi Lusignani,Studi sulla Responsabilità per Custodia secondo il Diritto Romano,Parma：Adorni-Ugolotti,1902,I,II,III.

⑤ Cfr.Giuseppe Ignazio Luzzatto,Caso Fortuito e Forza Maggiore come Limite alla Responsabilità Contrattuale,Milano：Dott.A.Giuffrè,1938,p.42.

取消了客观责任"①。德国的卡泽尔(Max Kaser)教授指出,对于契约与准契约责任,古典法时期只有两种程度不同的责任形态:故意责任与看管责任(后来,故意责任开始在诚信审判领域中呈现出向过失扩展的趋势)。② 意大利的塔拉曼卡(Mario Talamanca)教授坚信,看管责任所持的标准与心理态度无关,责任基础仅仅是物的灭失方式,即给付变为不能的方式。③ "在近古时期(公元3世纪至6世纪),看管责任丧失了嗣后给付不能的客观归责标准的古典法时期的原貌,也变成一个主观标准。正如在那个关键的片段所展示的那样,custodia 被重新解释为精细的注意(diligentia exacta)或最精细的注意(diligentia exacitissima)。"④

总而言之,优士丁尼的编纂者在将古典契约法的客观责任改造成主观责任,他们一方面将故意责任扩展到过失责任,另一方面将"看管责任"改为"最精细的注意"义务,从而达到纯粹的主观化效果。

(三)进化论的证成

由古典法的客观责任到优士丁尼法的主观责任这一进化论的主要依据是《市民法大全》的编纂者为了与责任形态的主观化改造相配套而创立了意外事故理论。这是因为意外事故是过错的阙如,所有由于无过错而不能归责的情形都被意外事故这一概念所涵盖,以过错为归责依据的主观责任的出现必然要求有相应的意外事故理论。之所以说是《市民法大全》的编纂者创立了意外事故理论,理由如下:

1.众里寻它不得

在古典法时期的关于契约之债的法律文献中,并没有关于意外事故的论述。盖尤斯的《法学阶梯》是对后世法学影响至深的古典法时期的作品,但在它的第3编第89段至第162段所涉及的"契约之债"中,没有片言只语提到契约责任问题,更没有留下意外事故理论的痕迹。反倒是在论述到私犯之债时

---

① Cfr.Vincenzo Arancio-Ruiz,Storia del Diritto Romano(7),Napoli:Jovene,2006,p.364.

② Max Kaser, Roman Private Law (2), Rolf Dannenbring Trans., Pretoria: University of South Africa,1980,p.189s.

③ Mario Talamanca,Istituzioni di Diritto Romano,Milano:Dott.A.Giuffrè Editore,1990,p.659s.

④ Mario Talamanca,Istituzioni di Diritto Romano,Milano:Dott.A.Giuffrè Editore,1990,p.667.

才间接涉及契约责任问题。① 也就是,在 Gai.3,203-Gai.3,207 中,盖尤斯在谈到洗衣工、裁缝及受寄托人因自己掌管的他人之物被偷是否可以提起偷窃之诉时,指出洗衣工、裁缝可以提起偷窃之诉,因为他们对该物负有看管的契约责任。② 盖尤斯《法学阶梯》仅有一个片段(Gai.3,211)直接使用了 casus 这个术语,但该片段讨论的是私犯责任问题。除此之外,我们只能在后古典法时期(公元 235 年至公元 530 年)的文献如保罗的《论点集》(Paul.Sent.2,4,2),以及优士丁尼《市民法大全》中找到这样的片段。这说明了在古典契约法中,对于意外事故的认定仅局限于因应个案的决疑法,③而并未形成采用划一标准的理论。既然意外事故在古典契约法中并未形成,以与之正对立的过错为归责依据的主观责任也未形成。

2.Coll.10,8,1 与 C.4,34,1 的比对

公元 222 年至公元 235 年在位的亚历山大·塞维鲁皇帝在公元 234 年颁布的一项敕令被优士丁尼《法典》所收录(即 C.4,34,1)之余,也被无名氏大约在公元 390 年至 428 年之间编纂的《摩西法与罗马法合论》(*Collatio Legum Mosaicarum Et Romanorum*)所收录(即 Coll.10,8,1)。④ 那么,只要对比这两个片段的异同之处,我们就可以看出优士丁尼的法典编纂委员会在编纂《法典》时是否对塞维鲁的敕令做了添加,而添加的内容便是法律演化的证据。

Coll.10,8,1。亚历山大·塞维鲁皇帝致梅斯特里:如果由于强盗的袭击,接受寄托首饰的人被杀,首饰也丧失,他的继承人并不承担责任,因为受寄托人只对故意负责。然而,如果在强盗袭击的托词之下,由他的继承人持有的财产不予返还,可以提起寄托之诉、出示之诉,或返还所有物之诉。⑤

C.4,34,1。亚历山大·塞维鲁皇帝致梅斯特里:如果由于强盗的袭击或其他意外事故(*vel alio fortuito casu*),接受寄托首饰的人被杀,首饰也丧失,

---

① Cfr.Giuseppe Ignazio Luzzatto,Caso Fortuito e Forza Maggiore come Limite alla Responsabilità Contrattuale,Milano:Dott.A.Giuffrè,1938,p.31s.

② Reinhard Zimmermann,The Law of Obligations:Roman Fondations of the Civilian Tradition,Oxford:Oxford University Press,1996,p.933s.

③ Cfr.Giuseppe Ignazio Luzzatto,Caso Fortuito e Forza Maggiore come Limite alla Responsabilità Contrattuale,Milano:Dott.A.Giuffrè,1938,p.31.

④ Adolf Berger,Encyclopedic Dictionary of Roman Law,Philadelphia:The American Philosophical Society,1953,p.395.

⑤ Giuseppe Ignazio Luzzatto,Caso Fortuito e Forza Maggiore come Limite alla Responsabilità Contrattuale,Milano:Dott.A.Giuffrè,1938,p.36.

他的继承人并不承担责任,因为受寄托人只对故意或重大过失负责,另有约定除外(*et latam culpam, si non aliud specialiter convenit*)。然而,如果在强盗袭击或其他意外事故(*vel alterius fortuiti casus*)的托辞之下,由他的继承人持有或他故意地交出(*vel quas dolo desiit possidere*)的财产不予返还,可以提起寄托之诉、出示之诉,或返还所有物之诉。①

两者一对比,我们就发现了很多被添加过的地方,在 C.4,34,1 中被下划线标出的都是优士丁尼的编纂者添加上去的。总的来看,他们添加了三种类型的内容:其一,在"故意"的旁边加上"或重大过失";其二,在"强盗的袭击"的旁边加上"或其他意外事故";其三,在归责标准中加上"另有约定除外"。

第一种添加内容正好符合了前述学者的论断,即优士丁尼法将古典法的故意责任扩展到过失责任。卢扎多教授更是一语中的:这个添加表明了故意责任从原来仅做客观地认定的客观责任转向主观责任;另外,只有添加了"重过失"才使得意外事故的导入显得顺理成章。② 的确如此,对故意责任的判断并不需要一个抽象化的标准,只有对过失的判断才需要像勤谨家父这样的抽象标尺。我们不要以为故意是内心的主观意愿,故意责任也就肯定是主观责任。内心故意总是外化为一个个具体的行为事实,法律评价如果只考虑行为事实而无须探究行为人内心的意志因素,那么,故意责任也是客观责任。否则,初民时代是结果责任的时代这个说法便说不通。第二种添加体现的是对意外事故进行抽象化的努力。优士丁尼的编纂者以典型列举加兜底概念的方法将意外事故上升为一种抽象概念,那些一个个具体的事件如强盗袭击、火灾、地震等都被这个概念所涵盖。相反,古典契约法的原始文献却只是列举那些造成给付不能的具体事件。③ 第三种添加表明了优士丁尼法允许当事人对责任承担问题进行约定,而约定的内容涉及责任轻重程度的变化,也涉及意外事故能否免责的问题。总而言之,通过这些添加,引发责任的故意及重过失与免除责任的意外事故都被抽象化了,它们的认定都通过抽象标准来进行,从而

---

① S.P.Scott,Trans.and Ed.The Civil Law (13),Cincinati: The General Trust Company,1932,p.85.

② Cfr.Giuseppe Ignazio Luzzatto,Caso Fortuito e Forza Maggiore come Limite alla Responsabilità Contrattuale,Milano: Dott.A.Giuffrè,1938,p.37.

③ Cfr.Giuseppe Ignazio Luzzatto,Caso Fortuito e Forza Maggiore come Limite alla Responsabilità Contrattuale,Milano: Dott.A.Giuffrè,1938,p.37.

实现客观责任向主观责任的转化。①

3.主观责任的判断标准

在优士丁尼法中,不同类型的契约责任对应于不同级别的过错程度,相应地,各自的判断标准也各不相同。例如,在寄托的契约责任中,受寄托人只对故意与重大过失负责;在使用借贷的契约责任中,使用人要对最轻过失负责。大多数法学家都认为,这种责任的基础是当事人是否从契约关系中获利的事实,如果从该法律关系中并不获利,责任就不能超过重过失的范围;如果获利,则对轻过失承担责任。② 这种功利(*utilitas*)原则是从后古典早期便开始构建的,不过,并不能完全适用于整个责任体系。因为管理他人事务的人如监护人、无因管理人并不获利,但仍然要对轻过失承担责任。③ 在罗马法中,过错被按照轻重程度来区分为故意、重过失、轻过失与最轻过失四个级别。相应的,这四个级别的过错的判断标准也分别对应于诚信、比善良家父少得多的注意、善良家父的注意以及最勤谨家父的注意。④ 这些过失都属于抽象过失,它们的判断标准都对应于抽象的人物形象。在认定是否构成某一级别的过失时,只要把当事人的行为与各自的抽象标准相对比便可以认定。经过检验而不属于过错的情形便是意外事故。那么,在理论上,意外事故也有不同的级别,也有不同级别的判断标准与之相对应。⑤

(四)客观责任向主观责任演进的意义

其实,客观责任向主观责任的转化是通过将责任的评判依据由具体的情形提升为抽象的行为标准来完成的。这个论断可以从那些未被添加过的古典

---

① Cfr.Giuseppe Ignazio Luzzatto,Caso Fortuito e Forza Maggiore come Limite alla Responsabilità Contrattuale,Milano:Dott.A.Giuffrè,1938,p.37.

② [意]彼德罗·彭梵得:《罗马法教科书》,黄风译,中国政法大学出版社 2005 年版,第 61 页。

③ See Max Kaser,Roman Private Law(2),Rolf Dannenbring Trans.,Pretoria:University of South Africa,1980,p.189s.不过,齐默尔曼教授认为,功利原则并不是不容改变的法律原则,它仍然是建立在公平的基础之上的。See Reinhard Zimmermann,The Law of Obligations:Roman Fondations of the Civilian Tradition,Oxford:Oxford University Press,1996,p.430.

④ 丁玫:《罗马法契约责任》,中国政法大学出版社 1998 年版,第 165 页。

⑤ Cfr.Giuseppe Ignazio Luzzatto,Caso Fortuito e Forza Maggiore come Limite alla Responsabilità Contrattuale,Milano:Dott.A.Giuffrè,1938,p.41.

法学家的片段中得到证实。① 不过,我们不应夸大这种转变过程的顺利程度,也不应夸大这种转变的现实意义。

就该转变过程而言,各种判断标准的形成时间不一。按照塔拉曼卡教授的考证,区分不同形态的过失并且将不同注意义务与之对应的趋势在后古典法时期与拜占庭时期开始出现,但是,过失的三分法体系(即重过失、轻过失与最轻过失)以及与之相应的注意义务的三分法体系是在中世纪法学家那里才最终完成的。所以,在完整意义上的过失三分体系在优士丁尼法的原始文献中是看不到的。在《市民法大全》中,将债务人的注意义务界定为 *exactior*(精细)或 *exactissima*(最精细)的情形的确存在,但并没有分别课加与之程度相当的惩罚。可以肯定的是,古典法时期的法学家已经广泛地将过失程度较高的情形(即重过失 *culpa lata*)独立出来,但没有把它作为轻过失(*culpa levis*)的对反来处理,*culpa levis* 这个概念可能是后古典法时期才出现的。② 可见,这套概念体系的出现颇为曲折,我们在很大程度上是在使用中世纪法学家的概念来分析罗马法的过错问题的。

就该转变的意义而言,根据卢扎多教授的考证,这种改动并未导致契约责任的法律效果产生较大的差异,因为在古典法中应当承担责任的情形在优士丁尼法中同样逃脱不了。唯一不同的是,由于责任标准主观化,优士丁尼法允许债务人通过证明自己已尽相应的注意义务而排除自己的过错,从而达到免除责任的目的,也就是现代法上的举证责任倒置。③ 一般情况下,意外事故成为过错探究之后的剩余物。也就是说,对于重过失或轻过失责任,债务人被要求采取大多数人都达到的注意标准或善良家父的注意标准,债务人达到了该标准而仍然避免不了给付不能时就是意外事故。然而,对于最轻过失责任,债务人被要求采取由古典法的看管责任演化而来的最精细的注意标准,债务人是否达到这种注意标准,其证明的方法是能否证明存在导致给付不能的不可

---

① Cfr. Giuseppe Ignazio Luzzatto, Caso Fortuito e Forza Maggiore come Limite alla Responsabilità Contrattuale, Milano: Dott. A. Giuffrè, 1938, p.46.

② Culpa in concreto(具体过失), culpa in abstracto(抽象过失)也是中世纪的术语。Cfr. Mario Talamanca, Istituzioni di Diritto Romano, Milano: Dott. A. Giuffrè Editorre, 1990, pp.665,667s.

③ Cfr. Giuseppe Ignazio Luzzatto, Caso Fortuito e Forza Maggiore come Limite alla Responsabilità Contrattuale, Milano: Dott. A. Giuffrè, 1938, p.49.

抗拒的意外事故,否则,给付不能本身就说明债务人未尽到该程度的注意义务。① 用现代法的术语来说,前者是过错推定责任原则,债务人证明自己已尽到相应的注意义务、无过错而免责;后者是严格责任原则,债务人证明存在不可抗拒的意外事故而免责。

值得注意的是,契约责任中的意外事故理论其实只是把阿奎流斯法责任中的已经成熟的意外事故理论挪过来而已。这项搬动工作是从后古典法时期就已经开始的。②

三、在侵权法中的情形

近现代大陆法系的侵权法的源头是阿奎流斯法责任(responsabilità aquiliana),③即学者所称道的"合同外责任"(responsabilità extracontrattuale),是罗马古典法学家解释、拓展《阿奎流斯法》(lex Aquilia,约公元前286年)第一章和第三章的规定而发展出来的,指的是对杀害或毁损他人奴隶或财产的不法损害(damnum iniuria datum)行为所课加的赔偿责任。④

我们不妨回到源头中来考察客观责任与主观责任的演化。《阿奎流斯法》颁布于前古典法时期,是继《十二表法》之后对后世私法影响巨大的法律文本。该法由三章组成,每章为一个条文。第一章和第三章调整的是具有物理性的有体物的损害,而第二章调整的是债权人所遭受的损害。⑤ 由于第二章与不法损害无关,后世法学家所说的不法损害指的是该法第一章和第三章的规定。

---

① Cfr. Giuseppe Ignazio Luzzatto, Caso Fortuito e Forza Maggiore come Limite alla Responsabilità Contrattuale, Milano: Dott. A. Giuffrè, 1938, p.45.

② Cfr. Giuseppe Ignazio Luzzatto, Caso Fortuito e Forza Maggiore come Limite alla Responsabilità Contrattuale, Milano: Dott. A. Giuffrè, 1938, p.47.

③ 《阿奎流斯法》之前被译为《阿奎利亚法》,经学者研究发现应当统一翻译为《阿奎流斯法》才合适。

④ 由于"合同外责任"的表达容易造成误解,会让人误以为合同外责任与合同责任是对民事责任的二分。其实,阿奎流斯法责任仅仅表示《阿奎流斯法》所规定的不法损害赔偿责任。所以,本文采取"阿奎流斯法责任"的表达。

⑤ 黄文煌:《阿奎流斯法研究——大陆法系侵权法的罗马法基础》,厦门大学2011年博士学位论文。

从学者还原回来的条文来看,《阿奎流斯法》并不使用过错、故意或过失等术语。① 该法将损害与责任相连结的唯一因素是"不法"(iniuria)。意大利的隆东蒂(Rontondi)教授指出,《阿奎流斯法》中的"不法"意味着不公平、不公正,作为一种归责标准,它表示可归责行为与损害结果之间的因果关系,与心理状态无关。② 也就是说,该法规定的不法损害责任属于客观责任,实施的是结果归责。不过,经过古典法学家的努力,过错开始成为阿奎流斯法责任的评价标准,主观归责也趋于成熟。

(一)过错概念的出现

阿奎流斯法责任由客观责任向主观责任的转变,是通过在"不法"这一归责因素中注入过错的内容来完成的。有学者指出,"不法"向过错的转变经历了一个漫长的过程,很难确定一个确切的时间点。③

在盛行研究添加的年代,通说认为 culpa 在古典法时期只是表示现实因果关系,并不是相应注意的阙如。也就是说,古典时期的阿奎流斯法责任仍然是客观责任。不过,这种观点已经被抛弃,因为那些已经被确认适用客观责任的片段并没有显示出这个结论。④ 从原始文献的记载来看,最早在主观意义上理解 culpa,并把它作为阿奎流斯法责任的归责标准的是昆图斯·穆丘斯·谢沃拉(Q.Mucius Scaevola,公元前 159—公元前 88 年)。他的观点体现在 D.9,2,31 当中。⑤

D.9,2,31。保罗:《萨宾评注》第 10 卷:如果一个剪枝工人在扔下树枝时

---

① 《阿奎流斯法》第一章:"如果某人不法杀死他人的男奴或他人的女奴或属于四足牲畜的动物,将判处他向所有人偿付相当于该物在过去 1 年内的最高价值。"第三章:"除了杀害奴隶和牲畜的情形以外,如果某人不法焚烧、折断或毁损而造成他人的损害,将判处他向所有人偿付相当于该物在此之后 30 天内的价值。"黄文煌:《阿奎流斯法研究——大陆法系侵权法的罗马法基础》,厦门大学 2011 年博士学位论文。

② Sandro Schipani, Responsabilità ex Lege Aquilia: Criteri di Imputazione e Problema della Culpa, Torino: G.Giappichelli, 1969, p.12s.

③ 黄文煌:《阿奎流斯法研究——大陆法系侵权法的罗马法基础》,厦门大学 2011 年博士学位论文。

④ Cfr. Mario Talamanca, Istituzioni di Diritto Romano, Milano: Dott. A. Giuffrè Editorre, 1990, p.627.

⑤ Sandro Schipani, a cura di., ustiniani Augusti Digesta seu Pandectae, Testo e Traduzione(2), Milano: Giuffrè Editore, 2005, p.255.

将一路过的奴隶砸死(也适用在脚手架上工作的人),那么当他把树枝扔到公共用地上并没有事先警告以避免事故发生时才负责任。但是,谢沃拉说,即使此类情况是发生在私人土地上,如果他有过错也适用该诉讼。事实上,过错就是没预见到一个勤谨的人所能预见到的或太迟发出警告而不能避免危险的发生。从同样的逻辑推演开来,死者是路过于公共用地还是私人土地已经无关紧要。但是,如果剪树枝的地方根本没有径路,被告只在故意致害的情况下承担责任,那么他不应该向他看到正在路过的人扔东西;另外,如果他根本猜不到有人会路过那里,则没过错。

这个片段来自保罗的作品《萨宾评注》第 10 卷,保罗在介绍萨宾(Masurius Sabinus)的观点时也介绍了谢沃拉的观点。塔拉曼卡教授认为,"没有任何理由怀疑这个片段的真实性"①。这个片段的表述顺序是:展示案件事实;介绍萨宾的观点;介绍谢沃拉的观点;保罗做结论。② 从这个论述顺序来看,保罗是在引用生活在公元前 1 世纪的谢沃拉的观点来进一步阐述生活于公元 1 世纪的萨宾的观点的。正如 D.9,2,31 所显示,谢沃拉认为:"*culpa* 就是没预见到一个勤谨的人所能预见到的或太迟发出警告而不能避免危险的发生。"谢沃拉这个表述传达给我们三个信息:其一,一个抽象的行为标准已经被确立了起来。在认定某行为人是否有过错时,将该行为与"一个勤谨的人"在相同条件下的行为做比较就可以知道,从而达到了归责抽象化的制度效果。其二,*culpa* 是主观的。因为过错是"未能预见到一个勤谨的人所能预见到的",这就从"预见"(*providere*)的角度来考察行为人的过错问题。然而,预见是一种心理活动,是主观的、具体的,是因人而异的。其三,谢沃拉将过错作为将树枝扔下砸死他人奴隶的行为人承担阿奎流斯法责任的归责依据。这是由于未能预见到一个勤谨的人所能预见到的,就是相应注意的阙如,就是过错,从而应当对不法损害承担赔偿责任。

与谢沃拉同时代的阿尔芬努斯(Alfenus Varus)则从另一个角度清楚地说明了 *culpa* 的主观内涵。③ 他的观点体现在 D.9,2,52,1(阿尔芬努斯:《学

---

① Cfr.Mario Talamanca,Istituzioni di Diritto Romano,Milano: Dott.A.Giuffrè Editorre,1990,p.627.

② Cfr.Sandro Schipani,Responsabilità ex Lege Aquilia: Criteri di Imputazione e Problema della Culpa,Torino: G.Giappichelli,1969,p.141.

③ 阿尔芬努斯生活在公元前 1 世纪。See http://en.wikipedia.org/wiki/Alfenus_Varus,2012-08-04.

说汇纂》第 2 卷)当中。① 这个片段的真实性也未被怀疑,并被认为它是阿尔芬努斯将 culpa 融入《阿奎流斯法》中来的证据。② 在这个片段中,阿尔芬努斯运用决疑法讨论了这个案例:一个过路人拿走了店主夜间在路边安放的一盏灯,店主追上并抓住灯不放,偷灯人为迫使店主松手而鞭打店主,从而发生搏斗。在搏斗中,店主打瞎偷灯人的一只眼睛。店主是否应为此承担阿奎流斯法责任? 阿尔芬努斯认为:"他看来并没有构成不法损害,过错(culpa)的确在先用鞭子打人的那个人身上,除非是店主有意将对方的眼睛打瞎。"③ 可见,阿尔芬努斯是从意图的角度来理解过错的。那么,阿奎流斯法责任的构成除了因果关系之外,还应当具备过错这个要素。

(二)过错的一般条款

如果说谢沃拉和阿尔芬努斯只是在对具体案例做决疑法分析时才零星地论述到过错问题,那么,晚于他们将近两百年的盖尤斯在这个问题上确实已经跨出了一大步。他以类似于后人所使用的法律规范的形式将阿奎流斯法责任的过错归责标准放置于一个片段当中予以介绍,体现出他以唯一的因素(过错)为所有不法损害情形提供解决方案的努力。④ 这体现在盖尤斯《法学阶梯》的第 3 卷第 211 个片段当中:当某人故意(dolus)或过失(culpa)杀死他人时,被认为是不法杀人。不属于不法损害(iniuria)的情况不受任何其他法律的谴责;因此,那些在无过失或故意的情况下意外(casus)地造成损害(dam-

---

① D.9,2,52,1。阿尔芬努斯:《学说汇纂》第 2 卷:一个店主夜间在路上的一块石头上安放了一盏灯,一过路人将其拿走,店主赶紧追上此人要索回这盏灯并在其想要逃跑时紧紧将其抓住,后者开始用手中的一个装有铆钉的鞭子向前者打去,以迫使其松手。于是便发生了一场激烈的搏斗,在搏斗中店主将偷灯的人一只眼睛打瞎;店主现求诸咨询:是否能够判决他没有造成不法损害,因为他确是先被鞭打了。我回答说:他看来并没有造成不法损害,过错(culpa)的确在先用鞭子打人的那人身上,除非是店主有意将对方的眼睛打瞎。但是如果他并非首先受到了他人的殴打,而且当后者想要从他那里拿走灯的时候与其厮打,那么看来事情就是由于店主的过错(culpa)而发生。[意]桑德罗斯奇巴尼选编:《债·私犯之债·阿奎利亚法》,米健译,中国政法大学出版社 1992 年版,第 47~48 页。

② Max Kaser, Roman Private Law (2), Rolf Dannenbring Trans., Pretoria: University of South Africa,1980,p.186.

③ Cfr. Alessandro Corbino, Il Danno Qualificato e la Lex Aquilia(2), Padova: CEDAM,2008,p.182.

④ Cfr. Sandro Schipani, Responsabilità ex Lege Aquilia: Criteri di Imputazione e Problema della Culpa, Torino: G.Giappichelli,1969,p.249.

num)的人,不受处罚。①

总的来说,这个关于不法损害的过错问题的纲领性片段涉及三个方面的关系:第一个方面是故意与过失的对反关系。这种对反关系在很多片段中都可以看到。在这个对反关系中,过失最为复杂,它除了表示无经验(D.9,2,7,8。乌尔比安《告示评注》第18卷)、缺乏远见以及疏忽(D.9,2,7,2。乌尔比安《告示评注》第18卷)以外,甚至表示对规则的违反。② 第二个方面是"不法"与"故意和过失"的关系。在这个片段中,不法与过错(故意和过失)直接发生联系。但是,能不能说不法与过错等同,或者说,只有过错才能形成不法?斯奇巴尼教授认为,不能下这个结论,只能说故意和过失是构成不法损害的一个条件,不能说是必要条件。③ 第三个方面是过错与意外事故的对反关系。"那些在无过失或故意的情况下意外(casus)造成损害(damnum)的人,不受处罚。"也就是说,无过失、无故意的情形都是意外事故,也不构成"不法",④从而不受处罚。而所谓"无过失或无故意"的情形,有保罗所说的"采取了所有必要的预防手段"(D.9,2,30,3),也有乌尔比安所说的"船由不能控制的推动力驱动"而相撞(D.9,2,29,4)。⑤

可见,在这个一般性条款中,过错与意外事故成为阿奎流斯法责任的一体两面的因素。

(三)故意与过失的要素

"故意"是对事件结果的欲求,是实现意图的态度,也包括只接受事件的发生,而并不是有意地追求目的的达成。⑥ 从责任能力的角度来看,"故意"要求

---

① [古罗马]盖尤斯:《法学阶梯》,黄风译,中国政法大学出版社2008年版,第201页。

② Cfr. Sandro Schipani, Responsabilità ex Lege Aquilia: Criteri di Imputazione e Problema della Culpa, Torino: G.Giappichelli, 1969, p.253.

③ Cfr. Sandro Schipani, Responsabilità ex Lege Aquilia: Criteri di Imputazione e Problema della Culpa, Torino: G.Giappichelli, 1969, p.253.

④ See Reinhard Zimmermann, The Law of Obligations: Roman Fondations of the Civilian Tradition, Oxford: Oxford University Press, 1996, p.933s.

⑤ Cfr. Lucetta Desanti, Delitti Privati e Concorso di Azioni, Torino: G.Giappichelli, 2010, p.60.

⑥ [意]斯奇巴尼:《〈学说汇纂〉合同外责任重新解读及其对侵权法的启示》,阮辉玲译,载《中外法学》2009年第5期。

行为人具有应受谴责的心理态度,他不仅要认识到行为的损害后果,也要意识到当前社会的行为规范对该后果的否定性评价。①

值得注意的是,古罗马法学家谈到故意这个问题时,常常相伴着使用"sciens"(知道)这个表达。他们所要强调的是行为人的认识的充分性,而损害的意图变得不重要。② 例如,D.9,4,2pr.(乌尔比安:《告示评注》第 18 卷)谈到,如果某一奴隶与主人有共谋地杀害他人的奴隶,则主人负全责。因为这视为主人自己的行为。如果主人不知此事,他可以对奴隶进行损害投偿。③ 尽管杀害行为不是主人实施的,只要主人知道就应当负全责。其实,这个论断已经为 D.9,2,44,1 所证实。④ 同样,乌尔比安在 D.19,5,14,2 中也谈道:如果某人把别人的银杯扔到海里,但为此行为并非出于从中渔利,彭波尼在他的《萨宾评注》第 17 卷中写道,对于这种行为,不能提起偷窃之诉,也不能提起不法损害之诉,只允许提起事实之诉。⑤ 尽管投掷行为实属故意,却不允许提起偷窃之诉或不法损害之诉。为何如此?偷窃之诉以渔利为要件;不法损害之诉以财产被毁损为前提,但本案中的银杯只是在海里漂走,而并未损坏。⑥ 然而,就本案中的行为人的主观过错而言,虽然他没有为自己渔利的意图,甚至没有追求损害发生的意图,但是他对损害结果是有足够的认识的,也就是说,已经符合"sciens"这个条件了。保罗说得好:"在此我们把知道(sciens)理解为容忍,因此本来能够制止[自己的]行为的人要对未为该制止负责。"⑦

对于过失,谢沃拉的定义仍然具有完全的现实意义,即"没有采取一个勤

---

① Cfr. Alessandro Corbino, Il Danno Qualificato e la Lex Aquilia(2), Padova: CEDAM, 2008, p.148.

② Cfr. Alessandro Corbino, Il Danno Qualificato e la Lex Aquilia(2), Padova: CEDAM, 2008, p.149.

③ Sandro Schipani, a cura di., Iustiniani Augusti Digesta seu Pandectae, Testo e Traduzione(2), Milano: Giuffrè Editore, 2005, p.270s.

④ D.9,2,44,1.乌尔比安:《萨宾评注》第 42 卷:无论何时,当一个奴隶是在其主人知道的情况下杀人时,则其主人毫无疑问要依《阿奎流斯法》负责。[意]桑德罗·斯奇巴尼选编:《债·私犯之债·阿奎利亚法》,米健译,中国政法大学出版社 1992 年版,第 42 页。

⑤ Sandro Schipani, a cura di., Iustiniani Augusti Digesta seu Pandectae, Testo e Traduzione(3), Milano: Giuffrè Editore, 2007, p.465.

⑥ Cfr. Alessandro Corbino, Il Danno Qualificato e la Lex Aquilia(2), Padova: CEDAM, 2008, p.149.

⑦ [意]桑德罗·斯奇巴尼选编:《债·私犯之债·阿奎利亚法》,米健译,中国政法大学出版社 1992 年版,第 42 页。

谨的人本来应该能够采取的措施,或者是采取得太晚"。这个概念考虑了损害事件的"可预见性"和相应的避免它的必要性;它也可以被定义为疏忽、不谨慎、无经验和行为人违反本应遵守的规范和纪律。过失不需要行为人具有某种真实的意图,而是取决于在特定情况下他所采取的行为与所谓的"善良家父"在该情形下采取的标准行为之间的对照。①

四、在刑法中的情形

我们一般会认为,在初民时代,物质因素远比心理因素还要受到重视、形式比内容受到重视,所以,即使当事人已经弄错,仍然应当遵守约定。越是早期,客观标准越是一统天下;只是到了晚期,主观标准才会出现。然而,在罗马王政时期(公元前753年—公元前509年),已经统领罗马刑法的努马法(leges Numae)让人们对客观标准如此神速地被超越而感到惊讶。② 因为该法规定必须对行为人犯罪时的心理状态给予最高程度的关注。努马法是一部规制杀人行为的法律,它的意义在于把杀人行为分为故意与无意两种,从而体现出法律对人的意图的关注。至于它的来源,有人认为这个规定受到圣法(Lex sacrum)的影响,因为圣法已经凸显了故意犯罪与无心之过之间的区别。③ 也有学者认为,努马法的规定是受到了德拉古(Dracone)的雅典立法的影响,在德拉古立法中,有意杀人与无意杀人已经被区分开来了。④ 无论如何,这正好说明了区分有意与无意的刑事政策在当时并不是特例。

努马的有意杀人法为费斯都斯(Sextus Pompeius Festus,大约2世纪后期)的《论字义》所记载。《论字义》第247行(Festus L.247)的表述是这样的:

---

① [意]斯奇巴尼:《〈学说汇纂〉合同外责任重新解读及其对侵权法的启示》,阮辉玲译,载《中外法学》2009年第5期。

② Carlo Gioffredi, I Principi del Diritto Penale Romano, Torino: G. Giappichelli, 1970, p.65.

③ Condenari-Michler, Über Schuld und Schaden in der Antike, Scritti in Onore di C. Ferrini(3), 1969, p.50. in opera citato Giancarlo Muciaccia, sull'Uso del Termine Casus nel Diritto Penale Romano, Atti del il Seminario Romanistico Gardesano(1978,6,12-14), Milano: Giuffrè Editore 1980, p.339.

④ Carlo Gioffredi, I Principi del Diritto Penale Romano, Torino: G. Giappichelli, 1970, p.65.

"如果某人故意导致一个自由人的死亡也应该同样被处死。"①也就是说,故意(*dolus sciens*)杀死自由人是杀人罪(*parricidium*),杀人者将被处以死刑。而努马的无意杀人法则为维吉尔(P. Vergilius Maro,公元前70年—公元前19年)的《牧歌》所记录。按照《牧歌》第4卷第34段(Vergilii ecl.4,34)的记载,努马法规定:"根据努马的法律,如果某人无意(*imprudens*)杀死一个人,他必须在民众大会上向死者的宗亲献祭一只公羊以代替自己的头颅。"②可见,对无意杀人行为的惩罚就是献祭一只公羊。由于有意杀人行为与无意杀人行为的法律后果具有巨大的差别,故意与无意的区分也就至关重要。从 *dolus sciens* 与 *imprudens* 的不同表述来看,两者的区别在于有无杀人意图。因为 *imprudens* 是 *prudens* 的反义词,而 *prudens* 的原意是"有意识的、故意的、蓄意的"。③那么,*imprudens* 的原意就是"非故意的、无意的、无心的或者没预料到",在英文中就是"unintentional or without forethought"。④ 在这里它是没有杀人意图的意思。这样一来,致人死亡的行为便以是否具有杀人意图为标准而被区分为故意杀人与无意杀人,并被赋予不同的法律后果。

值得思考的是,努马法对行为人的意图的关注是出于对行为的道德可谴责性的考量吗?根据学者的研究,努马的这项法律主要是为了加强王的权威,而这种权威体现在"生杀予夺"上面。这项法律针对的是家父对家属的生杀权以及私人之间的复仇行为。通过这项法律,王禁止私人之间的杀戮,从而把杀人的权力掌控在自己的手中,王的权威便得到凸显。⑤这样一来,这项法律的政治色彩比刑事色彩还要浓重。既然事关王的权威,对杀人行为的意图的关注便在情理之中,所以,处死有杀人意图的行为人,而对其他没有杀人意图的行为人网开一面。由于努马当上第二王之后,希望通过宗教来维持自己的地

---

① Festus L.247.

② Vergilii ecl.4,34:"In Numae legibus cautum est, ut si quis imprudens occidisset hominem, pro capite occisi agnatis eius in contione offerret arietem." in opera citato Giancarlo Muciaccia, sull'Uso del Termine Casus nel Diritto Penale Romano, Atti del il Seminario Romanistico Gardesano(1978,6,12-14), Milano: Giuffrè Editore 1980, p.338.

③ 谢大任主编:《拉丁语汉语词典》,商务印书馆1988年版,第451页。

④ See Judy E.Guaghan, Killing and the King: Numa's Murder Law and the Nature of Monarchic Authority, Continuity and Change, Vol.18, No.3(2003), p.331.

⑤ See Judy E.Guaghan, Killing and the King: Numa's Murder Law and the Nature of Monarchic Authority, Continuity and Change, Vol.18, No.3(2003), pp.329-343.

位以及柔化罗马人的尚武性情,①宗教的地位大为提升。所以,让无意杀人者献祭一只公羊以代替自己,从而达到对神的安抚之目的。可以确定地说,努马法的确是区分故意与无意两种行为的,而且的确是关注了行为人的意图的。但是,他并不是在行为的可归责性这个意义上来安排法律后果的。尽管如此,这种做法开启了关注主观意图的大门,它的意义无疑是重大的。

到了共和国时期,由于王被驱逐,王的生杀大权也被抛弃了,以至于执政官对死刑的判处必须先经过民众大会的申诉程序。相应的,努马的故意杀人法也被废除。② 他的无意杀人法却被保留了下来,并为《十二表法》所沿用。《十二表法》第8表24a条规定:"如果某人并非想投掷武器,但武器脱手的,应处以公羊一只祭神。"③这种"某人并非想投掷武器,但武器脱手"的例子明显是"无意"的表达。这个例子后来被共和晚期的西塞罗以及后古典法时期的保罗做了进一步的研究。就在共和国时期,以被包含在努马法中的物质因素与心理因素的区分为基础,罪犯的心素越来越受关注,例如,用来指称心理状态的术语就有故意($dolus$)、诈欺($fraus$)、愿望($voluntas$)、过错($culpa$)等等。④罪行的主客观要素之间的区别在共和国时期往后的几个世纪里变得更为明显。于是,主观化的刑罚基础也就慢慢成熟起来了。可见,刑事责任的客观归责向主观归责的转化是发生在古典法时期的。

五、结论

公元一、二世纪离当今的确遥远,但刑事责任、侵权责任的主观化在当时却已经完成;公元六世纪不算临近,而契约责任直至此时才演化为主观责任。为何契约责任的主观化比侵权责任、刑事责任的主观化要迟到四五百年呢?这与"契约必须严守"的法律格言无不相关。契约责任相较于侵权责任与刑事

---

① [日]盐野七生:《罗马人的故事:罗马不是一天造成的》,徐幸娟译,三民书局2002年版,第32页。

② See Judy E.Guaghan, Killing and the King: Numa's Murder Law and the Nature of Monarchic Authority, Continuity and Change, Vol.18, No.3(2003), pp.329-343.

③ 《十二表法新译本》,徐国栋、阿尔多·贝特鲁奇、纪慰民译,载《河北法学》2005年第11期。

④ Cfr.Giancarlo Muciaccia, sull'Uso del Termine Casus nel Diritto Penale Romano, Atti del il Seminario Romanistico Gardesano(1978,6,12-14), Milano: Giuffrè Editore 1980, p.339.

责任,多了一层基础关系即有效的契约关系,在古代的"契约必须严守"观念之下,债务只要未得到履行债务人就要承担责任。就因为这样,罗马共和末年的斯多亚哲学家针对在不可抗力导致契约无法履行的情形下是否还应坚持"契约必须严守"这一问题展开了广泛的讨论。① 花上四五百年来做这种修正实为稀松平常。

通过分析原始文献,我们总能发现被通说所掩盖的许许多多法律原理,并将之一一拆穿,其中所凭依的就是"较真"两字。萧瀚先生在他发表于《中国社会科学》的文章上竟然以这样的一句话做结:"我只是干了点笨活儿——这样的活儿未必需要高深的法学功底,要的只是认真对待。"②使用这种原始文献分析方法来做实证研究,何尝不是"认真对待"的"笨活儿"呢?

---

① 陈帮锋:《意外事故研究——以罗马法为中心》,厦门大学 2012 年博士学位论文。
② 萧瀚:《解读〈送法下乡〉》,载《中国社会科学》2002 年第 3 期。

罗马法律经验中的地上权[*]

[意]洛伦佐·加利亚尔迪[**] 著　史志磊[***] 译

摘　要：共和末期,随着多层公寓楼取代别墅成为罗马城的主要居住形式,地上权制度应运而生,地上权的标的包括建筑物及其占据的土地,人们可以通过租赁、买卖、遗赠和赠与的方式设立地上权。最初,地上权人仅享有针对设立人的对人诉权的保护,不能对第三人主张其权利,在公元前1世纪,作为短期承租人的地上权人可以请求裁判官发布令状阻止第三人的侵害,大概在公元1世纪至公元2世纪之间,裁判官创设了可以适用于所有地上权人(短期承租人除外)的物权性的诉讼保护方式,其程式由裁判官根据相应的裁判官法上的诉讼形式以扩用的方式确定。相应的,地上权在罗马法实践中从债的领域迈入了物权领域。

关键词：地上权；对人诉权；对物诉权

一、地上权的起源、标的和设立方式

在罗马法中,"土地所有人亦是其上建筑物的所有人"（superficies solo

---

[*]　作者曾于2017年6月13日在苏州大学王健法学院所做的学术讲座上宣读本文。文章中的摘要和关键词为译者所加。——译者注

[**]　洛伦佐·加利亚尔迪,意大利米兰大学法学院教授。

[***]　史志磊,南昌大学法学院讲师,赣江青年学者,法学博士。

cedit)是一项有效的原则。① 它建立在从附(或吸收)规则的基础上,根据这一规则,一块土地上的所有物品都归该土地的所有人所有,任何相反的约定都是不允许的。② 显然,该规则原则上阻碍了所有权的横向分割。

在罗马时代,上述原则并不存在问题,至少共和末期(公元前 1 世纪)之前如此,因为当时居住形式较为分散且主要为供一个家庭独住的别墅(domus)。然而,从共和中期(公元前 3 世纪)开始及此后的几个世纪,罗马的人口剧增至

---

① 该原则被许多古典时期的罗马法原始文献强调,并且被优士丁尼及其编纂者收录。参见 Gai.2,73;D.43,18,2(盖尤斯:《行省告示评注》第 25 卷);D.43,17,3,7(乌尔比安:《告示评注》第 69 卷);D.46,3,98,8(保罗:《问题集》第 15 卷);C.3,32,2,1;Gai Epit.2, 1,4;I.2,1,29-30。关于这个问题,参见 L.Gagliardi, *La tutela prevista dal diritto romano per i superficiari: dalle azioni "in personam" alle azioni "in rem"*, in *"Actio in rem" e "actio in personam". In ricordo di Mario Talamanca*, II, a cura di L. Garofalo, Padova 2011, p.5 ss.,在文章中,我对这一原则进行了广泛的讨论,其中的部分内容将在本文中被引用。

② 关于这个问题,尤其应当参阅 Biermann, '*Superficies solo cedit*', in *Jh. Jb.*, XXXIV, N. S. XXII, 1895, 169 ss.; L. Wenger, '*Superficies solo cedit*', in *Philologus*, LXXXVIII,1933,254 ss.; C.A.Maschi, *La concezione naturalistica del diritto e degli istituti giuridici Romani*, Milano,1937, particolarmente 284; C. A. Maschi, *Proprietà divisa per piani, superficie e l'estensione ai provinciali del principio 'superficies solo cedit'*, in *Studi in onore di Vincenzo Arangio-Ruiz nel XLV anno del suo insegnamento*, IV, Napoli, 1953,135 ss.; C.A.Maschi, *Fonti giustinianee e fonti bizantine in tema di proprietà superficiaria*, in *Atti dell'VIII Congresso internazionale di Studi Bizantini (Palermo, aprile 1951)*, II, *Agiografia, Archeologia, Arte, Diritto, Liturgia, Musica*, Roma, 1953, 350 ss., ora in *Munera Friburgensia Fritz Pringsheim oblata*, Athena,1953,94 ss.; I.Puhan, '*Superficies solo cedit*', in *Anali Pravnog fakulteta u Beogradu*, I, 1953, 332 ss.; J. P.Meincke, '*Superficies solo cedit*', in *ZSS*, LXXXVIII, 1971,136 ss.; F.Musumeci, '*Inaedificatio*', Milano, 1988; T.Josipovic, *Der Grundsatz 'superficies solo cedit' und die rechtliche Einrichtung des Grundbuchs (unter besonderer Berücksichtigung des kroatischen Grundbuchsrechts)*, in *Wiener Konferenz über Grundbuch und Kataster*, II. Session 1998, Wien 1999, p.109 ss.; V.M.Garrido de Palma, '*Superficies sólo cedit*'?, in *Homenaje a D. Juan Francisco Delgado de Miguel* a cura di V. M. Garrido de Palma, Madrid, 2007, 143 ss.; A.B.Zaera Garcia, '*Superficies solo cedit*', in *Anuario da Facultade de Dereito da Universidade da Coruña*, XII, 2008,1007 ss. 关于土地上种植物的问题,参见 F. Maroi, *La proprietà degli alberi separata da quella del fondo*, in *SDHI*, I, 1935, 349 ss.

接近一百万人,可供不同家庭同时居住的多层公寓楼(*insulae*)逐渐取代别墅。①

公寓楼的普及以及取代别墅成为罗马城的主要建筑形式生发了新的问题,比如如何界定租住在建筑物不同楼层的家庭的法律地位。②

"土地所有人亦是其上建筑物的所有人"的原则阻碍了每一层的居住者享有该层的排他性所有权。在公元前1世纪至公元前2世纪,所有权的横向分割是不被允许的。但自奥古斯都时期开始,作为一般规则,它被以不言明的方

---

① E.Cuq,*Une statistique de locaux affectés à l'habitation dans la Rome impériale*,Paris,1915;A.G.Mckay,*Houses,Villas,and Palaces in the Roman World*,London,1975,83 ss.;F.Jacques,J.Scheid,*Roma e il suo impero*,trad. it.,Roma-Bari,1992,318;F.Coarelli,*La consistenza della città nel periodo imperiale*:'*pomerium*','*vici*','*insulae*',in *La Rome imperiale.Démographie et logistique.Actes de la table ronde*(*Rome*,25 mars 1994),Rome,1997,89 ss.;G.R.Storey,*The 'Skyscrapers' of the Ancient Roman World*,in *Latomus*,LXII,2003,3 ss.

② J.M.Rainer,*Bau und nachbarrechtliche Bestimmungen im klassischen römischen Recht*,Graz,1987;A.Palma,'*Iura vicinitatis*',Torino,1988;A.Di Porto,L.Gagliardi,*Prohibitions Concerning Polluting Discharges in Roman Law*,in *Contributions to the History of Occupational and Environmental Prevention* a cura di A.Grieco,S.Iavicoli,G.Berlinguer,Amsterdam,1999,121 ss.

式受到限制,在严格的界限内,法学理论为其创设了例外。①

自公元前2世纪开始,选择适用的模式为,多层建筑物的所有权继续由土地的所有人完整地享有,但在某一层或某一层独立单元的居住者可以诉诸固定期限的出租合同保护自己。后来,这一做法被普遍采纳,作为该做法的变体,通过不定期(或者如同罗马法原始文献中所言,"永久的")出租或买卖合同(当然不产生物权效力,也就是说出卖的建筑物或某一独立单元的所有权并不移转于买受人,而是继续保留在出卖人手中,买受人仅获得永久享用的权利)的方式分配建筑物的某一层或其中的某一独立单元的做法也被广泛采用。建筑物的某一层或某一层独立单元或——在少数情况下——整栋建筑物的承租人(采用出租合同的场合)和买受人(采用买卖合同的场合)仅获得后来所称的

---

① 我认为,这基本可由 D.39,2,47(内拉蒂:《羊皮纸文稿》第6卷)所证实,该文本被认为是古典时期的。就这一看法,参见 C.Ferrini, *Gli estratti di Giuliano Ascalonita*, in RIL II S., XXXV,1902,613 ss.,ora in C.Ferrini, *Opere*, I, *Studi di diritto romano bizantino*, a cura di V. Arangio-Ruiz, Milano, 1929, 443 ss., particolarmente 449, nt.2; G. Pugliese, *Note sulla superficie nel diritto giustinianeo*, in *Studi giuridici dedicati dai discepoli alla memoria di Gino Segrè*, Milano, 1943, 119 ss.; F.Sitzia, *Studi sulla superficie in epoca giustinianea*, Milano, 1979; F. Sitzia, voce *Superficie (diritto romano)*, in *Enc. Dir.*, XLIII, Milano, 1990, 1459 ss., particolarmente 1462; E. C. Silveira Marchi, *La proprietà per piani nel diritto romano*, in *Index*, XVIII, 1990, 265 ss., particolarmente 269 s.; E.C.Silveira Marchi, *A propriedade horizontal no direito romano*, São Paulo, 2003², 81 ss.; J.M.Rainer, '*Superficies*' *und Stockwerkseigentum im klassischen römischen Recht*, in *ZSS*, CVI, 1989, 327 ss., particolarmente 354 s.; M.G.Zoz, *La costituzione tacita delle servitù nell'esperienza giuridica romana*, Milano, 2001,122.相反,也有学者认为该文本表达了优士丁尼时代关于所谓的地表所有权的观念,参见 S.Riccobono, *Dal diritto romano classico al diritto moderno. A proposito del fr.14 D.X, 3 Paulus III 'ad Plautium'*, in *AUPA*, III-IV, 1917, 165 ss., e particolarmente 508 ss. (优士丁尼法对"土地所有人亦是其上建筑物的所有人"原则的违反), 作者在第520页还认为该文本经过了添加——该文被收入其文集, S.Riccobono, *Scritti di diritto romano*, II, Palermo, 1964: vd. particolarmente 301 ss.; B.Biondi, *La categoria romana delle 'servitutes'*, Milano, 1938, 528; G. Branca, *Considerazioni intorno alla proprietà superficiaria nel diritto giustinianeo*, in RIDA, IV, 1950 (= *Mélanges Fernand De Visscher*, III), 198 ss. (作者支持 Riccobono 的观点,认为该文本经过了添加); F.Pastori, *La superficie nel diritto romano*, Milano, 1962, 215 s.; F. Pastori, *Prospettiva storica della superficie nel sistema dei diritti*, Milano, 1979, 385; A. B.Zaera Garcia, *La propiedad superficiaria en el derecho romano Justinianeo*, in RIDA III S., LI, 2004, 369 ss.

"地上权"(superficies,该词是由 super 和 facies 构成,指称那些位于土地之上的物)。该权利的享有人被称为地上权人。

有必要根据古典法确定地上权的标的。

根据 Biondo Biondi 的论述,①地上权的标的不以建筑物为限,还包括建筑物所必须占据的土地。为论证这一观点,Biondi 列举了三个片段:D.41,3,23pr.(雅沃伦《书信集》第 9 卷),该片段认为建筑物由两个部分组成,即土地和地上部分;D.7,1,53(雅沃伦《书信集》第 2 卷),该片段指出,如果某人通过遗赠获得了某公寓楼的用益权……他仍然享有整栋楼的用益权;最后是 D.8,2,20,2(保罗《告示评注》第 15 卷),根据该片段,土地是建筑物的一部分。我认为,还可以援引 D.46,3,98,8(保罗《问题集》第 15 卷),该片段阐明土地是公寓楼的一部分,并且是其主要部分,地上部分从属于它,以及《学说汇纂》的另外一个片段,在我看来,该片段从表面上看与此问题无关。在此,我特别报告 D.6,2,11,10(乌尔比安《告示评注》第 16 卷):

> 同样,他认为,如果我购买了一栋公寓楼,后来变成了一片空地,我也可以提起普布流斯之诉。

该片段认为,如果某人购买了——该行为其实是无效的,因为并不是从所有人处购买的——一栋公寓楼,并因此成为地上权人,如果该公寓楼毁坏,他可以提起一个诉讼(普布流斯之诉)以重新获得土地的占有,并在其上重建公寓楼。

另外,原始文献还告诉我们,至少在以出租的方式产生地上权的场合,在合同当事人自由缔约的背景下,一般来说,合同中既包含承租人享用出租的建筑物的权利,还包含在他人的土地上建造新的建筑物并享用的权利。这涉及在古典时期受裁判官保护的以建造建筑物为目的(ad aedificandum)的让与,该制度完整地进入了罗马人的地上权概念中。这要归功于出租(locatio)对罗马人来说具有非常广泛的含义,包含了针对出租物实施任何行为的权利。因此,如同前文所阐述的,罗马人的地上权概念中包括土地,即使建筑物尚未建造,地上权人也受到保护。

关于设立方式,②正如我们已经看到的,地上权显然可以通过定期出租合同设立,这是一种最古老的方式。后来,如前所述,允许通过不定期出租的方

---

① B.Biondi,*La categoria*,cit.,452 ss.

② 关于设立方式,参见 F.Pastori,*Superficie e negozio costitutivo*,in *Studi in onore di Biondo Biondi*,II,Milano,1965,383 ss.

式设立。

后来,买卖也可以作为地上权的设立行为。我们可以在 D.43,18,1,1 中看到这种设立方式,该片段指出,如果某人以承租的方式取得地上权,他可以对土地所有人提起承租之诉,如果某人购买了地上权,那么可以提起买受之诉。买卖的方式也出现在 D.43,18,1,5 中:通过买受之诉。

在租赁方式之外,允许买卖的方式创设地上权关系自然会带来一些革新。首先,相较于承租人,买卖允许地上权人享有的权利范围更广,作为承租人的地上权人所享有的权利被告示以动词"用益"(frui)概括,作为买受人的地上权人完全处于"合法拥有"(habere licere)的地位(尽管不是所有权人,但相当于该地位)。其次,一旦允许出卖地上权,不可避免地也要允许作为实施出卖行为的交付,这为 D.43,18,1,7(乌尔比安《告示评注》第 70 卷)所证实:

> 但应当知道,地上权还可以被交付,就像它可以被遗赠或赠与一样。

D.43,18,1,7 告诉我们了第三种和第四种创设地上权的方式:遗赠和赠与。

允许以遗赠的方式设立地上权,意味着古典时期的罗马法允许利用发生物权效力的遗赠创设地上权关系。

从来不允许以时效取得的方式独立于土地设立地上权,因为在技术意义上占有该地上权是不被允许的。

在《学说汇纂》中,关于地上权的文本构成独立一题,即被称为"论地上权"的 D.43,18,该题包括由两个独立的段落(D.43,18,1 和 D.43,18,2)。

二、供地上权人利用的对人诉权

现在我们可以考察对地上权人的古典保护方式。

我们可以在乌尔比安的《告示评注》第 70 卷——即 D.43,18,1,1(第一部分)——中看到:

> 对他人土地上的建筑物享有地上权的人,受市民法诉讼的保护。事实上,如果他是以承租的方式取得地上权,他就可以对土地所有人提起承租之诉;如果他购买了地上权,那么可以提起买受之诉。事实上,如果恰恰是土地所有人阻止他使用建筑物,地上权人可以通过对其提起诉讼获得损害赔偿;如果是第三人阻止他使用,那么土地所有人应该向他转让对第三人的诉权。

在让与人不履行的场合,比如出租或出卖的物是被损毁的或归阻止地上权人取得地上权的第三人所有,通过租赁或买卖的方式受让地上建筑物(构成地上权的标的)的人显然享有对抗该让与人的法律保护。根据文本中出现的产生地上权关系的合同的不同,受让人或者利用承租之诉或者利用买受之诉,通过这些程序工具,他可以获得按照直接损失(id quod interest)标准应得的赔偿,即因让与人不履行而遭受的利益损害的赔偿。

如果受让人遭到第三人的侵犯就会产生不同的问题,该第三人可能已从让与人处受让土地所有权且因之而取得建筑物的所有权。比如,我们可以想象土地新所有权人不知地上权的存在并将权利人驱逐出建筑物。在此场合,地上权人也可以通过承租之诉和买受之诉获得保护,但属于间接保护,即他不能通过诉讼对抗新的土地取得人,而是对抗向其转让地上权的人。然而,如果土地的受让人通过买卖中的附加简约向让与人承诺尊重存在于土地上的地上权,让与人可以将产生于该简约的出卖之诉转让给地上权人,后者可因之而提起对抗土地新所有权人的诉讼。①

在传统的市民法中,对地上权人的保护终究只属于债的层面。对地上权人的保护不能直接对抗第三人。

这种状况的改变始于保护地上权人令状的出现。该令状可能是在公元前1世纪由裁判官告示引入的。

让我们记住保护地上权人的措施的目标:使地上权人能够直接对抗第三人。一般来说,告示会授予权利人一项受其支配的诉权。但在告示中,地上权人并不享有任何受其支配的针对第三人的诉权,因为这种诉权并不存在。地上权人只能针对地上权的设立人提起诉讼,向其请求损害赔偿,(间接)保护自己。

在通过告示引入保护地上权人的诉讼之前,裁判官设计了令状的方式。但后来也创设了诉讼。

现在我们先讨论保护地上权人的令状。然后再来看诉讼。

三、地上权令状

让我们先回忆一下什么是令状。

令状是执法官(在罗马为裁判官,在行省为总督)根据一方当事人的请求

---

① V. Arangio-Ruiz, *Istituzioni di diritto romano*, Napoli, 1994[14], 258; M. Talamanca, *Istituzioni di diritto romano*, Milano, 1990, 474.

凭借其谕令权口头向另一方当事人发布的要求其从事或不从事某一特定行为的命令,或者是一般性地要求其维持某一特定状态的命令。令状仅是一项命令,其基础为执法官的谕令权。它不是一种司法诉讼,而是一项行政行为。但如果命令不被遵守,利害关系人可以提起诉讼。

在特定场合,如果地上权人遭到第三人的侵犯,他可以求助于裁判官并请求发布令状命令该第三人停止侵犯。但哪些地上权人可以请求裁判官发布令状呢?

让我们来看 D.43,18,1pr.(乌尔比安《告示评注》第70卷),该片段以如下语句记录了告示的文本:

> 裁判官说:"不管如何,通过租赁法设立的讼争地上权,在你们之间,你并不是通过暴力、欺瞒或临时占有而享有它,我禁止通过暴力阻止你享有。如果需要其他关于地上权的诉权,我将基于相应的诉由授予它。"

在他关于地上权告示的评注中,乌尔比安在前面引述的片段 D.43,18,1,1 的末尾部分(第二部分)中认为:

> 但是,由于不能确定是否存在租赁关系,且因占有比提起对人之诉更加有利,因此,建议使用此令状并允许提起准对物之诉。

法学家阐述了该令状产生的历史原因,即通过对人之诉保护地上权人事实上是不充分的,尤其是在租赁关系是否存在不确定,即出租合同存在问题的场合。乌尔比安说,正是基于这一原因并且一般来讲基于占有获得的保护要优于仅由对人之诉得到的保护,引入了针对地上权人的令状。在令状模式中,法律对地上权人的保护可以直接针对第三人,而不必再先向让与人(出租人)提起诉讼。这一模式显然更受欢迎,原因在于,比如若出租人认为出租合同不成立或期限届满,并且拒绝向地上权人提供保护,后者必须首先起诉出租人以证明出租合同成立且不存在问题,只有在他胜诉后(为保护自己的权利耗费了大量宝贵的时间),他才可以请求出租人排除第三人的侵扰以保护自己。

可以认为地上权令状仅涉及因出租合同产生的地上权(正如 D.43,18,1pr.所展现的那样),并且仅保护作为承租人的地上权人,无论他的权利是有固定期限的,还是无固定期限的。因此,令状不能以某种方式适用于通过买卖、遗赠或赠与获得权利的地上权人。

这是因为,在早期,大概公元前2世纪至公元前1世纪,地上权的设立行为只有一种——出租。因此,我们可以将令状的保护方式追溯至公元前1世纪。

裁判官通过对物之诉提供的物权保护方式(D.43,18,1pr.的末尾"如果需要其他关于地上权的诉权,我将基于相应的诉由授予它",已经涉及该保护方式)是在令状的保护方式之后的时期引入的,我们稍后再讨论。这让我们相信物权保护方式首先是用来保护作为买受人的地上权人的(即通过买卖合同的方式获得地上权)。乌尔比安(D.43,18,1,3,乌尔比安《告示评注》第70卷,该片段我们稍后再讨论)间接证明了这一观点,乌尔比安明确主张有固定期限的承租人(他通过出租合同享有地上权)不能利用物权的保护方式,他写道:如果有人承租了有确定期限的地上权,则裁判官将拒绝原告提出的对物之诉。我认为,其原因在于他们已经获得了令状的保护。通过乌尔比安(D.43,18,1,3,乌尔比安《告示评注》第70卷),我们知道法学理论认为只有不确定期限的承租人可以受益于新的保护方式:地上权的租期系不确定的,则裁判官将授予对物之诉权。对法学理论来说,这意味着对物诉权不适用于那些因短期出租(比如5年,属于有确定期限)而获得的地上权,而适用于那些出租如此之长(因而被称为不确定期限,比如100年)以致类似于不定期出租的场合。有理由认为,该诉权适用于那些通过确实为不确定期限的出租合同而获得的地上权。

实际上,不确定期限的承租人起初也被排除于物权保护方式之外,因为他们也可以令状的方式获得保护。基于法学家的解释,不定期限的承租人后来被认为类似于买受人。根据我们这里的重构,可以推定裁判官法上的物权保护方式起初仅适用于买受人,后来扩及于不确定期限的承租人以及受遗赠人和受赠与人。它的起源可以追溯至令状保护方式之后的时期,并且可以认为它产生于公元1世纪或公元2世纪。

四、关于地上权的对物诉权

在前述考察的基础上,我们现在讨论供地上权人利用的物权保护方式。

作为承租人的地上权人自公元前1世纪起可以通过令状保护自己。

但作为买受人、受遗赠人和受赠与人的地上权人呢?令状并不适用于他们,能够被利用的只有间接的诉讼形式(比如买受人可以利用买受之诉)。

在某一特定时间,裁判官决定授予这些地上权人一项诉权,以使他们能够直接得到保护,如果因第三人的干扰或侵犯需要保护自己时,他们不必再诉诸出卖人并向其提出主张。应记住前文所引用的位于D.43,18,1pr.末尾的告示中的话,"如果需要其他关于地上权的诉权(alia actio),我将基于相应的诉由授予它"。

在现代理论中,就如何界定告示中提及的"其他诉权"(alia actio)存在广泛的讨论。① 问题是"其他诉权"意指"一种其他诉权",但裁判官在此之前没有讨论任何诉权,只讨论了令状(我们知道它并不是一项诉权)。

因此,"其他诉权"是什么?是一项特别的诉权?哪种诉权?还是诸多诉权?哪些诉权?

在我们刚才所引述的 D.43,18,1,1 的末尾部分(第二部分)写道,对裁判官来说,同样的理由使得引进地上权令状具有正当性,这些理由也可使得通过诉讼保护地上权人的利益具有正当性。根据乌尔比安的观点,占有比提起对人之诉更加有利,对裁判官来说,在告示中,允许以诉讼的形式保护地上权人是正当的,即允许提起准对物之诉。可以看到,在这一片段中,乌尔比安所谈论的诉讼被界定为准对物之诉,即一种经过修正改造的对物之诉。

在该段的第三小段(即 D.43,18,1,3,乌尔比安《告示评注》第 70 卷),人们读到:

> 对裁判官作出的"如果有人提出地上权之诉,我将准许进行诉前审查"的判定,应当这样理解:如果有人承租了有确定期间的地上权,则裁判官将拒绝原告提出的对物之诉。准确地说,如果在诉前审查中发现地上权的租期系不确定的,则裁判官将授予原告对物之诉权。

我们发现,在第一小段中所称的准对物之诉,在第三小段中被明确地称为对物之诉。同样的内容也出现在与本文无关的 D.6,1,75(乌尔比安《告示评注》第 16 卷)中。

第四小段(即 D.43,18,1,4,乌尔比安《告示评注》第 70 卷)报告:

> 在其土地上有地上权的人不需要扩用之诉,但是,他可对地上物提出诉讼。当然,如果他想向地上权人提出返还土地的请求,则应当认为他在进行事实性抗辩,因为被赋予诉权的人,同样也被赋予了抗辩权。

这里所评论的诉权是所谓的扩用诉权(即被修正改造的诉权),这一内容也出现在 D.13,7,16,2(保罗《告示评注》第 29 卷)中:

> 即使赋税田也可被出质,如同现在授予权利人扩用诉权的地上权一样。

最后,在 D.43,18,1 的第八小段和第九小段中,讨论了适用于地上权人的其他对物之诉,比如共有物分割之诉(用来分割共有物的诉讼)和役权之诉(用来否定就地上权的标的主张地役权的诉讼)。

从 D.13,7,16,2(保罗《告示评注》第 29 卷)中可以看出与地上权有关的

---

① 具体参见 L.Gagliardi,*La tutela prevista dal diritto romano per i superficiari*,5 ss.

诉讼具有多样性，我认为"其他诉权"的表达意指一切供地上权人利用的诉讼形式，包括扩用诉讼。换言之，我不认为裁判官通过"如果需要其他关于地上权的诉权，我将基于相应的诉由授予它"的表达仅指向一种诉讼形式、一种关于地上权的具有技术性的确定程式，而是在具体情形中，根据需要从一系列的可以达到目的的典型诉讼中选择一种授予地上权人，并且为适用于地上权人，裁判官可能会对这些诉讼做变通处理。

从乌尔比安对 D.43,18,1pr.的评注中，可以确定这些诉讼的具体类型。总的来说，可供地上权人利用的诉讼是多种多样的。

首先，在 D.43,18,1 的第三小段和第四小段中，我们发现乌尔比安讨论了供地上权人从第三人处索回地上物的诉权，该第三人主张对土地的权利，但未注意到地上权人的法律地位，这一诉权显然是关于地上权的主要诉权。在 D.43,18,1（乌尔比安《告示评注》第 70 卷）中，这一诉权被简短地称为（关于地上物的）对物诉权、扩用的对物诉权或准对物诉权。

乌尔比安和告示都未告诉我们这一诉权的程式。最近的学说认为可能是根据不同的情形分别适用赋税田之诉、请求返还用益权之诉或普布流斯之诉的程式。

针对第二种和第三种假设，并没有证据可以证明，原始文献中地上权经常与赋税田一起被讨论的事实对第一种可能较为有利。赋税田是一种罗马国家让某一家父在一定期间或永久地享用的公地，作为交换，家父须定期缴纳被称为赋税（vectigal）的租金。实际上，从国家的角度来看，赋税田可以被看作是一种私人享有地上权的类似制度。[①] 享用赋税田的允许可被看作地上权的出租。因此，可以认为赋税田之诉（就该诉讼本身来说，它与原物返还之诉较为类似）的程式——有时须经过调整——可为地上权所利用，尽管地上权可通过出租以外的方式产生（正如我们所知道的，地上权尤其可以通过买卖而产生，但如我们所知，"其他诉权"也可以扩用于由不定期出租产生的地上权）。

该诉讼填补了可以通过买卖、遗赠和赠与的方式创设地上权后所造成的法律保护的缺失。事实上，除了市民法上对人性的保护方式（承租之诉）和地上权令状之外，适用于承租人的保护方式并不适用于作为买受人、受遗赠人或受赠与人的地上权人。但新的对物性的诉讼可适用于所有的主体，对不确定

[①] G. Falcone, *Ricerche sull'origine dell'interdetto 'Uti possidetis'*, in AUPA, XLIV,1996,5 ss.,particolarmente 147; A.B.Zaera Garcia, *La superficies en derecho romano*, Madrid,2017,1 ss.

期限的承租人也适用,唯一的例外是,不适用于短期和固定期限的承租人,显然,他们只能诉诸对人性的市民法保护或者令状的保护。

因为告示中未写明地上权的对物之诉的程式,该诉讼为一种事实诉讼,即,根据案件的具体情形,在裁判官认为需要的场合由其以裁决的方式授予,并且其程式以扩用的方式设计(即修改一项被视为范本的程式,该程式正是赋税田之诉的程式)。因此,从程式的技术角度来看,该诉讼在原始文献中被归入事实的扩用诉讼的范畴。

除前文讨论的主要诉讼形式外,裁判官授予的关于地上权的其他诉讼还包括以共有物分割为目的的扩用的共有物分割之诉,此外,还包括扩用的役权之诉。

就裁判官所言的"其他诉讼"类型,还应增加普布流斯之诉,这一观点可被游离于《学说汇纂》中关于地上权一"题"之外的两个片段所佐证[一个是我们刚才所讨论的 D.6,2,11,10(乌尔比安《告示评注》第 16 卷),另一个是我们下文将要讨论的 D.6,2,12,2-3(保罗《告示评注》第 19 卷)]。我们可以假设普布流斯之诉也是以扩用的形式被适用的。

但什么是普布流斯之诉?

众所周知,普布流斯之诉(由公元前 1 世纪的裁判官普布流斯提出,并因此而得名)是一种保护那些仅以交付(而不是要式买卖或拟诉弃权)的方式取得了要式物——因此不能获得该物的奎利蒂法上的所有权——但在其时效取得所有权之前该占有被剥夺的人的诉讼。在此场合,被剥夺占有的取得人可以通过普布流斯之诉要求剥夺其占有的人返还原物。它是一种拟制诉讼(actio ficticia),因为在其被提起时,裁判官为了取得人的利益假设时效取得所需要的期间已经过(对不动产来说是两年,对动产来说是一年)。它也是一种类似于原物返还之诉的对物之诉。

如同我们所讨论的,如果地上权不适用时效取得,那么对地上权来说,如何利用普布流斯之诉?

一种非常权威的学说(奥托·勒内尔,《学说汇纂还原》一书的作者)认为将普布流斯之诉授予地上权人的片段经过了添加,该诉讼不能被地上权人所利用,因为该诉讼涉及时效取得,而时效取得不适用于地上权。①

我认为这一观点是没有根基的,地上权人可以利用普布流斯之诉。

我提请大家对这一观点多加注意,因为我的论述有一点复杂。

我们可以做一个对比。放大视野,我们发现在《学说汇纂》中普布流斯之诉可以适用于用益权和役权(它们属于不能通过时效取得的物权),正如可以在 D.6,2,11,1(乌尔比安《告示评注》第 16 卷)中读到的:

> 如果就用益权来起诉,只要用益权被交付过,则赋予其普布利其安之诉诉权。对于或者通过交付或者通过对行使役权的容忍——比如,如果有人容忍他人的水渠通过他的家——所构成的城市役权也一样;对于乡村役权也一样,因为交付和容忍在这里应当得到同样的保护。

因此,在时效取得要式物以外的场合,也允许诉诸普布流斯之诉。②

这一片段的古典性被严肃地质疑,尤其是片段中提到的用益权的交付,因为用益权一般不能通过交付而设立,只能以要式买卖或拟诉弃权的方式设立。但这种认为此片段经过添加的观点不值得遵循。事实上,提及用益权交付的古典时期的文本非常之多。③ 虽然承认在实践中交付可以用来设立用益权,但是它并不是一种设立市民法上用益权的理想方式,因此不能得到请求返还用益权之诉的保护。

在用益权人通过交付的方式,而不是要式买卖或拟诉弃权的方式,获得用益权的场合,因不能利用普通的请求返还用益权的诉权——请求返还用益权之诉,权利人可以利用一种普布流斯之诉的扩用诉权保护自己。这种适用于用益权人的普布流斯之诉的扩用诉权并不是建立在时效取得的拟制的基础上的,而是建立在其他的拟制基础上,即用益权是以正确的方式设立的(即通过

---

① O.Lenel, *Palingenesia iuris civilis*, I, Leipzig, 1889, 999, nt. 2; O. Lenel, *Das 'edictum perpetuum'. Ein Versuch zu seiner Wiederherstellung*, Leipzig 1927³, 173. 也参见 S.Perozzi, *L'editto publiciano*, in BIDR, VII, 1894, 45 ss., particolarmente 82; B.Biondi, *La categoria*, cit., 498.

② 关于这一观点,尤其应参见 V. Mannino, *La tolleranza dell''usus servitutis' nell'esperienza giuridica romana*, Torino, 1996, 33 ss.; V. Mannino, *La tolleranza dell''usus iuris' nell'esperienza giuridica romana. Forme di tutela e sviluppi teorici*, Torino, 2001, 30 ss.

③ Iul.7 *dig*.D.7.6.3; Ulp.17 *ad Sab*.D.7.4.29.2; Ulp.18 *ad Sab*.D.7.1.25.7; Ulp.17 *ad Sab*.D.7.4.1pr.; Ulp.17 *ad Sab*.Frg.Vat.61.关于役权,Ulp.2 *inst*.D.8.3.1.2; Paul.5 *sent*. D.8.6.25.

要式买卖或拟诉弃权的方式,而不是通过交付的方式)。

我们关于普布流斯之诉对用益权可适用性的讨论,使该诉讼是否适用于地上权的问题得到了澄清。我认为关于地上权问题的讨论可以以同样的方式展开,并且在该问题的固有争论中,可以认为普布流斯之诉可以适用于某些案型。该诉讼可以适用于如下场合:地上权未通过正确的方式设立,因此地上权的事实程式不能适用,但保护地上权人又具有正当性。保罗在其《告示评注》第19卷(D.6,2,12,2-3)中讨论了一个普布流斯之诉适用于地上权的案件(该案件非常可能是唯一的一个案件),在该案件中,某人诚信地从非所有人处(即他不享有真正的所有权)以买卖的方式取得了一栋建筑物的地上权,他可以提起普布流斯之诉:

D.6,2,12,2:对于赋税田和其他不能时效取得的土地,只要某人是在诚信的情况下被交付的,他有权提起普布流斯之诉。

D.6,2,12,3:如果某人是在诚信的情况下从非所有人处以买卖的方式取得了一栋建筑物的地上权,那么结论是一样的。

在这些案件中,地上权人不能通过正常的地上权的(对物性的)事实上的扩用诉权获得救济,而是通过适用普布流斯之诉的扩用诉权获得保护,正如在相似的场合,赋税田权利人不能诉诸正常的赋税田之诉,而是诉诸可以适用的普布流斯之诉。

五、结论

前文描绘的图景展示了罗马世界中地上权的发展脉络,在公元前2世纪至公元前1世纪之间,地上权因罗马人口和城市规划的显著变化而产生。地上权很可能是以赋税田的让与为模型打造的,起初地上权建立在定期出租合同的基础上,后来也以不定期出租合同的方式设立。

在公元前1世纪,可能出现了法律承认该制度的需要,即跨越市民法上对人性的债权保护方式的障碍,因为,此时地上权令状出现在告示中。但它仅保护作为承租人的地上权人。

后来,可能是在公元前1世纪末期,在实践中允许通过买卖、遗赠或赠与的方式设立地上权,因而,令状的保护方式表现出了不足。大概在公元1世纪至公元2世纪之间,裁判官在其告示中创设了可以适用于所有地上权人——短期承租人除外——的物权性的诉讼保护方式。

这一物权性的保护(在法学家的评注中也被称为准物权性的,带有地上权人仅处于债权人地位的原始痕迹)在告示中从来不具有一个固定的程式,而是由裁判官每次根据原告的诉求通过裁决——即事实诉讼——的方式授予相应的诉权,其程式由裁判官根据相应的裁判官法上的诉讼形式以扩用的方式确定。根据保存下来的原始文献,被裁判官利用的诉讼形式包括以返还为目的的赋税田之诉、共有物分割之诉、役权之诉以及普布流斯之诉。

当裁判官在告示中为地上权准备了多种类型的对物性(扩用)诉讼后,地上权演变成了一个十足的物权。

这种物权是通过出租和买卖合同设立的,但在传统的市民法中,它们并不具有物权的效力,也就是说它们不能移转或创设物权(所有权通过交付、要式买卖和拟诉弃权的方式移转才产生物权的效力)。

因此,我们可以说,几乎不知不觉地或无意识地,即使完全有意为之,也是以偷偷的方式,裁判官针对地上权首次违背了合同仅产生债的效力的罗马法原则。

但本文开始时提到的"土地所有人亦是其上建筑物的所有人"的市民法原则得到了遵循,尽管该原则已被缓和,根据该原则,虽然地上权人在实质上已是(或几乎是)建筑物的所有权人,但是在形式上,他依然未获得所有权。

因此,地上权虽然被认为是一种物权,但是受有限制:一项对他人的物享有的物权,如同源于罗马法的现代法律制度中的地上权。

在巴西民法中的过重负担理论：其适用的限制与可能

[巴西]法比奥·西本内希勒·德·安德雷德[*]著 齐 云[**]译

摘 要：此篇论文意图分析过重负担理论，此种理论以在合同平衡中的根本改变的发生为前提。首先，将检视在巴西法中情势变更条款的前提的历史演进这一主题。其次，将关注现行的《巴西新民法典》和《消费者保护法典》，特别是关于艰难情形、其前提要件和结果这些方面。最后，将显示此理论是否适用取决于考虑团结的概念以及艰难情形，从而针对现行立法确定的构造来具体化这一概念。

关键词：过重负担理论；艰难情形；情势变更原则；长期合同；巴西民法典；消费者保护法典

---

[*] 法比奥·西本内希勒·德·安德雷德(Fábio Siebeneichler de Andrade)为南里奥格兰德天主教大学(Pontifícia Universidade Católica do Rio Grande do Sul)的民法教授。

[**] 齐云，厦门大学法学院助理教授，法学博士。本翻译受中央高校基本科研项目"民法典多数人之债基本理论研究"经费支持。

一、引言

依据"契约严守"(pacta sunt servanda)这一原则,一旦设立了一个交易关系(vínculo negocial),它必须被严格地履行,否则,其债务人不能从中解脱出来。① 然而,这一债法中的经典命题受到了修正,在私法领域中最明显和最有历史特征的情形之一就是"情势变更条款"(亦译为"情势不变条款",*clausula rebus sic stantibus*)②,简而言之,在重大的后发情形(circunstâncias supervenientes)改变了原来合同时,此条款使得债务人有权从这种关系中解脱出来,或者到正好适应它为止。

在巴西民法分析此主题的领域,首先,应从巴西立法的起源开始。在这个最初阶段之后,应对2002年《巴西新民法典》中的情势变更条款的现行规定进行考察,在此法典中它采用了"过重负担"(onerosidade excessiva)的概念,并特别关注了其前提和后果。

需着重指出,研究这一主题的目的是为当前的法律主题提供合理化的理由:应该了解债的关系(特别是合同的关系)能够通过合作解决问题的方式来运行,此种解决方式是建立在如下的前提基础之上的:合同是由当事人为了他们共同的利益而设立的统一意愿的协议。

因此,在巴西法对此领域已提供的解决方案的当前研究中,通过如下的观念来约束所研究的主题:即追求将合同关系视为一个合作的系统而不仅仅是

---

① 关于这个主题,参见 Johannes Bärmann, Pacta Sunt servanda—Considérations sur l'histoire du contrat consensuel, in Revue Internationale de Droit, 1961, pg.36 e segs; Reinhard Zimmermann, The Law of Obligations, p.576 e segs., Oxford University Press, 1996; Alain Supiot, Homo juridicus, p.121 e segs. Siglo veintiuno editores, 2007. 对于在罗马法上的此主题,参见 José Félix Chamie Gandur, La adaptación del contrato por eventos sobrevenidos, pg.29 e segs., 2013, Universidad Externado de Colômbia.

② R. Köbler, Die "clausula rebus sic stantibus" als allgemeiner Rechtsgrundsatz, p.30 e segs., Mohr Siebeck, 1991.

数给付的互相交换。①

这种想法与另一种当代的观念联系起来:它以宪法和民法的逻辑原则领域之间的联系为前提,特别是从法的团结(solidária)视角出发,在巴西民法面对1988年《巴西联邦宪法》界定的领域中可观察到此种现象。②

这个问题值得以下面的标准来特别反思:现在,在合同关系中是否也应坚持团结(solidariedade)原则,③这一原则与在私法关系中基本权利的效力的主

---

① A.D'Angelo/Píer Giuseppe Monateri/Alessandro Somma,Buona Fede e Giustizia Contrattuale—Modeli Conflittuali a confronto,p.86,Giappichelli Editore,Torino,2005;Vincenzo Roppo,Il Contratto del duemila,p.86,Giappichelli Editore,2011,3a Ed.;在巴西法中,参见 Giovanni Ettore Nanni,O dever de cooperação nas relações obrigacionais à luz do princípio constitucional da solidariedade,pg.307,in Temas relevantes do Direito Civil contemporâneo:reflexões sobre os cinco anos do Código Civil—Estudos em homenagem ao professor Renan Lotufo,São Paulo,Atlas,2008.

② 《巴西联邦宪法》第3条:"巴西联邦共和国的基本目标包括:第一,构建一个自由、公正和团结的(solidária)社会。"

③ 例如 C.Jamin,Plaidoyer pour le solidarisme contractuel,in Liber Amicorum—Études offertes à Jacques Ghestin,p.441,LGDJ,Paris,2001;L.Grymbaum,La notion de solidarisme contractuel,p.25,in Le Solidarisme Contractuel (Luc Grynbaum/Marc Nicod),Econômica,Paris,2004;Anne-Sylvie Courdier-Cuisinier,Le Solidarisme Contractuel,pg.33 e segs.,Litec,2006.Para uma crítica a esta concepção,ver Laurent Leveneur,Le solidarisme contractuel:um mythe,in Le Solidarisme Contractuel,pg.173 e segs.,op.Cit.在巴西法,参见,例如 Paulo Lobo,Os Novos Princípios Contratuais,in Novos Direitos,p.261,ed.Lúmen Júris,2002.

题相关。① 这个问题实际上与如下的尝试相联系：在面临当代的社会、政治和经济的变化时，不仅从类型上，而且从法律制度上重新审视合同。② 在此，应考虑情势变更条款这一经典主题，甚至在其他的构造下为了此种视角将它作为分析的领域。③

但是，在开始分析契约严守原则与情势变更条款的关系之前，应首先描绘巴西法的历史发展，这可以看作前述契约严守原则在本国法中的缓和，进而达到确认在当代巴西法采用的解决方案的针对性的目的。

二、在巴西民法中的过重负担理论的历史演变

巴西民法在最初就特别地存在突破契约严守原则的解决方案。

受到葡萄牙法的影响，④1603 年颁布了《菲利普法令》(*Ordenações Filipinas*)，并且直到 1916 年的《巴西民法典》颁布之前，它都是巴西有效的法律，

---

① 对于巴西法，相关文献参见，例如 Ingo W.Sarlet, A Influência dos Direitos Fundamentais no Direito Privado: O Caso Brasileiro, p.111 e segs., in, António Pinto Monteiro/J. Neuner/Ingo Sarlet, Direitos Fundamentais e Direito Privado—Uma perspectiva de Direito Comparado, Ed.Almedina, 2007.在欧洲法的范围，参见，例如 Lucien Maurin, Contrat et Droits Fondamentaux, LGDJ, 2013; Mario Barcellona, L'Intervento europeo e la sovranità del mercato: le discipline del contratto e i diritti fondamentali, in Cesari Salvi, Diritto Civile e Principi Costituzionali europei e italiani, p.155 e segs., G.Giappichelli Editore, Torino, 2012; Judith Rochfeld, Du Statut du droit contratuel de protection de la partie faible: les interférences du droits des contrats, du droit du marché et des droits de l'homme", in Líber Amicorum—Études offertes à Geneviéve Vivney, p.851 e segs., LGDJ, Paris, 2008; Christophe Jamin, Le Droit des contrats saisi par les droits fondamentaux, in Repenser le contrat (Gregory Lewkowicz/Mikahil Xifaras), pg.175, Dalloz, 209, Paris.

② 在这个意义上，参见，例如 Christophe Jamin, Droit et Économie des Contrats, LGDJ, 2008; Gregory Lewkowickz/Mikhail Xifaras, Repenser le Contrat, Dalloz, 2009; Alessandro Somma, Private Law as Biopolitics: Ordoliberalism, Social Market Economic, and the Public Dimension of Contrat, in Law and Contemporary Problems, Vol.76, 2013, pg.105 e segs.

③ 在这个意义上，参见 Gunther Teubner, Die Gesellschaftsgrundlage als Konflikt zwischen Vertrag und gesellschaftlichen Teilsystem, in Zeitschrift für das gesamte Handelsrecht und Wirtschaftsrecht, 146, 1982, pg.625 e segs.

④ 例如 Clóvis do Couto e Silva, O Direito Civil brasileiro em perspectiva histórica e visão de futuro, pg.11 e segs., in O Direito Privado brasileiro na visão de Clóvis do Couto e Silva, (Vera Fradera), Livraria do Advogado Editora, 1997.

在其中对于"巨大或非常巨大的损失"(lesão enorme ou enormíssima)规定了一种制度：当损失超过一个财产价值的正当价格(justo preço)的1/2时构成"巨大损失"，当超过2/3时构成"非常巨大损失"。

这种来源于《菲利普法令》的制度作为原始规范在巴西独立后传播开来，1850年的《民事法律汇编》(Consolidação das Leis Civis)即是一例(第359条和第390条)。

然而，从这一已确认的例子出发，它作为国内私法的起源，其实是受到人道(humanitas)精神影响的一种解决措施，①并且它是以解决产生于债的关系的实质等价(equivalência material)问题作为目的的。它的重要性也体现为以下事实：这种解决方案的存在允许类似的革新，其目的是解决在之前的法律中出现的过重负担问题。

虽然1916年的《巴西民法典》没有类似于《法国民法典》第1134条的规则，②即合同是当事人之间的法律，但是它有一个极大的自由效力，并且持这种立场的一个典型的例子就是没有继受"损失"(lesão，其拉丁语为 laesio enormis，国内常译为"非常损失")这种类型，而正如前面所述，它在巴西法中长久以来曾是有效的。③

在这种意义上，前述1916年的《巴西民法典》没有对契约严守原则规定明确的例外，换句话说，一旦合意达成，债务人必须依约履行。特别是不存在情势变更条款，也不能援引诚信原则。④

这一状况出现的首要原因在于19世纪的影响深远的自由主义的观念，在其中意思自治(autonomia da vontade)原则被视为最高价值。⑤可以看到，这不仅仅是巴西法的特征，它受到了1867年第一次法典化的葡萄牙法的影响，因此，巴西法虽然受到前述《菲利普法令》的影响，但是最终没有包含任何关于情势变更条款的规定。但是，对于在巴西法中没有继受情势变更条

---

① Fritz Schulz, Principles of Roman Law, p.209, Clarendon Press, 1936.

② 《法国民法典》第1134条："依法成立的合同，在缔结合同当事人间有相当于法律的效力。"

③ 同样可以看到，在1850年的法典的第220条中，"损失"(lesão)这种类型在商事关系中也明确地被排除了。

④ 关于此点，参见 Clóvis do Couto e Silva, A teoria da base do negócio jurídico no Direito brasileiro, in O Direito Privado brasileiro na visão de Clóvis do Couto e Silva, p.89 e segs., Livraria do Advogadoeditora, 1997.

⑤ 例如 M.Waline, L'Individualisme et le Droit, p.19 e segs., Paris, 1945.

款,同样也应考虑其他的原因:在国家的层面同样出现了19世纪的相关的经济实体。

需强调的是,尽管这一立法选择发生了,在巴西法中还是存在一个受德国影响的法学流派——所谓的累西菲学派(Escola de Recife),①它来源于对于温德沙伊德(Windscheid)②以及之后的理论贡献者特别是奥特曼(Oertmann)③和拉伦茨(Larenz)④的理论的研究,因此,这些理论在巴西法中是不能被看作是陌生的。⑤

虽然前述的立法选择的很多决定性的自由前提假设已经被改变,特别是从20世纪前30年开始发生巨大的经济危机显著地改变了巴西的政治全局,但是,涉及正在研究的主题,并没有发生实质性的改变。

从20世纪40年代这一趋势慢慢地改变了,这表现在法典化改革的第一次尝试中:⑥在1941年起草了一部债法典总则部分的前期草案(anteprojeto),⑦在其中包含了对合同条款进行修改的可能性。⑧

然而,这种改革的意图没有被接受。虽然直到60年代在巴西法中法律规

---

① 关于这一主题,参见 Mario Losano, La Scuola di Recife e l'influenza tedesca sul Diritto brasiliano, in Materiali per uma Storia della Cultura Giuridica, 1974, Vol.IV, pg.323 e segs.在此,可以看到,巴西的最初的法典编撰者来源于此学派,并且他们都是比较法的教授。

② B.Windscheid, Die Voraussetzung, in Archiv für die civilistische Praxis, v.78, p.161 e segs.关于此理论最新的研究,参见 José Félix Chamie Gandur, La Adaptación del contrato por eventos sobrevenidos, p.113, op.Cit.

③ Paul Oertmann, Die Geschäftsgrundlage—ein neuer Rechtsbegriff, Leipzig, 1921, Dr.Werner Scholl Verlag.

④ Karl Larenz, Geschäftsgrundlage und Vertragserfüllung—Die Bedeutung "veränderter Umstände" im Zivilrecht, 3a ed., 1963, Beck Verlag.

⑤ 在巴西法中关于这一观点,参见 Clóvis do Couto e Silva, A Obrigação como Processo, pg.129, José Bushatsky editor, 1976.

⑥ 例如 Caio Mario da Silva Pereira, Cláusula "Rebus Sic Stantibus, in Revista Forense, Vol.472, 1942, p.797.; Noé Azevedo, O Dirigismo na vida contratual—Cláusula "rebus sic stantibus", inRevista Forense, 1944, p.29.

⑦ 此前期草案由法学家 Orozimbo Nonato、Filadelfo Azevedo 和 Hahnemann Guimarães 起草。

⑧ 第322条:"当发生相对于缔结合同时异常的和不可预见的事件时,当事人一方实际履行将遭受巨大的困难并带来过分的不公平的,法官可基于利害方的请求并考虑合同当事人状况的平衡,修改债的履行,并且或延长其期限,或降低其价格。"

定一直持续不变,但是随着巴西经济中的通货膨胀现象日益显著,这个时代成了对于本文主题改革的一个有效的催化剂。

正是在这种背景下,在联邦最高法院的裁判中出现了一些适用情势变更条款的最初的案例,其目的是缓解在继续性合同中的通货膨胀的问题。①

进而在60年代,在1963年出现了对1916《巴西民法典》进行改革的新的尝试,这就是佩雷拉(Caio Mário da Silva Pereira)教授负责的一个新的债法典前期草案,②在其中规定了一个制度以应对交易基础改变(alteração das circunstâncias negociais)这一问题。③

然而,并没有通过这一前期草案一次性实现对于民法典的改革。这要等到在1969年通过雷阿勒(Miguel Reale)教授的协调组建一个新的法学家委员会,其目的是起草一个新的民法典前期草案。

---

① 例如以下的判决 Supremo Tribunal Federal: Recurso Extraordinário n.56.960/SP,datada de 13.11.1964,Rel.Min.Hermes Lima,2a Turma,在此判决中写道:"此种情势变更条款适用于雇佣合同(contratos de empreitada)。此种条款仅支持合同当事人对抗在合同成立时客观情况发生的基础性和异常的改变。然而,它并不是针对国家自身现行有效的经济体系中的交易风险和内在风险。在此种情形,上诉人并不丧失、放弃取得基于其算计而获得的东西,这是其正当利润。因而,不可预料理论客观上并不是调整它们的。在涉及价格的情形,最低工资的增长不是不可预测的。本上诉被判定为无根据的。"在其投票中,报告人明确提到了如下的前提:"情势变更条款在我们的法中得到了适用,并且它不仅仅被已经存在的正义原则(princípio de justiça)所解释,而且也是因为在激烈的通货膨胀的时期,价格波动使得交易要求一个法律的担保以对抗其灾难性的效力。合同成立时的客观情况的激烈和不可预测的改变,使得基于正义的干涉具有了正当性,其目的是修正可能发生的严重损失。不仅在民法领域,也在行政法领域,前述条款都得到了日益广泛的适用。毫无疑问,它可适用于雇佣合同。"

② 关于此主题,参见,例如,Fábio Siebeneichler de Andrade,Da Codificação—crônica de um conceito,p.93,Livraria do Advogado editora,1997;Cristiano de Sousa Zanetti,Direito Contratual Contemporâneo—a liberdade contratual e sua fragmentação,p.145,ed. Método,2008.

③ 第358条:"在延期或持续的履行合同的情形,由于在合同缔结时不可预测的和异常的事件的原因,当事人一方的给付变得异常沉重,从而使一方遭受严重损害而另一方获得巨大利益的,基于利害人的申请,法官能够宣布解除合同。"第359条:"若被告在答辩期内基于公平提出一个修改合同履行的提议草案,上述合同的解除可被避免。"

三、在2002年的《巴西新民法典》中的过重负担制度

(一)过重负担制度的构成要件

在经历长时间的各种程序之后,1972年起草的民法典草案终于在2002年颁布,并且从2003年开始生效。在对之前的法进行不同的修改之后,在第478条终于确立了适用过重负担理论来解决问题的制度。①

首先可以看到,巴西的法典编纂者所利用的范本是1942年的《意大利民法典》第1467条的第1款,②这是20世纪欧洲法典化的最初的解决方案之一。③ 从2002年巴西的法典化开始,这一选择构成了巴西法与意大利法的相似性,而这一选择没有采用分别来自于德国的"交易基础理论"(teoria da base do negócio)和法国的"不可预见理论"(teoria da imprevisão)。④

在此点上,首先探讨2002年《巴西新民法典》对过重负担要求的构成要件,它在一些主题上确立了如同其他立法同主题的可对比的措施,比如,《意大利民法典》前引的第1467条,1966年《葡萄牙民法典》第437条⑤和《德国民法

---

① 《巴西新民法典》第478条:"在其履行具有继续性和期次性的合同中,由于异常的和不可预料的事件,当事人中的一方的给付变得特别沉重,而他方因此享有超常利益的,债务人可要求解除合同。"

② 《意大利民法典》第1467条:"(1)在持续履行或者定期履行或者延期履行的契约中,如果当事人一方的给付因发生特别的和不可预见的事件而变成了过重的负担,应当履行给付的当事人一方得根据第1458条规定的效力请求解除契约。(2)如果突然发生的负担属于契约规定的正常风险,则契约不得被请求解除。(3)接到请求解除契约的当事人一方得为避免解除而对契约的条件进行公平性变更。"

③ Paolo Tartaglia, Onerosità Eccessiva, pg. 155, 164, in Enciclopédia del Diritto, Vol. XXX, pg. 155, Giuffrè, 1980.

④ 例如,Clóvis do Couto e Silva, A Teoria da base do negócio jurídico no direito brasileiro, in O Direito privado brasileiro na visão de Clóvis do Couto e Silva, p. 89, 91, op. Cit.

⑤ 《葡萄牙民法典》第437条:"(1)当事人作出订立合同之决定所依据之情事遭受非正常变更时,如要求受害人一方当事人履行该债务严重违反诚信原则,且提出该要求系超越因订立合同所应承受之风险范围,则该受害当事人有权解除合同或按衡平原则之判断变更合同。(2)解除合同之请求提出后,他方当事人可通过接受按上款规定来变更合同的方式来反对该请求。"

典》第 313 条。①

过重负担的第一个前提在于:当事人缔结的交易关系是可能发生意外风险的。第 478 条首先适用于持续履行的合同或延期履行的合同。因而,它不适用于即时履行的合同,因为在此类合同中合同的缔结与履行之间不存在时间差,这一要求构成了此领域一个典型的限制,而援引过重负担理论要求债的关系发生了一个后发的改变。

相较于对合同种类的前述限制,《巴西新民法典》也在第 480 条②中纳入了可适用过重负担理论的单务合同。巴西立法者再一次复制了《意大利民法典》的解决方式,它在其第 1468 条中提到了此种类型。关于此方面,需调查的是:过重负担是否只有在无偿性单务合同(比如赠与)中才可主张,还是说可在负有负担的(onerosos)单务合同中主张,③并且在这些情形都需有如下的基础:存在引发基于给付不平衡的过重负担的可能性。简而言之,奉献是无偿合同的实质特征。

在巴西法中,有必要优先考虑一个更广的解决方案:首先,对于涉及单务合同相关规则的情形,《巴西新民法典》第 480 条作了特别规定并且带有自身的效果,以至于它不受一般条款规则的约束。其次,不存在对于立法者的限制。最后,从目的论的视角来看,当给付是单务且无偿时,合同当事人可援引过重负担理论,其目的或是减轻其给付,或是改变其履行方式。关于此点,在一些国家也有所讨论,比如,德国法,在《德国民法典》第 528 条中,它允许在赠与人变穷的情形下解除合同,④这一解决方案对《巴西新民法典》第 480 条规

---

① 《德国民法典》第 313 条:"(1)已成为合同基础的情事在合同订立后发生重大变更,而假使双方当事人预见到这一变更就不会订立合同或会以不同的内容订立合同的,可以请求改订合同;但以在考虑到个案的全部情况,特别是约定或法定的风险分配的情况下,维持不改变的合同对于一方是不能合理地期待的为限。(2)已成为合同基础的重要观念表明为错误的,视同情况的变更。"

② 《巴西新民法典》第 480 条:"如合同中只有一方当事人负有履行义务,他为了避免过重负担,可请求减轻其给付,或改变其履行方式。"

③ 在这个意义上,参见,例如:Silvio Salvo Venosa, Direito Civil, p.491, 13a ed., ed. Atlas.关于此主题,也可参见 Julio Alberto Diaz, A Teoria da imprevisão no novo código civil brasileiro, in Revista de Direito Privado, Vol.20, 2004, p.197, 202.

④ 《德国民法典》第 528 条(因赠与人变穷而请求返还):"(1)赠与人在执行赠与后不能维持其适当生计,且不能履行其对血亲、配偶、同性生活伴侣或原配偶、原同性生活伴侣在法律上所担负的扶养义务的,可以依照关于返还不当得利的规定向受赠人请求返还所赠与的财产。受赠人可以因支付为扶养所必要的金额而免于返还。"

定的适用范围的理解有所帮助,从而达到处理巴西法没有特别解决的问题的目的。

在不同的合同类型中,需研究过重负担理论是否可以适用于射幸合同。在此种合同下,或是因为其本质,或是因为当事人明确同意这一有约束力的条件,当事人应自觉地承担给付变得过于沉重的风险。

在采纳这一立场后,意大利法在其民法典第1469条①中明确排除了过重负担理论在射幸合同中适用的可能性。但是,此种限制性的立场在巴西法中并不存在:《巴西新民法典》并没有明确将射幸合同排除在过重负担理论的适用范围之外。② 当射幸合同遭受了后发的和不可预见的风险的动荡,并且这种风险完全是超出其合同的,③本国的立场是允许依法要求救济,显然它更倾向于由这些国家(比如,《阿根廷民法典》④和《秘鲁民法典》⑤)提供的明确的解决方法。然而,需研究的是,巴西法的此种对于射幸合同的开放立场是否有实践的效果,从司法实践的角度来看没有发现此主题适用于射幸合同的例子。⑥

在此点上,《巴西新民法典》第478条的规则是否也可适用于民商事合

---

① 《意大利民法典》第1469条:"前条的规定,因契约的性质(参阅第1879条、第1882条、第1933条)或者根据当事人的意愿(参阅第1472条),不适用于射幸契约(参阅第1448条)。"

② 关于此主题,参见 Nelson Borges, A teoria da imprevisão e os contratos aleatórios, in Revista dos Tribunais, v.782, 2002, p.81; Ruy Rosado de Aguiar Júnior, Extinção dos Contratos por Incumprimento do devedor, p.157, ed. Aide, 1991.

③ 需注意,在意大利自身理论也可碰到持支持立场的观点,对此,参见 Enrico Gabrielli, Estúdios sobre Teoria General del Contrato, p.333, Jurista Editores, 2013.

④ 对于过重负担的适用,《阿根廷民法典》第1198条有如下的规定:"如果当事人一方负担的给付因不可预见的非常事件而变得过重,受损害的当事人可主张合同的解除。射幸合同因固有风险之外的原因而发生过重的负担时,准用同一原则。"

⑤ 《秘鲁民法典》第1441条:"在第1440条包含的规定适用于以下情形:……2.射幸合同,当因固有风险之外的原因而发生过重的负担时。"

⑥ 在这种意义上,参见如下的案件提要:"银行业务合同—交换—修订和废止之诉—由熟悉兑换市场的法人签订的投机和射幸性质的合同—消费关系的不存在—不可预见理论或过重负担理论的适用—不接受性—构成已设立的法律行为固有风险的后发的和不可预见的事实—有利于银行机构的且不构成当事人之间的严重失衡的利润限制条款。"(Ap. Civ. 0105673-27.2010.8.26.0100, Rel. Des. Francisco Loureiro, 37a C. Civ. do TJSP, j.24.11.2011, in RT 916/593.)

同呢？正如所见，消费合同是由特别规则调整的，因此要排除此类合同，并且应该对每一种合同关系的原则进行考察，进而决定商事合同是否放到私法领域来，在此领域每种类型的前提应被审慎地（cum granus salis）考察。①

尽管在巴西法中上述立场可被视为传统的，并且与过重负担的经典概念是协调的，以下问题仍然是可讨论的：对于商事合同确立如此有弹性的考虑标准是否有必要，特别是当它们是由实质上不平等的或不对称的当事人缔结的时候，这类的合同被当代的理论称为"第三类合同"（terceiro contrato）。②

我们关于理论前提的争论点落在了以下问题上：迟延的债务人可否援引过重负担理论的保护，对此2002年的《巴西新民法典》没有明确规定，但前引《阿根廷民法典》第1198条③以及《葡萄牙民法典》第438条④都涉及了此点。巴西法没有与国际统一私法协会（Unidroit）的《国际商事合同通则》一样类似

---

① 在此种意义上，参见最高法院如下的判决："商法—合同—买卖未来物（大豆）合同—不可预见理论—过重负担—不可适用性。1.商事合同不应以处理一般的民事合同或消费合同的同样的方式来处理。在后者中接受合同的国家管制。在前者中意思自治原则以及协议的强制效力原则应占有优势地位。2.尽管民法和商法都是私法的分支，但是各自服从自身的规则和原则。2002年《巴西新民法典》将民事合同和商事合同适用同样的一般规则这一事实，并不意味着这些合同本质上是相同的。3.法庭特别记录了有关于阻止适用不可预见理论而由《巴西新民法典》第478条来处理的情形：第一，被讨论的合同不是持续或延期履行的合同，而是以固定价格买卖未来物的合同；第二，大豆的高价格并不使当事人的一方的给付负担过重，而仅仅减少了农业生产者期待的获利；第三，改变大豆价格的汇率的变化并不是一个异常的和不可预见的事件，因为合同双方当事人都懂得市场是如何运行的，因为他们都是各领域的专家，并且知道此种波动是可能的。4.特定的上诉请求获得法院支持。"（Resp 936.741/GO，Rel. Min. Antonio Carlos Ferreira，4a Turma，j.03.11/2011.）

② 例如 Vincenzo Roppo，Ancora su contratto asimmetricco e terzo contratto. Le coordinate del dibattito，com qualche elemento di novità，in Guido Alpa/Vincenzo Roppo，La Vocazione civile del giurista，p.178 e segs.，Laterza，2013；Vincenzo Roppo，Il Contratto del Duelmila，p.65，Giappichelli Editore，2011；Giuseppe Amadio，Il terzo contratto. Il problema，p.14，in Il Terzo Contratto（Gregório Gitti/Gianroberto Villa），il Mulino，2008.专门关于这一主题的深入研究，参见 Francesco Macário，Sopravvenienze e gestione del rischio nell'esecuzione del terzo contrato，in Il Terzo Contratto，p.179 esegs.，op.Cit.

③ 《阿根廷民法典》第1198条第4款："如果受损害方存在过失或存在迟延，不得解除合同。"

④ 《葡萄牙民法典》第438条："如受害一方当事人于出现情事变更时处于迟延状况，则不享有解除或变更合同的权利。"

的规定,也就是第 6.2.3 条第(2)项,它规定重新协商的请求应马上作出,并且这一请求并不使应付给付的履行停止。①

面对于立法的不确定性,依据巴西自身的立法者并没有将不存在迟延作为援引过重负担理论的必要要件的情况,在有利于援引过重负担理论的利害关系人的意义上,应该采用一个灵活的立场。然而,应确切地界定债务人的迟延状况,其目的是知晓是否此种情形能够被忽视的:例如,迟延发生在决定过重负担的情形之前,是否影响债务人的法律地位。在迟延对过重负担援引的原因没有任何约束力时,亦同。有必要指明国际统一私法协会的《国际商事合同通则》的立场,这是在债务人应尽可能早地表达其不同意的意义上来说的,在巴西法中债务人应通知债权人其请求,并在与债权人有分歧的情形下立即通过一个相关的诉讼提起合同情势改变的请求。②

相较于主题的一些中心的前提要件,巴西法对于后发事件(evento superveniente)采用了一个严格的标准——"异常的和不可预见的",这对适用情势变更条款构成了一个限制性要件。关于这个概念,首先应考虑是否应以客观的形式来解释此概念,其目的是避免不可预见性的一些主观考虑。然而,同样应避免一个过于严格的标准,从而导致所有的情形都是可预见的这一极端观点。就此方面而言,应记住一个通常的例子:作为当事人之间一场战争的状

---

① 《国际商事合同通则》第 6.2.3 条(艰难情形的后果):"若出现艰难情形,处于不利地位的当事人有权要求重新谈判。但是,提出此要求应毫不迟延地,而且说明提出该要求的理由。(2)重新谈判的要求本身并不能使处于不利地位的当事人有权停止履约。"

② 关于此主题,参见最高法院的如下判决:"特定的上诉—银行业务合同—迟延的特性。1.对所承担任务的过重负担的单纯显示,并不能消除债务人迟延的状况,也不能阻止在对债权进行保护时在登记中包括债务人的名字,在这种意义上这一理解在本法院奥古斯都第二法庭得到维持。如果同时存在如下的条件,才能消除债务人的迟延状态:第一,债务人的调整行为,对债务的部分或全部存在提出异议;第二,反对不正当征收的有效的展示行为,建立在最初所见的情形(na aparência do bom direito)以及最高法院作出的判例的基础之上;第三,在仅债务人一方提出反对时,债务人向无异议的一方提存相关价值,或者提供适当的担保,此时法官应审慎的裁判。如果债务人没有证明向对债务无争议的当事人进行了提存,不能视为不存在着迟延,因为它是根据实际上负债的当事人来界定的。先例(REsp ns 246.106/SP e 607.961/RJ)。2.另外,在忽视它的意义上来看,并没有显示原告的任何态度,并且这些任务应该基于以下原因发生:撤销这种理解要求重新检视法庭记录中的证据—事实因素,这种重新检视在最高法院第 7 号案件摘录中在特定上诉请求的地方被否定了(AgRG no Resp 735844/RS,Rel.Min.Jorge Scartezzini,4a Turma,j.28.03.2006)。"

况,只有当其价格过于高于当事人能够预见的价格时,才能被认定为一种后发事件。

就此前提要件,这种解释会导致对于一方当事人不适用异常障碍的一些概念。可以看到,例如,巴西立法者借鉴了葡萄牙法的模式,就是前引的其1966年的《葡萄牙民法典》的第437条第1款,它采用了"异常变动"(alteração anormal)的标准,它被认为对解释者是非常有利的,并且它表现出相当灵活的构架,有利于类型的适用。①

对于过重负担的一些中心点,其分析包括一个占优势地位的定量确认:对一方当事人确认过重负担的,仅仅是一种困难是不够的;②应检查给付在事实构成方面是否承受了一个明显的加重。对于此点,以合同缔结的时候作为最初的参考点,这是指在数个给付之间,讨论的问题超出了平衡状况。对其他方面,应认为巴西的解决方法模仿了意大利的模式:不接受"交易基础"(base do negócio)的概念,这一概念是相当宽广的,并且可灵活地包括最类似错误类型的情形。③

关于此方面,应强调指出对于本问题特别设立的合同条款,从而形成一种自我调整的状况。合同自身的当事人通过设立指南和前提假设来认定什么是过重负担,以达到事先预防和排除一方援引情势变更条款的目的。此外,仅仅是过重负担的出现是不充分的。在面对与合同固有风险不相关的风险或事件时,应确认对于当事人一方而言一个给付是否承受了实质性的加重。关于此点,应考察在国家的司法实践中对于其特性确立的十分严格的定义:有利于当事人一方的价格意外波动,并不构成一个违背诚信原则的特别利益,或同样并不与2002年《巴西新民法典》体现的与合同的社会功能相关的现行的更新过

---

① 关于此种解决方案的分析,参见 Mário Júlio de Almeida Costa, Direito das Obrigações, p.277, ed. Almedina, 1994.

② 在这种意义上,参见 Paolo Tartaglia, Onerosità Eccessiva, pg.155, 164, in Enciclopédia del Diritto, Vol.XXX, pg.155, 164, Giuffrè, 1980.

③ 参见《德国民法典》第313条。

的原则相冲突。①

然而,可讨论的是,如果一方已开始合同的履行,是否还可以援引过重负担理论。已被接受的通行的观点倾向于给出一个否定性答案,这是基于以下理由:如果已开始履行合同,这其实是合同当事人的一种默示的放弃,并且最终为了其履行调和了各种情况。需补充的是,法律确定性(segurança jurídica)的理由也在解释这一主题时扮演了一个重要的角色,从而阻止适用一个更灵活的概念。② 根据之后所观察到的,这种立场并不与最高法院第286号案件摘要相对立。

需强调的是,《巴西新民法典》在其第478条中规定,为了达到给付变得过

---

① 关于此点,参见最高法院的如下判决的立场:"与农业相关的民法—以确定的价格买卖未来的收获—市场上产品价格的变动—可预见的情形—过重负担—不存在—对合同的社会功能原则、客观诚信原则和端正原则的违反—不存在。如果农业产品的价格的改变并不是不可预见的,以确定的价格对未来的收获缔结的买卖约束当事人。不可能接受过重负担的情形包括因总统选举和中东战争的迫近而导致的货币高涨的情形(这些都是被告为了支持异常情形的发生而主张的理由),因为当缔结以确定的价格未来进行交付的买卖时,这些可预测的情形都能够被考虑。购买者在重新出售时获得了来源于缔结交易之后的价格增长的主要利润的,这一事实并不意味着存在恶信、不端或对合同社会功能的背离。科加给合同的社会功能,不能不考虑其最初和自然的标准,即经济的标准。为了确保对未来收获物的买卖,可期待生产者自己承担可能产生的所有的费用,这既包括来自于合同条款本身的费用,也包括那些来源于农耕情形的费用。客观诚信表现为一种忠诚的要求,它是一种客观的行为模式、一种社会原型,通过它科加给每一个人以此种模式来调整自己的行为,从而像一个诚实、端正和忠实的人一样行为。购买者在行为时不得与这些原则相矛盾,不得使其行为违背诚信原则。"(REsp 803.481-GO, Rel. Min. Nancy Andrighi, 3a Turma.)

② 对此,参见,例如 Mário Júlio de Almeida Costa, Direito das Obrigações, p.283, op.Cit.; Lucia Ancona Lopez de Magalhães Dias, Onerosidade Excessiva e Revisão Contratual no Direito Privado Brasileiro, pg.417, op.Cit; Luiz Renato Ferreira da Silva, Revisão de Contratos no Código Civil: Reflexões para uma Sistematização das suas Causas à Luz da Intenção Comum dos Contratantes, in Temas Relevantes do Direito Civil Contemporâneo, pg.383, 2012, Atlas. 在德国法,限制性的观点也是常态,参见 Dirk Looschelders, Schuldrecht, Allgemeiner Teil, pg.247, 6a ed., Carl Heymans Verlag, 2008.

于沉重的要求,债权人必须处于非常获益(extrema vantagem)的状况,①这意味着插入了一个债权人获得利益的附加要求,这也是巴西理论对此种插入进行理论批评并尝试使它具有相对性的原因。②

实质上,此种前提要件的增加显示出巴西法在债的关系机体论的视角下理解情势变更条款,③根据此种理论仅对一方当事人主张过重负担是不够的,应同样要求对于债权人也有这种重新检视其给付价值的经济上的可能性。但是,立法的解决方案意味着调查是否债权人拥有经济能力来减缓过重负担,因为这个原因,坚持改变过重负担这一状况将表现为提出请求的这方的一种不合作的行为,也意味着一种与诚信原则相对的立场。

然而,在第 478 条中此种要件的插入显得有些不协调,正如将看到的一样,依照由立法者提供的解决方案,这指的是合同的解除,对此,保持有利于债权人的立场的必要性并没有在表面上(prima facie)显得如此不可缺少。

面对关于过重负担理论的要件的这种分析,可概要地认为,巴西法对于债务人援引过重负担理论设立了非常复杂的要求。一方当事人要满足立法上列举的要件变成一条苦路(via crucis),因为免除契约严守这一义务所要求实现的这一条路,被视为是非常例外的,或是一个难以被实现的梦。④ 尽管这是非

---

① 关于此方面,参见如下判决:"民事上诉—私人教育—带有价值移转的累积的合同的撤销之诉—教育内容以及学习服务—反悔权的缺乏—因过重负担的解除—不可能。不存在关于捆绑出售称呼(denominada venda casada)的任何的辅助证明,尽管合同可能分别地约定教育内容和课程,并且在这个意义上它们都有明确的条款。不存在在条款上的滥用或不合法,即没有不允许终止教育内容的购买的条款。在效力上不涉及在住所缔约,而在住所缔约的情形根据《消费者保护法典》的第 49 条,消费者被赋予了一个七天的反悔权。另一方面,不涉及因过重负担的解除,因此通过分析可预见性或不可分离性,可确切地得出如下结论:根据《巴西新民法典》第 478 条的规定,这一事实并未带给被告任何的利益。"(Ap.Civ.n.70045420072,Rel.Des.Jorge Luiz Lopes do Canto,5a C.Civ.TJRS,j.30.11.2011.)

② 在此种意义上,参见 Lúcia Ancona Lopez de Magalhães Dias, Onerosidade Excessiva e Revisão Contratual no Direito brasileiro, pg.415, in Fundamentos e Princípios dos Contratos Empresariais (Wanderley Fernandes), Ed.Saraiva, 2a ed., 2012.

③ 关于在本国理论中将债法理解为有机体的理论,参见 Clóvis do Couto e Silva, A Obrigação como processo, pg.6, op.Cit.

④ 在这种意义上,参见如下学者的批评:João Hora Neto, A Resolução por onerosidade excessiva no novo código civil: uma quimera jurídica?, in Revista de Direito Privado, Vol.16, pg.148 e segs.

常好理解的,为了达到契约严守和修改当事人的约定之间的平衡,规则的设定要求确定的要件,这被认为是强制性的:巴西的模式是相当的严格,特别科加给解释者调整的可能性,并且在面对后发情形而修改合同的领域,为了构建一个合作的或团结的概念,创造了一个几乎不可克服的困难。①

(二)在巴西法中的过重负担的解决方案:合同的消灭或修改?

即使在全景的方式上检视过重负担的构成要件,也应在综合的方式上处理巴西法对过重负担的情形设立的解决方案:原则上,巴西立法者指出,在此被显示的所有前提都被超越了,通过解除合同的方式消灭合同,其判决的效力回溯到发出传票之日。然而,这不意味着允许法官根据受损当事人一方的请求修改合同。

首先,可以观察到,在此领域一个唯一的可能性,②即如果给法官赋予修改合同的权力,也仅明确地规定在第480条,并且仅涉及单务合同:在此种情形,一方当事人可请求减轻或修改其给付。③ 在此种情形,有利于司法修改的立法逻辑确切地来自没有相互给付的事实:在此种情形,消灭意味着一种不适当的解决方案,根据它将免除负有单方给付义务的合同当事人的责任。

可以预见到,在第479条中解除的可能性是可以避免的,只要被告提出合

---

① 有必要指出,在合同领域援引团结或合作的观念并不应与合同关系中的友爱或利他的方面相混淆。这种必要性是通过设立由规范和规定调整的模式的方式来形成的。在此方面,可参见如下的一个批判性的观察:Laurent Leveneur, Le Solidarisme contractuel: un mythe, in Le Solidarisme Contractuel, pg.173, 185 e segs.

② 根据《巴西新民法典》第317条的规定,由于不可预料的原因,在应为给付的价值与其履行之时的价值之间,突然出现了明显的不合比例的,基于当事人的请求,法官可通过尽可能确保给付的实际价值的方式来矫正此等比例失调。这是一个支持单纯地修改农业合同中的价格的判决的规定,对此可以从以下摘要中看到:"最低价格——合同失衡的呈现——修改可能性。合同的债的效力仅在例外的情形才可受限制,即在考虑到其他的原则时,比如,客观的诚实信用原则,社会功能原则和经济平衡原则。为了基于不可预见理论实现合同的修改,有必要补充《巴西新民法典》中的第317条和第478条规定的构成要件,在这些要件中,给付显示出不成比例是其中一个,它使得当事人的一方处于获得特别利益的状况。在合同中约定的价格已经超过15年有效的,若这个价格显得过低,即以市场价格来看过低,此时即可对它进行修改,以达到重建合同平衡的目的。"(Ap.Civ.n. 70051029494, Rel.Des.Paulo Roberto Franz, 10a C.Civ., j.25.10.2012.)

③ 《巴西新民法典》第480条:"如合同中只有一方当事人负有履行义务,他为了避免过重负担,可请求减轻其给付,或改变其履行方式。"

理的修改合同条件的要求。① 这种解决模式再一次在意大利法中碰到,也就是 1942 年《意大利民法典》的第 1467 条。第 479 条引发了一系列需调查的问题,既包括实体上的,也包括程序上的,② 并且就现有的成果来看仍然还有很多问题没有研究。例如,有这样一个问题:被告的请求是否应在反诉中提出(参见《民事程序法典》第 315 条),或者能够通过一个相反的请求被包含在自己的答辩中(参见《民事程序法典》第 278 条第 1 款)。原则上,在此可考虑,被告的请求可包含在答辩中,因为它不能被看作该方一个新的请求。③

对请求内容的质问也是适当的:它是否能够是一般的,抑或它应该是特定的。在民法典规定的条款中,并没有要求被告提出一个特定的请求,立法只是要求此等请求需适当地修改合同。另外,这个问题与以下主题相关:在被告提起特定的请求后,如果此诉讼的原告不接受,法官是否有可能修改由被告提出的请求? 关于此点,一般认为回答应该是否定的,因为法官在此种情形没有权力修改被告的请求。④ 然而,如果被告提出一般的请求,结果是不一样的,存在法官最终可公平地修改它的可能性。但是,在被告没有提出修改请求的情形,应认为法官不能依职权修改合同条款。

立法的立场已被指出,虽然第 478 条关于消灭性的解决方案有明确的约束力,但是仍可研究采取一个修正路线的可能性。虽然立法上没有考虑修正的可能性,但是这一情况并不剥夺受损害方以司法的方式提出这种请求的权利:在这种情形下不存在不能提出司法请求的前提,可以看到,根据最高法院

---

① 《巴西新民法典》第 479 条:"被告可通过对合同条件提出合理的修改避免此种解除。"

② 例如 Enrico Gabrielli,Estúdios sobre Teoria General del Contrato,pg.411 e segs;Araken de Assis/Ronaldo de Andrade/Francisco Alves,Comentários ao Código Civil brasileiro,p.729 e segs.,2007;Flávio Luiz Yarshell,Resolução do contrato por onerosidade excessiva:uma nova hipótese de "ação dúplice"?,in Estudos em homenagem à Professora Ada Pellegrini Grinover,2005,pgs.567;Daniel Assumpção Neves,Pretensão do réu de manter o contrato com modificação de suas cláusulas diante de pedido do autor de resolução por onerosidade excessiva—pedido contraposto pela lei material(art.479,CC),in www.professordanielneves.com.br.

③ 持应该在反诉中提出的观点,参见 Theotonio Negrão,Código de Processo Civil e legislação processual em vigor,pg.229,nota 3,art.479,2014,33a Ed.

④ 在这个意义上,参见 Flavio Luiz Yarshell,opp.Cit.,pg.567;赞同法官有这样行动可能性的观点,参见 Enio Santarelli Zuliani,Resolução do Contrato por Onerosidade Excessiva,in www.nacionaldedireito.com.br/doutrina.

的判决文书,仅在存在明确的法律障碍时,才缺少这种起诉的条件。①

尽管在理论上根据民法典已确认了允许对合同进行修改这种主流立场,②认识到以下问题也是至关重要的:这一主题在司法上应该是谨慎的,因为这首先就要面对法律行为维持原则(conservação do negócio jurídico)的协调问题。③

然而,为了适用这个修正,应考虑如下前提:巴西立法的解决方案被限定在一个严格模式之下,它不仅仅不同于那些明确有利于对合同进行司法修正的立法,比如,德国法和葡萄牙法,而且也规定了一个不同的模式:前述这些立法主要是基于交易基础以及情势变更这一德国概念,与之相对,巴西法以由意大利法在1942年的民法典中提出的过重负担理论作为基础,意大利的此种立

---

① 例如,参见如下判决(MS 11.513/DF,Rel.Min.Laurita Vaz,3a Seção,DJ de 07.05.07):"仅仅在法律明确禁止请求时,才能确认不可提出此等司法请求。"也可参见如下判决(REsp 270169/MG,Rel.Min.Raul Araújo,4a Turma,j.17.11.2011)中的摘要:"司法请求的可能性,可转换为研究如下问题:当事人一方提出的请求是否与司法保护最终放弃的可能性相一致,也就是说,要么在面对存在法律调整规定时,要么不存在法律障碍或者不存在与法律不相容的理由,一般来说能够支持请求。"

② 例如 Enunciado 367,das Jornadas de Direito Civil do Superior Tribunal de Justiça,也参见 Lúcia Ancona Lopez de Magalhães Dias, Onerosidade Excessiva e Revisão Contratual no Direito Privado Brasileiro, in Fundamentos e Princípios dos Contratos Empresariais, p.385,434,op.Cit.反对修改可能性的观点,参见 José Ricardo Pereira Lira, A Onerosidade Excessiva no Código Civil e a Impossibilidade de Modificação Judicial dos Contratos Comutativos sem Anuência do Credor, in Revista de Direito Renovar, Vol.44-45,2009, p.91.

③ 在最高法院判例的领域,一个持肯定立场的例子仅具有偶然的性质,因为它仅仅是在法官的附带意见(obiter dictum)中被提到,它可以在如下判决(Recurso Especial n.977.077-GO,Rel.Min.Nancy Andrighi,3a Turma,j.24.11.2009)的摘要中看到:"特定的民事上诉——对买卖未来收获的大豆的合同的修改之诉——农业灾害的发生,比如,亚洲大豆锈菌病——过重负担——在获得大豆价格的提高意义上提出请求,即它要与产品市场报价相一致,此价格应在合同到期日确定——不可能性。虽然《巴西新民法典》的第 478 条的条文在字面上暗示了合同修改的可能性,正如《消费者保护法典》所规定的一样,只要符合民法上明确规定的特别要件,是可确认以过重负担为由来修改合同。有必要重视法律行为的维持原则,此原则在《巴西新民法典》中的不同的条款中明确被采纳,比如,第 157 条的单立款以及第 170 条。然而,在这种情形下,同样允许修改,被提出的请求与过重负担的发生没有任何关系。上诉人并不意图恢复数给付的平衡,而是将未来物买卖合同转化成一个这样的当场履行合同(contrato à vista):通过它可以补足在其主观希望与在营利活动结束时呈现出的结果之间的偶然差额。"

法是基于有利于债权人的地位而提出的。在与欧洲模式的关系上,它实质上不同于法国法,在法国法中甚至特别反对接受这样的可能性:在私法领域法官在司法上决定合同的消灭或修改。①

需要补充的是,这些民法典的条款对于一些合同应该被视为次要的或是不可执行的,因为已经存在很多立法对各种合同进行特别规定,比如,同公共实体的合同(《招标法》第65条第2款第d项),租赁合同(第8.245/91号法令第68条)以及消费合同。也可以看到,由于巴西批准了1980年的关于国际合同的维也纳公约,其条款也相应地被适用于我们正在处理的主题(第79条),即在存在漏洞时也可适用国际法的原则(第7条第2款)。

在这些条款中,因过重负担而提起的修改合同的请求以如下方式呈现:在特别需要的情形由法官来决定,它不仅仅是一个受后发情形特别影响的合同平衡,而且是基于特定情形的问题,例如,就如"第三类合同"一样的当代理论来界定的情形;也就是说,这些情形是指,在私法领域其范围不仅包括消费关系,而且这种情形还表现为一种不对称的经济—法律关系。可以看到,在这些情形下,合同消灭这一路径可视为对提起过重负担的一方当事人特别的沉重,尤其是当撤销一个有着相关投资利益的期限很长的合同关系时。② 在这些情形下,为了达到以当事人缔结合同时客观情况为基础来恢复合同平衡的目的,可决定进行修正。

然而,这种考虑并不意味着《民法典》第478条的规范结构能够宽泛地被法官无视,而自由地依职权援引诚信原则和合同社会功能原则,也并不是毫无含糊地确立了修正合同的可能性。在巴西民法中立法者已对过重负担构造了一个清晰的规范结构,正如意大利立法者在1942年的民法典和近期德国立法者在其民法典中所做的一样,这种状况应由司法机关正确地考虑,否则就会落入过于发展公正概念的境况,并危害由法典编纂者设立的理性规范,而编纂者本已为合同当事人设立了一个统一的程序。

---

① 例如 Philippe Malinvaud, Droit des Obligations, pg.347 e segs., 10a ed., 2007, Litec;Denis Mazeaud, La Révision du contrat, relatório francês à Associação Henri Capitat, 2005, in www.henricapitant.org.

② 这种类型的合同关系的典型例子如分销合同,正如1992年在法国的 arrêt Huart 案的判决显示出来的一样,在其中承认了批发商负有一个调整合同的义务。关于此主题,例如 Anne-Sylvie Courdier-Cuisinier, Le Solidarisme Contractuel, pg.546, op.Cit.;Laurent Leveneur, Le Solidarisme Contractuel: um mythe, pg.184, op.Cit.

一方面与司法上和理论上的不确定性的状况相对,另一方面基于立法的严格主义,仍可重申一个利用调整条款的倾向,即艰难条款(hardship)①,和求助于仲裁一样,在交易的一些明确的领域,特别是在大型企业之间,它就像是一种为了解决合同情势改变问题的私的调节形式。但是,在巴西法中这些的实践仍然能够被界定为剩余的,因为民法典的法律规定在平衡本主题时仍然被视为是不可缺少的,另外,当需要调整前面已指出的"第三类合同"的交易领域时,它关涉私法的一些不对称的关系,并且这些关系并不由在《消费者保护法典》已存在的规范来调整。

　　因此,实质上,2002年的《巴西新民法典》的解决方案作为一个合同情势变更问题的处理模式在立法的层面实际上是被缩减的。在巴西法上情势变更条款构成了一个相当例外的解决方案,并且其本质首先是防御性的;表面上看来,在毫无模糊地接受合同持续的意义上,②对于一些领域或对于交易领域的一些特定的情形,不存在以明确的形式表现的一个积极的、动态的解决方案,因为巴西法并不接受一些关于设立对于合同维持开放的模式的最近的讨论,③以至于就像已经暗示的一样,巴西法在这个领域对于合作或团结的模式的空间是很狭小的。

---

　　① 可以看到,在合同中存在这些条款并不意味着:当事人必须进行谈判,并且在决定谈判的情形,很容易关于过重负担的主张达成协议。特别在法国法中,一个协商义务的存在并不意味着一定获得解决后发的经济困难争执的结果。相关问题参见 Em face da decisão entre Electricité de France e Shell, nota de J.Robert, in JCP 1978, II; sobre a decisão SAS Novacarb c/SNC Socoma, nota de B. Fages, in RTDCiv, 2008 pg.295; D. Mazeaud, Renégocier ne rime pas avec réviser, in Dalloz, 2007, p.765.

　　② 在面对此种情形时,通过了巴西议会第6.960/2002号法律草案,达到了对《巴西新民法典》第478条规定的文本的修改,以求达到有利于合同修订的目的。

　　③ 在这个意义上,对于德国法,参见 Prütting/Wegen/Weinrich, BGB Kommentar, p.576, 2008,它分析了《德国民法典》的第313条,它授权修改合同;对意大利法,参见 Francesco Macário, Sopravvenienze e gestione del rischio nell'esecuzione del terzo contratto, in Il Terzo Contratto, p.179, 190 e segs, op.Cit; 对法国法,参见 Denis Mazeaud, La Révision du contrat, relatório francês à Associação Henri Capitant, 2005, in www.henricapitant.org; Anne-Sylvie Courdier Courdier-Cuisinier, Le Solidarisme Contractuel, p.568, Litec, 2006.

四、在《消费者保护法典》中的合同条款的修改权：
   对后发情形的修正措施或控制滥用的方式？

在由《消费者保护法典》调整的主题中,可以发现消费者修改消费合同的可能性。①

从对上述法律文本的分析可以看到,对于消费者行使此种权利,其确定的要件具有灵活性。它仅要求过重负担以及此种情形是后发的,没有要求传统的不可预见的要件。

然而,这一状况并不意味着,之前已指出的众多要件已被《消费者保护法典》自动地移除了,同样也不是说它们不被消费者在最低程度上遵守。更适当的观点是,当消费者意图就合同的过重负担进行讨论时,他应注意迟延问题。在合同履行之后,消费者可否基于过重负担提出反对,对于这个问题司法实践没有提供一个特定的回答,但是根据最高法院第 286 号案件摘要的立场,消费者可就相关的之前的滥用问题讨论合同的不法性,尽管交易关系②因为更新

---

① 《消费者保护法典》第 6 条第 5 款:"以下为消费者的基础权利:当设立了不成比例的给付,修改合同条款的权利,或者当基于出现过重负担的后发事实的理由时,修正的权利。"

② 关于这方面,参见最高法院第 286 号案件摘要:"银行业务合同的重新商谈或债务承认,并不妨碍讨论关于之前合同的偶尔不法性的可能性。"在这种意义上,参见南里奥格兰德法院的第 36 号案件的摘要:"在农业信贷中,这是可能的,即在不能证明存在错误,并且甚至在以已消灭的合同作为标的时,对于因不同的经济计划引起的通货膨胀的差异,可判决不当支付的返还。"

或是解除而消灭,①这与基于发生在合同当事人身上的后发情形而进行的合同修订这一主题并不相关。正如根据前述摘要所理解的一样,可以一种不同的方式处理问题,即从合同的成立时存在"不法性"来讨论,这种不法性导致因获得过重负担的履行而获益的债权人一方有必要进行返还。②

在面对规范的编订时,应对针对过重负担概念的解释进行调查,以达到了解它是否可被主观评价的目的,也就是说,以达到了解为了界定负担是否能够考虑合同当事人的个人状况的目的,或者仅仅能从客观的视角来界定它,以达到根据一般的标准来定义它的目的,并且与行为的中性准则相一致。结果是,客观的概念占有了优势地位,因此个人状况并不能被看作是一个影响因素。③

在此可以指出,在面对立法者确立的构建时,在巴西法中情势变更条款概念的一个新的重要性仅仅集中体现在消费关系之上,并且随着 2002 年《巴西新民法典》的颁布生效,其明确的适用范围扩张到这些关系的领域。④

这种对于弱势一方的保护可与法律关系的团结概念相联系,正如所指出

---

① 在这个意义上,参见如下摘要:"民事上诉—银行的法律行为—新巴西计划 I (Plano Collor I)—不当得利返还—根据消费者价格指南进行的调整—国家通货膨胀率的适用—已消灭的合同—判决—维持—请求的司法不可能—消灭的合同—修改的可能性—以合同内在的滥用视角来看已消灭合同修订请求的合理性—最高法院第 286 号案例摘要。进一步,债务的解除或更新不是阻止原合同的原因。请求在司法上是不可能的主张,就像修改已消灭的合同的无效一样,都是不合适的,并且这在《民法典引导法》第 6 条第 1 款中得到支持,它专门处理的是法律的问题。法律行为已完成并且大部分没有履行。一旦原告以对农业票据所负欠的债务重新调整其征收为标的,而不是以否认合同为目的的,金融机构基于法律行为已完成的主张是不适当的。"(Ap.Civ.n.70048600498,Rel.Des.João Barcelos de Souza Júnior,23a C.Civ.do TJRS,j.14.08.2012.)

② 在同样的意义上,参见 Luis Renato Ferreira da Silva, Revisão de Contratos no Código Civil, pg.378, 383, op.Cit.

③ 关于此点,参见如下判决:"合同解除之诉—动产抵押(Alienação fiduciária)—保护的预期—过重负担的主张—雇佣损失。雇佣损失(perda do emprego),尽管本身是可苛责的事实,对于界定已发生可导致过重负担的异常和不可预料的事件仍然是不充分的,此种要件是由《巴西新民法典》第 478 条所要求的。"(AI n.70053068151,Rel.Dr.Jorge André Pereira Gailhard,,14a C.Civ.do TJRS,j.01.03.2013.)

④ 例如,参见 CC n.64.524/MT,2a seção,Rel.Min.Nancy Andrighi 这一判决,它为一个大豆生产者拒绝了有利于消费者的法律上的关联,其判决摘要包括如下内容:"最高法院的判例仅仅在存在产品或服务最终的目的地时才确认存在消费关系,而在其他生产性活动中包括这些产品或服务的,并不存在消费关系。"

的,这种概念构成了宪法上的价值和原则。然而,有必要探讨消费者保护相关的问题,在这个领域,修改合同条款的规定的灵活性,被谨慎地传统地限制在发生在20世纪90年代的货币强烈的贬值这些问题上,并且其效力涉及的是现在不被视为一个司法裁判主题的领域——融资租赁合同。①

在目前,对合同条款提出修改的请求确切地发生在消费借贷合同关于利率的问题上。在这个领域,保护确实是重要的。然而,这不是基于过重负担而提起的合同修改,而是面对在合同订立当时确立的利息价值而引发的问题。

然而,应当考虑到《消费者保护法典》的规定目前并不能从各个范围影响消费者,在当代经济上信贷的规模不断扩大,并且因不履行而带来的问题(重新)确立了一个相关的范围:以特定的形式在当代法上已经引发一个过于负债(superendividamento)的问题。②

这一主题与消费信贷的增长特别相关,其目的是促进财物和服务购买的增长。信贷的流转方式也分散了,比如,信用卡,其目的是支持分期支付,允许购买者立即享有商品,并且在价格上最终是有所增加的。这是一个有利于生产的机制,凭借它扩大了财物和服务的利用的可能性。③

在巴西法中,例如,若一个人其负担的债务的明确价值超过了其支付能力,并且维持一个最小存在模式的,这种情形招来了讨论,因为巴西法没有提供对于特定人承担过重债务的控制方式,并且在一些法院的判决中确立的解

---

① 关于此方面,参见 o REsp n.472.594/SP,Rel. Min. Aldir Passarinho,DJ de 04.08.2003.

② 例如 Sophie Gjidara,L'Endettement et le Droit Prive,LGDJ,1999,p.119 e segs; Clarissa Costa de Lima/Karin Bortoncelo,Superendividamento Aplicado—aspectos doutrinários e experiência no poder judiciário,RT Editora,2010;Andre Perin Schmidt Neto,Superendividamento do Consumidor:conceito,pressupostos e classificação,in Revista de Direito do Consumidor,Vol.71,p.25 e segs.

③ 关于此主题,参见,例如 Guido Alpa,Il Diritto dei Consumatori,p.97 e segs.,Ed. Laterza,1995.

决方案曾限制对按期支付特定利率的债务人打折。① 在这些文书记录中,当一个金融机构证明合同的利率与市场允许的利率一致时,在这些情形下根据最高法院的判决,②不存在着滥用的状况,借助于援引《消费者保护法典》的前述的第 6 条,对消费者而言,一个修改合同的单纯和简单的可能性显然是不充分的。

然而,可以观察到,在消费者保护的领域,过重负担这种解决方案也能被视为是多余的,因为契约严守原则发挥了一个显著的功能。在巴西法中,有必要推论,修改合同条款的可能性发生在能够被界定为具有不正常特征的情形,或者当金融机构异常超出对利率限制的情形!由于情势变更条款的非对抗性以及在巴西法中消费者保护机制的不充分性,对这种情形的巨大担忧占了上风,契约严守原则因此仍占有统治地位,尽管可察觉到在债的法律关系中有必要实现合作。

五、结论

本文研究的话题基于不同的原因与民法中特别明确的主题之一相对应:具有很强的历史相关性的特征;它体现了合同法的变革。同时,它在当代和实践的层面表现出其特别的重要性,因此也与当事人以及司法领域息息相关。

这些情况在巴西民法中都以显著的形式表现出来:在契约严守原则与情势变更条款之间的辩证关系,不仅构成了巴西法的历史内容,从中可以看到关于此主题的争议从 20 世纪初就开始了,而且也存在于当今的世界之中。

另外,在契约严守原则与情势变更条款之间的对话对于巴西民法是具有

---

① 然而,并不总是带有例外,可从以下判决摘要中得到验证:"中间上诉(Agravo de Instrumento)——胁迫规则的普通诉讼(对于超其收入 30% 的'负债过多的'国家公务人员的到期债务的任意缩减的限制)"——《民事诉讼法典》第 273 条规定要件的缺乏。尽管可以理解负债过多的恶劣后果,这一理由本身并不带来打折的限制,因为原告是同两个受损的被告以及联邦储蓄银行一起以超出 Ipergs/Pames 和 MBP/Plano 的折扣缔结借贷合同的。在这种背景下,若不讨论利率或滥用费用,当仅因没有发现原告一方被剥夺超过了其收入的 30%而提出抗辩被告时,若这些借贷基于其自由意愿而缔结的,合同基础不可能被改变。中间上诉不被支持。(Ag. Inst. N.70051540912,12a C. Civ. TJRS, Rel. Desa. Ana Lúcia Carvalho Pinto Rebout,j.23.05.2013.)

② 例如,可参见如下的法院作出的决定:STJ no AgReg no REsp 1083216/RS,Rel. Min.Ricardo Villas Boas Cueva,3a Turma,j.25.06.2013.

象征意义的:在此已展现出来的一个简洁的历史分析显现出巴西合同法的灵活性,在19世纪了解适用非常损失这一理论类型的可能性可被视为具有进步性,并且其理论呈现了20世纪40年代对情势改变的解决方案!然而,现在从一个处理这种问题的形式性的解决方案极度约束的概念中解脱出来,显得非常困难。

从已经系统地呈现出来的问题出发,可以看到,巴西法采用的模式是不充分的,它与合同一般理论相关,在民法典中设立的一般的解决方案并不能提供一个合适的机制来以安全的形式达到合同的持续。另外,虽然关于消费者权利的规定具有灵活性,但是并没有显示出能力来解决所有问题,它们形成在一个动态和复杂的如同巴西社会一样的法秩序中。然而,这种两极之间的紧张关系不仅仅只是在巴西法中存在:它反映了在法律确定性的需求与法律一般要求的合同公正之间永久的辩证关系,正如在欧洲舞台上尝试形成的一般原则一样。

因此,可以得出如下一个结论:在巴西法中情势变更条款具有一个剩余的功能!在涉及后发的情势变更的情形,契约严守是一个占有优势地位的原则。在现行的法律体系中,对于合同关系中的弱势方的保护确切的是与消费者权利相联系的。虽然民法在包含了在情势改变的情形下保护债务人的机制,但是其规定呈现出一种减弱的和不具有操作性的状况。

对一个基于补充观念的法律概念,合同法并没有将它唯一并排他地置于意思自治原则之上,而是与法律体系中的其他规定并存,后发的情势变更这一主题确实更具有工具性,并且应预见到合同修改可能性的清晰性,以达到避免合同的不公正和交易的不安全的目的。

布尔代塞论罗马法中的地役权

[意]阿尔贝托·布尔代塞* 著　翟远见** 译

摘　要：在罗马法中，地役权是一种为了需役地的利益而使用供役地的限制物权。最古老的地役权类型被归入要式物之列。在相当长的历史时期内，乡村地役权和城市地役权都是地役权的基本分类。地役权的设立方式曾经有要式买卖、拟诉弃权、要式口约、时效取得、直接遗赠、分割裁判、准让渡和容忍等。对己物不能享有役权、役权不得表现为要求作为、地役权要对需役地有益、地役权对需役地具有附从性、地役权不可分这些一般原则在罗马法中均已形成，且对这些原则，裁判官可能基于自己的职权加以变通。维护役权之诉是保护地役权的主要手段。权利的抛弃或不行使、混同、物的灭失或者变为非交易物等原因都会导致地役权的消灭。

关键词：地役权；要式物；乡村地役权；城市地役权；维护役权之诉

---

*　阿尔贝托·布尔代塞（Alberto Burdese），意大利帕多瓦大学已故著名罗马法教授。本文译自其 *Manuale di Diritto Privato Romano*，UTET，1993，pp.353-363。题目、摘要和关键词为译者所加。

**　翟远见，中国政法大学比较法学研究院副教授，罗马第二大学法学博士。译文为北京市社会科学基金项目"意大利物权法研究"（编号：15FXC054）的阶段性成果。

一、地役权的概念

地役权(iura praediorum 或者 servitutes,后者是古典法中使用的术语;在优士丁尼法中,使用的术语是 servitutes praediorum),①乃为了被称为需役地的土地的利益,部分使用被称为供役地的土地之限制物权。地役权这个术语本身即来自于一块土地被另一块土地役使的形象。

二、地役权的不同种类

罗马法承认不同类型的地役权。它们随着时间的推移,逐渐形成了各自特定的权利内容。为了满足农业生活需求而产生的最古老的地役权种类分别是:个人通行权(iter),负重通行权(actus),道路通行权(via)以及引水权(aquaeductus)。在古典法时期,这些权利仍被归为要式物(res mancipi),②因为最初它们被认为与在其上通行或引水的土地部分具有同一性,且在该部分上存在所有权的竞合,亦即相应地带所属土地的所有权人以及为之设立通行权或引水权的所有权人都享有所有权。只是到了共和时期的最后几百年,法学家才将地役权界定为在他人之物上设立的限制物权。虽然这些古老的地役权被界定为限制物权,但是它们仍被归入要式物之列。③ 与此同时,还产生了其他一些地役权的种类,它们的产生有些是为了满足农业生活的需求,有些是为了满足城市建筑的需求。于是就诞生了乡村地役权(iura o servitutes praediorum rusticorum)和城市地役权(iura o servitutes praediorum urbanorum)的区分。在古典法中,区分的基础似乎已经建立在不同的地役权是否与建筑物

---

① Ep.Gai.2.1.3:"……这类权利,不论是城市土地上的还是乡村土地上的,都属于役权(servitutes)。"D.1.8.1.1(盖尤斯):"属于[无体物]这一类的还有城市和乡村土地上的权利,它们也被称为'役权'(servitutes)。"I.2.3.3:"这些权利被称为'地役权',因为没有土地,就无法设立此类权利。……"

② Tit.ex.corp.Ulp.19.1:"……乡村地役权,包括道路通行权、个人通行权、负重通行权和引水权……是要式物。……"

③ Gai.2.17:"于是,几乎一切无体物都是略式物,但是乡村地役权除外;众所周知尽管它们位于无体物之列,却是要式物。"

相关之上,至于建筑物到底是位于城市还是乡村,则在所不问;①且对于建筑物亦有适用各种乡村地役权制度的可能,反之亦然。而在优士丁尼法中,似乎确立了以供役地或需役地是乡村的还是城市的,来区分乡村地役权和城市地役权的标准。地役权的类型法定在整个古典法时期都被得以贯彻,且裁判官法丰富了这些类型。裁判官法不仅承认为市民法所承认但是按照其规则未完成设立的类型,而且承认不被市民法承认的新类型。在优士丁尼法中,尽管它强调构建一般意义上的地役权制度,但是私人享有在立法确立的框架内决定地役权的具体内容的自由。

三、设立地役权的方式

在罗马市民之间,如果涉及的是意大利土地,地役权首先可以通过要式买卖的形式设立,因为地役权居于要式物之列。此外,所有的地役权都还可以通过拟诉弃权的形式设立。② 根据市民法,不具特定形式的单纯合意不设立地役权,但是裁判官可以介入以保护取得人,形式是建立在上述合意之上的抗辩(exceptio),或许还可以是事实之诉(actio in factum)。③ 如果涉及的是行省土地,地役权通过"简约和要式口约"(pactiones et stipulationes,又译为"以协议

---

① D.8.1.3(保罗):"有的地役权设立在土地上,有的地役权设立在地上物上。"D.8.4.1pr.(乌尔比安):"我们将城市的建筑物也称作土地;此外,城市地役权也完全可以在位于乡村庄园里的建筑物上设立。"I.2.3.1:"城市地役权是那些与建筑物密不可分的地役权。之所以称它们为城市地役权,是因为一切建筑物都被称作城市土地,即使建筑物修建于乡村。……"

② Gai.2.29:"城市土地上的权利只能通过拟诉弃权转让;而乡村土地上的权利也可以通过要式买卖转让。"

③ D.8.5.16(尤里安):"如果我从你处购买了如下权利,即我可以合法地将我的建筑物的滴水置于你的建筑物之上;后来,在你知情的情况下,基于该购买行为我将水排至你的建筑物之上。我提出这样的问题,即我是否以此名义受到某个诉讼或抗辩的保护。我的回答是,我可以使用这两个保护措施。"D.43.18.1.9(乌尔比安):"地役权亦可以根据裁判官法设立。比照市民法设立的地役权,它们可以通过扩用之诉得到保护。……"

形式设立")的形式设立;①在此情形中,地役权的物权设立效力似乎是由简约产生的,前提是该简约的订立伴随着设立之人通过要式口约的形式作出承诺,保证尊重对方地役权之权利行使。在优士丁尼法中,要式买卖和拟诉弃权的庄严形式均被弃而不用,单纯的合意和要式口约都已足以设立地役权。② 被列为要式物的各种地役权(很可能只是那些最古老的地役权类型),还可以因取得时效而取得。直至共和末期一部名为《斯克里波纽斯法》的法律禁止通过时效取得设立地役权以前,③这些古老的地役权种类都被认为是有体物,因此都是可以被时效取得的;而该部法律颁行后,它们开始被认为是无体物,因此无法被时效取得;在整个古典法时期,都一直遵循地役权均不得被时效取得的原则。④ 到了优士丁尼时期,开始重新承认可以通过长期时效(longi temporis praecriptio)取得地役权;对于在同一城邦的人(inter praesentes)而言,期间为十年,对于不在同一城邦的人(inter absentes)而言,期间为二十年。⑤ 另外一种设立地役权的方式即所谓的保留(deductio)。保留发生于下述情形中,即某人转让自己的一块土地[在古典法时期通过要式买卖、拟诉弃权或者直接遗赠(legatum per vindicationem)的形式,在优士丁尼时期,通过让渡(traditio)或者具有物权效力的遗赠的形式]之时,在该土地上保留一项地役权,以有利

---

① Gai.2.31:"……但是,关于行省土地……如果某人打算在其上设立……通行权、引水权、建筑物加高权、为防止遮挡邻人采光的限制加高权或者其他类似权利,他可以采取简约和要式口约的形式,因为这些土地本身都不能通过要式买卖和拟诉弃权的形式转让。"C.3.34.3(a.223):"在行省土地之上也可以设立引水权和其他地役权,只要存在设立地役权的各项要件:因为缔约人之间的合意应当得到尊重。……"

② I.2.3.4:"倘若有人希望为其邻人设立一项权利,则他应采用简约和要式口约的方式。……"

③ D.41.3.4.28(29)(保罗):"……《斯克里波尼亚法》废止了对地役权设立的时效取得……"

④ D.8.1.14pr.(保罗):"即使乡村地役权附丽于有体物之上,它们亦属于无体物,故不能时效取得之。……" D.41.1.43.1(盖尤斯):"显然,无体物既不能被让渡,也不能被时效取得。"

⑤ C.7.33.12.4 (a.531):"关于土地以外的物,即存在于权利之中的无体物,如……地役权,这些规定也应当被遵守。"(亦即长期取得时效制度也适用于地役权。)

于另一块自己享有所有权的土地的使用。① 在古典法中,地役权还可以通过直接遗赠设立,在优士丁尼法中,还可以通过具有物权效力的遗赠设立。② 无论是在古典法中还是在优士丁尼法中,设立地役权的另外一种方式是分割裁判(adiudicatio)。在分割裁判中,承审员可以为了有利于分配给其中一位共有人的土地的使用,而在分配给另一位共有人的土地之上确立一项地役权。③ 在优士丁尼法中,还承认地役权的如下设立方式:通过准让渡(quasi traditio)设立,即供役地的权利人容忍(patientia)需役地的权利人行使(usus)地役权;④ 还可以通过现代的法学术语所称的"家父的指定"来设立,即一块土地曾归某人单独所有,而该土地的不同部分之间存在一部分永续性地供役于另一部分的事实,若其后原所有权人将不同部分分别转让给不同的主体,则伴随着转让行为,地役权产生⑤。

---

① D.8.4.7pr.(保罗):"拥有两栋建筑物之人,在转让其中一栋时,应当准确指明[他希望设立的]地役权种类,因为如果只是笼统地说[在转让的建筑物上]设立地役权,要么不产生任何效力,缘于不能确定设立的到底是哪种地役权,要么该建筑物负担何种类的地役权。"

② D.33.3.1(尤里安):"某人有两个相连的商铺,将它们分别遗赠给两个人。有人问,如果上面商铺的一部分建在下面商铺之上,那么下面商铺之上是否负担有承重的地役权?他回答说,设立了此项地役权。尤里安指出:如果该项地役权已被特别设立,或者在遗赠时采用'我将我的商铺以现在之状况遗赠'的形式,这样说是正确的。"

③ D.10.2.22.3(乌尔比安):"此外,在分配几块土地之时,承审员可以为了一块土地的使用,而在另一块土地之上设立一项地役权。但是,如果他已经将一块土地不加任何负担地分配给一人,那么在分配另一块土地时,就不能再在前一块土地上设立一项地役权。"

④ D.6.2.11.1(乌尔比安):"……通过让渡或者对行使地役权的容忍(例如,某人容忍他人的水渠从己家经过)而设立的城市地役权亦同。乡村地役权也是一样,因为让渡和容忍应当得到同等的保护。"D.8.3.1.2(乌尔比安):"显然,通过让渡和通过容忍而设立的地役权,裁判官都会依职权对之进行保护。"

⑤ D.30.81.3(尤里安):"某人将建筑物之外的土地遗赠。'建筑物'可以指地上建筑物,也可以包括在其上修建建筑物的土地。如果排除的只是地上建筑物,则[尽管排除的是建筑物],[受遗赠人也]可以基于受遗赠的权利而对整块土地提起原物返还之诉;但是继承人可以提出诈欺抗辩,因此可以居住于乡村庄园之中,并相应地拥有通往庄园的个人通行权或负重通行权。如果排除的还有下面的土地,那么[受遗赠人]将对乡村庄园之外的土地提起原物返还之诉,且乡村庄园完全配有地役权,就如同一位所有权人拥有两块土地,将一块土地遗赠,则该块土地应供役于另一土地。应当更倾向于这样解释,即立遗嘱人也考虑到了下面的土地。离开了土地,其上的建筑物无以存在。"

四、地役权的内容

关于地役权的内容,前文已提及,存在内容各异的不同地役权类型。首先,四种最古老的乡村地役权,三种关于通行[个人通行权(iter),负重通行权(actus),道路通行权(via)],一种关于引水(aquaeductus):个人通行权是步行或骑行通过的权利,负重通行权是驾驶车辆或驾驭驮畜通过的权利,而道路通行权包含前面几种权利的内容;引水权是经过他人土地导引水流的权利。[①] 后来,又增加了新的也被列为乡村地役权(尽管对此存在一些疑问)的权利类型;且在古典法时期它们应该也是要式物,[②]因为它们与更为古老的地役权之间具有相似性,它们是:汲水权(aquae haustus),放牧权(servitus pecoris pascendi),以及烧制石灰权、采掘石灰权和采沙权(servitutes calcis coquendae, cretae eximendae, arenae fodiendae)这些与矿藏使用相关的权利。[③] 之后又产生了各种城市地役权,包括:排水役权(servitus stillicidii),即将雨水排放至邻居土地上的权利;流水役权(servitus fluminis),即通过渠道排水的权利;排放污水役权(servitus cloacae),即将污水排放至他人土地上的权利;搭梁役权(servitus tigni immittendi),即房梁伸进他人建筑物中的权利;支柱役权(servitus oneris ferendi),即用邻人的建筑物支撑自己的建筑物的权利;伸出和遮盖役权(servitus proiciendi protegendive),即自己的建筑物探入和遮盖邻人土地的权利;眺望权(servitus luminum),即通过邻人土地观望的权利;限制加高役权(servitus altius non tollendi),即限制邻居加高建筑物的权利;禁止妨

---

① I.2.3pr."乡村地役权有如下几种:个人通行权、负重通行权、道路通行权和引水权。个人通行权是个人通过或散步其中,但不包括驾驭驮兽或驾驶车辆[经过他人土地]的权利;负重通行权是驾驭驮兽或驾驶车辆[经过他人土地]的权利。因此,享有个人通行权的人无负重通行权;而享有负重通行权的人却也享有个人通行权,即使不带驮兽亦可行使该权利。道路通行权是通过、驱兽或驾车通过及散步[于他人土地之中]的权利。确实,道路通行权本身包括了个人通行权和负重通行权。引水权是经过他人土地导水的权利。"

② Cfr.,除了注释 2 所引 Tit.ex.corp.Ulp.19.1 及注释 3 所引 Gai.2.17,还隐含于 Gai.2.14a:"……城市地役权是略式物。……"Vat.fr.45(a.298):"……城市地役权与之相同。"[将城市地役权与用益权作相同对待,因为前者也是略式物(nec mancipi),只能通过拟诉弃权(in iure cessio)设立。]

③ I.2.3.2[v.D.8.3.1.1(乌尔比安)]:"有些人正确地认为下面的[权利]属于乡村地役权:汲水权、饮畜权、放牧权、烧制石灰权和采沙权。"

碍采光役权(servitus ne luminibus officiatur),即要求邻居不遮挡自己建筑物的采光的权利。①

五、地役权的一般原则

地役权的类型法定并不排斥存在适用于所有地役权种类的一般原则,尽管为了满足实践的需要,这些原则有不少例外和变通。例如,对于一般原则,裁判官可能基于自己的职权辟出例外或有所变通。到了优士丁尼时期,例外和变通的数量更多。我们前面已经谈到,地役权乃是为了需役地的利益而部分使用供役地的定限物权。(a)"对己物不能享有役权"(nemini res sua servit)。地役权的存在,首先,以两块土地——供役地和需役地——不归属于同一所有权人为前提[用一句谚语表达就是"对己物不能享有地役权"(nemini res sua servit)],②这是因为否则的话,就会出现地役权的内容已经包含于需役地所有权人也享有的对供役地的所有权之中的结果。(b)"役权不得表现为要求作为"(servitus in faciendo consistere nequit)。其次,地役权可以确保权利人对供役地的部分使用,同时根据该使用是通过权利人对供役地的积极干预来体现的(人们称相应的地役权为"积极地役权"),或只是通过地役权人的要求他人为消极的行为来体现[人们称相应的地役权为"消极地役权",属于此类的权利如限制加高役权(servitus ne altius tollatur)、禁止妨碍眺望役权(servitus ne prospectui officiatur)、禁止妨碍采光役权(servitus ne luminibus officiatur)等],强加给供役地的所有权人以及其他任何第三人一个容忍(pati)义务或者不作为(non facere)义务,但是不会是一个作为(facere)义务

---

① D.8.2.2(盖尤斯)-3(乌尔比安):"城市地役权包含如下种类:加高役权、妨碍采光役权、限制加高役权,同样地,还有排水役权、不排水役权、搭梁役权,以及伸出和遮盖役权和其他类似权利。此外,还有一种地役权,即禁止妨碍眺望役权。"I.2.3.1:"……城市地役权包括:一邻人的[建筑物]支撑另一邻人[建筑物]的负重,一邻人可以在另一邻人的墙上伸入房梁,某人接受或不接受邻人的水滴落或流到自己房屋或土地上,某人不得加高自己的建筑物以妨碍邻人采光。"

② D.8.2.26(保罗):"如果另外一个所有权人不同意,则任何一个所有权人均不得基于地役权在共有物上实施一定的行为,也不得禁止另外一个所有权人实施一定的行为;确实,任何人对己物都不得享有地役权。……"D.7.6.5pr.(乌尔比安):"……对自己的土地不能享有地役权……"D.8.3.33.1(阿弗利卡努斯):"……任何土地都不能为了提高其效益而在自身上设立地役权……"

[相应的法谚为"役权不得表现为要求作为"(servitus in faciendo consistere nequit)]。① 但是支柱役权(servitus oneris ferendi)构成上述原则的一个例外。支柱役权使供役地的所有权人承担一个维持其建筑物处于良好状态,以适于对建于需役地之上的建筑物承重的义务。② (c)对需役地有益。地役权的设立须对需役地有益,也就是说,其内容应当有利于需役地土地的使用,可以提高农业用地的产出或者建筑用地之上的建筑的功用。如果只是单纯对于需役地所有权人个人而非需役地有益,尚非已足,③(即所谓的不规则地役权,这种地役权被优士丁尼法所承认);④这就要求供役地和需役地,如果不是正好毗邻,⑤至少也是相邻的(praedia vicina esse debent);⑥所谓的工业地役权未被承认,工业地役权的设立不是为了有利于需役地的使用,而是为了有利于

---

① D.8.1.15.1(彭波尼):"役权的本质不是使人为某事,比如剪除植物或者使景色更为适意,或者为了达到此目的而[在自己的建筑物上]绘画,而是使人容忍或者不为一定的行为。"

② D.8.5.6.2(乌尔比安):"至于支柱役权,为了使[建筑物]承重和使[其所有权人]维护建筑物以使之处于设立时的状态,我们享有诉权。伽鲁斯认为,不能设定一项地役权以迫使某人做某事,而只能设立一项地役权使他不禁止我做某事。确实,在所有的地役权中,维护都应由地役权的权利人实施,而非由供役之物的主人实施。但是,在上述情形中,塞尔维的观点占了上风,即权利人为了使对方的墙壁适于承重前者的建筑物,有权要求后者对其墙壁予以维护。另外,拉贝奥写道,负担地役权的不是人,而是物,所以所有权人可以合法地抛弃物。"

③ D.8.1.8pr.(保罗):"不能为了到他人土地上采摘果实、散步或用餐而设立地役权。"

④ D.8.3.4(帕比尼安):"放牧役权与饮畜役权一样,如果土地的收益特别与牲畜相关,则人们认为役权更多是为地而设而非为人所设。不过,如果遗嘱人指定了因役权而受益之人,则买受人或受益人的继承人不享有役权。"

⑤ 虽然有下述片段,但是其实并不要求必须毗邻。D.8.3.7.1(保罗):"另外,涉及乡村土地时,一块没有在其上设立地役权的土地,如果处于两块土地中间,会有碍地役权的设立。"

⑥ D.8.3.5.1(乌尔比安):"涅拉丘斯在《论普拉丘斯》中认为,除非拥有相邻的土地,否则不可能在他人土地上存在汲水权、饮畜权、采掘白垩权、烧制石灰权这些役权。他还说,普罗库勒和阿提利奇努斯也持该观点。……"

位于其中的工业生产；①地役权，至少是汲水权，应当是为了满足一种时间上永续存在的需求［相应的法谚即为"地役权须为永续原因而存在"（servitutis causa perpetua esse debet）］，②不能对其附加条件或者终止期限，尽管裁判官法允许这样做，并在条件成就或期限届至时，给予"抗辩"以阻碍地役权权利人提起的诉讼。③ （d）对需役地的附从性。从地役权要有利于需役地的使用这一原则还可以得出，对地役权的享有要从属于对需役地权利的享有之原则。意思是说，地役权只能由需役地的所有权人（或者对需役地享有内容广泛的用益物权的人）来行使，并且该权利与对需役地享有的权利不可分离（除非前者消灭），亦即该权利自动移转给需役地的继受取得人（同样地，在消极方面，地役权继续由供役地负担，哪怕供役地的所有权人已经发生了变更），而不能只保留该权利或者将之与所有权分离单独转让，不能构成独立的用益权的客体，④［用优士丁尼时期的法谚表达就是"不得存在地役权的地役权"（servitus servitutis esse non potest）］。⑤ 但是，至少在优士丁尼法中，存在下述两种可能：即可以将乡村地役权出质，并且给予作为质权人的债权人相应的措施以保

---

① D.8.3.5.1（乌尔比安）："……不过他本人还说道，为了设立烧制石灰权和采掘白垩权这些役权，不能超过［需役］土地本身所需的量。" D.8.3.6 pr.（保罗）："就如同一个人拥有加工白垩的作坊，制作出容器以盛带土地产出的孳息（例如在一些土地中，用罐子运输葡萄酒，或者制作坛子来储存葡萄酒），或者做瓦以建造庄园。但是如果以经营为目的拥有一个作坊，加工白垩以出售容器，那么［设立的权利］将是一项用益权。"

② D.8.2.28（保罗）："在房间或餐厅墙壁的底部打一个孔，目的是清洗地板，正确的观点是，不存在流水役权，也不能因时间的经过而取得相应的权利。确实，如果雨水不流经此孔（那么，人为完成的事物便不存在永续的原因），而如果水自天上来，尽管不是一直在下，那么由于自然的原因，人们也认为存在永续的原因。的确，一切地役权均应当具备一个永续的原因，因此不能在水池或水塘上设立汲水权。排水权也须具备自然和永续的原因。"（或有添加？）

③ D.8.1.4 pr.（帕比尼安）："在严格法律意义上，地役权的设立不得附加始期或终期，不得附加［延缓］条件，也不得附加某个确定的条件（如'到我想要时'）；但是，如果附加了上述要件，则可以通过简约抗辩或恶意抗辩，以对抗违反协议要回地役权之人。卡修斯说，萨宾是这样解答的，卡修斯本人也持这种观点。" D.45.1.56.4（尤里安）："……缔约在一号被给予某物之人在一号之后也可以提起诉讼，但是会受到产生于简约的抗辩。"

④ D.8.3.33.1（阿弗利卡努斯）："……亦不得在地役权上设立用益权。"

⑤ 于片段 D.33.2.1 中被添加。

护其行使权利,①以及通过私人行为背离一般原则。② (e)不可分性。最后,地役权是不可分的:③因此,不能为了需役地的份额或者在供役地的份额上设立地役权[相应的说法是"不能为了部分而设立地役权"(servitus per partes constitui non potest)]。然而,一旦供役地的所有权人取得需役地的所有权共有份额,或者发生相反的情形,则地役权仍然完整存在而非按照份额比例消灭[相应的说法是"地役权为各部分继续存在"(servitus per partes retinetur)];④并且,至少在优士丁尼法中,共有人之一单独在共有土地上设立

---

① D.20.1.11.3(马尔西安):"城市地役权不得被出质。因此,其权利人也不得与人达成合意将它们抵押。"D.20.1.12(保罗):"然后,彭波尼说,需要来看是否允许就道路通行权、个人通行权、负重通行权以及引水权的出质达成合意,以使订立这样的协议,即在所欠的金钱被支付之前,债权人可以行使这些地役权(意思是,只要他拥有相邻的土地),并且如果在某个确定的日期到来后金钱仍未支付,允许将这些权利卖给邻人。为了缔约人的利益,该观点应当被采纳。"

② D.8.3.33.1(阿弗利卡努斯):"根据一项地役权,你引水经过不同所有权人的土地,则地役权是如何设立的并不重要。你既不能为这些所有权人中的一人,也不能为其他邻人设立从水渠中取水的权利,除非就此专门订立简约或要式口约。确实,如果订立了简约或者要式口约,就可以允许这样做,尽管不能为了任何土地而在其上设立地役权,亦不得在地役权上设立用益权。"

③ D.8.1.17(彭波尼):"不能以在一部分上设立道路通行权、个人通行权、负重通行权以及引水权为内容成立债权,因为这些地役权是不可分割的。故而,如果就设立地役权缔约的人死亡,而且他有多个继承人,那么每个继承人都可以就整个道路提起诉讼;如果承诺设立该地役权的人死亡,而且他有多个继承人,那么可以对每个继承人提起诉讼而主张全部的权利。"fr.Pomp.:"地役权也不能被分割:确实,它们的使用是一体的,对它们的分割是违反自然的。"

④ D.8.1.8.1(保罗):"如果我在你的土地上有一项地役权,不论是我成了你土地的一部分[份额]的所有权人,还是你成了我土地的一部分[份额]的所有权人,地役权都为各部分继续存在,尽管最初地役权不能部分取得。"D.8.3.32(阿弗利卡努斯):"你我共有一块土地。你将你的部分交付给了我,并且同时为该土地在你自己的相邻土地上设立了道路通行权。[尤里安]认为,通过这样的方式,地役权被正确地设立,在这种情形中,不适用通常所说的地役权不能被部分取得,也不能部分设立的规则。确实,地役权不是被部分取得的,因为地役权是在土地成为我一个人的同时被取得的。"D.8.4.6.1(乌尔比安):"倘若某人将建筑物或者土地的部分份额转让,那么他将不能设立一项地役权,因为地役权既不能部分设立,也不能部分取得。……"

地役权的，不得对他本人为之设立地役权的人行使地役权进行抗辩。① 另外，在需役地被分割的情况中，地役权仍为分割后的各个部分之利益而存在；② 而在供役地被分割的情况中，地役权到底是由分割后的所有部分负担，还是只由某些部分负担，这取决于分割的具体方式。③

六、地役权的司法保护

对地役权的司法保护首先通过维护役权之诉（vindicatio servitutis）来实现。该诉讼是旨在确认地役权存在的市民法之诉，它发端于原物返还之诉（rei vindicatio）。最初，可以通过提起原物返还之诉以主张个人通行权（iter）、负重通行权（actus）、道路通行权（via）及引水权（aquaeductus）这些（共有性质的）权利的存在。在后来优士丁尼时期的法学家那里，维护役权之诉被与维护用益权之诉（vindicatio ususfructus）、确认役权之诉（actio confessoria）相提并论。④ 维护役权之诉的积极适格主体即原告是需役地的所有权人。⑤ 根据某些法学家的观点，需役地的用益权人亦可提起该诉讼，⑥ 而另外一些法学家则

---

① D.8.3.11（杰尔苏）："一块土地属于多人所有，我在该土地上通行或运输通行的权利可［由共有人］通过分别的多个行为为我设立。但是，严格而言，在所有的［共有］人都为我设立之前，该权利还没有成为我的，只有最后的设立行为才确认了所有之前的设立行为。但是，出于仁慈的考虑，在最后一个人设立之前，那些已经作出设立行为的人也不能禁止对［他们］设立的权利的行使。"（该片段曾被添加。）

② D.8.3.23.3（保罗）："当地役权是为某一块土地而设立时，则对于该土地的每一部分而言，都存在地役权。因此，即使该土地被分成不同部分出售，地役权也伴随每一部分而存在，于是每个所有权人都可以正确地提起诉讼，主张拥有个人通行权。如果需役地被分割成特定的区域给了不同的所有权人，尽管地役权对土地的每一部分而言都存在，但是还需要明确的是，那些拥有与供役地不相邻的部分的所有权人，基于该地役权，或者如果邻人容忍，可以通过土地分割后的其余部分。"

③ D.8.6.6.1a（杰尔苏）："但是在这一点上，如果供役地以下述方式分割，问题将显得更为疑难。……"

④ D.8.5.2pr.（乌尔比安）："关于役权，我们可以提起对物之诉，比照那些与用益权相关的诉讼，这些对物之诉既有确认之诉，也有否认之诉；确认之诉由主张享有役权之人提起，否认之诉由否认这种主张的所有权人提起。"（该片段曾被添加。）

⑤ D.8.5.6.3（乌尔比安）："该诉讼是对物之诉，而不是对人之诉。它只能由建筑物的所有权人向所有权人提起，就如同其他关于役权的诉讼中的请求那样。"

⑥ D.43.25.1.4（乌尔比安）："尤里安还认为，用益权人可以提起维护役权之诉。……"

认为,对于为了作为用益权客体的土地之利益而设立的地役权,或许只能提起维护用益权之诉(vindicatio ususfructus)。① 通过扩用之诉的形式,至少在优士丁尼法中,享有质权的债权人、永佃权②和地上权人③也可以提起该诉讼。一般而言,维护役权之诉的消极适格主体即被告是供役地的所有权人,④但是后来逐渐承认可以提起对任何人(erga omnes)的诉讼,即对任何以其行动否认地役权之人,包括对供役地的用益权人、别的地役权人或者单纯的占有人,提起诉讼。⑤ 在程式诉讼中,如果涉及的是积极地役权,则诉讼程式是肯定形式的;⑥如果涉及的是消极地役权,则是否定形式的。⑦ 裁判官的告示只提供了某些地役权的程式范例,这些权利有关于通行的最古老的几种乡村地役权,城市地役权中的排水役权、流水役权、搭梁役权、支柱役权、限制加高役权以及乡村地役权中的引水权。这个仿效原物返还之诉构建起来的诉讼制度,其目的不仅在于使被告承担将状态回复至在争讼程序开始时,假如权利的行使得

---

① D.7.6.1pr.(乌尔比安):"倘若一项地役权为了一块没有用益权的土地而设,马尔切罗,在评注尤里安的第八卷,对拉贝奥和涅尔瓦的观点表示赞同。根据该观点,用益权人当然不能提起诉讼主张返还地役权,但可以提起诉讼主张返还用益权,并通过后一种返还请求,在邻人不容忍其行使个人通行权和负重通行权时,让邻人对他承担如同不容忍他使用和收益那样的后果。"D.7.6.5.1(乌尔比安):"有人提出这样的问题,即用益权人的对物之诉只能向所有权人提起,还是可以向任何占有人提起。尤里安,在其《学说汇纂》第七卷中写道,用益权人有权对任何占有人提起该诉讼。确实,在一项地役权为了一块负担有用益权的土地而设之时,用益权人要求临地所有权人返还的不是地役权,而是用益权。"

② D.8.1.16(尤里安):"给予接受一块土地出质之人以对役权的扩用返还之诉,这并非不公,就如同给予对该土地本身的扩用返还之诉一样。对于拥有税赋地之人,适用同样的规则。"

③ D.39.1.3.3(乌尔比安):"如果我是地上权人,我的邻人要进行新施工,我能发出新施工告令吗?通行的观点是我的地位类似于承租人。但是裁判官会给我扩用的对物之诉,因此,我也会被给予一个关于地役权的诉讼,我也可以发出新施工告令。"(该片段曾被添加。)

④ D.8.5.6.3(乌尔比安):"该诉讼是对物之诉,而不是对人之诉。它能由建筑物的所有权人向所有权人提起,就如同其他关于役权的诉讼中的请求那样。"

⑤ D.8.5.10.1(乌尔比安):"该诉讼不仅可以对从其土地上取水或者经其土地引水之人提起,而且如同其他役权那样,还可以向任何妨碍引水之人提起。一般而言,对于任何妨碍我引水的人,我都可以提起该诉讼。"

⑥ "如果证实奥罗·阿杰留斯无权(例如,在讼争土地上通行)……"

⑦ "如果证实努梅留·内基丢斯无权违背奥罗·阿杰留斯的意愿(例如,加高建筑物)……"

到了保障之状态的责任,而且还很可能在于使被告提供一个不侵扰保证(cautio de amplius non turbando)。在荣誉法中,类似的诉讼于旨在保护行省土地上设立的地役权时应该可以被提起,这种诉讼很可能还可以用来保护仅被裁判官承认的地役权:关于第二项功能,允许提起普布流斯之诉(actio Publiciana)或许不是古典法的制度。① 在古典法中,地役权的主体就已经可以提起排放雨水之诉(actio aquae pluviae arcendae),②很可能还可以要求提供潜在损害保证(cautio damni infecti),以及发布新施工告令(nuntiatio novi operis)。③

七、地役权的消灭

地役权的消灭原因有:权利抛弃,在古典法中权利抛弃须依拟诉弃权之形式实施,同时,采用的是排除妨害之诉(actio negatoria)的程序架构,而在优士丁尼法中权利抛弃已经成了不要式行为;④混同(confusio),即供役地的所有权人和需役地的所有权人二者之身份同归于一人;⑤物灭失或者不再是交易物(commercium),哪怕只有需役地或供役地中的一块灭失或成为非交易

---

① D.6.2.11.1(乌尔比安):"某人欲因用益权提起诉讼,如果用益物[仅仅]曾被让渡,则给予此人普布里其之诉。对于通过让渡或者容忍(例如,容忍他人水渠流经己家)而设立的城市地役权,亦是如此。对于乡村地役权而言,亦然,因为此处的让渡和容忍也应当被保护。"(该片段曾被添加。)

② D.39.3.25(尤里安):"基于自己的某一块土地而享有道路通行权的人,可以因该土地而提起排放雨水之诉,因为如果道路通行权受到侵扰,其土地将会遭受损害。"

③ D.43.25.1.3(乌尔比安):"享有所有权或地役权的人有权发布新施工告令。"

④ D.8.2.21(彭波尼):"倘若你的房屋对我的建筑物既负有限制加高役权,又负有排水役权,之后我给予了你可以违背我的意愿加高你的建筑物的权利,那么对于我享有的排水役权,应当适用如下规则:如果你加高自己的建筑物,会导致我的滴水无法流至你的建筑物之上,则基于此项理由你无权加高;反之,如果你的加高不会妨碍我的滴水,则你有权加高。"

⑤ D.8.6.1(盖尤斯):"如果同一个人开始成为[需役地和供役地]这两块土地的所有权人,那么地役权将因混同而消灭。"

物;①地役权变得没有任何用途;②地役权的不行使,在古典法中,权利的不行使要达到两年,在优士丁尼法中,根据在当地人之间或者在异地人之间的不同,分别要达到十年或二十年,并且,如果涉及的是城市地役权,还要一直存在构成权利行使障碍的事实[即役权时效收回制度(usucapio libertatis)]。③

---

① D.7.4.24pr.-1(雅沃伦):"……倘若河流改变了河床,并开始从园中流过,我认为用益权消灭,因为此地已经变为公共的河床,且无法回复至原来的状态。拉贝奥认为个人通行权和负重通行权亦应当适用同样的规则。我认为,这些权利和用益权在这一点上没有差别。"

② D.8.5.6pr.(乌尔比安):"如果某人居于中间,由于他不受任何役权的约束,加高其建筑物,以致我不可能再遮挡你的窗户,倘若在这种情况下我加高了自己的建筑物,那么,你起诉我,主张我无权不经你的同意而修建将是徒劳的。……"

③ P.S.1.17.1-2:"两年不行使道路通行权、个人通行权、负重通行权或引水权的人,将丧失其权利;对于那些尚未因不行使而丧失的[权利]无法时效取得。汲水权或引水权同样也因两年的不行使而消灭,因两年的使用而时效取得。"D.8.2.6(盖尤斯):"这些权利,如同乡村地役权,也因一定期限的不行使而消灭。但是,它们还存在如下不同:前者不是在任何未被行使的情况下均消灭,只有邻人土地因时效而不再受拘束之时,这些权利才消灭。比如,倘若你的建筑物对我的建筑物负有限制加高的役权,以免影响我的建筑物的采光,我在[导致役权消灭的]规定期限内堵住或封上了窗户,那么,只有你同时加高了自己的建筑物,我才丧失该权利。否则,如果你没有实施任何新的行为,我将仍然保有地役权。……"

塔拉曼卡论罗马法中的地役权

[意]马里奥·塔拉曼卡* 著　向　东** 译

摘　要：罗马法中的地役权制度经历了漫长的发展，并在优士丁尼时代完成大致的体系建构。与地上权、永佃权、用益权相比，地役权具有独特的性质：例如对所有权的限制程度较低、不得单独让与、不得与土地分离、不得要求积极作为，要对需役地有益等等。它在古法中被认为具有某种所有权的形式，随着法学技术的精细化和法律科学的建立而被纳入他物权的范畴。在罗马人的经验中，地役权的类型并不"法定"，若社会需要一种新类型的地役权，则由裁判官依职权进行斟酌裁断。

关键词：地役权；乡村地役权；城市地役权；罗马法

一、概述

在部分物权（diritti reali parziari）的分类中，罗马法学家们并未讨论他物权和担保物权之间的区别，也未曾主张前者应为一类，尽管在很多方面诞生在先的地役权（servitù prediali）和在后的用益权有一些共同点。盖尤斯也同样通过构建论题的方式暗指两者同属无体物的范畴。①

可以确定的是，他物权（ius / iura in re aliena）的名称自古典时期就开始

---

* 马里奥·塔拉曼卡（Mario Talamanca），意大利罗马一大（Sapienza—Università di Roma）已故罗马法著名教授。本文译自其 Istituzioni di Diritto Romano，Dott. A. Giuffrè Editore，1990，pp.454～461。题目、摘要、小标题均为译者所加。脚注为原文括号内的部分，译者按照中文习惯进行了调整，并将原始文献原文附上。

** 向东，陕西师范大学哲学与政府管理学院法学系讲师，法学博士。

① Gai.2，14."无体物是那些不能触摸的物品……对城市土地和乡村土地的权利同样属于无体物……"译文转参考了盖尤斯：《法学阶梯》，黄风译，中国政法大学出版社1996年版，第82页。

使用了,但是并未作为一个全面包括地役权(le servitutes / iura praediorum)和用益权的类别:在使用特征上,它几乎仅仅涉及地役权。

在优士丁尼皇帝的编纂活动中,这些权利统一归于役权之下,被理解为一类。这个重要的一般性抽象,在一同进行的编纂活动中,未被优士丁尼《法学阶梯》体系采纳。根据被认为是在后古典时代或由编纂者添加的相关文献,当时很少将用益权和役权相提并论。仅有一个原始文献的段落提出了明确的区分——这是对陈旧理论进行发展的起点:根据记录于 D.8,1,1 中的马尔西安的观点,役权原则上分为地役权①,以及人役权②。③ 这个段落曾被审慎地批评为添加过的,但是,截止到目前,尚无人能够质疑该段落所讨论的问题是马尔西安个人提出的。

在役权的组成中,为什么包括了地上权而永佃权却被排除在外的问题,也在此被讨论[D.27,9,3,4 记录的乌尔比安的作品里,土地的权利(ius praedii)]。

二、地役权与类似权利的关系

传统中的用益物权包括了役权和用益权,以及具有类似形态的地上权和永佃权。这些权利的形态对物的所有人之权利产生不同的影响。在实践层面,事实上,地上权和永佃权赋予权利人与所有权同样的权能。唯一的实质性限制在于,所有权人有权要求租金的支付(在地上权或永佃权消灭时,保护让渡人恢复土地完整权能的可能性)。用益权人的权能在使用和收益方面的适用也非常广泛:始终可以处分其权利之"空虚所有权人"(nudo proprietario),在用益权消灭时,实际上仅有恢复对物的所有这一权能之权利(临时性的至关重要的权利)。与之不同,在地役权中,对所有权的限制不受到时间的妨碍,且很少削弱所有权的权能,因此,不能将地役权关系中的所有权人称为"空虚所有权人"——所有者在他物权的范围之外对所有物享有仍然存在的剩余利益,

---

① 古典意义上的 servitutes,或者 iura praediorum。
② servitutes personarum,包括用益权、使用权(uso)和居住权(abitazione)。
③ D.8,1,1。马尔西安:《规则集》第 3 卷"役权或者是人役权,比如使用权和用益权,或者是地役权,比如乡村地役权和城市地役权"。本文所引《学说汇纂·第 8 卷》中涉及的法言,均转引自优士丁尼:《学说汇纂·地役权(第 8 卷)》,陈汉译,[意]纪蔚民校,中国政法大学出版社 2009 年版。译文稍有修改,下文不再重复标出。

而这对所有权的影响是相对的［例如，一个通行役权（servitù di passaggio）］。

三、地役权的概念和特征

在用益物权中，毫无疑问，地役权是最古老的一种。它通常被定义成为一块土地的利益而对另一块土地施加的负担。这一基本表述揭示了地役权的社会经济功能，未涉及其法律关系结构：在这个表述中，地役权是一项他物权，基于此，供役地（fondo servente）的所有者不得不对需役地（fondo dominante）所有者承担不在其土地上从事一定活动的义务（亦即"消极役权"），或者允许需役地所有者在供役地上从事活动的义务（亦即"积极役权"）。

地役权的根本特征在于它与土地的不可分离：在供役地或需役地转移时，地役权一并转移。此外，地役权不得被单独让与，单独让与地役权的行为无效。

以上特征构筑了地役权的附随性（ambulatorietà），任何在后取得供役地所有权的人均处于地役权的限制之下［消极的附随性：它并不是地役权独有的特征，而是由地役权属于物权这一事实决定的，另一方面，参见第20节关于"因物之债"（obligationes propter rem）部分］，任何需役地的所有权人都可以主张其权利（积极的附随性，地役权独有的）。

四、地役权的历史演进

至少从公元前3世纪晚期开始，地役权属于他物权的认识在罗马人中扩散开来。但在理论上，推测认为由于社会经济功能的变化，导致晚近的地役权的法律结构与早期不同：早期的需役地所有者被认为对供役地具有某种形式的所有权，在该部分的使用上可以更加适当的行使其权力。

该观点是基于这些事实得出的：最古老的地役权，亦即乡村地役权，在帝政时期仍被视为要式物，系通过要式买卖的方式设立。然而，在这一时期，乡村地役权被认为是无体物，且因为时效取得不适用于无体物的原因，《斯克里波纽斯法》(les Scribonia)①废止了可通过时效取得之的古法。在这一背景下，在共和国晚期和古典法时代，汲水役权(servitu di presa d'acqua)——在实践中，同时也呈现在法学家作品中——表现出了与他物权完全不同的一面：将泉水的所有权赋予需役地的所有者。可以指出的是，最古老的役权，例如通行役权或者引水役权(di passaggio e di acquedotto)，可以很容易地给出另外一种相似的解决方案。

这些推测的基本内容即使在最近的评论中亦被认同。事实上，应该说按照当时罗马人的经验，很难精准界定他物权的形式。需役地的所有者被授予主张其经常通行之袋状土地的权利，主张其取水之水源的权利，主张其对通向自己土地之水渠(rivus)的权利：恰当地说，因为无法在法律上深化区分，需役地所有权人对其通行之土地或者取水之水源的权利就成了所谓的所有权(titolarità)。

从这个角度来看，不能说需役地所有者在供役地上施行的被授予之权利系排他的所有权或者共有的所有权(comproprietà)：在实践中这所谓的所有权显然或多或少受到重要的限制。例如，供役地的所有者使用道路的可能性是不可能被排除的[但水源地(fons)的解决方式可能不太一样]，并且，地役权原则上不可能脱离需役地而单独转让。从实务的角度来说，这一模式颇类"区分所有权"(geteiltes Eigentum)，所有权在功能上被分割开来(第87节)，而此种功能上的分离实为理论上未达到精确认识的结果。

这种对于地役权经验主义的构筑在公元前3世纪和公元前2世纪之间遭遇了危机。由于法学技术的完善和法律科学的形成，伴随着新的地役权类型的出现，例如乡村役权和用益权(第98节)，将地役权视作对供役地部分的享有所有权的观点实质上就不再恰当：这一危机导致了被视为他物权之地役权形式的诞生，而在之前，这仅适用于用益权。

五、地役权成立的条件

地役权的设立，有确定的标准和前置条件。首先，需要需役地客观存在使

---

① 《关于役权时效取得的斯克里波纽斯法》(Lex Scribonia de usucapione servitutibus)，约公元前1世纪末颁布，该法废止了可通过时效取得役权的古法，理由是役权不能占有，且取得时效期间很短，易滋纠纷。参见齐云：《罗马的法律和元老院决议大全》，载《罗马法与现代民法》第8卷，厦门大学出版社2015年版。

用的需要。从罗马人的经验来看,乡村地役权在农业生产中若仅能增加自身依附土地之价值是远远不够的,因为尚须考虑土地本身的社会经济功能。正是基于此,人们才可以理解,例如"采掘和烧制石灰役权"(ius cretae eximendae calcisque coquendae),仅当石灰本身是用于与需役地有关的劳动而不是为生产出售的石料时方可被允许;① 或者,放牧权(ius pectoris pascendi)的设立仅当需役地用于放牧时才被许可。②

与这一问题相关的是"工业地役权"(servitu industriali):当需役地主要用来进行农业生产而石料生意仅为副业的时候,前文提到的石头工厂并不足以排除地役权的存在。有趣的是,为了便于石料的开采,那么采掘原材料地方临近的土地上,可以设定一个放置开凿出来的石料的地役权。③ 事实上,设立一个工业地役权的许可,并不单纯主要取决于罗马法学家为其预先设定的活动条件(例如石头工厂或者陶瓷厂),而取决于罗马当时的工业发展情况。

需役地的客观利益要求,还导致需役地和供役地之间应是相邻的(恰如前文所言),或者必须足够靠近以便于行使地役权成为可能。相邻这个概念由联系的方式决定:人们可以在距离自己土地遥远的地方设立一项汲水役权,而同时在水源和需役地之间经过的土地设立引水役权。

罗马法的理论中还向我们提供了一个特殊的例子:"不规则地役权"(servitu irregolari):也是一种他物权,但是内容很特殊,不表现为用益权(或者其他类似的形态),但也不能归入严格意义上的地役权体系中,因为它的设立本质上系为特定的人在一块土地上进行活动之利益:例如,放牧牲畜通行权(il diritto di portare il gregge al pascolo),是为了特定主体的利益,而非相邻土地的利益。存在争议的是,这一物权类型在后来是否存续:在裁判官法的层面上它是否仍具有价值——通过一个欺诈抗辩或者简约抗辩,权利人即可得

---

① D.8,3,5,1。乌尔比安:《告示评注》第17卷"内拉蒂在《普拉蒂评注》一书中写道:不得拥有他人土地上的汲水权、饮畜权、采掘和烧制石灰役权,除非他有一块相邻的土地。他说普罗库鲁斯和阿蒂里奇努斯也持相同观点。但他本人还说,特别对于采掘和烧制石灰役权,不能超过需役地本身所需要的限度"。

② D.8,3,4。帕比尼安:《解答集》第2卷"如果土地的收益完全来自放牧,那么放牧役权也像饮畜役权一样,被视为同土地有关而非同人有关。然而,倘若立遗嘱人(明确)指定了役权受益人,该(人)役权便不能被转至土地的买受人或者(受益人的)继承人"。

③ 乌尔比安:《告示评注》第17卷"他(内拉蒂)在同一本书中写道:你可以授予其采石场与你土地邻接的邻居将土、碎石、石块抛到你的土地上或让石头滚到你的土地上并将它们留在那里而以后将之运走的役权"。

到救济——它的期限与需役地土地所有者的生命长度相关。但是,对于市民法来说,地役权的设立是为了需役地现在和将来所有者的利益。

六、"不得表现为要求作为"之原则与例外

作为一项物权,地役权施加给法律关系中的消极主体——供役地所有者——一项消极的不作为义务:在消极地役权中,表现为不行使本来属于所有权的某项权能;在积极地役权中,表现为容忍需役地所有者在自己土地上为某种行为。彭波尼描绘了该种区别,他明确指出:地役权的性质不表现在某人应该做某事,而表现为应该容忍某事或者不做某事。①

罗马法学家和现代理论在地役权问题上强调该原则适用于整个物权领域并非没有缘由。由于地役权的"特殊性",很容易在实践中体现出对供役地的所有者施加一个积极的作为义务:例如,为确保通过性而要求维持道路的良好状况。由此,出现了对上述原则的例外之情况就毫不奇怪了。该例外往往出现在"支柱役权"(servitus oneris ferendi)(指把自己的墙依靠在邻居墙壁上的权利)当中:在这方面,事实上,塞维鲁斯·苏尔毕求斯(Servio Sulpicio)的观点——与阿奎流斯·伽卢斯(Aquilio Gallo)严格的概念主义不同——占据优势,该学说认为,供役地的所有者负担有"墙壁维护"(reficere parietem)义务,使其处于良好状态,以便于使得墙壁能够为需役建筑物承重。问题在于,这是一个能够使作为他物权之地役权正常行使的义务②,供役地的所有者能够通过简单的对于供役地的"抛弃"(derelictio)而避免该义务的承担,于是,从实践操作上,这就阻止了把该义务视为一种"因物之债"(un'obligatio propter rem)的可能。

---

① D.8,1,15,1。彭波尼:《萨宾评注》第33卷"役权的本质不是要求供役地所有权人做某事,比如耕除花草或者让景观更加宜人,或为此目的而(在建筑物上)绘画,而是要求他容忍他人的某一行为或者自己不作为"。

② D.8,5,6,2。乌尔比安:《告示评注》第17卷"就支柱役权而言,迫使供役物所有者保护支撑物并按照设定役权时规定的方式修理建筑物的诉权属于我们。伽卢斯认为,不能设定迫使某人做某事的役权,而只能是使之不禁止我做某事的役权。因为就一般的役权而言,修理应由享有役权的人进行,而非由供役物的所有者进行。然而,赛尔维尤斯(Servi)的观点更为主流,他认为在上述特殊情况下,一个人有权迫使其相对方修理墙以支撑其重物"。拉贝奥(Labeo)则写道:负担此种役权的不是人而是物,因此允许供役物的所有者放弃其物。

在 D.8,5,6,2 中摘录的——歪曲而非添加——罗马法学家们认识到这确系地役权体系的一个例外:在效果上,其他类型的地役权中,只要不依赖于可归因于供役地所有人的事实,权利实现的必要工作均由需役地所有权人承担(因此债的关系基于抛弃义务的违反)。被理论界广泛接受的维多里奥·夏洛亚(Vittorio Scialoja)的观点认为,这一特殊制度的出现主要是因为,如果由需役地所有者承担维护(refectio)墙壁的义务,则供役地所有者可能因此获得不当得利(inguisto arricchimento)(因为主要是由他使用墙壁):这一解释说明了该例外的政治—立法的基础,但是并不能完全说明该例外存在的原因。并且,另一方面,我们没有看到为什么类似的情况未采用同样的原则。我们既不能说,在"役权诉讼"(vindicato servitutis)中,当"维护"之义务在承审员(iudex)发布"恢复原状的命令"阶段[在被告避免遭受罚金判决时(condemnation pecuniaria)],任何情况下的原告请求(intentio)均系针对"承受墙壁"(sustinere parietem),并且在该种情况下,法官不得因为产生于法律的权利和义务,以及供役地所有人承担的维护墙壁的义务,得出后者是积极义务的结论;也不能说,这里讨论的论证——尽管不是无误的——罗马法学家们已经注意到的支柱役权的特殊性,就意味着认识到该制度的特殊性构成原则的例外。

七、地役权的典型性问题

罗马法理论上曾长期讨论地役权的典型性问题。这并不是一般地说地役权本身的典型性(在罗马法的历程里,无人质疑其物权的特性),而是要确定在一般形态下,当事人是否必须遵循由法律体系所规定的典型的地役权(例如在合同的情况中:第 110 节),或者可以自由的根据自己的实际需要确定地役权的具体内容。从原始文献来看,没有任何一种地役权仅仅因为不属于某种典型的地役权类型而被否认:所以,并不存在合同的内容那样的类型强制。这并不意味着罗马法学家们没有将地役权识别出来,而是基于实践的惯例,在当事人具体的使用中以及具体的案例研习中赋予用益权以典型性。而且,这种类型化并不构成对地役权发展的阻碍,一旦有了新的需要,新的地役权类型就应运而生。

在实践中和理论上对于地役权类型的区分在某些时候是很清楚的,例如关于通行的权利,这种地役权最早和引水权相关。从乌尔比安《法学阶梯》中的论述发展而来的 I.2,3pr.记载了传统的三种地役权:"个人通行权"(iter),允许步行通过;"负重通行权"(actus),允许驾驭牲畜通过;"道路通行权"

(via),不仅存在于前述两种地役权当中,还允许驱车通过。区分这几种地役权的类型并非易事,正如前文对于具体情形的讨论一般,比如,"负重通行权"是否包括"个人通行权"的问题;最近的一种理论指出"道路通行权"是一个晚近,乃至后古典时代出现的类型(尽管识别出这种地役权非常困难,这种理论并未被接受)。这些类型的地役权在裁判官告示中都有所对应。根据勒内尔的推测,每种地役权都有不同的程式对应:在"乡村地役权"中,sedes materiae 适用于"个人通行权"、"负重通行权"(可能也包括"道路通行权"),"引水役权"则通过"排放雨水之诉"(actio aquae pluviae arcendae)保护;在"城市地役权"中,包括"限制加高役权"(servitus altius non tollendi)、"支柱役权"(oneris ferendi)、"搭梁役权"(tigni immittendi)和"排水役权"(stillicidii)。在其他的情形中,裁判官要核对具体案件与典型地役权的一般特征是否相符,程式需要一次一次重新构建。

八、地役权的类型

在罗马的历史进程中,或多或少的已经出现了地役权的类型化。在上文提到过的 D.8,1,15,1 中,彭波尼含蓄的将地役权区分为"积极地役权"和"消极地役权"两种。在 D.8,1,14pr.中,保罗用两个术语区分地役权:"持续地役权"和"非持续地役权"。① 持续地役权的行使无须需役地所有者的主动行为,在消极地役权中一般都是持续的(在其他的积极地役权中,例如上文提到的支柱役权,同样如此)。相反,非持续地役权则需要需役地所有者的介入(例如通行地役权)。然而,当时尚未出现"表见地役权"(在该种地役权中,权利的行使需要有持续的外观上可见的行为,例如"引水役权")和"非表见地役权"(其他所有的地役权均包含其中,例如"限制加高役权")的区分。

罗马人的典型地役权划分方式是"乡村地役权"和"城市地役权"。这一区分的标准十分明显:"城市地役权"涉及的是位于城市的土地,一般界定为建筑;"乡村地役权"则指农业用地。然而,古典法学家们并不依照土地的位置或者其经济社会功能来划分两者(事实上,这一变化可能发生在古典法时代晚

---

① D.8,1,14pr.。保罗:《萨宾评注》第 15 卷"乡村地役权即使附着于有体物,但属于无体物,因此不能被时效取得,这也是因为其具有不可能被确定地、持续地占有的性质。确实无人能持续地、永久地占有,以至于其占有被视为不(可能)有一个中断的时间。城市地役权也是如此"。

期):鉴于某些类型地役权的内容,他们被划分到"乡村地役权"的体系中,其余的则归入"城市地役权",这主要是考虑社会经济功能的实现。如此一来,无论涉及的土地在哪里,"通行地役权""汲水地役权""引水地役权"均归于"乡村地役权";而"限制加高役权""支柱役权"和"排水役权"均属于"城市地役权"。

进一步的问题是,"乡村地役权"仅包括最古老的四种"乡村地役权",亦即"通行权"(个人通行权、负重通行权和道路通行权)和"引水权",或者也包括其他的主要在乡村土地上实现的地役权,比如"放牧役权和采掘石灰役权"。该问题不仅是个分类问题,因为在设立和消灭的机制上,"乡村地役权"和"城市地役权"是有区别的。这一分类应该是详尽的,由此,晚近的关于农业的地役权应该被包括在乡村地役权当中,但是,由于"要式物"资格非常严格,"乡村地役权"可能仅限于古老的地役权类型(通行权、引水权,可能还包括汲水权)当中。

民间借贷合同解释法律问题研究

白绍苏*

摘　要：随着社会经济高速发展，民间借贷的形式也越来越复杂多样，借贷纠纷的司法审判也变得更为技术化和专业化。在传统司法审判中，借助举证责任分配的手段来解决和处理民间借贷案件变得越来越难以适应时代的需要。通过对我国民间借贷合同纠纷司法审判相关资料的分析与梳理，可以将民间借贷合同作为一种较为特殊的合同类型，运用合同解释规则与原理，不但能够有效厘清我国民间借贷合同解释的难题和困境，找寻民间借贷案件司法困境的文本根源和制度规范不足，也能基于合同解释原理，将民间借贷合同作类型上的区分，依不同类型，适用不同的解释规则，从而梳理出我国民间借贷合同适用解释的应有原则，最终引导民间借贷活动回归其互助的本质属性，为民间借贷合同的解释与实务适用提供一些新思路。

关键词：民间借贷；合同解释；实务适用

---

* 白绍苏，福州大学法学院研究生，兴业银行股份有限公司厦门市分行职员。

一、前言

在我国,民间借贷现象由来已久,《史记·孟尝君列传》对于放债取息做了相关记载,直至近代,"就乡村经济而言,租地、分谷和借贷是最重要的几件事","在乡间放款吃利是最有利可图的"。① 现今,民间借贷仍为我国非常重要的一种非正规的金融活动。罗马法学家盖尤斯也曾描述过现金债权的借贷形式,他写道:"还有另一种被称为现金的债权。对于这种债权来说,应表现为实物,而不是文字。"② 近年来,我国民间借贷进入快速成长期,借贷规模越来越大,参与主体越来越多元化,借贷的形式也越来越复杂多样,P2P网络借贷等新型的借贷形式纷纷出现。与此同时,民间借贷所衍生的纠纷案件也越来越多,据笔者对中国裁判文书网2014年至2016年上网文书的数据分析,2014年民间借贷案件占民事案件总数的2.46%;2015年民间借贷案件占民事案件总数的3.65%;2016年民间借贷案件占民事案件总数的6.87%,借贷案件的发生呈明显的递增趋势,如图1所示。

至于民间借贷所涉及的标的额,仅以2016年为例,据最高人民法院统计,标的额高达8207.5亿元。③ 面对着民间借贷纠纷案件的急剧增加,司法审判也面临了新的形势,2015年,最高人民法院废止了1991年发布的《关于人民法院审理借贷案件的若干意见》,颁布《关于审理民间借贷案件适用法律若干问题的规定》(以下简称《2015最高法院规定》),该规定界定了民间借贷的范畴,并且正式将"民间借贷"案件作为一种民事诉讼类型。④

不能不指出的是,由于在司法实践中,民间借贷案件的审理"难点不在法

---

① 蒋廷黻:《蒋廷黻回忆录》,谢钟琏译,岳麓书社2003年版,第16页。
② [古罗马]盖尤斯:《法学阶梯》,黄风译,中国政法大学出版社1996年版,第244页。
③ 数据来源于中国裁判文书网,2014年民事案件总数4017068件,其中民间借贷案件为98963件;2015年民事案件总数3676549件,其中民间借贷案件为134044件;2016年民事案件总数5402515件,其中民间借贷案件为371269件。上述数字系裁判文书网上数据,实际应以法院有关公告为准,如2016年的数字,最高人民法院《2017年最高人民法院工作报告》显示该年的民间借贷案件总数为142万件。
③ 《最高人民法院工作报告(摘要)》,中国人大网,http://www.npc.gov.cn/npc/sjb/2016-03/14/content_1982181.html,下载日期:2017年2月12日。

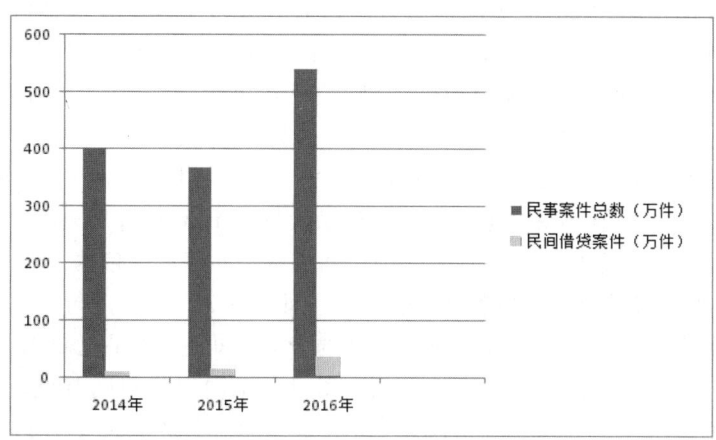

图 1 2014—2016 年民间借贷案件数量①

律适用,而在事实认定,在证据调查"②。《2015 最高法院规定》仍然延续着既有民间借贷合同纠纷的处理路径,重在证据调查,仍然通过采用在原被告双方间分配举证责任的方式,来实现对于具体案情的分析处理③。然而,由于各地法院对于如何正确适用司法解释的举证责任分配,也存在巨大的认识差异,出现了事实认定的"困境"④,吴泽勇教授指出:造成困境的原因,"并非证明责任分配有问题,而是法官没有全面掌握、妥善运用上述理论工具导致了问题"⑤,在目前的情况下,寄希望于法官充分运用举证责任分配的法律原理,作出正确的事实认定,确实还有相当的困难。

著名德国合同法学者卡纳里斯与格里格雷特曾言:"合同解释是合同法上

---

① 杜万华主编:《最高人民法院民间借贷司法解释理解与适用》,人民法院出版社2015 年版,第 3 页。

② 吴泽勇:《民间借贷诉讼中的证明责任问题》,载《中国法学》2017 年第 5 期。

③ 《2015 最高法院规定》以多个条文规范民间借贷案件的事实认定,第 16 条、第 17 条更是直指相关事实的证明责任分配。其中,第 16 条第 1 款规定被告抗辩已经偿还借款的证明责任,第 2 款规定被告否认借贷行为实际发生的事实认定;第 17 条规定原告仅有转账凭证情况下的证明责任。

④ 吴泽勇教授撰文指出了事实认定上的主要难题:真实事件经过与书面证据记载内容的背离,只有欠条、借条、借据之类债权凭证而没有支付凭证,或者只有支付凭证而没有债权凭证情况下的借贷法律关系认定极端困难。

⑤ 吴泽勇:《民间借贷诉讼中的证明责任问题》,载《中国法学》2017 年第 5 期。

无所不在的现象。"① 由于民间借贷合同订立者大多不是专业法律人,他们所订合同并不完善、用语不准确甚至漏洞百出,因此,民间借贷合同呈现出形式上的非要式性、必备条款不完整性、合同效力诺成性、合同文本与债权凭证混同性、合同基础法律关系复杂性等特征,这种特征决定了它往往更需要借助合同的解释来填补合同的空白,以便最大限度地平衡当事人的利益,更好地规范民间借贷活动。但笔者注意到,相较于保险法具有不利解释规则,② 我国的《合同法》尚未设立特有解释规则作为民间借贷合同解释的依据。在司法实践中,对于民间借贷纠纷中所涉及的合同法规则与原理,较少进行司法运用;对于民间借贷合同的不完整性和非规范性的合同法难题,似乎也缺少系统化的合同解释规则。即使在某些案件中也适用了一定的解释规则,但这些解释规则却经不起法理上的推敲,正所谓:司法审判"宁可误引条文、回避适切解释"③。理论界对于民间借贷合同的解释,也比较局限④。总体上,无论实务界还是学术界,民间借贷合同解释研究的相关著作或论文仍然较少,相关领域尚未形成理论体系⑤。

---

① Claus-Wilhelm Canaris, Hans Christoph Grigoleit, Interpretation of Contracts, Available at SSRN: http://ssrn.com/abstract=1537169.

② 马宁:《保险合同解释的逻辑演进》,载《法学》2014 年第 9 期;孙宏涛:《保险合同解释中的合理期待原则探析》,载《当代法学》2009 年第 7 期。

③ 王文宇:《合同解释三部曲——比较法的观点》,载《中国法律评论》2016 年第 1 期。

④ 近年,对民间借贷的研究较有代表性的有:袁春湘:《民间借贷法律规则研究——以利率为中心》,法律出版社 2015 年版;李浩:《不当得利与民间借贷的交集:诉讼实务中一个值得关注的问题》,载《清华法学》2015 年第 1 期;程金华:《四倍利率规则的司法实践与重构:利用实证研究解决规范问题的学术尝试》,载《中外法学》2015 年第 3 期;沈芳君:《构成非法吸收公众存款罪的民间借贷及其担保合同效力》,载《人民司法》2010 年第 22 期;赵莹:《我国企业借贷的保障机制探讨》,载《东北大学学报(社会科学版)》2014 年第 3 期。

⑤ 尽管如此,国内实务界和理论界对民间借贷纠纷还是极为关注的:最高人民法院、四川省高院、内蒙古自治区高院、河北省高院、广东省深圳市罗湖区人民法院等司法机关专门就民间借贷进行了专题调研。也出版或者发表了不少有分量的论著,如陈国猛主编:《民间借贷:司法实践及法理重述》,人民法院出版社 2015 年版;杜万华主编:《最高人民法院民间借贷司法解释理解与适用》,人民法院出版社 2015 年版;刘振、李道丽:《民间借贷纠纷案件的审理难点及破解》,载《人民司法·应用》2011 年第 23 期;王林清、陈永强:《民间借贷的事实审查与证明责任分配之法理》,载《政治与法律》2013 年第 12 期;蔡晓明:《民间借贷纠纷案件处理的思路新探》,载《法律适用》2014 年第 6 期。

在民间借贷合同越来越"专业化"的今天,如何解决民间借贷合同案件"膨胀"的局面,如何发挥司法审判的价值引导功能,更好的实现法官合同解释权对合同秩序的指引,最大限度地还原合同争议的事实真相,是摆在我国民间借贷合同纠纷司法审判中的现实问题。尤其是①民间借贷合同案件越来越交集着合同法的规则与原理,面对形式更为复杂的民间借贷合同纠纷,解释的重要性更加不言而喻。2017年3月15日,十二届全国人大五次会议表决通过《中华人民共和国民法总则》(以下简称《民法总则》),《民法总则》第142条对于"有相对人"与"无相对人"意思表示的解释进行了区分,可见,即使是像借条这样的"无相对人的意思表示",事实上也是需要解释的。② 因此,在民间借贷的司法审判中,借助合同法的规则与原理,科学地解释合同,妥当地处理案件,对民间借贷合同纠纷作出妥当的法律解释与适用可能是新的形势下的一种选择。总结司法经验与教训,提出系统化建议,完善有关法律及其理论,让实务操作更具有可操作性,这是当下法律人的重要使命之一。③ 本文尝试从解释论的角度,运用合同法的解释原理④,在充分理解民间借贷合同特殊性的基础上,在深入探讨合同解释的原理及基础性问题的同时,兼受保险法中"不利解释规则"的启发,尝试提出为民间借贷合同解释设立具体解释规则的设想,以期寻求构建一套与民间借贷司法实践相匹配的合同解释制度。

---

① 当今,民间借贷合同纠纷与信托合同、保理合同、买卖合同、担保合同、应收账款纠纷错综交集的现象层出不穷,不再局限于传统意义上的"借条纠纷"了,审理民间借贷合同纠纷已出现了高度技术化的趋势。

② 《民法总则》第142条规定:"有相对人的意思表示的解释,应当按照所使用的词句,结合相关条款、行为的性质和目的、习惯以及诚信原则,确定意思表示的含义。无相对人的意思表示的解释,不能完全拘泥于所使用的词句,而应当结合相关条款、行为的性质和目的、习惯以及诚信原则,确定行为人的真实意思。"

③ 崔建远:《合同解释与法律解释的交织》,载《吉林大学社会科学学报》2013年1月第53卷第1期。

④ 实际上,合同解释与法律解释还是有明显分野的:合同解释是根据合同的内容,利用合同解释规则对合同主体的权利义务进行明确和说明。法律解释是对法律条文的进一步阐明和适用。正如台湾学者王文宇所言,传统的合同法教育多重视对于法条的释义,而忽略了合同解释。学者们往往视合同解释为法律解释的一环,受之影响,鲜少有学者对合同解释进行整体性研究。

二、我国民间借贷合同纠纷的基本概况

(一)民间借贷合同概述

1.民间借贷合同的界定

民间借贷,是一种非正规的金融形式,在我国原有的法律规范中,并没有予以明确的界定,《合同法》对于自然人之间的借款行为也仅规定参照借款合同相关规定处理,并未承认民间借贷;1991年最高人民法院发布的《关于人民法院审理借贷案件的若干意见》中使用"借贷纠纷"一词表述公民之间的借贷行为,同样也没有正式使用民间借贷一词,但在实践中,民间借贷作为熟人之间无息的借贷行为,却广为人们约定俗成地使用着,在司法实践中也广为接受"民间借贷"的称谓。一般而言,它包括:私人借贷、赊账形式的商业信用、高利贷、地下钱庄等。在传统的民间借贷活动中,借款方与贷款方通常彼此熟悉,借贷所得款项常常用于建造房屋、投资教育、婚嫁等日常消费。但近年来,伴随着社会经济的发展,我国民间借贷进入了快速成长期,由于融资的渠道扩大,民间融资也越来越复杂多样,参与主体越来越多元化,民间借贷活动的主体不再仅仅局限于自然人之间,法人、其他组织也成为民间借贷行为的主要参与者,甚至连P2P网络借贷等新型的借贷形式也纷纷出现了,民间借贷逐渐转变为以获利为目的的有偿生产经营借贷,以福建省为例,根据抽样调查,可得图2中结论:①

根据分析可得,在抽样调查的样本中,我们发现,以企业名义,或以个人名义为经营所需的借贷比例高于个人之间的借贷。时至今日,民间借贷已经突破了传统为个人生产生活所需的模式,案件类型日益多样化。在此情况下,最高人民法院2015年颁布了新的民间借贷司法解释,新解释突破了1991年的《关于人民法院审理借贷案件的若干意见》,首次在规范性文件中明确使用民

---

① 根据对2016年1月至8月福建省民间借贷纠纷整体概况进行的分析,在北大法宝数据库中抽样500件。其中个人对个人经营需要210件,占比42%;个人对个人民间借贷案件241件,占比48%;企业对个人经营需要49件,占比10%。

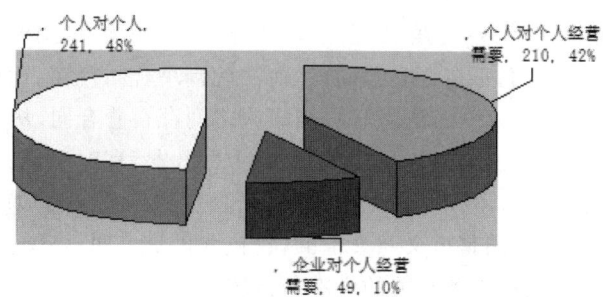

图 2　福建省民间借贷纠纷整体概况(2016 年 1 月至 8 月)①

间借贷一词,新解释第 1 条第 1 款指出,本次司法解释主要解决自然人、法人和其他组织之间因资金融通而发生的争议。② 根据新的解释,民间借贷是指与国家金融相对立的一种金融形式,解释第一次肯定了法人、其他组织作为民间借贷活动的主体地位。

《2015 最高法院规定》虽对民间借贷作了定义,却未对"民间借贷合同"这一概念给予明确解释,在本文看来,由自然人与自然人、法人或其他组织之间就资金融通达成合意的合同,就是民间借贷合同。但需要特别予以澄清的是,虽然《2015 最高法院规定》将借条、欠条等表述为"债权凭证",但是我们不能根据这一点就认为,审理民间借贷纠纷案件就是单纯的判别借条、欠条证据真实性的问题,就认为与合同无涉或者与合同解释无关。固然,在很多情况下,借条、欠条等是证明民间借贷合同关系的唯一证据,但借条、借据等债权凭证并不单纯记载债权数额,它往往还包含着借贷双方对借贷权利义务的约定,如借贷用途、借贷期间、利率、担保、违约责任等合同条款,在纠纷过程中,诉讼当事人也往往将借条、借据作为双方是否依约履行的根据,"依约履行"的表述,表明借条、借据等也是合同的表现形式。否则,我们就无法解释民间借贷合同属于借款合同这一事实。

众所周知,法院的审理过程也是一个释法的过程,"不为当事人制定合同"是一个再三被重复的定理。但是,正如美国学者柯宾所指出的:法院和陪审团

---

① 《福建省民间借贷纠纷大数据报告》,载于企查查 2016 年 12 月 5 日版,https://www.qichacha.com/postnews_50e153d77e8fd5032961adcd8a3c1af5.html,下载日期:2017 年 1 月 7 日。

② 《最高人民法院关于审理民间借贷案件适用法律若干问题的规定》第 1 条第 1 款。

都可以在当事人事实上并没有订立合同的情况下发现他们订立了一个合同。① 阿蒂亚也认为：在实践中，在很多情况下，当事人并不想订立合同或者根本没有认识到他们正在订立合同，然而法院判决合同存在。而且，很多合同的义务也由法院判决存在，法院宣称当事人之间存在着合同，从而使这些义务的承担合理化。② 因此，在从本文的研究目的出发，宜对民间借贷合同的对象，予以适当的扩张，不仅仅拘泥于借条、借据这些纸质文本，亦即，在本文的意义上，民间借贷合同是广义意义上的，它包含借贷合同、协议、借条、借据、收据等一切与借贷权利义务有关的文本与条款。

2.民间借贷合同的类型

从类型上看，民间借贷合同也是借款合同的一种，但民间借贷合同由于其民间性，其与金融机构贷款合同显然有别，根据新的司法解释，参与民间借贷的当事方包括自然人、法人和其他组织，民间借贷合同的类型大大扩张，根据参与的主体不同，合同可以分为自然人之间的民间借贷合同，自然人与法人之间的民间借贷合同以及法人与其他组织之间的民间借贷合同。

(1)自然人之间的民间借贷合同

自然人之间的民间借贷合同，所涉及的标的额较小，自然人多将借款用于日常生活或是应急，而借款人的范围也多局限于相互之间认识的亲朋好友。这种自然人之间的借贷行为往往不具有组织性，散见于人们的日常生活之中，甚至常常不被认为是法律行为。而在新的时代背景下，自然人也可能为经营所需向他人借款，法律行为复杂化，提高了民间借贷活动的风险性，增加了民间借贷合同纠纷解决的困难性。我国《合同法》规定了自然人之间的借款合同为实践性合同，而在司法审判活动中，却将它划分为诺成性合同，导致此类民间借贷合同的纠纷，争议巨大。

(2)自然人与法人之间、其他组织之间的民间借贷合同

自然人与法人之间、其他组织之间的民间借贷合同，往往更具有组织性，不少互不相识的市场主体，通过一些借贷平台或是有关组织，进行资金融通。这样的借贷行为通常资金需求较大，并且往往用作经营活动，这些特点也导致了此类借贷合同承担了较大的风险。由于这类合同介入了企业行为，使得这类合同的处理能否按照传统的民间借贷合同的处理方式解决，尚有很大的疑问。

---

① [美]A.L.柯宾：《柯宾论合同》，王卫国译，中国大百科全书出版社1998年版，第634页。

② [英]P.S.阿蒂亚：《合同法导论》，赵旭东等译，法律出版社2002年版，第91页。

(3)法人、其他组织之间的民间借贷合同

法人、其他组织之间的民间借贷合同,这类合同根据《民法通则》与最高人民法院相关司法解释的规定,长期以来被作为无效合同处理。《2015最高法院规定》虽然对于法人、其他组织之间民间借贷活动的主体地位予以认可,有条件地认可企业间民间借贷合同,在一定程度上增强了市场活力,促进了市场经济的发展,但这类合同也往往交错着其他基础法律关系,该类合同产生的纠纷,往往带来新的问题,有些问题按照原有民间借贷的处理办法,仍然不能得到妥当的解决。如何合理解决这类合同纠纷,从而引导民间借贷健康、有序发展,也是当前我国实务界与学术界所要面对的重要课题。

(二)民间借贷合同纠纷的生成

传统民间借贷大多发生在亲朋等熟悉的人之间,法律关系较为简单。随着市场经济与社会环境的变化,传统的借贷方式已经悄然发生变化,借贷行为复杂化。房地产企业、第三方融资机构等非传统主体的介入,新时代下的民间借贷纠纷具有主体多元化、庞杂化的特点,当今的民间借贷已打破了传统以血缘为纽带的方式,主体的多样化,以及借贷目的的复杂化,导致当代民间借贷法律关系的错综复杂。在多方参与民间借贷活动的新局面下,滋生了许多民间借贷纠纷。

河北省高级人民法院的调研显示,民间借贷的盛行源于国家宏观政策的调整,"限贷"政策的推行,金融机构不足以满足民间的各种资金问题,民间资本对于解决各类资金问题起到了很大的补充作用,但民间资本往往也带来新的问题,例如为了追逐高额利润而进行的向社会展开的高息借贷就引来了一系列的问题。[①] 第一,民间自发产生的金融由于缺乏规制引导,法律关系交错发生,债权债务多元化,极易于产生巨大的兑付压力,不但易于产生纠纷,而且非常容易滋生违法犯罪的现象。第二,"互联网+"模式的盛行,第三方融资平台介入的现象增多。基于借贷双方信息并不对等,征信体系的不完善,网络P2P等第三方平台应运而生,传统的借贷模式演化为出借人—第三方—借款人的三角关系。在司法实践中,第三方平台如地方政府设立财富资产管理公

---

① 河北省高级人民法院课题组:《审理民间借贷纠纷案件相关问题研究——以河北法院系统为样本》,载北大法宝,http://www.pkulaw.cn/fulltext_form.aspx? Db = qikan&EncodingName= big5%27&Gid = 1510156741&Search_Mode&keyword,下载日期:2017年2月19日。

司、典当公司、担保公司、农村专业合作社、村镇银行等,确实为增加民间资本的信息透明度、拓展交流的渠道发挥了不可替代的作用,推动了经济的发展,但也存在着相应的危机,这些公司普遍存在征信体系缺失的问题,他们的偿付能力暂时无法得到保障。

(三)民间借贷合同纠纷的司法概况

1.司法审判概况

根据笔者在中国裁判文书网上进行的相关检索,搜索到民事案件16146979件,民间借贷纠纷搜索结果为2469937件,民间借贷纠纷占民事案件的比例为15.3%。民间借贷纠纷目前已经成为民事诉讼中的第二大类型[①]。根据福建省高级人民法院的统计,民间借贷案件从2015年开始,更是超越了婚姻家庭案件,成为民事诉讼中的第一大类型。可以说,民间借贷案件不仅是福建省民事纠纷案件的典型,也是全国民事纠纷的典型。从司法审判适用依据上看,《2015最高法院规定》给我国民间借贷司法实践提出了新的思路,也进一步贴近了人民群众切身利益的维护和对公平正义的追求;对于P2P平台的相应规定、对于利率问题、举证责任的进一步明晰也使该司法解释更具有可操作性,也满足统一裁判法院标准和更加正确地对法律予以适用的需求。但不能不注意到,长期以来,由于我国民间借贷相关的法律法规处于一种不全面、不完善的状态,有关民间借贷的规定散见于《合同法》《民法通则》等法律法规中。法律上有关民间借贷的规定仍然存在缺位,不少疑难问题仍未厘清,使得民间借贷仍然有许多实践难题亟待解决。例如,对于民间借贷中的"放贷人"如何规范,[②]自然人借贷与企业间的借贷是否适用同样的法律规则,有息的经营性借贷与无息的借贷是否应有所分别,这些至今仍未有明确的答案,司法审判活动中依旧面临着许多解释难题。

2.民间借贷合同纠纷司法审判的特点

根据有关方面的分析研究,我国民间借贷纠纷的司法审判呈现了特有的规律,具有其他类型诉讼所不具有的特点。

---

① 上述数据来源于笔者以"民间借贷"为检索词,在中国裁判文书网上所做的检索结果,检索时间是2017年2月13日。

② 我国自2008年起草《放贷人条例》,时至今日仍未出台。

(1)被告不应诉的情况较为多见

笔者查找了中国裁判文书网,发现民间借贷纠纷的上诉率较高,而且被告往往不愿出庭应诉,或拒签人民法院所寄送的应诉材料,或在一审中缺席而二审中再次出现,极大地妨碍了人民法院的正常审理活动,耗费了相当多的司法资源。根据笔者对中国裁判文书网相关数据的统计分析,民事案件的缺席判决率为2.6%,而民间借贷的缺席判决率为7.9%,如图3所示,民间借贷案件的缺席判决率大大高于民事案件的缺席判决率。①

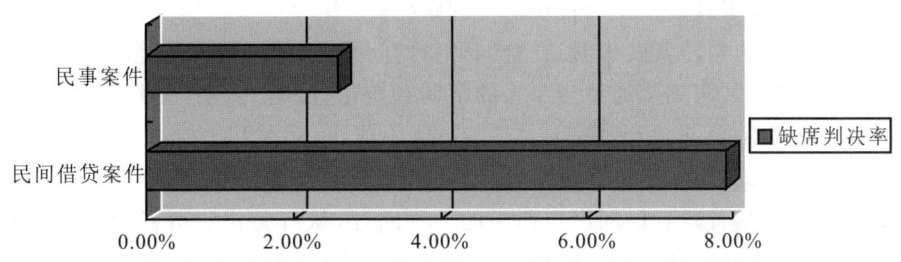

图3 民事案件缺席判决率与民间借贷案件缺席判决率

截至2017年3月11日,中国裁判文书网:上网民间借贷案件共711441件,缺席判决率7.9%;缺席判决56304件;民事案件16491090件,缺席判决432999件,缺席判决率2.6%。民间借贷案件缺席判决率大大高于民事案件。

这种现象影响了诉讼效率,延长了法院诉讼周期,对于有限的司法资源也是一种浪费。此外,因当事人不到庭参加诉讼,案情的认定难度大大增加。法官无法对案件事实进行翔实的了解,大大加剧了裁判难度,也加大了执行环节的困难。

(2)因为借贷手续不规范导致纠纷争议大

民间借贷涉及的主体范围较广,由于当事人风险意识淡薄,或碍于面子,不订立相关的合同或借据等债权凭证;或用词不加斟酌,语言模糊易产生歧义;还有部分人乐于现金交易,又不注重相关证明文件的保存。由于证据缺失等原因,法院无法对借贷事实进行有效的认定。在司法实践中,不少人利用这一特点进行虚假诉讼,干扰了公正的审判活动。

---

① 民间借贷案件711441件,缺席判决56304件;民事案件16491090件,缺席判决432999件,数据来源于中国裁判文书网,下载日期:2017年3月11日。

(3)担保环节问题引发的纠纷法律适用困难

近年来,民间借贷纠纷案件可能涉及的担保形式日趋多样化,许多担保形式在实践和学理上尚存在较大的分歧,都导致了法律适用困难。在现实中常见当事人订立房屋买卖协议用于担保借款合同的情形。而我国《担保法》和《物权法》明确规定禁止流质契约,出借人基于房屋买卖合同,请求法院判决另一方履行房屋买卖合同的诉讼请求,在现行法的规定下无法得到支持。此外,担保方式不明,担保人身份不明,虚假担保等情形也屡见不鲜。

(4)法院审理中多延续传统的处理路径

从我国的司法实践来看,在合同解释的问题上,始终强调的是法官对合同内容的"确定""明确",通过当事人的证明和辩论,法官"查明""明确"了合同,审判过程中的合同解释就完成了。① 不能不指出,虽然民间借贷合同已经产生了新的方式,纠纷也更为复杂,但是如前文所指出的,在我国的司法审判中,法院仍然延续着既有民间借贷纠纷的处理路径,从有关司法解释和判决文书来看,人民法院惯常采用在原被告双方间分配举证责任的方式,来处理民间借贷案件,较少适用有关民法原理解释该类纠纷。根据笔者对中国裁判文书网相关数据的统计分析,民事案件中涉及举证责任的比率为22.8%,而民间借贷涉及举证责任的比率为41.1%,如图4所示。

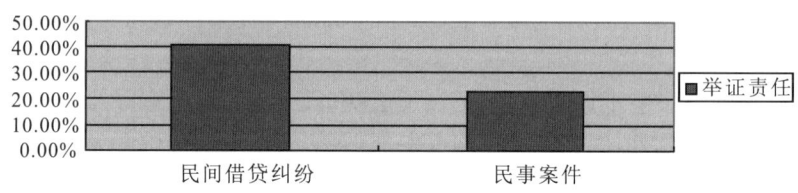

图 4②

可见,审理民间借贷合同纠纷人民法院更依赖于举证责任的分配。分配举证责任审理案件,当然是民事诉讼解决纠纷的一种正当程序,无可厚非,然而,民间借贷合同纠纷中过多地依赖举证责任定分止争,似乎也没能很好地解决民间借贷合同的不完整性和非规范性所带来的难题,相关判决的说理性也明显存疑。

---

① 王影:《合同解释权及其限制》,吉林大学2016年度硕士学位论文。
② 民间借贷案件711441件,涉及举证责任292355件;民事案件16491090件,涉及举证责任3753015件,数据来源于中国裁判文书网,下载日期:2017年3月11日。

三、我国民间借贷合同纠纷面临的解释难题与困境

(一)合同纠纷中富有争议的问题类型

1.关于新型借贷纠纷中的合同定性问题

合同定性是合同解释的第一层次,要进行合同解释,首先需要判定该合同究竟属于典型合同,还是非典型合同,[①]对于传统的借贷案件而言,人民法院审理时,一般比较容易确定合同的性质,近年来,随着民间融资的发展,一方向多方融资甚至第三方的参与现象不断出现,加上政府放宽对民间借贷主体的限制,第三方信息交流平台和机构应时而生,出借人通过第三方向实际借款人借款,由传统的出借人—借款人之间的平行关系,演化为出借人—第三方—借款人的三角关系。且这里的第三方多为民间非金融投资机构或者经济组织,如地方政府设立的财富资产管理公司、典当公司、担保公司、农村专业合作社、村镇银行等。在这种情况下,有些纠纷的定性问题,变得非常棘手,也不容易进行判断,到底是有名合同,还是无名合同,或者是混合合同,经常困扰着司法审判。

案例一:在马晨与渤海证券股份有限公司天津营口道第一证券营业部、王文民间借贷纠纷申请再审案中,再审申请人马晨称:马晨与王文订立《资产委托管理协议书》,协议书有关于资金的定向使用、配套保证金、专用账户资产总额监控及强行平仓等内容的约定,因此,本案应为"委托理财合同纠纷,而非民间借贷合同纠纷",但最高人民法院审理认为,该协议第8条明确约定:"甲(王文)乙(马晨)双方商定,委托期满,乙方保证受托管理资产的收益按受托资金年固定回报率为百分之十二计算……"据此,认定马晨与王文在《资产委托管理协议书》中约定了保证本息固定回报条款,符合借贷法律关系的本质属性,该协议属于名为委托理财,实为借贷的情形。[②] 在国泰租赁有限公司与山东鑫海投资有限公司、山东鑫海担保有限公司等借贷纠纷案中,国泰租赁公司与三威置业公司签订《融资租赁合同》,诉请判决三威置业公司向其支付租金及逾期租金占用利息、违约金,法院审理认为:本案所述主合同仅是单纯的融资,

---

[①] 王泽鉴:《债法原理》(第1册),作者自版2006年版,第236页。
[②] "马晨与渤海证券股份有限公司天津营口道第一证券营业部、王文民间借贷纠纷申请再审案",最高人民法院(2013)民申字第2111号民事裁定书。

国泰租赁公司与三威置业公司之间是借贷关系,即本案合同的性质是"名为融资租赁实为企业间借贷"①。笔者查阅中国裁判文书网,发现在民间借贷合同纠纷中,存在4336个结果涉及合同性质的甄别问题,这些案件大部分与投资理财、证券经营、融资租赁、房地产开发有关,②表明民间借贷合同解释中出现新的趋势:合同定性容易出现争议。

2.关于民间借贷合同是否成立的问题

在现代合同法领域,法学家们普遍接受,契约自由应有所限制,对合同的解释,不仅要探究当事人的意思表示,也要秉持客观的立场,从一个普通人的角度出发,客观地、通情达理地对于合同条款进行解释。③ 在司法实践中,合同是否成立与合同是否实际履行息息相关,明确借贷合同是否实际履行着实为解决借贷合同纠纷的一个关键突破口④。在民间借贷中,借条往往与债权文书混同在一起,借条往往也成为推定借款合同成立的最主要证据。然而,借条却无法作为借贷关系成立的唯一证据,持有借条也并不能直接证明借贷关系的存在。比如,拾得他人的债权文书,或者在他人签字的空白文书上写上债权内容,或者有些是当事人之间的串通,这类没有合法债权来源的借条,显然不能作为判案的根据,显然,当事人双方签订包含"已收到""今收到"特定款项内容的借据、借条、欠条,但实际上并未当场支付借款,这类现象在实践中相当常见。因此,对于债务人提出合理的抗辩,理当予以相应的回应与解释。但是,大量实务裁判表明,法官在裁判中常常未对借贷合同是否实际履行进行论证,也不考虑被告的抗辩,而是直接以原告出具的借条等债权凭证进行裁量,其基本的逻辑就是:借据、收据、欠条等债权凭证是认定当事人之间存在借贷法律关系的直接证据,只要查明借据、收据、欠条等证据本身是真实的,就直接认定借贷关系真实存在。⑤

---

① "国泰租赁有限公司与山东鑫海投资有限公司、山东鑫海担保有限公司等企业借贷纠纷案",最高人民法院(2014)民二终字第109号民事判决书。
② 以上数据来源于笔者在中国裁判文书网上以"合同性质"为检索词所做的检索,检索时间为2017年3月25日。
③ 李永军:《合同法原理》,中国人民公安大学出版社1999年版,第70页。
④ 吴泽勇教授在《民间借贷诉讼中的证明责任问题》"借贷行为实际发生的证明"一节中指出,民间借贷合同一般属于实践合同,只有确认借贷行为实际发生,才能认定借贷合同成立。
⑤ 吴泽勇:《民间借贷诉讼中的证明责任问题》,载《中国法学》2017年第5期。

案例二：王伟诉马福英等民间借贷纠纷案。① 原告王伟诉称，被告马福英因资金困难向原告借款5万元，并出具借条1份。被告至今未还款。请求支持判令被告马福英偿还借款本金5万元等诉讼请求。被告马福英辩称，认可原告提供的借条；没有收到原告交付的借款；系济南爱华彩印有限公司向原告借款，原告将5万元交付该公司。法院经审理认为，被告马福英向原告出具借条，并依约定时间和数额支付利息，且原告陈述的资金来源、借款用途、交付地点具有合理性，故本院依据《合同法》第206条、第207条对该5万元民间借贷合同的真实性和合法性予以确认。② 在本案中，被告马福英辩称自己并非合同履行的相对方，系济南爱华彩印有限公司向原告借款，原告将5万元交付该公司。但该抗辩完全不被考虑。之所以如此，显然是法院裁判采取"有利于债权人"的解释路径，忽视了合同一方当事人的合理辩解。在实践中，这种由借条作为唯一裁判依据的做法，实际上是将借条直接作为债权文书。如此，根据举证责任分配原理，原告既已举证而不管借条是否真实、是否合法，就注定了原、被告之间的胜负已定，这样的解释方法，显然是将借贷合同简单化，这可能也是民间借贷缺席判决率高的一个原因之一。

案例三：原告邹建勇与被告严蔡宝民间借贷纠纷一案。③ 法院经审理查明，2015年3月3日，被告向原告借款25万元，并出具一份借条交由原告收执，该借条记载："本借款人因生意周转困难向邹建勇借款25万元。借款人在借条上签名盖章，即视为收到全额现金借款。借款人严蔡宝。"据此，法院以本案有被告出具的借条及双方当事人庭审陈述为由，认为原、被告之间的民间借贷关系合法有效，受法律保护。被告尚欠原告借款25万元，应予偿还。本文认为，原告必须就借贷合意成立和借贷实际发生负证明责任，这几乎已成为司法常识。德国法院有判例认为：即便争议借款的支付在公证文书中被作为借款确认，主张借贷的请求权人仍要负担成功支付的证明责任；公证文书的出具只产生文书的执行力，并不能证明借贷成立。④ 在本案中，虽然借条上书写了

---

① "王伟与马福英等民间借贷纠纷案"，济南市历城区人民法院(2014)历城民初字第1074号民事判决书。

② 《中华人民共和国合同法》第206条、第207条。第206条是关于还款期限的规定，而第207条是关于借款人未按照约定的期限返还借款责任的规定。

③ "邹建勇与严蔡宝民间借贷纠纷案"，漳州市芗城区人民法院(2015)芗民初字第4782号民事判决书。

④ BGH NJW 2001,S 2096.转引自吴泽勇：《民间借贷诉讼中的证明责任问题》，载《中国法学》2017年第5期。

"视为收到款项",但是根据契约自由有所限制的原理,这种以带有"视为收到款项"字眼的文书的形式,其借贷关系是否真的发生,尚需其他证据的证明,也不能直接以该借条判定借贷关系的成立。

上述案例二、案例三突出反映了在民间借贷合同是否成立的问题上,有关司法机关仍存在根据借条为唯一的证据判案的思路,因而,可能使得债权关系是否成立明显存疑的民间借贷,无法得到妥当的处理。

3.关于民间借贷合同的债权人资格问题

根据笔者对裁判文书网相关数据的统计,在民间借贷中,以借条作为证据起诉的案件数量极其庞大,占民间借贷案件总数的63%,[①]而在这些案件中,一方当事人否认借贷关系存在,甚至声称"不认识"对方的案件竟然也不少。查阅数据显示,声称"不认识"对方当事人的案件达到2.1%。[②] 显然,这些不认识对方当事人的案件,人民法院审理时,不应以一纸借条为依据,直接以举证不能判决一方当事人败诉,而应根据债权成立的相关原理进行解释,判定借贷关系是否成立。

案例四:在李海引与钱玉兰、李金清民间借贷纠纷一案中,[③]钱玉兰、李金清在原审中答辩称,"一、钱玉兰、李金清完全不认识李海引,也没有向李海引借款,且借款借据上也没有出借人的名字;二、钱玉兰未向李海引借款,双方之间无借贷关系,三份借款借据上的签名'阿兰''虞兰妹'均为伪造"。法院审理认为:因李海引持有债权凭证,应推定其为债权人,李海引具有原告主体资格。钱玉兰、李金清辩称李海引不具有原告主体资格,无事实和法律依据,不予采纳。并通过对借据上的签名进行司法鉴定,通过鉴定结论所记载的内容,故对钱玉兰、李金清的主张不予支持,应认定钱玉兰有向李海引借款,并亲笔出具三份借款借据,且双方形成的借贷关系合法有效,应受法律保护。

在司法实践中,大量债权人资格不明的民间借贷案件,司法机关不是对债权人资格进行慎重的查明,而往往通过司法鉴定债权凭证上债务人签名的真伪,来反推债权人资格是否存在,大量的民间借贷合同案件以"债权人"持有债

---

① 民间借贷案件711503件,搜索项显示"借条"为452966件,显示"借据"为191775件,显示"借条""借据"为90316件,可见民间借贷中借条借据作为证据的案件占比大,数据来源于中国裁判文书网,下载日期:2017年3月12日。
② 检索词为"借条"的民间借贷案件452966件,进一步以"不认识"为检索词,显示的案件数为11388件,数据来源自中国裁判文书网,下载日期:2017年3月12日。
③ "李海引与钱玉兰、李金清民间借贷纠纷案",温州市中级人民法院(2014)浙温商终字第2116号民事判决书。

权文书推定持有人即是债权人,从而确立债权人的资格,这种法律适用逻辑在司法适用中,基本上是可行的,但通过鉴定债权凭证上债务人签名的真伪,来反推债权人资格是否存在,也存在明显的不足。

4.关于借贷合同文本的形式要件的判断问题

众所周知,书面合同均有一定的形式要件要求,比如债权人债务人合同内容、权利义务都必须以明确的方式表达。例如,在买卖合同中,出卖人和买受人均应在其相应的位置签字,才能表明买卖合同双方当事人达成意思表示一致,该份买卖合同才能够成立。如果当事人在相应的位置没有签字,则很难认定其是否是合同的当事人。再比如,当事人在欠条上签字,就很难说这是一份借贷合同,因此,对于合同的性质判断,对于当事人的确定以及对合同权利义务的认定,均需要以准确的审查合同的法律事实为基础,这也是合同法律适用的前提。根据这一原理,虽然民间借贷合同的缔约主体具有自身的局限性,合同也可能出现语义的矛盾,也可能出现语言含义的多元性等问题,但是民间借贷合同同样需要准确把握其形式要件,也就是民间借贷合同文本中出现的当事人签字,应当以该当事人在合适的地方签字为前提,才能确定出借人与借款人是谁,然而,在我国民间借贷合同的相关司法审判中,有关借贷合同文本的形式要件方面,却出现对此不甚重视的现象,甚至可能出现只要借贷合同文本中出现了当事人的签字,就作出对该签字人不利的解释,这种逻辑明显具有推定签字人即是当事人的思维倾向。

案例五:在郑某某诉与被告嘉宏公司、黄加煌因民间借贷合同纠纷一案中,① 原告诉称,被告嘉宏公司曾因经营困难向其借款人民币 55000 元,双方约定,如届时嘉宏公司未还款,由黄加煌个人偿还。二被告出具借条一份,上盖有嘉宏公司的印章以及黄加煌的个人私章。后原告向二被告催讨借款,二被告不予偿还,并辩称借条上印章非嘉宏公司和黄加煌所盖,借条不真实。本案的争议焦点在于:对于借条是否具有真实性,借贷合同文本的真实性与否存在着歧义。法院经审理认为,借贷关系真实存在。法院认为,借条的内容完备,未经涂改,尽管二被告的印章盖在借条的空白处,但法律并未规定民间借贷借条的书写方式,没有规定借款人的印章必须盖在何处。因此,法院认为借贷关系真实存在,对于借条的证据效力,应予以认定。而本案二被告辩称,公司印章与个人私章盖于借条的空白之处,因此借条是伪造的,这一抗辩显然没

---

① "郑金焕诉与被告嘉宏公司、黄加煌因民间借贷合同纠纷案",仙游县人民法院(2010)仙民初字第 4123 号民事判决书。

有得到法院的考虑。

  本文认为,虽然民间借贷具有较强的任意性,民间借贷合同可以是口头的,也可以是书面的;法律并没有对民间借贷借条的书写方式加以规定,更没有规定借款人印章必须盖在哪个位置,对于民间借贷合同的书写也没有强制的规定。但是,我们也不能因为民间借贷合同具有较强任意性和法律没有规定民间借贷借条的书写方式,就直接推定文本上的签字人就是合同的主体,更不能因此认定签字人应对文本内容承担责任。

  5.关于借贷合同与合同基础法律关系并存难题的解决思路问题

  由于民事活动遵循意思自治原则,近年来,常有买受人在暂时无力支付因买卖、合伙、租赁等交易行为而产生的欠款时,便与出卖人签订借款协议,出卖人由债权人转为借贷关系中的出借人。借此以高额利息或者借贷违约责任加重原交易法律关系中违约者的责任。这就导致经常出现借贷合同中还夹杂着另一层基础关系的问题。例如在建设工程合同中,发包方在预支工程款时,常常以借款的方式支付给承包人,承包人出具借条给发包方。如此,双方发生纠纷后,往往会存在建设工程施工合同纠纷与民间借贷关系并存的局面,这种夹杂着多层法律关系的民间借贷,往往在裁判中产生巨大的争议;在买卖合同中,也常常出现一方预支货款,另一方出具借条,从而存在买卖合同与借贷合同的交错现象,查阅近年来的司法裁判文书,可以发现,这种交错现象也一直在困扰着司法审判者和合同当事人,是否肯定原交易关系,否定借款法律关系存在争议。《2015最高法院规定》对于这一问题作出相应的规定,提出在一定的条件下,应当按照基础法律关系进行审理。① 但是,在实践中,直接以民间借贷合同纠纷的方式进行审理的现象非常突出,导致了民间借贷合同案件的急剧膨胀,甚至也导致了某些当事人回避合同的基础法律关系,而以民间借贷合同追求更高的利益。②

  案例六:韩志华与徐性永、桐乡市振兴房地产开发有限公司民间借贷纠纷

---

  ① 《最高人民法院关于审理民间借贷案件适用法律若干问题的规定》第15条:原告以借据、收据、欠条等债权凭证为依据提起民间借贷诉讼,被告依据基础法律关系提出抗辩或者反诉,并提供证据证明债权纠纷非民间借贷行为引起的,人民法院应当依据查明的案件事实,按照基础法律关系审理。

  ② 现行司法解释规定民间借贷合同的年利息可以在24%~36%,可能大大高于其他合同关系中的违约金。因此,有些当事人宁愿选择民间借贷合同进行诉讼。

案。① 韩志华与徐性永、振兴公司签订《借款协议》一份,约定:韩志华借给徐性永人民币1000万元;该借款期限内不计息;超过借款期限还款的,约定按月息10‰计息,届时一并还清;由振兴公司承担担保期限为借款到期日两年内的连带清偿担保责任。在诉讼中,徐性永提出,案涉借款协议上的1000万元并不是借款,而是韩志华在股权转让过程中向其索取的好处费。韩志华答辩提出,其确未借1000万元给徐性永,案涉1000万元是其与徐性永在股权转让时所约定的被转让股权的尚未支付溢价款项,因徐当时无现金支付剩余溢价款而同意签订案涉借款协议并出具相应的收条。据此,法院判决认为,民间借贷合同具有实践性,在借款行为未实际发生的情形下,对韩志华要求徐性永返还1000万元的诉讼请求本院不予支持,驳回了原告的诉讼请求。

案例七:在上诉人胡永峰与被上诉人林少波、江西奋飞实业有限公司民间借贷纠纷一案中,②胡永峰与林少波签订一份《股权转让协议》,约定胡永峰同意林少波出资收购其在奋飞公司的股权,并承诺限期将购股款交清。其后双方签订《补充协议》,约定林少波向胡应支付的股权收购金1400万元转为欠款。林少波向胡永峰出具《借条》,将股权转让款转变为借款。原审法院认为,胡永峰为主张自己的债权,提供了林少波出具的《借条》《协议书》等证据,该组证据均系林少波本人签名,证据的形式合法。但是,胡永峰不能提供其主张的1400万元借款本金的有效金融凭证,对《借条》予以佐证。胡永峰诉称林少波欠其借款人民币2156万元的基本事实不成立。因此,对胡永峰的诉讼请求,不予支持。判决驳回胡永峰的诉讼请求。胡永峰上诉,认为人民法院本应以民间借贷关系作为审理对象即可,但一审对所谓的股权转让问题进行了深究和审理,要求上诉人提供股权出资的相关凭证实为不妥。林少波辩称本案上诉人与被上诉人之间没有股权转让的事实发生,因而也就没有而后的民间借贷关系的产生,请求维持原判。二审法院认为,根据双方的诉辩意见,本案欠款系因林少波与胡永峰之间的股权转让而来,林少波与胡永峰之间是形成了民间借贷关系。撤销原判,林少波应于判决生效后偿还胡永峰欠款本金1400万元及利息。

不同法院对于类似的问题,却可能得出不同的审判结论。本文认为,基础

---

① "韩志华与徐性永、桐乡市振兴房地产开发有限公司民间借贷纠纷案",浙江省高级人民法院(2009)浙商终字第152号民事判决书。

② "胡永峰与林少波、江西奋飞实业有限公司民间借贷纠纷案",江西省高级人民法院(2016)赣民终字第108号民事判决书。

关系与借贷合同的交织是民事案件中较为常见的现象,在此类案件中,统一法院的裁判,对于理解合同的性质和效力,维护人民法院的公信力和当事人切身利益都有着重大的意义。同时,这类案件的妥善处理,对于完善担保规范,杜绝虚假诉讼,促进社会市场经济有序发展都有着重要的意义,因此,如何厘清民间借贷合同与基础关系,无疑是我们研究民间借贷纠纷法律解释里必须去思索的一个问题。而不同的法院对于类似的问题,却有着不同的审判适用,"借条"背后的基础法律关系应当如何界定?往往成为裁判的要旨和关键所在。遗憾的是,在实践中,不少司法机关比较简单的采用民间借贷的纠纷处理案件,这在一定程度上是回避了案件的法律关系的厘清,也忽视了一方当事人的权利。

(二)实务中面临的释法困境

1."不利于债务人解释"遭遇的正当性疑问

从以上司法审判中的难题来看,其实贯穿着这样一条解释逻辑,那就是在民间借贷合同纠纷案件中,司法机关常常采用的是作出不利于债务人的解释。例如,在有关债权人资格的判定方面,司法机关往往推定债权凭证的持有人具有原告的主体资格,从而否认被告一方合理的抗辩;在借贷关系是否成立的问题上,只要借条上写明债权数额,就推定债权存在。只要在债权文书上签字,就视为债务人。只要出现借贷文书的字眼,就将案件作为借贷合同处理。根据笔者的查询,发现在不少判决文书中,甚至会直接写出"不利于债务人的解释"。这种"不利于债务人的解释"的解释逻辑,使得诉讼的结果很大程度上取决于当事人双方证据的呈现,一旦原告一方持有债权凭证,被告一方即成为被诉一方,似乎使得民间借贷合同案件的审理变成一种纯粹的证据实物争锋,缺少了法律原理的运用和解释。

案例八:王美景与黄桂青、汪仁圃民间借贷纠纷案。在诉讼中,被告黄桂青辩称出借人"王美景"签名及上面的指印当时是空着的,是向案外人杨林借款。当事人双方至今互不认识,黄桂青的借款还款是通过案外人杨林进行的。对此辩解,法院认为"鉴于黄桂青作为债务人,在出具借款协议书与借款借据时,放任出借人栏处于空白状态,应视为黄桂青同意持有债权凭证的持有人为其债权人"①,最终判决被告败诉。本文认为,借贷合意的成立应由原告负客

---

① 参见王美景与黄桂青、汪仁圃民间借贷纠纷案,台州市中级人民法院(2014)浙台商终字第17号民事判决书。

观证明责任。① 德国法上,通说认为,如果被告主张支付的原因是赠与或者其他法律关系,应由原告证明借贷关系的存在;原告应当排除被告主张的其他法律关系。因此,在上述案例中,判决在认定空白借据时,认定这是"放任出借人栏处于空白状态"的表述,且不说该种观点完全背离借贷案件的证明责任规则,就是在实体法上,其论证逻辑显然也是先入为主的:不利于债务人解释。其理由极为武断:虽然在大多数时候,一份内容完整的债权凭证本身就足以证明借贷关系成立,但是不排除有例外情形存在。比如,有的借条、借据、欠条只记载了借贷合意的成立,但不包含借款已经交付的内容,这时候,就不能直接下判:借贷关系实际发生。

2.无力厘清借贷关系与基础法律关系的交集

在我国民间借贷合同纠纷案件的司法审判中,当当事人双方就案件是否交集着借贷关系与基础法律关系出现巨大的争议时,相关司法判决的裁判观点往往让人难以接受,例如,在郑某诉郭某民间借贷案中,二审法院认为:"从以上规定(《2015最高法院规定》)可见,原告仅依银行转账凭证提起民间借贷诉讼,法院先推定双方之间的关系是借贷关系,如果被告提出相应证据能够证实其抗辩,法院再依法认定……根据现有证据,尚不足以证明郭某收取的43万元是廖某委托郑某向其支付的郭某应当收取的其在某公司应得工资、分红及营销等费用,郭某应当承担举证不能的后果。根据优势证据原则,本院依法认定郑某与郭某之间43万元的借款关系成立。"② 在该案中,"法院先推定双方之间的关系是借贷关系",根据何在? 又如,在周某诉留某民间借贷案中,二审法院认为,"本案的争议焦点是诉争的100万元是否系周某出借给留某的借款。本案中,留某收到周某的银行汇款100万元是双方均认可的事实。周某主张此款为出借给留某的借款,并提交100万元汇款的银行凭证。留某抗辩此款系周某偿还向其外币借款及代为垫付购买石雕的款项,但留某既未提交相应的证据予以证明,也未能详细、合理的陈述其主张的事实……在留某未能就100万元系周某向其支付的还款而非借款的抗辩理由提供充足的证据予以

---

① 段文波主编:《要件事实理论视角下民事案件证明责任分配实证分析》,厦门大学出版社2014年版,第153页;肖琳、王林清:《民间借贷纠纷中"孤证"案件的法律适用——以100份民间借贷孤证案件判决书为分析样本》,载《海南大学学报(人文社会科学版)》2016年第1期。

② "郑某诉郭某民间借贷案",重庆市第五中级人民法院(2016)渝05民终4891号民事判决书。

证明的情况下,留某应承担举证不能的不利后果"。① 在该案中,为什么辩称存在基础法律关系的一方要对"抗辩理由提供充足的证据予以证明"？法院也没有提出令人信服的根据。

从以上司法难题来看,在基础关系与借贷关系交织的案件的审理中,司法机关似乎更愿意首先推定双方存在借贷关系并进行审理,基础关系却有意无意地被忽略了,呈现出优先适用借贷关系的逻辑倾向,因而,导致了大量基础法律关系的案件,淹没在民间借贷合同案件的大海中,这一问题已经引起了最高司法审判机关的注意,《2015最高法院规定》对此予以了规范,在第24条中作出了规定。② 但是,买卖合同与民间借贷合同之间是何法律关系,司法解释语焉不详。在实践中,不少司法机关更愿意单纯地以民间借贷合同审理,以减少判词中的法律关系释明。

3.不同性质借贷关系适用同一规则导致的多重秩序混乱

众所周知,民间借贷合同最初来源于熟人之间的互助性金钱往来,因此,民间借贷往往是无息借贷。反对高利贷,一直是限制民间借贷的重要理由,目前,世界上许多国家仍然将非正式金融限定在互助性金融活动的范畴中。近年来,我国不断放宽对民间借贷的限制,营利性借贷开始大规模出现,《2015最高法院规定》也正式将企业之间的借贷行为纳入民间借贷的范畴中。这当然具有鼓励民间金融发展的价值趋向,但是,从理论上讲,营利性民间借贷应该具有自己特定的规范体系,才能保证其规范化地健康发展,例如,对于营利性民间借贷的出借方,法律上是否应该采用更严格的标准和权利义务约束,就确实是一个值得研究的问题。但是,从现有的司法解释来看,似乎没有区分互助性借贷与营利性借贷的不同,这样,势必造成许多公司企业谋求从从事营利性的借贷中获得更多的利益,这对我国正在进行的金融创新,是否有利,尚有很大的疑问。

(三)理论上无力消除解释规则之间的抵牾

合同是当事人之间的"法律",合同是当事人行使权利与义务的根据。因

---

① "周某诉留某民间借贷案",浙江省丽水市中级人民法院浙11民终268号民事判决书。

② 《最高人民法院关于审理民间借贷案件适用法律若干问题的规定》第24条:当事人以签订买卖合同作为民间借贷合同的担保,借款到期后借款人不能还款,出借人请求履行买卖合同的,人民法院应当按照民间借贷法律关系审理。

此,合同通常是在当事人预见合同的风险上订立的,当事人对合同的责任有所预期,并尽可能用明确无误的语言作出表达,如此,各方当事人对合同内容通常具有共识。① 这样当事人之间的权利义务明晰,合同才能得到完全的贯彻履行。但现实中情况是复杂多变的,完美无缺的合同不多见,究其原因种种,如语言、文字的局限性,主观意识的局限性等等,因此,合同解释,成为合同法上的一个重要的制度。

合同解释源于罗马法时期对法律行为的解释理论,"罗马法最初与古日耳曼法相似,完全拘泥于形式主义"②。随着社会的不断发展,许多国家突破了形式主义,在德国更是首先采取了意思主义的原则进行合同解释。这影响了大陆法系许多国家的民事立法,许多国家的民法典都将其作为合同解释的基本原则。如《法国民法典》第1156条、《德国民法典》第133条、我国《合同法》第125条都作出相应的规定。③

1.与合同法一般解释规则的不吻合性

目前,世界各国合同的一般解释规则已非常成熟。一般解释规则包括文义解释、整体解释、目的解释、习惯解释、诚实信用解释等。文义解释是指从合同文本的原意出发,寻求合同条款的一般意义,是一种从语义学角度出发的合同解释方法。整体解释,就是将合同看作一个整体,只有在理解了合同各个部分的意思之后,才能对合同的整体进行了解。目的解释,是指在适用合同解释时,应选择更切合合同目的的解释。各项合同解释规则共同构成了一个具有一定原则性但又巧妙联系着的功能体系,不存在单一的条款解释规则,也不存在涵盖一切的解释规则。

合同解释的立场,则一直在客观主义与主观主义二者之争中游走。《德国民法典》分别在第133条和第119条中规定了主观的解释原则、客观的解释原则。德国著名学者罗伯特等认为,主观意图在解释的过程中,应当优先于客观的表示。但是随着经济的发展,现代社会出于对商品经济信赖利益的保护,更多会倾向于对客观表示的维护。维护客观的意思表示也就维护了正当的交易

---

① 常乐:《论合同的解释》,中国政法大学2010年度硕士学位论文。
② 雷继平:《论合同解释的外部资源》,中国法制出版社2008年版,第218页。
③ 《法国民法典》第1156条规定:解释契约时应寻求当事人的共同意思,而不拘泥于文字;《德国民法典》第133条规定:解释意思表示,应探求其真意,不得拘泥于字句;我国《合同法》第125条确立了合同解释适用的一般规则,当事人对合同条款的理解有争议的,应当按照合同所使用的词句、合同的有关条款、合同的目的、交易习惯以及诚实信用原则,确定该条款的真实意思。

惯例和公平的贸易,因此客观主义也日益成为重要的一个部分。① 当今,大多数大陆法系国家都采纳了客观主义为主、兼采表示主义的原则。主观与客观相结合的合同解释方式,可以很好地对表意人的原意,与其表意在相对人方的客观反映作出诠释。

然而,在民间借贷合同的具体适用解释时,主观与客观相结合的合同解释方式没有得到很好的贯彻,首先,以文义解释规则为基础,合同解释应当以合同条款的语义与相关法规的字面意思相结合,进行综合的解释判断。但由于民间借贷合同通常表达不甚明确,语义有所欠缺。因此,过分拘泥于借贷合同的文本形式,就可能导致机械理解借贷合同的含义,比如,在借贷合同中,即使合同中出现"签字即视为收到款项",就不能机械地认定借贷事实发生。

案例九:程元初与广东中谷糖业集团有限公司、于俊英、庞睿、庞智、庞慧民间借贷纠纷再审案。在该案中,程元初诉称:2007年3月21日,庞贵雄向其借款人民币600万元,庞贵雄出具担保函,担保函写明"本人同意以家庭全部财产清还上述借款。我的家庭全部成员对上述的担保行为没有异议"②,对于该担保函的内容,显然人民法院就不能根据纸面内容认定被告的家庭全部成员对担保没有异议,从而以被告家庭全部成员的财产为案涉担保承担连带责任。但是,在实践中,拘泥于文本字眼的现象,并非少见。基于目的的解释规则,解释民间借贷合同较之一般的合同解释而言,本就较为复杂,而合同解释的目的在于确定当事人在合同条款中的真意表示,而不是仅仅局限于解释"条款的真实意思"。例如,建设工程施工合同中的预支工程款,即使一方出具"借条",也不能真的认定双方存在借贷关系,而应认定为工程款预支款,否则,就会导致严重的紊乱,且割裂建设工程施工合同的整体性,不符合合同解释中的整体解释规则。

2.与合同法特殊解释规则的非一致性

合同中可能存在实质漏洞和补充漏洞,实质漏洞是合同中确实存在的漏洞,补充漏洞是当事人虽然对合同某些事项作出规定,但是合同的内容还是有不明确或者矛盾之处。对于合同漏洞的填补,我国合同法作出相应的规定。《合同法》第61条、第62条规定,当事人若对于合同的内容"没有约定或者约

---

① [德]罗伯特·霍恩等:《德国民商法导论》,楚建译,中国大百科全书出版社1996年版,第80页。

② "程元初因与广东中谷糖业集团有限公司、于俊英、庞睿、庞智、庞慧民间借贷纠纷案",中华人民共和国最高人民法院(2012)民申字第1094号民事裁定书。

定不明确"时,则可采纳这两条合同解释规则,这就是合同法中的特殊解释规则。① 《2015最高法院规定》第3条规定:"借贷双方就合同履行地未约定或者约定不明确,事后未达成补充协议,按照合同有关条款或者交易习惯仍不能确定的,以接受货币一方所在地为合同履行地。"该条规定与《合同法》第62条的规定基本上是一致的,但是,在司法实践中,民间借贷合同双方当事人就合同的履行发生争议时,《合同法》第61条、第62条的规定就没有得到很好的适用,例如,在民间借贷合同利息问题上,不少借贷合同的当事人口头约定了利率,但没有在合同中明确写明利率,司法机关往往会将此类合同视为没有约定利息,有些案件还可能出现借款人支付的债权利息超过债权数额的情形,对此,本文认为,其原因可能是,合同法的特殊解释规则没有得到适用。也可能是,有关司法机关将有关利息的约定视为民间借贷合同的必备条款,需要由当事人进行明确约定。②

3. 与合同法不利解释规则的冲突性

法谚云:"用语有疑义时,应对使用者为不利益的解释。"罗马法中"有疑义应为表意者不利之解释"原则,这是格式条款解释规则的渊源。③ 韩世远教授在其著述中谈到,即使是现在,不利解释原则仍然为德国法和英美法所使用。如德国《债法现代化法》第305c条第2项规定:"在解释一般交易条件时发生疑问的,由使用人承担不利后果。"④我国《合同法》第41条也对格式条款的解释作出规定,在格式条款与非格式条款不一致时应采用非格式条款也符合法律解释原则中特别法优于一般法的规定。通过对第41条进行分析,我国《合同法》对于格式条款规定了合同解释的不利解释规则。⑤ 不利解释规则已成为合同法上的重要制度,在保险合同中,由于其专业性高等原因,为了避免被保险人、受益人因不理解专业术语而在合同条款的解释适用中处于劣势,保险合同的解释应作出不利于保险人一方的解释,因此,在保险合同的适用中具有广泛的运用。

在民间借贷活动中,借条、欠条、收条等债权凭证,并不是规范的借款合

---

① 《中华人民共和国合同法》第61条、第62条。
② 胡康生:《中华人民共和国合同法释义》,法律出版社1999年版,第241页。
③ 邵建东:《合同法(总则)——学说与判例注释》,法律出版社2006年版,第124页。
④ 韩世远:《合同法总论》,法律出版社2004年版,第850页。
⑤ 《中华人民共和国合同法》第41条规定:对格式条款的理解发生争议的,应当按照通常理解予以解释。对格式条款有两种以上解释的,应当作出不利于提供格式条款一方的解释。格式条款和非格式条款不一致的,应当采用非格式条款。

同,却在自然人、企业之间的借款行为中得到广泛应用。在民间借贷活动中,借款合同又因参与法律关系主体之间的差异性,呈现多种形式。诸如借款人全文书写的合同、借款人仅签名的合同,以及借据形式有瑕疵、填空式的文本等。面对纷繁复杂的民间借贷活动,对于诸如借款人仅签名的合同,是否可以视为一种变相的格式合同,而对提供合同文本的一方作出不利的解释呢?

笔者注意到,在我国民间借贷合同纠纷的司法审判中,往往不是对提供合同文本的一方作出不利的解释,而是对债务人不利的解释。为何会出现诸如此类的解释论上的差异? 也许需要从民间借贷合同的特有属性和我国有关民间借贷合同的规范体系中寻找根源。

四、民间借贷合同解释难题探源

(一)民间借贷合同的特有文本属性

1.形式上非要式性

罗马法以来,合同到底"形式"重要还是"意思"重要的论争,经历了一段漫长的历史过程。早期罗马法认为,形式化的行为是法律后果产生的原因,因此,人们对于形式的严格遵守,使得法律约束力得以形成。① 伴随着生产力的提高,商品经济交易的增多,"合同要式主义"思潮逐渐削弱,人们对于提高交易效率的需求超过了对于保护交易安全的需求。《法国民法典》堪称奉行合同意思自治的典范,它规定了合同的订立以意思自治为原则,无须遵循相应的形式,亦无须交付标的物。

合同制度发展至现代社会,它经历了注重合同形式,忽略合同的意思表示,到如今以非要式主义作为订立合同的历程。我国《合同法》第197条规定,借款合同采用书面形式,但自然人之间借款另有约定的除外。这说明了我国奉行的是合同非要式主义。非要式合同固然在提高订立合同的效率等方面有着重要的意义,然而,却也有着其固有的弊端。非要式的民间借贷合同,由于订立的合同形式有的为书面形式,有的为口头形式,非要式主义并不利于确立合同双方订立合同的严肃性,也不利于合同过程的记录和保存。② 在民间借贷合同纠纷中,由于合同的非要式性,加大了裁判者认定合同的难度,突出表

---

① 李永军:《合同法》,法律出版社2005年第2版,第266页。
② [德]迪特尔·梅库迪斯:《德国民法总论》,邵建东译,法律出版社2000年版。

现为:在民间借贷合同中,"债权债务关系是否实际履行"一直是审理中的难点,产生了很多的难题。

2.合同内容与效力的特殊性

(1)必备条款的不完备性

学者李永军在分析合同解释原因时指出,语言无法精确地表现每一个客体之间无限丰富的细微的区别,因此,合同都有解释的必要。① 正如德国学者克茨所言:"合同的不完备,并非是由于当事人懈怠或非理性,而是因为谈判完整活动的过程并不经济,会产生巨大交易成本。"②众所周知,作民间借贷合同时,由于人们的认识水平、知识结构、社会经验的不同,对于相同的语言文字会有不同的表达,当事人在订立民间借贷合同时,因为语言表达习惯、生活经验等原因,往往会对关乎双方权利义务的重要内容有所忽略。过于简单的合同文本,无法使人明确双方的权利义务,这也大大加剧了解释民间借贷合同的困难性,这种现象十分突出。考察民间借贷合同的法律适用难题,其原因很大程度上在于:必备条款的不完备性。在前文"李海引与钱玉兰、李金清民间借贷纠纷"一案中,由于当事人出具的借据中欠缺了"出借人"一项的名字,所以在解释原告是否为出借人时,就存在难题。此外,在该纠纷中,债权凭证上的签名为"阿兰""虞兰妹",而"阿兰""虞兰妹"是否就是当事人钱玉兰,只能通过司法鉴定的方式判断其真伪,从而耗用了更多的司法资源。

(2)合同效力的非诺成性

合同是否以交付标的物为要件,分为诺成性合同和实践性合同。实践性合同又称要物合同,这一概念来源于罗马法,罗马法学家盖尤斯在《法学阶梯》中说到债有四种:债的缔结可以通过实物,可以通过语言,可以通过文字,也可以通过双方合意。③ 在"契约自由"的大背景下,要物合同领域成为合同法研究中一个特殊的范畴。我国民法学界给要物合同作出的界定是:"指于意思表示一致外还需有物之交付方可成立的合同。"④针对民间借贷合同中自然人之间的借贷,我国《合同法》第210条规定也明确了自然人之间的民间借贷合同

---

① 李永军:《合同法》,法律出版社2005年第2版,第606页。
② Hein K tz,supra note 47.转引自王文宇:《商事合同的解释——模拟推理与经济分析》,载《月旦法学》2015年第236期。
③ [古罗马]盖尤斯:《法学阶梯》,黄风译,中国政法大学出版社2008年版,第162页。
④ 张俊浩主编:《民法学原理》(下册),中国政法大学出版社2000年版,第728页。

的性质,并非诺成合同而是实践性合同。①

　　罗马法学家塞尔苏斯说,认识法律的关键不在于对文字的服从,而在于了解和把握法律文本真正想要达到和应该达到的效果。② 可见,《合同法》虽然规定了自然人之间的借款合同,自贷款人提供借款时生效。但是作为实践性合同,它仍然是当事人合意的产物。"合意是构成真正交易的精神要素"③,只有在完成"合意+交付"时,自然人之间的民间借贷合同方能生效。但是,众所周知,在我国的民间借贷合同中,绝大部分的借贷合同往往就是一纸"借条""借据",借条到底是"合意"的证明,还是"交付"的证明,还是两者兼而具之?不无争议,实践上,许多当事人对于是否交付款项存在巨大的争议,可能就是导源于此。

　　3.合同文本与债权凭证的混同性

　　合同是双方当事人意思表示一致的产物,在合同条款中体现着订立合同双方的真意。对于合同条款的认定,可以从两个方面理解:一方面,合同条款是合同当事人意思表示一致的产物,当事人围绕权利义务达成的一项项合意;另一方面,合同条款可以视为在相关文书上记载的文字记录。在民间借贷案件中,欠条、借条、转账单据等债权凭证已经司空见惯,《2015 最高法院规定》也将其作为债权凭证。但在实践中,这些债权凭证往往替代借贷合同文本,尤其是债权凭证上的文字记载,往往被视为合同的约定。

　　案例十:张本艳与杨喜宾、吴艳菊等民间借贷纠纷申请再审一案。原告张本艳向福建省泉州市中级人民法院起诉称:杨喜宾、吴艳菊因资金周转需要与张本艳签订《借据》,约定向张本艳借款 2000 万元,每日按总金额 0.54‰ 计算利息,期限为 92 日。《借据》签署后,但杨喜宾、吴艳菊"未能按照合同约定履行支付利息义务"④。这种将《借据》作为合同约定条款的做法,在司法实践中通行。因此,民间借贷合同的典型性就是:合同文本和债权凭证呈现混同性。

　　4.合同基础法律关系的复杂性

　　民间借贷合同的背后,往往还存在着其他基础法律关系,在实践中,除了

---

① 《合同法》第 210 条:自然人之间的借款合同,自贷款人提供借款时生效。
② 孔祥俊:《论法律效果与社会效果的统一》,载《法律适用》2005 年第 1 期。
③ [美]詹姆斯·戈德雷:《现代合同法理论的哲学起源》,张家勇译,法律出版社 2006 年版,第 114 页。
④ "张本艳与杨喜宾、吴艳菊等民间借贷纠纷申请再审案",最高人民法院(2015)民提字第 234 号民事判决书。

上文所述案例六中民间借贷合同与股权转让合同基础关系的交织外,以买卖合同的形式,作为民间借贷合同的担保,这种做法也是层出不穷。近年来,民间借贷合同夹杂着其他法律关系的现象,有愈演愈烈的迹象,查中国裁判文书网,在总数为 711553 件的民间借贷合同纠纷案中,夹杂买卖合同的案件达 5892 件,合伙案件为 8297 件,担保合同案件为 9337 件。[①] 可见,夹杂基础法律关系的民间借贷合同不在少数。例如,在民间借贷案件中,经常出现当事人双方为避免当事人一方无力偿还,往往在签订民间借贷合同之时,另行签订一份买卖合同,约定债务人到期无力还款付息的,就按买卖合同来履行,这类案件中如何认定合同的性质和效力?如何对之加以处理?在实践中,争议巨大。从理论上看,借贷合同与基础关系之间到底是一种什么性质的法律关系?理论界的见解更是莫衷一是。以夹杂买卖合同的民间借贷合同为例,虽然,《2015 最高法院规定》第 24 条肯定了民间借贷合同的主合同效力,而将买卖合同视为从合同,起担保作用。[②] 但在理论上,有学者称之为"交易选择权担保",有学者认为,买卖合同应当是设定该后让与担保物权的负担行为,即属于后让与担保合同;[③]也有学者提出,买卖合同本质上是设定抵押权的负担行为,属于抵押合同;[④]还有学者认为,这是在司法实践中形成的无名混合合同,所以,对于买卖合同不能一概而论,而应该根据合同内容的不同,予以区别对待。[⑤] 因此,是否能将买卖合同视为担保合同,在法律适用时如何对之进行解释,也有待于进一步的商榷。

(二)民间借贷合同文本导致的解释矛盾与冲突

依前文所述,由于我国借贷合同呈现多样化的形式,借贷行为逐渐呈现自发性、盲目性、投机性。借贷合同文本具有形式上非要式性、内容上必备条款不完整性与合同效力的非诺成性等显著特点,进而导致民间借贷活动中法律关系混乱,基于民间借贷活动地缘、血缘、业缘上的特殊性,"事实认定"难成为

---

① 上述数据是笔者在中国裁判文书网以"民间借贷"为检索词所得检索结果,检索时间为 2017 年 3 月 12 日。
② 《最高人民法院关于审理民间借贷案件适用法律若干问题的规定》第 24 条。
③ 杨立新:《后让与担保:一个正在形成的习惯法担保物权》,载《中国法学》2013 年第 3 期。
④ 董学立:《也论"后让与担保"与杨立新教授商榷》,载《中国法学》2014 年第 3 期。
⑤ 施建辉:《以物抵债契约研究》,载《南京大学学报(哲学·人文科学·社会科学)》2014 年第 6 期。

其中最主要的问题。而民间借贷行为的随意性大等特点,使民间借贷活动的证据往往是"孤证",仅仅根据借据或只有交付凭证的情况进行诉讼的比比皆是,成为事实认定难题的"顽疾"。[①] 然而,在司法实践中往往依赖于对证据的认定,而对于解释有所忽略,由文本导致的法律适用解释混乱,就必然出现。

1.填补非要式合同空缺导致的解释随意性

对于民间借贷合同,我国奉行的是合同非要式主义,非要式的合同,却往往需要法官的补充。非要式合同往往在内容上有所疏漏,合同没有就当事人争议的事项作出明确详细的规定,依现有的合同条款无法确定双方争议的权利义务。这样的合同需要进行内容上的补充,法官在解释合同后对其内容进行相应的填补。在前文所述案例二中,由于借贷合同的非要式性,双方当事人并未就系争的债权债务订立书面合同。对于借条是否真实存在,被告虽然承认借条的存在,但是否认债权债务关系的实际履行。裁判者在认定该债权债务关系是否实际履行时,若还要对合同进行"符合当事人意思表示"的解释,兼顾意思自治原则,就具有较大的难度,在案例二中,裁判者援引了《合同法》第206条、第207条关于还款责任的规定,而并未针对"合同履行"进行说理,这种"王顾左右而言他"的做法,明显较为牵强。其实,案例很好的说明了这样的事实,那就是,非要式的民间借贷合同一旦发生纠纷,当事人双方都难以进行举证,从举证责任分配的角度,似乎也对此无能为力。对于非要式的民间借贷合同如果没有合适的解释根据,就可能伤及有关当事人的合法权益。较之于我国《担保法》第38条规定的抵押合同的要式性强制性规定,[②]借贷合同对于合同形式没有硬性要求,使得进行解释民间借贷合同时必然面临较大的挑战。

2.合同效力非诺成性导致的对一方权利的无视

有学者认为,我国《合同法》调整着典型的商业行为,将以金融机构为一方的借款合同明文规定为诺成合同,却保留了自然人之间借款合同的要物属性,这体现了合同的无偿性对其要物性具有支持的作用。[③]《2015最高法院规定》明确规定,民间借贷是存在于自然人、法人、其他组织之间进行资金融通的行为。这一规定,实际打通了民间借贷合同上诺成合同与要物合同的分界,如此,在扩大民间借贷合同的同时,也带来了新的问题。

---

① 肖琳、王林清:《民间借贷纠纷中"孤证"案件的法律适用——以100份民间借贷孤证案件判决书为分析样本》,载《海南大学学报》2016年第1期。

② 《担保法》第41条:抵押人和抵押权人应当以书面形式订立合同。

③ 刘家安:《"要物合同"概念之探究》,载《比较法研究》2011年第4期。

从理论上看,有观点认为,仍应继续保留自然人之间的借款合同要物合同的属性,因为,自然人之间的借贷行为以无息的居多,多为互帮互助的性质,这种观点肯定了要物合同在保护交易安全方面所起到的积极作用。无偿的借贷合同往往和实践合同相关联,学者宁红丽曾撰文阐述,基于合同无偿性的考虑,自然人之间借款合同应定性为实践合同。① 但也有观点认为,自然人之间的借款合同的效力非诺成性也不尽合理,具有不少值得反思之处。在民间借贷案件中,无论是自然人与自然人之间,还是自然人与金融机构之间,当事人往往会约定支付一定的利息,此时的合同效力仍然具有非诺成性,但从学理上却脱离了"无偿"的立法原意。最高人民法院关于民间借贷的最新司法解释也对"利率""利息"问题作了较为详细的规定,②肯定了民间借贷合同利率在一定比例内的合法化。而在有偿的借款合同之中,如何保护借款人的权利就成了法律上应当厘清的一个难点。③ 此外,退一步说,即使是就无偿合同而言,若就当事人利益的实现而需要交付物,交付导致合同成立的安排亦非佳构。④ 实践性合同的诺成化已成为合同法发展的新方向,故依据现行法,合同形式上的非要式性实践性借贷合同往往并未遵循传统的"无偿"的立场,基于民间借贷合同效力的非诺成性对其进行解释仍不失为一个理论难题。

3.合同文本与债权凭证混同导致的解释规则紊乱

在英美法系国家中,合同的生命在于"约因"。而在大陆法系,合同的生命在于"约定",即合同权利义务源于约定。⑤ 但是,在民间借贷活动中,"约定"有时却极难证明,借条、欠条、收条的广泛使用,很可能因为当事人的书写习惯等原因得出权利义务关系的不同解释。然而,恰恰就是合同文本和债权凭证的混同性,导致民间借贷合同在出现纠纷时,往往导致当事人对于权利义务关系的不同理解。例如,在买卖关系中,一方预支给对方的款项,书写了借条,但借条在此的意义仅仅是收到款项的证明而已,至于双方是否真的发生借贷关系,借条本身却证明不了或者双方的权利义务并非决然清晰。但是,在实践中,这样的借条还是往往容易让人产生当事人还存在借贷关系的误解,这种误

---

① 宁红丽:《借款合同性质的厘定》,载《社会科学研究》2012年第4期。
② 《最高人民法院关于审理民间借贷案件适用法律若干问题的规定》第25条至第30条。
③ 宁红丽:《借款合同性质的厘定》,载《社会科学研究》2012年第4期。
④ 张金海:《论要物合同的废止与改造》,载《中外法学》2014年第4期。
⑤ 李永军:《论合同解释对当事人自治否定的正当性与矫正性制度安排》,载《当代法学》2004年第2期。

解恰恰就是"借条"合同文本和债权凭证混同性导致的。在案例五中,双方所签借条即为借贷合同文本,二者产生混同,对于借条中印章的认定就大大影响了对借贷合同文本的真实性与否的判断。

4.剥离合同基础法律关系导致的解释困境

在民间借贷合同关系中,基础关系较为复杂,其中,很大一部分案件往往和买卖合同联系密切。最近几年来,以买卖合同作为民间借贷合同的担保的做法日益增多,相应的纠纷便也屡屡发生。在司法实践中,不同的法院,甚至相同的法院不同的法官之间,对于买卖合同的性质与效力的认定,往往会给出截然相反的结论。即便是最高司法机关,对于此类民事法律关系所蕴含的争议,其有关观点也经常前后冲突与不一致。最高人民法院曾作出两则泾渭分明的判决——"嘉美公司案"①和"朱俊芳案"②,就充分反映了这一点。在"嘉美公司案"中,最高人民法院经审理认为:嘉美公司与杨伟鹏之间存在借贷关系,双方签订《商品房买卖合同》属于非典型的担保,杨伟鹏请求获得案涉商铺所有权的诉讼主张,违反了法律关于禁止流质的规定;在"朱俊芳案"中,最高人民法院判决认为:朱俊芳与嘉和泰公司之间的《商品房买卖合同》和《借款协议》均依法成立并生效,当借款人嘉和泰公司不能按期偿还借款时,朱俊芳有权要求履行《商品房买卖合同》取得房屋所有权,且不违反《担保法》第40条、③《物权法》第186条④有关"禁止流押"的规定。⑤ 极其相似的两个案件却有着不同的裁判结果,判决的冲突与不一致,增加了裁判此类案件的不确定性。

---

① "广西嘉美房地产开发有限责任公司与杨伟鹏商品房买卖合同纠纷申请案",(2013)民提字第135号,载《民事审判指导与参考》2014年总第58辑。

② "朱俊芳与山西嘉和泰房地产开发有限公司商品房买卖合同纠纷案",(2011)民提字第344号,载《最高人民法院公报》2014年第12期。

③ 《中华人民共和国担保法》第40条:"订立抵押合同时,抵押权人和抵押人在合同中不得约定在债务履行期届满抵押权人未受清偿时,抵押物的所有权转移为债权人所有。"

④ 《中华人民共和国物权法》第186条:"抵押权人在债务履行期届满前,不得与抵押人约定债务人不履行到期债务时抵押财产归债权人所有。"

⑤ 张伟:《买卖合同担保民间借贷合同的解释论——以法释〔2015〕18号第24条为中心》,载《法学评论》2016年第6期。

(三)民间借贷合同解释制度本身的混乱与缺失

1.与合同法解释一般规则的兼容缺失

《合同法》的解释规则以及其他法律法规中的解释规则,为裁判者们进行合同解释提供了一个前提,良好地衔接起法律之间的逻辑关系,是更好的实现良善司法的一个关键的前提。但考察我国《合同法》关于一般解释规则与民间借贷合同的相关规定,可以发现两者呈现"不衔接"的尴尬局面。从文本上看,我国《合同法》的一般解释规则体现在我国《合同法》第125条中,该条款看似全面,却未阐明适用的方式、场景,也可以说,其适用范围是在合同"理解有争议"时,而《合同法》第61条、第62条的规定则是在合同"约定不明确"时所适用的。对于民间借贷合同而言,不同的裁判者在面对相似的民间借贷纠纷案件时,有可能选择《合同法》第125条一般解释规则,也有可能选择《合同法》第61条、第62条特殊解释规则,造成"同案不同判"的僵局。这里的"理解有争议"与"约定不明确"有混淆语义之嫌,这极其可能导致裁判者面临难以解释的局面。例如崔建远教授曾举过这样一个案例:合同双方当事人甲与乙约定了"模板分项承包施工合同",承包单价按照"投影面积(水泥接触面)进行"计算。对此,承包人(甲)认为应当按照模板的垂直投影面积核算,发包人(乙)则认为应当按照模板的水平投影面积计算。经审理,一审法院和二审法院均认为该约定属于不明确,因此应当按照《合同法》第61条的相关规定进行解释。① 而依崔建远教授的观点,原审法院援引《合同法》第61条的做法实属不当。② 结合上述案例,约定中已作出如"水泥接触面"的注释性解释,以此不得认定为是约定不明确,而参照适用《合同法》第61条、第62条,而应当以《合同法》第125条中的规定为基础,适用文义解释等解释规则对其进行解释。在民间借贷合同纠纷中,当事人双方出现纠纷的情形往往可以描述为"理解有争议"与"约定不明确",这无疑增加了对其进行解释的难度。由于《合同法》第125条与民间借贷合同的解释相关规定并未衔接,因此,司法机关鲜少运用该条文进

---

① 崔建远:《合同法》,北京大学出版社2013年第2版,第422~423页。

② 崔建远教授认为,《合同法》第61条和第62条所述"约定不明确",应当为:究竟参照何种标准,比如行业标准、国家标准还是其他的标准,来确定合同中的标的的质量标准,约定不明确;针对合同的价款、报酬,计算标准应当为何约定不明确;针对合同的履行地点,是履行义务的一方所在地,还是接受履行所在地,双方的约定不明确;针对履行期限,双方约定的是一个确切的履行日期,还是一个模糊的时间段限制,约定不明确等等情形。

行解释民间借贷合同案件中的争议。

案例十一：在楼生、王梅娟民间借贷纠纷一案中，作为被告的楼生主张借条字迹书写潦草、难以辨认，不应进行鉴定，而应依照合同法的相关规定予以解释。而原告认为，被告对《合同法》第125条的含义理解有误，结合本案案情，只是对"年"还是"月"有异议，是理解不同。照说，法院判决时，应当对是否适用《合同法》第125条进行解释，但是，从判决书来看，显然法院是回避该条文的适用的。①

2.现行民间借贷合同法律体系的缺陷

（1）现行民间借贷合同法律规定述略

在我国，对民间借贷活动的法律规定，一直未成体系，虽然，我国《合同法》、《民法通则》中对于借贷合同作了相应的规定，但是内容并不全面。1991年，最高人民法院发布了《关于人民法院审理借贷案件的若干意见》，但该《意见》才区区20条，因此，我国关于民间借贷的法律规范长期处于"不成体系、过于简单并且支离破碎"的状态，②《2015最高法院规定》发布，该司法解释是对中国现有民间借贷法律体系的一次较为完整的梳理。在这部司法解释中，对如民间借贷的利率、民间借贷的主体及借贷合同的效力等旧问题进行界定，还与时俱进地对借款合同与买卖合同的关联性予以明晰，且对刑民交叉的民间借贷案件，以及借助网络平台的个体借贷之规制亦有涉及，这是审理民间借贷合同的一次跨越性司法文件，具有重要的意义。

（2）现行体系的缺陷

从现有法律规定来看，我国关于民间借贷的相关法律还有不少欠缺与不足。关于民间借贷法律关系，我国《合同法》有所体现，但远远不足。合同法明显是将借款合同与民间借贷合同分开规定的。第一，《合同法》第196条对借款合同的定义进行了解释，③并用较大的篇幅规定了借款合同；第二，《合同法》第210条明确指出民间借贷合同的性质，④是一种实践性合同。如此，审查借贷合同是否发生法律效力，需要同时审查其是否满足形式要件和实质要

---

① 范亚凌与楼生、王梅娟民间借贷纠纷案，杭州市中级人民法院(2013)浙杭商终字第1758号民事判决书。判词认为：楼生作为完全民事行为能力人，应当知道出具借条所引起的法律后果以及应承担的民事责任。

② 李正辉：《论民间借贷的规制模式及改进——以民商分立为线索》，载《法治研究》2011年第2期。

③ 《中华人民共和国合同法》第196条。

④ 《中华人民共和国合同法》第210条。

件。形式要件，即体现为借款合同的形式，债权凭证的形式，如借据、口头约定等，是体现双方合意的外在形式；实质要件是指借贷合同所约定的具体项目，与现实交付息息相关。民间借贷合同在法律规定方面天然地缺乏相关规范的约束，这意味着它可能更需要有关司法解释的进一步规定。

《2015最高法院规定》集中对民间借贷活动作出相关的规定，但是，司法解释仍然对于民间借贷合同是否与借款合同有别，做了模糊的处理。通过举证责任分配来审理和认定案件，在实体权利义务方面，似乎没有确立一个更有解释力的实体认定规则。

五、民间借贷合同解释规则的改进与相关难题破解

从以上分析来看，我国民间借贷作为一种非正式的金融活动，正在历经迅猛的发展和演变过程，民间借贷合同纠纷已经成为当下司法审判中的重要诉讼类型，但是，由于民间借贷合同本身的特殊性，以及现有的法律规定乃至司法解释，仍然通过举证责任分配的方式来审查、处理，因而，导致诉讼案件急剧膨胀，有些审判则显得粗糙和说服力不足，甚至出现对当事人正当权益"无视"的现象，如此现象，不利于发挥司法引领作用，不利于鼓励互助性的民间借贷的发育生长，也不利于民间借贷活动走向规范化和合法化，为此，本文认为，我国民间借贷合同的法律适用解释，应该在贯彻程序保障的同时，更多的运用债法的相关原理，对不同类型的民间借贷纠纷，适用更有针对性的解释规则，如此，才能更好地促进民间金融的健康发展。

(一)民间借贷合同解释规则改进的路向

1.实现民间借贷交易秩序的规范化

民间借贷合同解释规则改进的方向，不是为了解释而解释，也不是为了在司法实务中植入一个富有学术味的概念，而是应当紧紧围绕民间借贷合同纠纷中的难题，提出一定的建设性意见。本文认为，鉴于我国民间借贷合同天然的交集着多重主体，利益多元化，况且这其中可能夹杂着多重法律关系，多种利益主体在这一领域中角逐博弈，又加上我国有关民间借贷合同的法律法规实际上还有许多盲点和真空，因此，在民间借贷交易中，不免鱼龙混杂，非法集资乃至集资诈骗出没其中，地下钱庄等非法金融活动也可能侧身于此，近年对企业之间的借贷行为开放之后，许多市场主体更是纷纷进入民间借贷的领域，从某种方面来说，民间借贷领域已经成为一个新的时代环境下的"名利场"。

由此,也导致民间借贷合同秩序极为复杂,纠纷处理的难度加大,在这种情况下,虽然司法无法直接为民间借贷合同纠纷提供一个现成的交易秩序和规范化的市场准则,但是,司法的能动作用还是可以通过一定的方式体现出来的,那就是,司法应该通过裁判,通过判决的法律原理的阐释,为市场的参与主体提供一定的价值引领和规范导向,因此,改进民间借贷合同解释的路向,其规则导向应当是它有利于实现民间借贷交易秩序的规范化。本文认为,在民事司法审判中,应当对民间借贷合同的不同形态作出不同的规范引导,对于互助性的传统借贷应予更多的宽容和鼓励,对于营利性的新型借贷合同应当课加更多的规范约束;对于小额的借贷和大额借贷应当有所区分;对于公司企业介入的具有多重法律关系的借贷纠纷,应当秉持更严格审查的立场,如此,才能净化民间借贷合同的交易秩序,进而解决当前我国民间借贷的乱象,才能在技术层面给予民间借贷提供良好稳定的发展环境,真正的规范好民间借贷的交易秩序。

2.更好的衡平债权人、债务人双方的合法利益

民间借贷合同解释规则改进的方向,还应当有利于更好的衡平债权人、债务人双方的合法利益,还原司法坚守中立、兼听则明的立场。司法判决应该为诉讼两造提供公平论辩的机会和平台,而不是先入为主的"主动站位"。在司法实务中,法官在民间借贷合同纠纷中往往倾向于相信原告,对于原告所提出的借据心证产生的作用力一般难以轻易改变,从而在具体的审查原则上,坚持着有利于出借人的原则。① 对于一些案件只有借据而无直接实际交付凭证,则应当对形式要件进行充分的审查。以有利于债权人的审判原则为解释的出发点,除有足以怀疑借据真实性的证据外,不得轻易否定借据记载的内容。

亚里士多德在《政治学》一书中曾言:"钱贷更加可憎,人们厌恶放债是有理由的,这种行业不再从交易过程中牟利,而是从交易的中介的钱币身上取得私利。"② 今天,我们当然不会再视借贷行为为"最可耻"③的行为,但无疑的,对于债权人债务人的权益的冲突,也理应进行合理的平衡,因此,在我国现行司法实践中出现的"有利于债权人"的解释路径,应该有所改易。据相关抽样调

---

① 王林、陈永强:《民间借贷的事实审查与举证责任分配之法理》,载《政治与法律》2013年第12期。

② [古希腊]亚里士多德:《政治学》,吴寿彭译,商务印书馆1983年版,第31页。

③ [古希腊]亚里士多德:《政治学》,吴寿彭译,商务印书馆1983年版,第34页。

查表明,在民间借贷合同纠纷中,原告胜诉率高达 67%,败诉率为 9%。① 这在某种程度上反映了,在现行的司法审判实践中确有某种忽视一方当事人诉讼权利的迹象。英国学者 Tony Weir 指出,"侵权之债的规则主要起到保护财富的作用,合同之债的规则应具有创造财富的功能"②。因此,正如《2015 最高法院规定》第 1 条所明示的,司法裁判人员在对民间借贷合同进行裁判时,应注意债权人债务人利益的平衡。例如,针对借贷合同文本的歧义解释,应当更多的贯彻合同法的格式条款解释规则,对于一方对借贷合同真实性的抗辩,应当采用更多的债法原理用以解释双方的合同争议,而不是单纯的根据传统的依托于对双方当事人举证责任分配,唯有如此,才能更好地平衡债权人和债务人的利益。

3.促进营利性借贷与互助性借贷回归各自的本位

民间借贷合同解释规则改进的方向,应当有助于促进营利性借贷与互助性借贷回归各自的本位。从合同法的发展历程来看,由于当事人实力、智力水平及专业性程度的情况各异,合同法本来就不宜对它们等量齐观,所谓的商事合同,系指缔约双方皆为熟练的经济人的合同,与一般的民事合同不同的是,经济人具有很强的谈判能力,他们拥有较强的评估风险的能力,并会适当规避风险;为了有效面对瞬息万变的市场,订立合同时,他们通常会事先进行规划来防控风险,所以合同内容通常比一般的民事合同复杂,有鉴于此,合同法上出现了民事合同与商事合同双元发展的现象。③ 近年来,国际统一私法协会制定《国际商事合同通则》,突出商事合同与民事合同的不同,赋予商事合同更大的自治性与任意性,体现了与强行规定为主的民事合同间极大的差异。

当前民间借贷呈现出营利性的趋势,无论是自然人之间还是与企业之间的借贷,营利性的比重都大幅上升。《2015 最高法院规定》也正式将企业之间的借贷行为纳入民间借贷范畴。但是,若无视营利性借贷行为的特殊性,而一味机械地适用民法一般规范,恐将造成不公平的结果。因此,营利性借贷与互助性借贷之间应该有所分野,适用的法律规则理应有所差别,在解释合同时更

---

① 《福建省民间借贷纠纷大数据报告》,载于企查查 2016 年 12 月 5 日版,https://www.qichacha.com/postnews_50e153d77e8fd5032961adcd8a3c1af5.html,下载日期:2017 年 3 月 12 日。

② See International Encyclopedia of Comparative Law III, chapter 1, pp.1-2, chapter 12, p.6.

③ 王文宇:《合同解释三部曲——比较法的观点》,载《中国法律评论》2016 年第 1 期。

应注意此二者之差异。在《民法总则》全文中,也在第三章"法人"的第一节、第二节对营利性法人和非营利性法人进行了区分。① 这很好地说明了营利性主体和非营利性主体存在很大的不同,同理,营利性民事活动和非营利性民事活动也存在很大的差别,这是民法上的基本原理之一,这种差别突出的表现在,法律对营利性活动和非营利性活动的参与主体,其规定的法律义务有很大的差异,如有偿代理合同和无偿代理合同,具有很大的不同。营利性主体,其应承担的法律义务明显要多得多,在借贷法律关系上,域外不少立法,一般将民间借贷限定在当事人互助的范围内,营利性的借贷,则通过有关的法律规范进行约束。例如,我国香港就专门制定《香港放债人条例》,用以规范专业放贷人的行为,从而很好地规范了香港民间的借贷市场。我国人民银行自2008年起也开始着手制定相应的《放贷人规则》,以加强包括P2P网络平台在内的放贷人的监管作用,但基于种种原因,这个条例尚未出台,尚不能很好的为审理民间借贷提供充足的法律根据。但本文认为,这并不表明司法在处理民间借贷时,针对专业放债人就可以熟视无睹,实际上,有关司法解释完全可以对互助性的借贷和营利性借贷适用不同的准则,同时,在解释借贷合同是否实际履行,债权人主体和厘清基础法律关系时,对营利性的放贷人规定更多的法律义务,也就是说,在解释合同歧义时,应当对其作出更严格的审查,只有营利性借贷与互助性借贷回归各自的本位,才能更好地实现我国金融创新,繁荣民间金融市场。

4.有助于鼓励和引导金融创新

民间借贷合同解释规则改进的方向,应当有助于金融创新。本文注意到,随着我国经济的迅猛发展,信息技术巨大的推动了金融改革和创新,《2015最高法院规定》也将新型的民间金融活动纳入民间借贷的范畴,并且就新型的民间金融活动规定了审理的相关规则,这无疑值得称许。本文认为,民间借贷合同的解释与适用,对此应有所回应,有所推进。近年来,我国有关司法机关已经关注并很好地处理了相关的新型案件,就民间借贷合同与相关合同的界限、定性问题作出有益的探索。

案例十二:上海市高级人民法院(2013)沪高民五(商)终字第11号民事判决书,②就对本案是金融借款合同纠纷还是营业信托纠纷问题进行了细致和

---

① 《中华人民共和国民法总则》第76条至第95条,自2017年10月1日起施行。

② "安信信托与昆山纯高营业信托纠纷案",上海市高级人民法院(2013)沪高民五(商)终字第11号民事判决书。

周详的法律论证,较好地解释了本案合同的定性问题。① 又如,重庆市北碚区人民法院就重庆金派商业保理有限公司与唐玉兰、刘忠林等民间借贷纠纷一审民事判决书,对于保理合同与民间借贷合同的关系也作出梳理和解释。② 这些判决在一定程度上反映了我国司法界对民间借贷合同所涉相关的合同解释已经有了实质性的进步。

5.提升借贷案件的裁判水平

民间借贷合同解释规则改进的方向,应当有助于提升借贷案件的裁判水平并减少诉讼的膨胀。多年以来,一方面,民间借贷合同纠纷案件的司法裁判,往往给人以"简单朴素"的印象,不少当事人认为,借贷纠纷的诉讼是一种最为简易的诉讼活动,谁持有借条借据,谁就能赢得官司,谁能够举证,谁就胜诉,似乎与债法的相关原理无关;另一方面,民间借贷合同案件却由于成为利益的竞技场,诉讼案件飞速膨胀。这一现象,与民间借贷合同诉讼中,相关法律原理的适用不足,也有很大的关系。因此,改进民间借贷合同解释规则,就应当彰显法律的逻辑理性,让裁判成为法理的阐扬,是非对错的真正话语者,从而,使判决不至成为借条的翻版,渔利者也止步于诉讼之外。

(二)解释规则的具体改进

1.合同定性的解释理由改进

而合同性质的判断,通常需要根据当事人之间权利义务约定,及其合同在交易过程中重要部分是什么进行考量。而法院在审理无名合同案件时,一般多习惯于先分析该合同的特征,进而判定合同是某种有名合同或是多种有名合同的叠加组合,然后将合同归类为合同法分则早已预设的有名合同类型,并类推适用该类型有名合同的任意规定。类推适用,在法学方法上又指模拟推理,在大陆法系,通常是指将法律上的明文规定,适用到该法律规定未直接规定,但其规范上的重要特征与该规定所明文规定者相同的案型;而在英美法

---

① 根据该判决书,法院认为,虽然某股份有限公司系以其与某投资开发有限公司存在信托贷款合同纠纷为起诉事由,但是某投资开发有限公司以本案系信托纠纷提出抗辩,某股份有限公司对信托成立及与某投资开发有限公司签订信托合同的事实亦不予否认。又鉴于信托合同系双方当事人真实意思表示,且未违反法律、法规的强制性规定,该合同合法有效。故某股份有限公司与某投资开发有限公司之间存在信托法律关系。

② "重庆金派商业保理有限公司与唐玉兰、刘忠林等民间借贷纠纷案",重庆市北碚区人民法院(2016)渝 0109 民初 1868 号民事判决书。

系,则主要通过判决理由来体现。①

在民间借贷合同纠纷与其他法律关系交集或者甄别的问题上,现行司法实践上所采取的定性方法往往缺乏理论阐释,因此,解释理由上充分展开,显然是民间借贷纠纷处理中亟须努力的方向。近年来,我国有关司法机关的探索已初现成效,上文案例十二上海市高级人民法院(2013)沪高民五(商)终字第11号民事判决书指出:从《信托贷款合同》第一章关于信托贷款的释义中已明确该信托贷款系根据信托合同、投资说明书获得信托资金,以信托资金向借款人发放的贷款。故某股份有限公司与某投资开发有限公司之间的信托法律关系存在在先,系不争的事实。该判决书就《信托贷款合同》的性质进行的分析和论证,堪称合同定性说理上一个很好的范例。

2."借款是否实际发生"解释问题上的改进

借贷是否实际发生,是民间借贷合同纠纷中的主要争议难点,在现实司法审判实践中往往依赖于对当事人举证责任的分配进行解释,近几年来,一些省市纷纷出台了各自的有关民间借贷合同纠纷案件的处理规则,这些规则在一定程度是细化了这些举证责任分配,具有一定的合理性。例如,因为标的额较小的民间借贷案件,往往发生在熟人之间,债权债务关系较为明确、争议焦点清晰,而标的额较大的案件却易出现基础关系复杂、法律关系不明晰的问题。多省高级人民法院针对标的额划分的问题也提出了相应的指导意见,根据借贷金额的大小确定不同的事实认定规则。②

针对标的额较大的案件,可以将其相关规则单独列出,并规定了更为明确的举证责任,即对原告应承担的举证责任进一步明晰,包括总体的原则、具体的考察事项,如借贷的金额、利率的期限以及款项的交付等借贷事实的发生来承担举证责任。③ 若被告提出相应的抗辩,应当提供反驳证据加以进一步证明。此外,对于标的额较大的现金支付案件,还可以规定债权人本人、法人抑

---

① 黄茂荣:《法学方法与现代民法》,台湾大学法学丛书编辑委员会2006年版,第393页。

② 关于款项数额的大小的划分,可参考中国人民银行《人民币大额和可疑支付交易报告管理办法》,该管理办法第7条规定,下列支付交易属于大额支付交易:"(一)法人、其他组织和个体工商户之间金额100万元以上的单笔转账支付;(二)金额20万元以上的单笔现金收付,包括现金缴存、现金支取和现金汇款、现金汇票、现金本票解付;(三)个人银行结算账户之间以及个人银行结算账户与单位银行结算账户之间金额20万元以上的款项划转。"

③ 《重庆高院指导意见》第8条和《南京中院指导意见》第16条。

或其他组织的有关人员到庭说明情况,陈述款项为何进行现金交付、时间、用途、地点等具体事实和经过,并接受对方质证、法院查问。① 针对标的额较小的案件,可以规定减轻出借人一方的举证责任,即只要能够达到合理说明的程度,即视为完成举证责任,进而对借贷事实予以确认。同时赋予法官足够的自由裁量权。② 此外,也可以依据交易习惯等进行认定,但应符合日常的生活经验。

本文认为,上述尝试无疑具有一定的积极意义,对于查明案件真实情况也有一定的帮助,但如前文所述,这一规则在一定程度上仍然没有摆脱举证责任分配的基本逻辑,因此,它可能无法克服虚假证据带来的审判风险。改变这一缺乏正当性解释逻辑的办法,其实就是,根据互助性借贷和营利性借贷的不同,适用不同的解释原理,互助性借贷合同,遵循诚实信用原则解释,对于营利性借贷,则应回归合同法上的格式文本不利解释规则,也就是,对于提供格式文本一方的当事人作出不利的解释,以此来缓解争议引致的张力。

(1)互助性借贷合同,遵循诚实信用原则解释

古罗马法学家盖尤斯指出,现金并不构成任何的债,而是证明债已发生,钱款的兑付使债权债务关系成立。对于小额的互助性借贷,借条确实意味着债已发生,而诚实信用原则是对此最好的解释根据。在对民间借贷合同进行具体的解释时,遵循诚实信用原则也有着很大的意义。

诚实信用原则是用一个诚信的第三人标准来对合同当事人的意思进行补充和解释,英美法系国家事实上的"默示条款"的基本思路,也可视为诚实信用原则的另一种表述:任何人在订立合同时,都会对自己的权利义务的界定作出理智的决定,但是他们往往会因疏忽或其他原因而忽略某些问题。如果这些问题属于合同的必备条款,就有可能导致合同的不成立;如果是任意性条款,法院就会站在一个公平合理的角度,用假定当事人意思的方式替当事人进行补充。③

对于民间借贷合同而言,首先,在形式要件上,借款人与出借人因达成了借款合意,出具了借据,借据成为出借人主张还款请求权、诉权的基础,案件事实与证据形成了较为统一的关系。第一,依照"意思自治"原则,借条、借据所

---

① 《浙江高院指导意见》第 17 条和《南京中院指导意见》第 18 条。

② 《北京高院会议纪要》第 10 条、《浙江高院指导意见》第 17 条和《南京中院指导意见》第 18 条。

③ 苏号鹏、朱家贤:《论英国法中的合同默示条款》,载《民商法学》1996 年第 5 期。

表明的借贷法律关系属于合同关系,可以作为直接证据使用,反映了案件的事实,也直接体现了双方当事人意思表示一致,对于待证事实具有较强的证明力。第二,从生活经验出发,以一个常人的视角来看待,一般人不会在没有借贷关系发生的情况下轻易地出具借据,陷自身于背负还款义务的不利状态。第三,在存在其他基础法律关系的前提下,借条作为一种表象,可令双方当事人达成其他目的,则借据也有着证明双方间法律关系存在的意义的作用,利于法院对于其他基础法律关系作出明确的裁判。民国时期,大理院在上(815)判决中就确认"关于当事人之借贷,经当事人订有字据者,其债权债务主体之为何人,除有特别情形外,自皆应以字据所载明者为断"[1]。就表明了司法者对民间借贷合同的基本立场:通常情况下,字据就可以作为判断债权人债务人权利义务的基本依据。今天,互助性的民间借贷,事实上仍然还是消费借贷,字据仍然是最重要的证据,假如借据出现诸如"今借到"之类字样,可直接成为借款合同的生效要件。

其次,需要引起重视的是,遵守高利贷并不等于诚实信用。许多人认为对于诚实信用的理解在于遵守一切关于借贷合同的约定,而忽视了法律并不保护违约的规定及故意逃避法律的规定。在《民间借贷司法解释》的第26条至第30条对于利息予以了较为完备的规定。[2] 而部分民间借贷则超出了法律所规定的范畴,属于违法的高利贷行为。基于人情、"面子"等问题,系争双方可能对于借款以双方的约定为准,认为这体现了诚实信用。而在司法实践中,不少人担心万一起诉到法院,若依法律规定进行偿还会对自身信用造成不好的影响,而不利于日后借贷行为的开展。为了规避这一问题,很多人会选择性地直接将利息写入本金,进行法律实务上的规避,加大了解释的难度。从根本上而言,这是一种违背诚实信用原则的体现,并不能更好地保障当事人的利益。法律上的诚实信用是为了社会的民间借贷和诉讼秩序出发的,是一种既定的借贷规则,若当事人恣意逾越该规则,维护一种非法的行为不是一种诚信的表现,而是一种不诚信的表现。[3]

---

[1] 朱鸿达主编:《大理院判决例全集·民法·消费借贷》,世界书局1936年版,第160页。

[2] 《最高人民法院关于审理民间借贷案件适用法律若干问题的规定》第26条至第30条。

[3] 龙书碧、苏晨霞:《从司法解释的角度论民间借贷纠纷的情与法》,载《法制博览》2016年第1期。

(2)对于营利性借贷,采取合同法上的格式文本不利解释规则

营利性借贷合同是新形态交易类型,借贷双方往往具有特殊且复杂的风险管控或分配机制,立法者在制订合同法时,难以预想该类借贷发生的背景与目的,此时,如仅以任意法规作为填补漏洞的依据,会背离交易现实,甚至对于金融创新造成不利的影响。对于营利性借贷合同纠纷,就不应只援引任意规定,而应探求当事人真意所在,对合同的补充解释。①

不利解释规则一直以来都是保险合同解释中的重要规则之一,而格式合同则是采用不利解释规则的最主要领域。在保险实务中,解释的方法、解释依据的是什么样的原则,关乎当事人能否顺利履行保险合同,以及是否能够公正地解决保险合同纠纷。格式合同作为保险合同的典型,则运用了不利解释规则。学界和司法界对于不利解释规则的具体适用,仍存在许多争议,在学理上有格式合同说、专业技术说、保护弱者说等主流观点。② 在其具体运用上,对于保险合同的解释应当首先适用于合同的一般解释原则,然后再适用不利解释规则,并且要注意不利解释规则的适用必须有一定的适用前提、适用范围。

法律不是摆在那供历史性地理解的,而是要通过被解释而变得具体有效。③ 对于民间借贷合同中的"格式条款",则可以借鉴保险合同的不利解释规则,即在优先适用合同解释一般规则后,若合同还是无法得到较好的解决,再适用借贷合同解释的特殊的不利解释规则。或者,至少可以引用合同法有关格式文本的解释规则。当民间借贷属于营利性借贷的情况下,如果该借贷合同格式条款有两种以上解释的,可以援引《合同法》的第 41 条规定"应当作出不利于提供格式条款一方的解释"。在民间借贷合同纠纷中,大量存在着一方提供合同"格式文本"的情形。

案例十三:周良金、陈海忠上诉郑云仙借贷案。2013 年 8 月 26 日,一审被告人陈海忠向一审原告人郑云仙借款 20 万元,并且出具了借条一份,借条中载明向郑云仙借款 20 万元,月息 3%,于 2013 年 9 月 25 日归还。周良金任保证人,并在借条中载明:愿意为陈海忠的借款担保,担保时限同于借款的有效期。借款期限届满后,陈海忠按月息 3% 向郑云仙支付了利息,却一直未归

---

① 王文宇:《商事合同的解释——模拟推理与经济分析》,载《月旦法学》2015 年第 236 期。

② 林少伟:《保险合同解释原则研究》,西南政法大学 2010 年度硕士学位论文。

③ Gadamer,Hans-Georg: Truth and Method,New York: Cross Roads,2d.rev ed.,1984,p.275.

还借款本金。一审判令陈海忠向陈云仙支付 20 万元本金及利息,周良金承担连带责任。在二审中,上诉人周良金诉称,周良金对借款利息及追索诉讼费无须承担保证责任。借条为格式合同,由郑云仙设立,应当对郑云仙作出"不利解释"。本案诉争借款实际收到的本金只有 186000 元,月利率 7%,即月息 14000 元。而在庭审的过程中,郑云仙无法证明出借本金只有 186000 元的事实。法院经审理查明,郑云仙提供还款承诺拟证明本案诉争借款实际出借金额为 20 万元的待证事实真伪不明,不予确认。这就是一个关于民间借贷"格式合同"不利解释很好的例子。针对提出格式合同的一方,在本案中即出借人郑云仙一方,若对于借款人的合理抗辩的内容无法进行合理的说明,借鉴保险合同不利解释相关学理,则法院可以作出对于提供格式条款的一方,即放贷一方不利的解释。

3."债权人资格不明"解释路径的创新

在民间借贷合同纠纷中,经常出现债权人资格不明的情况,例如,债务人在空白的借条上签名,债权人一栏则任由他人填写,对此,传统的解决方式是通过鉴定判定签字的真假,假如债务人签字属实,则债务人所提出的抗辩均无法得以采纳,这样,导致实践上大量来源于非法债务转让的事件一再发生,如民间标会款通过空白借条的方式转让,但是,在借贷纠纷中,该借条能够成为证据,非法的债务可能由此合法化,破解这一难题的解释方法,完全可以运用债权转让原理,对这种债权人资格不明的案件进行处理。

债权转让,即债权人将其债权移转于债务人以外的第三人。此时,债权人为出让人,第三人即受让人。《中华人民共和国民法通则》第 91 条、①《合同法》第 80 条②对于债权转让规则进行了相应的规定。

债权转让若要产生效力,具有以下几点要求:第一,即将进行转让的债权必须合法有效,这就需要针对具体的合同进行分析,如果原来的合同有效,转让的前提条件则存在,反之亦然。第二,被转让的债权具有可让与性,我国《合同法》第 79 条具体规定了几种不得转让的情形。③ 债权转让合同生效的条件其实如合同法上的一般规定,当债权在让与人和受让人之间发生法律效力时,债权转让产生对内的效力。

其实,有关债权转让的原理,在当今网络借贷中已经得到运用,P2P 网络

---

① 《中华人民共和国民法通则》第 91 条。
② 《中华人民共和国合同法》第 80 条。
③ 《中华人民共和国合同法》第 79 条。

借贷作为一种借贷方式,已经兴起,这种模式的民间借贷,典型的运用着债权转让的基本法则。以 P2P 网络借贷为例,下文简要介绍的债权转让模式,具体如图 5 所示。

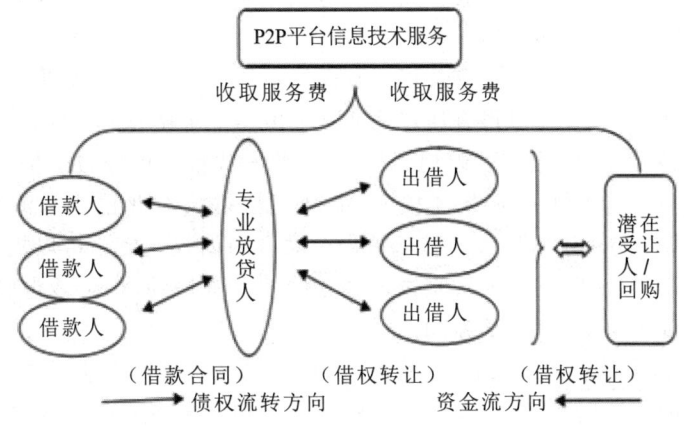

图 5①

在这一转让模式之下,网络借贷公司为借贷双方提供了一个信息技术平台,在这一平台上,人们可以以个人身份进行放贷,以满足有资金需求的客户的要求,放贷人的个人债权在借贷方拆分、额度错配、期限拆分、期限错配后,将资金转让给许多有信用、有投资需求的人(出借人),当出借人的投资期满,公司通过风险评估与信用审核,再帮助出借人寻找下家回购债权,或者由公司自身再把债权回购。② 在这种模式中,出借人与借款人不直接签订债权债务合同,而依靠第三方个人先行放款给资金需求者,再通过 P2P 平台,使该第三方个人将债权转让给投资者,故而该模式中有两个特点:第一,专业放贷人为主要放款者;第二,债权转让紧密结合的模式。P2P 平台将债权转让原理与借贷行为紧密相连,而在民间借贷司法实务中,运用债权转让模式,可以帮助厘

---

① 宜信公司创建于 2006 年,总部位于北京,是一家集财富管理、信用风险评估与管理、信用数据整合服务于一体的综合性现代服务型企业,http://baike.baidu.com/link?url=5O3E1jbRe7hUP462L9d3DDJGhWNBSKML4dSQ_vyIqQd6RfHbny2MP9aESifqOPgrs4RaY7OB167OjcwVdV1_nqlE3dKBI_j-NCpLgKBmvgi,下载日期:2017 年 2 月 20 日。

② 第一财经新金融研究中心编:《中国 P2P 借贷服务行业白皮书 2013》,中国经济出版社 2013 年版,第 15 页。

清债权债务的法律性质以及真实性。即借鉴债权转让原理、P2P网络借贷的基本债权转让模式用以判明民间借贷是否真实。

在判断民间借贷合同的真实性的过程中,关键在于对民间借贷债权人资格的认定。在司法实务中,有很大一部分民间借贷债权凭证并未完整地列明债权人、债权或经过多次转让,或债权债务关系实际发生在当事人与未列明的第三人之间。对此,许多法官苦于现有证据不足,由于无法明确地确定债权债务关系的相对人,往往以持有债权凭证这一事实推定持有人为债权人,具有原告主体资格。《2015最高法院规定》也是以此方式推定的原告资格。然而,债权凭证的持有者并不一定是债权人,最高司法机关对此也非常清楚,因此,《2015最高法院规定》进一步规定,被告对原告的债权人资格可以提出有事实依据的抗辩,经法院审理确认原告不具有债权人资格的,仍可裁定驳回起诉,从而为合理的解决这种"难缠"的纠纷提供指引,法官也具有更多的自由裁量权。① 然而,从司法解释来看,这一规定却是模糊的,语言表述暧昧。何谓"有事实依据的抗辩"? 法院审理认定的标准又为何? 笔者查阅了我国的裁判文书,发现这些问题一直悬而未决。故而,本人建议,在债权凭证未列明债权人具体为谁,而债务人主张并不认识原告的情形下,法院可以依据相关司法解释受理该民间借贷合同纠纷案,但在债务人进行抗辩时,可以依据债权转让的原理进行进一步的审理。依照债权转让的原理,针对债务人抗辩与自己发生债权债务关系的当事人另有其人,债权人应依据债权转让的原理,对自己是否受让他人的债权进行相应的说明。债务人可以针对债权人的举证行使债务人的抗辩权,而针对其抗辩,债权人可以进一步说明自己是否尽到合理通知的义务,以达到平衡双方之间的权利的作用。这样,更能保障当事人双方诉权的平等性。而针对诸如民间标会款中的债权债务关系,国家尚未有明文规定,在司法审判中采取不排斥也不支持的态度,但当以民间标会款作为案由起诉时,法院多采取不予受理的方式进行回避。实践中多有通过空白借条的方式转让民间标会款的情况,若通过债权转让模式加以审理,则容易发现该债权的来源是否合法,针对债务人的抗辩,债权人应当对自己是否尽到合理通知义务进行说明,这样,法官在一定程度上了解隐藏于其中的合同基础法律关系。赌债、欺诈等非法的债权债务关系,通过这一解释路径也得以排除,以有效净化民间借贷活动的环境。

4.将交易习惯引入借贷合同文本歧义的解释

---

① 《最高人民法院关于审理民间借贷案件适用法律若干问题的规定》第2条。

民间借贷合同具有债权凭证与合同文本混同性的特点,这一特点容易导致合同文本的歧义,不利于法官进行合同解释。建议确立针对民间借贷合同的交易习惯补充解释规则。所谓"交易习惯"解释规则,实际上是将当事人放置在一个熟悉的交易环境中,用一个理性第三人的标准来衡量他:争议当事人如果知道这种交易习惯,那么,未约定的事项出现之时,其很可能会愿意遵守交易习惯的约束。

对于民间借贷合同纠纷而言,第一,不少民间借贷的案件,当事人欠缺合同文本而确立了债权债务关系,日后产生纠纷,仅仅凭借着支付凭证诉讼的情况比比皆是。在此类案件诉讼中,当事人往往主张借贷系倚赖情谊关系为基础,相互之间关于借贷只有口头协议,主张存在交易习惯。对此,由于法律永远高于习惯,习惯只有在法律未作出完善规定的情况下加以参考。我国相关司法解释明确规定,在民间借贷案件中,原告若不能提交证明双方合意的证据,应当承担举证不能的风险。对于出具了借据,而欠缺直接实际交付凭证的案件,人民法院要进行实质性的审查。根据《民事诉讼证据规定》的相关规定,法官需要根据交易习惯等对能推定出的案件事实加以判断。① 法官对于债权人提供的证据进行综合判断审查,法官形成一定的内心确信后,再在处于劣势的一方进行举证责任的转移。本文认为,此类案件适用交易习惯进行解释,仍有必要,主张存在交易习惯的一方有义务证明相互之间存在交易习惯,人民法院也可以针对此类案件的审理,审查当事人之间的资金往来是否存在一定的规律,从而判断当事人之间是否存在特定的交易习惯。例如,在原告提供的证据中,存在一份数额巨大的现金借条,被告否认该借条债权实际发生,对此,如经审理查明,原告借贷给被告的款项多为银行转账,则可以判定原告与被告的借贷关系交易习惯为银行转账的形式,如此,人民法院可以责令原告对本次大额现金借贷不是转账形式的合理性真实性承担举证的责任,如果原告无法作出合理的解释,法院可以作出对其不利的裁判。第二,从法律行为的要件上看,民间借贷关系以双方合意为基础。若无借贷合意的相关证据,当事人之间借贷往来很可能会基于其他各种法律关系,这就加大了解释的难度。在债权凭证与借贷合同文本混同的案件中,通常由于证据的不完善,故而当事人必须提出补强证据佐证其主张。而这些补强证据往往与交易习惯有关,补强证据

---

① 《民事诉讼证据规定》第9条第1款第3项:依据法律或者已知事实和日常生活经验法则,能推定出的另一事实,对方当事人无须举证,这就需要法官根据生活经验和民间借贷关系中的习惯予以判断。

规则要求法官不得依赖孤证认定相应的案件事实,比如,被告因为买卖货物而结欠了原告一笔款项,但是,被告因为书写习惯或者其他原因将欠条写成"借条",此时,被告主张相互之间只有买卖合同关系而没有借贷关系。倘若被告不能证明借条签字为假,此时,法院应当以当事人的口头陈述,或者交易习惯进行补充解释。比如说,当法院发现借条上显示的债权数额竟然存在小数点或者非整数债权,则根据交易习惯,大体可以判定借贷关系并非真实。

案例十四:中国华闻投资控股有限公司与杭州华溥实业有限公司借款合同纠纷上诉案。① 在该案中,最高人民法院进行如下解释:针对案件中仅有电汇的凭证,并不能证明债权债务关系确实存在的,还应当依照交易习惯明确借款合同应当包含金额、期限和利率等主要内容,故本案在没有其他证据证明的基础上,认定借贷关系不成立。

5.附条件合同解释排解多重合同基础法律关系的交集

针对民间借贷合同基础法律关系的复杂性,尤其是买卖合同作为民间借贷合同担保的情形,容易产生同案不同判的局面,也引发了学界较大规模的讨论。而在司法实践中,笔者认为,裁判者只有对于合同进行具体的、真实的解释,才能够较为全面地把握买卖合同与民间借贷合同之间的关系,这对于法官的审判实践活动也是一个较大的挑战。买卖合同作为担保,只有在借款人不履行民间借贷合同规定的权利义务时,才会真正得到履行,因此倚赖于借贷合同的成立,若先对买卖合同进行审理也是无意义的,无法设定标准判断买卖合同是否已经实际履行。因此,《最高人民法院关于审理民间借贷案件适用法律若干问题的规定》第24条规定以民间借贷法律关系进行审理,也仅仅是一种审判技术上的处理。当然,人民法院将案由规定为民间借贷纠纷,进行审理,并不意味着忽略了对买卖合同作出相应的审理。如同最高人民法院关于适用《〈中华人民共和国担保法〉若干问题的解释》第125条②所作的规定一般。在这样的法律关系中,当事人双方达成合意即"如果借款人届期不履行还款义务,则通过履行买卖合同来消灭权利义务关系"。值得引起注意的是,买卖合同设立的担保并不具有代物清偿的合意,代物清偿为实践性的合同,而此处的买卖合同只具有诺成性。由于标的物所有权一直都未得到转移,债权人通常

---

① 《中国华闻投资控股有限公司与中国电能成套设备有限公司房屋所有权纠纷上诉案》,载北大法宝,http://www.pkulaw.cn/case/pfnl_1970324840219768.html?match=Exact,下载日期:2017年3月12日。

② 《〈中华人民共和国担保法〉若干问题的解释》第125条。

未拥有优先受偿的权利,但基于对于双方意思表示真实的考量,这样的合同设定确有引起流质契约的危险。而我国《物权法》明文禁止流质契约的适用,尽管有论者提出,当流押契约不至于威胁债务人利益时,可以对其予以目的性限缩,也允许出现例外的情形。① 但是,笔者认为,从合同法的体系解释方法出发,建构一个平衡多重法律关系的解释路径,从而回避流质契约所导致的解释困境,在多重法律关系并存的民间借贷案件审理中显得尤为必要。

其实,针对多重法律关系的存在,完全可以将一个合同视为另一个合同的履行或者生效要件,例如,在夹杂着借贷关系与买卖合同关系两种合同关系的情况下,将两者的关系视为"交易选择权担保",或者视为后让与担保合同,② 或者抵押合同,③ 还是视为无名混合合同,在解释论上都有所不足,本文认为,对于买卖合同而言,借贷合同能否履行,是该合同是否生效的条件,如果借贷合同无法履行,则买卖合同成立或者生效,借贷合同中的权利义务就为新的合同所消解,因此,就没有所谓两个合同关系并行的问题。

(三)民间借贷合同法律规则的未来规范化

1.以司法的规范化引领民间借贷的规范化

对民间借贷活动进行规范、支持与引导已经成为大势所趋。国家也对民间借贷行为的法律规制日益重视,但仅有一部司法解释的出台,在笔者看来,并不能完全厘清民间借贷合同解释中所遇到的难题。山东省聊城市发生的"山东辱母杀人案"④,债权人催收高利贷过程中的种种行为,既引发了人们关注行为人是否免责的问题,也再一次引发人们对民间高利贷问题的关注。无疑,解决民间借贷司法处理中的解释难题,对于引导民间借贷的规范化会有巨大的推进作用,实现以司法的规范化引领民间借贷的规范化,通过司法过程的分类梳理,有针对性地解决民间借贷中的种种不规范行为,通过有说服力的释

---

① 张伟:《〈买卖合同担保民间借贷合同的解释论〉——以法释〔2015〕18 号第 24 条为中心》,载《法学评论》2016 年第 6 期。
② 杨立新:《后让与担保:一个正在形成的习惯法担保物权》,载《中国法学》2013 年第 3 期。
③ 董学立:《也论"后让与担保"与杨立新教授商榷》,载《中国法学》2014 年第 3 期。
④ 据新闻报道,2016 年 4 月 14 日,22 岁的聊城男子于欢,在母亲苏银霞和自己被 11 名催债人长达 1 小时的侮辱后,情急之下用水果刀刺伤了 4 人。其中,被刺中的杜志浩自行驾车就医,却因失血过多休克死亡。2017 年 2 月 17 日,山东省聊城市中级人民法院一审以故意伤害罪判处于欢无期徒刑,该案引发全国的一片热议。

法活动,为市场的参与主体提供一定的价值引领和规范导向,最终实现民间借贷交易秩序的规范化,从而繁荣民间金融市场。

2.逐步回归民间借贷互助的固有属性

完善对于民间借贷的法律规制,并普及相关法律法规,是当前法律人刻不容缓的使命。此外,民间借贷还是群众间互通有无、调节资金、发展生产的一条重要的渠道,它很大程度上缓解了普通民众的资金困境,分担了国家金融机构的压力。因此,更多还原民间借贷互帮互助的原始属性,对民间借贷活动进行必要的引导,回归其初衷,是十分必要的。例如,关于民间借贷的利息合理化,就应当考虑建立有效的民间借贷利率信息的公布机制。就如著名的经济学家陈志武教授所言,可以借鉴证券交易所的股票价格信息,中国各地的民间借贷市场也应建立相应的利率信息公布机制,改变现有各地多种借贷利率并存的局面,促进民间借贷市场走向利率水平上趋同,从而使民间借贷的信息流变得更加顺畅,降低民间借贷的交易成本。① 通过现代法律体系的维护与引导,推动民间资金的合理有序流动,才能真正有效、长远地解决民间借贷合同纠纷所面临的难题,更好地取之所长,让民间借贷活动助力国家经济的发展。

六、结语

诚如陈志武教授提出的:"我们应当正确思考当下的民间金融改革。"②当前,我国民间借贷活动正处于高速发展的阶段,在当代中国市场经济中发挥了应有的作用。与此同时,民间借贷合同纠纷也成为当下司法审判中的重要诉讼类型,但是,在诉讼案件急剧膨胀之下,有些审判则显得粗糙和说服力不足,甚至出现对当事人正当权益"无视"的现象,集中凸显了民间借贷合同纠纷司法处理中的合同解释不足的难题,这种现象,不利于发挥司法对社会行为的引领作用,不利于鼓励互助性的民间借贷的生长发育,也不利于规范创新性的民间借贷活动。面对这样的现状,本文基于对合同解释原理的理解,通过对我国民间借贷合同纠纷司法审判相关资料的分析与梳理,在总体把握我国民间借贷合同纠纷司法概况与特点的基础上,通过大量的实务素材和研究资料对比研究,比较系统地梳理出我国民间借贷合同解释中的难题和困境的种种类型,

---

① 陈志武:《金融的逻辑》,国际文化出版公司2009年版,第59页。
② 陈志武、林展、彭凯翔:《民间借贷中的暴力冲突:清代债务命案研究》,载《经济研究》2014年第9期。

并就这些难题与现行合同法相关原理的牴牾矛盾作出深入的分析。在此基础上,深入挖掘了上述解释难题的文本根源和制度规范不足,从而比较完整地展现了民间借贷合同纠纷司法审判的特点和不足。最后,文章从建设性的立场,提出改进我国民间借贷合同解释规则的若干建议。论文的主要收获在于:运用大量实务数据资料,比较宏观的理解和掌握了民间借贷合同的特殊属性,比较系统地思考了合同解释原理与民间借贷合同之间的规范适用难题等问题,提出将民间借贷合同区分为互助性借贷和营利性借贷,分别适用不同解释规则等见解,力求最大限度地发挥民间借贷合同促进社会发展的功能,维护交易安全,实现契约的公平正义,最终引导民间借贷活动回归其互助的本质属性,论文的研究结论具有一定的前瞻性和可借鉴性。

　　当然,本文也存在很多不足,如本文的分析数据来源多依赖中国裁判文书网,采用的搜索方法可能也不够科学和准确,相关数据也可能不够完整全面,有关分析结论可能还不够精确;同时,笔者对于有关民法、合同法的理解尚存在很多不透彻之处,不少观点也还不够成熟,这些都有待日后进一步深入研究。笔者愿不忘初心,虚心求教,不断探索,希望通过日后的努力,把研究论题做得更深入更完美。

杂项研究

破产法中的合同规则
——以日本学说变迁史为视角

刘 颖[*]

摘 要：关于破产法中合同规则的理论构造，即破产法通过设置特别规则来赋予管理人以继续履行或解除合同的选择权之立法旨趣，日本法下众说纷纭。由于合同相对人的请求权原本为破产债权，且破产程序的开始不会导致合同相对人的同时履行抗辩权失效，因而通说、宫川说及伊藤说的理论前提中均有不成立的部分。另外，福永说、霜岛说及水元说除了欠缺周延性外，各自还存在其他理论缺陷。若要处理破产程序开始时债务人和合同相对人均未履行完毕的合同，破产法必须设置特别规则。就特别规则的具体内容而言，采用解除权模式能够避免拒绝履行模式引发的诸多难题。特别规则仅将合同的选择权赋予管理人一方，其目的在于维护破产财团的利益。

关键词：双务合同；解除权；特别规则

---

[*] 刘颖，北京航空航天大学法学院副教授、博士生导师。本文系北京市社会科学基金项目"破产法中的合同规则研究"（项目编号：17FXC028）的阶段性成果。

引 言

若合同正在履行的过程中合同当事人破产,则破产程序应如何处理合同,乃是破产法不得不面对的问题。如果破产程序开始时只有一方当事人未履行完合同上的义务,那么依照破产法的一般规则或者合同法原理处理即可。具体而言,若未履行完合同义务的是破产债务人,则合同相对人应申报破产债权;相反,若未履行完合同义务的是合同相对人,则管理人应请求合同相对人实际履行,或者在该合同相对人出现债务不履行后解除合同并请求合同相对人赔偿损失。然而,如果破产程序开始时双方当事人均未履行完合同上的义务,问题则要困难许多。早在一百多年前德国学者便已意识到了这一点——《1874年德国破产法草案理由书》指出,"如果通过适用民法或破产法的一般规则来解决这一难题,乃是有风险的。这是因为,适用民法中的何种规定,乃存有疑问……因此,对于这一难题,破产法必须设置特别规则"[①]。此后,对于破产程序开始时破产债务人和合同相对人均未履行完毕的合同,各国破产法均是以设置特别规则的方式来加以处理的,由此便形成了破产法中的合同规则(以下称为"双方未履行双务合同规则")。从现行法来看,美国法与德国法均采用赋予管理人继续履行或拒绝履行合同的选择权这一立法模式,而日本法与我国法则采用赋予管理人继续履行或解除合同的选择权这一立法模式。[②] 毫无疑问,在管理人合同选择权的消极选项上,拒绝履行合同与解除合同之间存在着明显的不同,这背后又隐含了不同的立法旨趣。鉴于我国法与日本法的立法模式相同,下文将对日本法下有关双方未履行双务合同规则的理论构造,尤其是立法旨趣的各种学说作一梳理,以期获得对我国法的参考。

一、日本法下学说的系谱

日本迄今为止总共颁布了两部破产法。现行的《日本破产法》颁布于2004年,其在双方未履行双务合同规则上几乎完全沿袭了《1922年日本破产

---

① [日]荒木隆男:《一八七四年ドイツ破産法草案理由書(1)》,载《亜細亜法学》21卷1号(1986年),第186页。

② 关于各国法的具体规定,刘颖:《反思〈破产法〉对合同的处理》,载《现代法学》2016年第3期。

法》(以下称为"旧法")的规定,只不过是将旧法的古文改为了现代文,并略微调整了法律用语。具体而言,《日本破产法》第 53 条(旧法第 59 条)第 1 款规定:"在双务合同中,若破产债务人及其合同相对人在破产程序开始时均未完成合同义务的履行的,管理人可以解除合同或者履行破产债务人的债务并请求合同相对人履行债务。"第 54 条(旧法第 60 条)规定:"1.依照前条第 1 款或第 2 款的规定解除合同的,合同相对人可就其损害赔偿行使作为破产债权人的权利。2.在前款情形,若破产债务人所受领的给付现存于破产财团中的,合同相对人可以请求返还;若没有现存于破产财团中的,合同相对人可以就其价额行使作为财团债权人的权利。"第 148 条(旧法第 47 条)第 1 款第 7 项规定:"下列请求权为财团债权:……(7)管理人依照第 53 条第 1 款的规定履行债务时的合同相对人所享有的请求权。"对于这些规定的立法旨趣,自 1922 年旧法颁布以来,日本学界的认识一度非常统一,形成了所谓的通说。然而,从 20 世纪末起,部分学者开始提出各种挑战通说的见解,由此便形成了著名的论争。按照各种学说登场的先后顺序,系谱大致如下:

(一)通说

通说指出,对于破产程序中的双方未履行双务合同,"如果不进行任何专门规定,合同相对人就必须向破产财团完全履行自己所负担的给付。至于对待给付,则只能作为破产债权人从破产财团所属财产中接受比例满足(通常分配率很低)。这明显是违反双务合同的性质,强迫合同相对人接受过于残酷的结果。在双务合同中,双方当事人的债务相互以对价的意义对立存在,并互为担保。民法赋予双务合同的双方当事人以同时履行抗辩权。那么基于同样的宗旨,破产法也针对未履行的双务合同设置特别规定……以此来保护合同相对人"①。可见通说认为,双方未履行双务合同规则的立法旨趣在于,避免出现"破产分配对完全履行"②这一对合同相对人而言不公平的结果,从而保护合同相对人。需要注意的是,通说隐含了一个重要的前提,即破产程序的开始会导致合同相对人的同时履行抗辩权失效。

---

① [日]中田淳一:《破产法·和议法》,有斐阁 1959 年,第 101 页。
② [日]水元宏典:《破产及び会社更生における未履行双务契约法理の目的(一)》,载《法学志林》93 卷 2 号(1995 年),第 70 页。

(二)伊藤说

针对通说,伊藤眞教授首先提出了不同的观点,其指出,"立法者设置这些规定的意图在于,给与管理人合同的解除权。这种解除权并不是基于合同当事人之间的合意而发生,也不是基于履行迟延等实体法上的解除原因而发生,而是《破产法》赋予管理人的特别权能。专属享有合同的一方当事人即破产债务人的破产财团所属财产的管理处分权的管理人,因被赋予解除权而享有比之前的合同中的地位更为有利的法律地位。接下来的问题是,如何在管理人作出履行或解除合同的选择时,维持与合同相对人之间的公平。首先,管理人作出解除的选择时,合同关系消灭并恢复原状,乃是一般原则。此时,若破产债务人已经履行了部分义务,则应请求合同相对人返还;相反,若合同相对人已经履行了部分义务,则应由破产财团向合同相对人恢复原状。合同相对人所享有的恢复原状请求权是管理人行使解除权即特别权能的结果,因而公平起见,给与合同相对人取回权或财团债权的地位。与此相对,因管理人解除合同而发生的合同相对人的损害赔偿请求权为破产债权。本来损害赔偿请求权也是因管理人行使解除权而发生的效果,因而也并非不能考虑将其作为财团债权。《破产法》将损害赔偿请求权作为破产债权乃是因为:如果将其作为财团债权,则会给财团造成过重的负担,那么以特别权能的形式赋予管理人以解除权的立法旨趣将被湮没。其次,在管理人作出履行的选择时,即管理人放弃《破产法》第53条第1款规定的解除权而确定地作出请求合同相对人履行的意思表示时,应承认合同相对人在之前的合同中的地位,即同时履行抗辩权。既然合同关系存续,合同相对人就可以向扣押债权人或管理人主张具有担保功能的同时履行抗辩权。因此,合同相对人只需在破产财团一方按照合同的内容履行了债务时,向破产财团履行债务即可。合同相对人的债权被作为财团债权即出于这一立法旨趣。换言之,合同相对人的权利并非本来应作为破产债权而由立法将其升格为财团债权,而是合同相对人履行债务将使全体破产债权人受益,其对价即应向合同相对人履行的债务理应由破产债权人共同承担。因此,合同相对人的权利本来就是财团债权,该权利因管理人作出履行的选择,方才可以作为财团债权行使"①。可见,伊藤说认为双方未履行双务合同规则的立法旨趣在于赋予管理人以合同解除权。此说的独特前提在于:第一,合同相对人的请求权原本就是财团债权;第二,破产程序的开始不会导

---

① [日]伊藤眞:《破産法·民事再生法》(第3版),有斐閣2014年,第351～353页。

致合同相对人的同时履行抗辩权失效。

(三)福永说

在伊藤眞教授之后,福永有利教授也对通说提出了挑战。在破产程序的开始不会导致合同相对人的同时履行抗辩权失效这一前提下,福永说与伊藤说一样,即采用了与通说截然相反的立场;但与伊藤说所不同的是,福永说的另外一个前提在于,合同相对人的请求权原本为破产债权。① 在这两个前提下,福永说认为:一方面,管理人在请求合同相对人履行债务时,合同相对人会以同时履行抗辩权相对抗;另一方面,由于合同相对人所享有的仅仅是破产债权,因而管理人在破产程序开始后又无法给予合同相对人完全的清偿。这样便会产生一种胶着状态。那么,双方未履行双务合同规则的立法旨趣就是为了消除这种胶着状态,从而使相关合同在破产程序内得以迅速处理。至于采用何种手段来实现这一立法旨趣,则属于立法政策。②

关于日本法为何采用的赋予管理人继续履行合同或解除合同的选择权这一立法政策,福永说则解释道,"立法允许管理人继续履行合同的首要目的在于,使管理人获得从实质上增大破产财团的途径。立法只将合同选择权赋予管理人一方,便是证明"③。与此相对,"为了破产财团的利益而赋予管理人以解除权,并不是立法者的考量。倒不如说,通过解除而回到最初状态,对当事人双方而言大体是公平的,但立法通过赋予合同相对人以损害赔偿请求权,来进一步追求公平"④。

然而,由此便产生了一个疑问——倘若立法允许管理人继续履行合同乃是为了维护破产财团的利益,而允许管理人解除合同乃是为了维护当事人之间的公平即合同相对人的利益,那么,当破产财团的利益与合同相对人的利益相冲突时,应优先哪一方的利益?对此福永说指出,"首要的是,当事人之间不存在不公平,因而不构成对合同相对人的不当侵害。只有在不存在不公平以

---

① [日]福永有利:《破産法第 59 条の目的と破産管財人の選択権》,载《北大法学论集》39 卷 5—6 号(上)(1989 年),第 66 页。

② [日]福永有利:《破産法第 59 条の目的と破産管財人の選択権》,载《北大法学论集》39 卷 5—6 号(上)(1989 年),第 167~169 页。

③ [日]福永有利:《破産法第 59 条の目的と破産管財人の選択権》,载《北大法学论集》39 卷 5—6 号(上)(1989 年),第 169 页。

④ [日]福永有利:《破産法第 59 条による契約解除と相手方の保護》,载《法曹时报》41 卷 6 号(1989 年),第 19 页。

及不构成不当侵害的范畴内,才能够进一步考虑破产财团的利益和程序的迅速性要求"①。

此后有论者评价道,双方未履行双务合同的立法旨趣在于消除胶着状态"这一主张乃具有重大意义,对此应予坦率地承认"②。

(四)霜岛说

作为与福永说相近的观点,霜岛甲一教授同样以合同相对人的请求权原本为破产债权,以及破产程序的开始不会导致合同相对人的同时履行抗辩权失效这两点为前提,但与福永说所不同的是,按照霜岛说的理解,即便破产法没有设置特别规则,管理人仍然可以给予合同相对人所享有的破产债权以完全的清偿。③ 也就是说,尽管合同相对人在破产程序开始后被禁止个别地行使权利,因而其无法在履行己方债务的基础上请求管理人履行债务或者解除合同,但合同相对人可以根据自身的利益来选择回应管理人的履行请求或者合意解除。"如此一来,倘若依照破产法的一般规则来处理双方未履行双务合同,则破产财团一方就无法取得有利的主动权。"④因此,在霜岛说看来,双方未履行双务合同规则的立法旨趣就是将解决因合同相对人享有同时履行抗辩权而产生的胶着状态之主动权交给管理人。⑤

(五)水元说

与福永说和霜岛说所同样的,水元宏典教授也以合同相对人的请求权原本为破产债权,以及破产程序的开始不会导致合同相对人的同时履行抗辩权失效这两点为前提,但不同的是,水元说认为,合同相对人即便在破产程序开始后也可以继续履行己方在破产程序开始时尚未履行的给付,然后就己方尚未受领的给付之全额申报破产债权,或者不继续履行己方在破产程序开始时尚未履行完毕的给付,而直接以己方已履行的给付与已受领的给付之差额申

---

① [日]福永有利:《破産法第59条による契約解除と相手方の保護》,载《法曹時報》41卷6号(1989年),第19页。
② [日]栗田隆:《破産法と双務契約・片務契約の終了:破産手続開始前に解除された双務契約及び使用貸借契約を中心にして》,载《関西大学法学論集》65卷1号(2015年),第11页。
③ [日]霜岛甲一:《倒産法体系》,劲草书房1990年,第380页。
④ [日]霜岛甲一:《倒産法体系》,劲草书房1990年,第381页。
⑤ [日]霜岛甲一:《倒産法体系》,劲草书房1990年,第382页。

报破产债权。换言之,在水元说看来,并不会出现双方相互胶着的状态,而只有破产财团一方才会进退两难。①

紧接着,水元说将分析的焦点集中于管理人的履行请求权这一合同选择权的积极选项上,其认为通过赋予管理人以形成权,使其能够将合同相对人的破产债权升格为财团债权,从而使管理人获得将对待给付收归破产财团的主动权,进而使破产债务人所享有的债权之价值能够成为分配原资,才是双方未履行双务合同规则的立法旨趣。②

另外,对于赋予管理人以合同解除权乃是双方未履行双务合同规则的立法旨趣这一伊藤说的核心观点,水元说提出了明确的批判:首先,倘若管理人选择解除合同,那么不仅合同相对人的损害赔偿请求权将作为破产债权,而且其恢复原状请求权还将作为财团债权或取回权,即获得完全的清偿。考虑到这一点,就未必能说赋予管理人以合同解除权这种特别权能乃是对破产财团有利的。其次,日本法的母法即德国法的立法理由书也暗示,应该尽量避免以破产法来修正破产法以外的一般实体法,而是在遵循一般实体法的基础上,对破产程序中的双方未履行双务合同的法律状态予以确认,并设置特别规则。至于日本法为何在管理人合同选择权的消极选项上采用了解除权模式而非拒绝履行模式,则主要是因为受到了之前《1890年日本商法典》"破产编"的规定③以及管理人合同选择权的消极选项乃是解除合同这一当时德国学界错误理解的影响。④

(六)宫川说

对于上述通说、伊藤说、福永说等学说,宫川知法教授认为存在一个共同的缺陷,即过于突出当事人之间的个别公平。然而,破产程序作为一种集体清偿程序,目的在于追求全体债权人之间的公平及最大化的满足。那么,在重视全体公平的破产程序中贯彻当事人之间的个别公平,乃是不可能的。若要在

---

① [日]水元宏典:《破産及び会社更生における未履行双務契約法理の目的(二·完)》,载《法学志林》93卷三号(1996年),第95页。

② [日]水元宏典:《破産及び会社更生における未履行双務契約法理の目的(二·完)》,载《法学志林》93卷三号(1996年),第100页。

③ 《1890年日本商法典》第993条第1款规定:"对于破产宣告之时破产人及其合同相对人均未履行或履行完毕的双务合同,合同的任意一方均可以无赔偿地终止。"

④ [日]水元宏典:《破産及び会社更生における未履行双務契約法理の目的(二·完)》,载《法学志林》93卷三号(1996年),第100~101页。

破产程序内追求个别公平,特别是以此来优待部分债权人,首先必须具备即便追求个别公平也不会损害与其他债权人之间的公平之合理根据,或者视为未损害与其他债权人之间的公平之特别的政策判断。而且,由于优待部分债权人不止将牺牲其他债权人的利益,还将侵蚀本将用于破产费用的资金,有可能招致"破产的破产",因而追求个别公平还必须限定在不会因此而招致破产程序失败的情形。①

以此为前提,宫川说从全体公平的角度对通说进行了"再构成",其指出:"假设(旧法)第59条等规定不存在,那么双方未履行双务合同的合同相对人就会像通说所理解的那样,自己的请求权只是破产债权,又无法行使同时履行抗辩权,因而处于一种被迫向破产财团完全履行债务的地位。因此,(旧法)第59条等规定的最基本目的乃是将合同相对人从这一立场救出,以保护其利益。这种利益保护(对个别公平的追求)被允许的根据在于,合同相对人与破产财团之间存在双方未履行的对价关系,无论将这种对价关系按照合同的约定积极地处理(履行),还是专门创造出一种消极的处理途径(解除),合同相对人都处于一个给破产财团带来新利益(合同上的请求权的实现,或者未履行债务的消灭及原状恢复请求权的实现)的地位。正因为合同相对人的权利是这种给破产财团带来的新利益之对价,(在不会引起'破产的破产'的危险的限度内),(旧法)第47条第7项及第60条第2项遂给予合同相对人的权利以特别的保护,这种特别的保护并不会损害与其他债权人之间的公平。"②可见,宫川说继承了通说的基本立场,即认为双方未履行双务合同规则的立法旨趣在于避免出现"破产分配对完全履行"这一对合同相对人而言不公平的结果,但放弃了通说所强调的同时履行抗辩权这一外观,而是从给破产财团带来的新利益之对价这一本质来说明给予合同相对人的权利以特别的保护之正当性。因此,宫川说又被称为是"通说的再构成"。③

---

① [日]宫川知法:《破産法59条等の基本的理解》,载《法学杂志》37卷1号(1990年),第40~42页。

② [日]宫川知法:《破産法59条等の基本的理解》,载《法学杂志》37卷1号(1990年),第70页。

③ [日]水元宏典:《破産及び会社更生における未履行双務契約法理の目的(一)》,载《法学志林》93卷2号(1995年),第76页。

二、对各种学说的评析

上述各种学说无一例外的都是先假定破产法中不存在双方未履行双务合同规则,然后考察在此情形下破产程序开始后双务合同上的权利义务关系,最后从处理该双务合同及解决相关困境的角度来推导出双方未履行双务合同规则的立法旨趣。从理论前提来看,上述各种学说在以下两点存在根本分歧:第一点为合同相对人的权利原本是破产债权,还是财团债权。第二点为破产程序的开始是否会导致合同相对人的同时履行抗辩权失效。如果不厘清这两点,就无法正确分析破产程序开始后双务合同上的权利义务关系,由此而推导出的双方未履行双务合同规则的立法旨趣便存在疑问。下面将围绕这两点来分析各种学说的合理性。

(一)对伊藤说的评析

伊藤说所秉持的前提首先就存有疑问。具体而言,伊藤说认为合同相对人的请求权原本就是财团债权,其举出了两点理由:第一,在破产程序内继续尊重同时履行抗辩权所具有的担保功能。第二,合同相对人履行债务将使全体破产债权人受益,其对价即应向合同相对人履行的债务理应由破产债权人共同承担。

对于上述第一点理由的批判在于,首先,如后文所述,现实中有可能出现合同相对人不享有同时履行抗辩等各种抗辩权的例外情形;其次,即便合同相对人的请求权上附有同时履行抗辩权,且在破产程序开始后依然有效,这也并不影响该请求权本身还是破产债权的事实。[①]

对于上诉第二点理由则可以进行如下批判:只有破产程序开始后合同相对人继续履行债务能够使破产财团乃至全体债权人受益这一判断总是成立,才能当然地将合同相对人的请求权作为财团债权。然而,从破产法也同时赋予了管理人否决合同这种消极选项来看,倒不如说立法者并不认为上述判断总是成立。换言之,上述判断成立与否要看管理人在具体案件中是选择继续履行合同还是解除合同,管理人选择解除合同就意味着上述判断

---

① 水元说就这一点指出,"没有理由违背破产法的诸项原则",参见[日]水元宏典:《破产及び会社更生における未履行双务契约法理の目的(一)》,载《法学志林》93卷2号(1995年),第86页。

不成立。因此,在破产程序开始之时,即管理人作出选择前,就以上述判断已经成立为前提而来将合同相对人的权利当然地作为财团债权,乃是颠倒了逻辑顺序。

需要注意的是,也有论者针对伊藤说指出,在管理人依照《日本破产法》第78条第2款第14项的规定赎回担保标的物的情形,只要被担保债权符合破产债权的要件,就会被作为破产债权。那么,即便是有担保,且足以看作是全体债权人受益之对价的债权,也不一定就会被作为财团债权。[1] 但笔者认为,管理人赎回担保标的物的情形中所谓符合破产债权要件的乃是指,担保权人无法通过行使别除权而获得满足的债权部分。可否将这部分债权说成是有担保的,或者看作是全体债权人受益之对价,乃是有待商榷的。

另外,如前所述,伊藤说还提到"合同相对人的权利本来就是财团债权,该权利因管理人作出履行的选择,方才可以作为财团债权行使"。但是,如果合同相对人的权利原本就是财团债权,那么理应在破产程序开始后随时受偿,而无须等到管理人作出继续履行合同的选择。在这一点上,伊藤说也明显与破产法的一般规则相矛盾。

综上所述,合同相对人的请求权并非原本就是财团债权,而是遵循破产法的一般规则,即破产债权。管理人选择继续履行合同后,该破产债权升格为财团债权。如此一来,假设破产法中不存在双方未履行双务合同规则,依照破产法的一般规则,管理人就无法向作为破产债权人的合同相对人提供个别清偿。那么就有必要说明破产法为何要设置特别规则,赋予管理人继续履行合同这一积极选项。伊藤说在这一点上存在局限性。

除了理论前提难以成立以外,伊藤说对于立法为何要赋予管理人以合同的解除权这一特别权能的说明也难言充分。具体而言,伊藤说分析了德国法及美国法所采用的拒绝履行模式存在的缺陷,即"假设破产法创设的特别规则是赋予管理人以拒绝履行合同的特别权能,那么便会产生一系列的问题,例如,是否允许合同相对人行使损害赔偿请求权,破产债务人和合同相对人已履行的给付部分应如何处理等等"[2]。但对此有论者指出,这并不能从正面说明

---

[1] 赫高规:《〈双方未履行双务契约〉田邊光政编集代表〈会社法・倒産法の現代的展開:今中利昭先生傘寿記念〉》,民事法研究会2015年,第560页。

[2] [日]伊藤眞:《破産法・民事再生法》(第3版),有斐閣2014年,第351页注56。

日本法为何要采用解除权模式。①

(二)对通说及宫川说的评析

与其他学说相比,通说的最大特色在于,其是以破产程序的开始将导致合同相对人的同时履行抗辩权失效这一点为理论前提的,而宫川说也沿袭了这一立场。对于这一理论前提,通说方面举出了各种理由:第一,由于合同相对人的权利属于破产债权,而破产程序开始后禁止对破产债权进行个别清偿,这等同于合同相对人权利的履行期尚未届至,因而同时履行抗辩权欠缺成立要件。② 第二,如果允许合同相对人行使同时履行抗辩权,那么合同相对人将有可能以此为手段来要求管理人履行破产债务人尚未履行的债务,这等于允许合同相对人间接催收破产债权,因而违反禁止个别清偿的原则。③ 第三,由于破产程序开始后合同相对人不能请求破产债务人一方履行合同,因此迟延履行的法定解除权无法成立。④ 基于同样的道理,同时履行抗辩权也无法行使。⑤ 第四,同时履行抗辩权存在于处于双方未履行这一不稳定状态的合同关系中,其存续或消灭会受到合同履行状况的影响。也就是说,破产程序开始后合同相对人的同时履行抗辩权是否存续,会因破产程序开始时合同处于何种履行状态而有所不同,这具有很大的偶然性。如果赋予这种抗辩权以重要的意义,使仅剩一点债务没有履行完的合同相对人与完全履行完所有债务的合同相对人在破产程序中受到截然不同的对待,将损害全体公平。⑥ 第五,《日本破产法》第66条第3款规定,民事留置

---

① [日]中田裕康:《〈契約法から見た双方未履行双務契約:損害賠償を伴う解除権〉能見善久ほか編〈民法の未来:野村豊弘先生古稀記念論文集〉》,载《商事法務》2014年,第151页。

② [日]宫川知法:《破産法59条等の基本的理解》,载《法学雑誌》37卷1号(1990年),第46页。

③ [日]宫川知法:《破産法59条等の基本的理解》,载《法学雑誌》37卷1号(1990年),第46~47页。

④ 依照合同法原理,债权人确定合理的期间并催告债务人履行债务,乃是迟延履行的法定解除权的成立要件之一。

⑤ [日]宫川知法:《破産法59条等の基本的理解》,载《法学雑誌》37卷1号(1990年),第47页。

⑥ [日]宫川知法:《破産法59条等の基本的理解》,载《法学雑誌》37卷1号(1990年),第49页。

权在破产程序开始后失效,因而与此相平衡,同时履行抗辩权在破产程序开始后也失效。① 第六,同时履行抗辩权以双方当事人所承担的债务互为对价为前提,破产程序的开始将导致合同相对人的债权变为破产债权,由此合同相对人将失去与破产债务人一方之间的对价关系,合同相对人的同时履行抗辩权便随之失效。②

然而,对于上述六点理由,均可予以反驳:关于上述第一点,合同相对人的权利被禁止个别清偿并不意味着其权利未到履行期,只是破产程序基于集体清偿原则而对其权利的行使加以限制,因此,同时履行抗辩权的成立要件并不会受到影响。③ 关于上述第二点,同时履行抗辩权的功能在于拒绝单纯的履行请求,因而其是一种被动性权利,即使承认合同相对人的同时履行抗辩权有效,只要管理人不提出履行请求,就不会出现合同相对人间接催收破产债权的局面;而且考虑到诉讼时效已经届满的债权之债权人同样可以行使同时履行抗辩权,因而允许只不过被禁止在破产程序外行使权利的合同相对人(破产债权人)行使同时履行抗辩权也并无不当。④ 关于上述第三点,尽管迟延履行的法定解除权因破产程序开始后合同相对人不能请求(催告)破产债务人履行债务而无法成立,但同时履行抗辩权的行使并不以合同相对人请求破产债务人履行债务为条件,因此,迟延履行的法定解除权是否成立与同时履行抗辩权可

---

① [日]霜岛甲一:《判批》,载《判例时報》425号(1965年),第61~62页。
② [日]宗田親彦:《破産法概説》(新訂第4版),慶應義塾大学出版会2008年,第169页。
③ [日]水元宏典:《破産及び会社更生における未履行双務契約法理の目的(一)》,载《法学志林》93卷2号(1995年),第87页。
④ [日]水元宏典:《破産及び会社更生における未履行双務契約法理の目的(一)》,载《法学志林》93卷2号(1995年),第87~88页。

否行使之间并没有必然的联系。① 关于上述第四点，无论同时履行抗辩权的存续带有多大的偶然性，由于在破产程序开始时享有同时履行抗辩权的合同相对人和不享有同时履行抗辩权的其他债权人在破产法以外的实体法上具有完全不同的法律地位，倘若忽视这种实体法上法律地位的差异而在破产程序内将合同相对人与其他债权人同等对待，反而会侵害债权人之间的实质公平。② 关于上述第五点，尽管同时履行抗辩权与民事留置权存在若干共同点，但同时履行抗辩权与民事留置权也存在着决定性的差异，即同时履行抗辩权不具有拍卖的权能，因而即便在破产程序内允许债权人行使同时履行抗辩权，也不会与平等分配的原则相冲突。另外，对于在破产程序开始后民事留置权失效、商事留置权却不失效的现行规定，立法论层面本来就存在诸多质疑。③ 而且，若对破产程序开始后民事留置权失效这一现行规定进行反面解释，同样也可以得出同时履行抗辩权不失效的结论。④ 关于上述第六点，双务合同上的当事人双方各自所承担的债务是否处于对价关系，并不只是取决于一方当事人的债务及其变动，还取决于另一方当事人的债务以及双方债务的消长。因此，判断破产程序开始后双务合同上双方的债务是否处于对价关系，需要同时分析合同相对人与破产债务人一方的债权债务状态。诚然，合同相对人的

---

① ［日］水元宏典：《破産及び会社更生における未履行双務契約法理の目的（一）》，载《法学志林》93卷2号（1995年），第87页。需要注意的是，对于上述第三点理由，也有论者从可归责性的角度提出了反驳。也就是说，迟延履行的法定解除权在破产程序开始后无法成立，乃是因为破产债务人一方的债务不履行不具有可归责性，而合同相对人的同时履行抗辩权与破产债务人一方的可归责性没有任何关系，因此，迟延履行的法定解除权的相关结论不会对合同相对人的同时履行抗辩权造成影响。但笔者认为，这并不能构成对上述第三点理由的反驳。从强调破产债务人的债务不履行不具有可归责性这一点来看，这显然设想的是在破产程序开始时破产债务人一方并未发生迟延履行，而在破产程序开始后才发生迟延履行的情形，但上述第三点理由设想的却是破产债务人一方在破产程序开始时已经发生债务不履行，合同相对人没有催告，后来在破产程序开始后就再也无法催告的情形。

② ［日］水元宏典：《破産及び会社更生における未履行双務契約法理の目的（一）》，载《法学志林》93卷2号（1995年），第89页。

③ ［日］水元宏典：《破産及び会社更生における未履行双務契約法理の目的（一）》，载《法学志林》93卷2号（1995年），第88页。

④ 也有论者将立法上并不存在否定同时履行抗辩权的明文规定作为主张破产程序的开始并不导致同时履行抗辩权失效的理由。参见［日］中島弘雅：《体系倒産法Ⅰ破産·特別清算》，中央经济社2007年，第236页。

权利会随着破产程序的开始而变为破产债权,但如果债务人一方的权利也受到合同相对人的同时履行抗辩权的限制,未必就不会形成新的对价关系。换言之,上述第六点理由存在是先有"鸡"还是先有"蛋"的问题。另外,即便假定破产程序的开始将破坏对价关系,考虑到承认同时履行抗辩权的扩张已成为各国立法与司法的趋势,①而且民法学界的主流观点也主张同时履行抗辩权无须以对价关系的存在为前提,②那么可以说对价关系的破坏也并不必然地导致合同相对人同时履行抗辩权的失效。

上述反驳均构成破产程序的开始并不导致合同相对人的同时履行抗辩权失效这一点的消极理由。除此以外,还有论者从现实需求的角度来论证允许合同相对人在破产程序开始后行使同时履行抗辩权的必要性,即如此便能确保管理人在选择继续履行合同时切实地向合同相对人提供破产债务人未履行的给付,或者在选择解除合同时切实地向合同相对人返还破产债务人已受领的给付。③

笔者认为,合同相对人的同时履行抗辩权在破产程序开始后仍然有效。其积极理由在于,同时履行抗辩权是一种防御性权利,其直接效果是得以拒绝履行己方的债务,而并非要求对方履行债务,这与禁止个别清偿原则不存在任何冲突。④

那么,在破产程序开始后,除非管理人向合同相对人完全提供破产债务人未履行的给付,否则合同相对人可以行使同时履行抗辩权来拒绝提供己方未履行的给付。由此可知,根本就不会出现"破产分配对完全履行"这一对合同相对人而言不公平的结果,通说及宫川说的理论前提并不成立。

---

① 举例而言,《日本民法》第 546 条、第 553 条、第 571 条分别规定,合同解除后的当事人双方的恢复原状的义务、负担赠与合同关系中的当事人双方的义务、买卖标的物存在瑕疵时的出卖人的损害赔偿义务与买受人的价款支付义务准用同时履行抗辩权的规则。

② [日]道垣内弘人:《双務契約の各債務の牽連関係について》,法学教室 285 号(2004 年),第 19 页以下,[日]近江幸治:《民法講義Ⅴ 契約法》(第 3 版),成文堂 2006 年,第 41 页。

③ [日]栗田隆:《破産法と双務契約・片務契約の終了:破産手続開始前に解除された双務契約及び使用貸借契約を中心にして》,载《关西大学法学论集》65 卷 1 号(2015年),第 10 页。

④ 有论者指出,对同时履行抗辩权的"行使并不构成合同相对人对其债权的行使",参见赫高规:《〈双方未履行双务契约〉田邊光政编集代表〈会社法・倒産法の现代的展開:今中利昭先生傘寿記念〉》,民事法研究会 2015 年,第 560 页。

需要指出的是,通说既以破产程序的开始将导致合同相对人的同时履行抗辩权失效这一点为前提,又主张破产法对双方未履行双务合同作出特别规定乃是旨在给予合同相对人相当于民法上的抗辩权制度的保护,这即使不自相矛盾,①在理论构造上也可谓相当的迂回。与此相对,虽然宫川说的理论前提并不成立,但是其以对价为中心来统一解释管理人作出积极选择与消极选择时的法律效果的尝试具有启示意义。

(三)对福永说、霜岛说及水元说的评析

如果合同相对人的权利原本就是破产债权,并且破产程序的开始不会导致合同相对人的同时履行抗辩权失效,那么考虑到破产程序是一种集体清偿程序,没有理由在程序中搁置双方未履行双务合同,因而主张双方未履行双务合同规则的立法旨趣在于解决胶着状态的福永说、霜岛说及水元说似乎并无不合理之处。但是,在那些合同相对人不享有民法上的抗辩权的极少数情形中,所谓的胶着状态并不存在。举例而言,在一个房屋装修合同中,定作人与承揽人约定,当承揽人完成工作后,定作人向其一次性支付全部报酬。但由于工作量较大、报酬金额较高,双方同时约定,在定作人的该房屋上设定抵押,以担保承揽人的报酬请求权。之后,承揽人尚未完成装修工作,定作人即告破产。此时,由于承揽人承担先履行义务,且定作人为其债权设定了足额担保,因此承揽人既不享有同时履行抗辩权,又不享有不安抗辩权。即使破产法未对双方未履行双务合同设置特别规则,如果在破产程序开始后管理人要求承揽人继续履行合同,承揽人也不能拒绝,换言之,相关合同能够得到清理。可见,以解决胶着状态为中心的福永说、霜岛说及水元说在理论上并不周延。

除此以外,福永说、霜岛说及水元说还存在其他的理论缺陷:福永说提出通过特别措施解决胶着状态后,又进一步指出特别措施的内容属于立法政策。由此产生的疑问便是何谓立法政策?或者说日本法为何采取赋予管理人继续履行或解除合同的选择权这种立法政策,而不是赋予管理人继续履行或拒绝履行合同的选择权这种立法政策? 如前所述,对此福永说解释道,赋予管理人继续履行合同的权利是为了维护破产财团的利益,而赋予管理人解除权则是为了追求公平即保护合同相对人的利益。对此笔者认为,积极选项与消极选项只不过是管理人合同选择权的不同侧面,并非相互独立的两项权限,因此,

---

① [日]水元宏典:《破産及び会社更生における未履行双務契約法理の目的(一)》,载《法学志林》93卷2号(1995年),第75页。

分别解释其各自的目的,甚至将之归结为两相冲突的不同目的,并不可取。换言之,福永说无法统一地解释赋予管理人继续履行或解除合同的选择权之立法旨趣,其理论构造内部存在矛盾。

与福永说一样,霜岛说也无法统一地解释管理人合同选择权的积极选项和消极选项。另外,霜岛说认为即使破产法并未设置特别规则,管理人也可以清偿合同相对人的破产债权。这种理解是与禁止个别清偿这一破产法的一般规则相矛盾的。

水元说认为,双方未履行双务合同规则旨在通过赋予管理人继续履行合同的形成权,实现将合同相对人未履行的给付收归破产财团的目的;而赋予管理人以特殊的解除权则不是特别规则的目的。其理由主要有两点:第一,若管理人解除合同,则合同相对人恢复原状的请求权及损害赔偿请求权将分别被作为财团债权(或取回权)及破产债权,这反而会造成破产财团的负担。第二,日本法的母法即德国法没有采用解除权模式。对此笔者认为,关于第一点,管理人解除合同是为破产财团增进价值还是增加负担,应该与同等情形下管理人选择继续履行合同时的破产财团的利益状况比较而言。水元说只看到了管理人解除合同时的成本,即合同相对人的权利,却未注意到破产财团的收益,即可请求合同相对人返还破产债务人已履行的给付,并且免于继续提供破产债务人未履行的给付。因此,解除合同反而造成破产财团的负担这种说法并不客观。关于第二点,德国法没有采用解除权模式并不必然意味着日本法不能采用解除权模式,反而应该以此为契机深入分析日本法采用解除权模式的立法原意。可见,水元说只强调管理人合同选择权的积极选项,而无法解释消极选项,与伊藤说存在同样的局限。

三、合同规则的理论构造

通过上述对日本法下学说系谱的考察和分析,笔者认为,若采用解除权模式,则破产法中的合同规则的理论构造可以分为以下几个层次:首先,是否有必要在破产法中设置有关合同的特别规则;其次,若有必要,则该特别规则为何如现行法般设计。后一个层次的问题又可以细分为两个问题,即立法为何要采用解除权模式,而不是拒绝履行模式;又为何只将合同的选择权赋予管理人一方。

(一)为何要在破产法中设置特别规则

正如《1874年德国破产法草案理由书》所提到的,从很久以前开始便存在着一种担心——如果没有双方未履行双务活动规则,那么很可能在法律适用上会发生混乱。从上述学说的系谱可知,对于假设没有特别规则时的双务合同上的权利义务关系,各种学说之间在理解上存在巨大的分歧。这也表明,那种担心绝对不是多余的。法律适用上的不确定性,显然是立法为双方未履行双务合同设置特别规则的理由之一。

另外,从上文分析可知,合同相对人的请求权原本就是破产债权,并且破产程序的开始不会导致合同相对人的同时履行抗辩权失效,由此便有很大可能会产生福永说所指出的胶着状态,即管理人一方无法要求合同相对人提供全部未履行的给付,合同相对人一方也无法要求管理人提供全额的清偿。虽然存在合同相对人既不享有同时履行抗辩权,又不享有不安抗辩权,因而无法对抗管理人所提出的履行请求的极少数情形。但是这也并不能否定破产法专门为处理双方未履行双务合同而创设特别规则的必要性。也就是说,即便存在只需适用破产法以外的一般实体法即可在破产程序内解决双方未履行双务合同的极少数情形,但其他绝大多数情形依然需要依靠特别规则来处理。这便是在破产法中设置特别规则的决定性理由。

(二)为何要采用解除权模式

在明确了破产法为双方未履行双务合同设置特别规则的必要性后,接下来的问题便是,如何来设计该特别规则的内容。在这一问题上,日本法采用了不同于其母法即德国法的立法模式。甚至有论者指出,这种做法实属例外。[①]如前所述,日本自《1890年日本商法典》以来,一直采用解除权模式。至于立法者当初为何选择采用解除权模式,缘由难以考证。但在此之后,不仅立法论上曾经出现主张将解除权模式改为拒绝履行模式的声音,[②]而且,解释论上也有论者理解为,在管理人选择解除合同的情形,仅仅是破产债务人和合同相对

---

① [日]伊藤眞ほか:《条解破产法(第2版)》,弘文堂2014年,第400页。

② [日]田頭章一:《倒産法における契約の処理:双方未履行双務契約の基本原則,賃貸借・請負・雇用》,ジュリスト1111号(1997年),第107页,[日]水元宏典:《倒産法における一般実体法の規制原理》,有斐閣2002年,第199页。

人各自未履行的给付全部消灭,而已履行的给付则无须相互返还。① 这在结果上就与拒绝履行模式没有实质性的差异了。

相较于拒绝履行模式而言,笔者认为解除权模式更为合理,其理由在于拒绝履行模式会带来一系列的难题。例如,前述伊藤说所指出的,管理人选择拒绝履行合同后,是否允许合同相对人行使损害赔偿请求权,以及破产债务人和合同相对人已履行的给付部分应如何处理。

其他的难题还有,对于在破产程序中被管理人拒绝履行的合同,债务人在破产程序结束后是否需要恢复履行?这在债务人适用重整程序的情形和个人破产的情形显得尤为棘手。这是因为,倘若债务人在破产程序结束后继续向合同相对人履行合同,则会违反债权人平等受偿这一破产法的基本原则——债务人对其他债权人的债务被重整计划削减了,而对合同相对人的债务却正常履行;个人债务人对其他债权人的债务在破产程序终结后被免责了,而对合同相对人的债务却正常履行。

最大的难题在于,倘若管理人是拒绝履行合同,那么合同相对人有可能依照合同法原理行使拒绝履行情形中的法定解除权。如此一来,采用拒绝履行模式等于是将解除合同与否的主动权交给合同相对人。这显然与只将合同的选择权赋予管理人一方的现行规定相矛盾。②

(三)为何只将合同的选择权赋予管理人一方

立法者在特别规则中只赋予管理人以合同的选择权,而未赋予合同相对人类似的选择权,其目的在于维护破产财团的利益。

具体而言,特别规则给予管理人继续履行合同的积极选项,乃是为了在双方未履行双务合同对破产财团有利时,使管理人能够不受禁止向个别债权人清偿债务这一规则的限制,而在破产程序开始后向合同相对人完全地提供债务人未履行的给付,从而要求合同相对人提供其未履行的给付,进而将有利的给付收归破产财团。另外,特别规则给予管理人解除合同的积极选项,则是为了在双方未履行双务合同对破产财团不利时,使管理人不仅能够免于履行该不利的合同,还能够解除原合同并重新缔结对破产财团更为有利的新合同。

无论是积极选择还是消极选择,管理人行使合同选择权的结果都将使破

---

① [日]竹内康二:《〈破产管财人の选択権〉竹下守夫=藤田耕三编集代表〈破产实体法〉》,青林书院 2015 年,第 305 页注 56。

② 刘颖:《反思〈破产法〉对合同的处理》,载《现代法学》2016 年第 3 期。

产财团及其背后的全体债权人受益,因而作为对价向合同相对人履行的债务应当由全体债权人共同负担。那么,在管理人选择继续履行合同的情形,合同相对人的请求权应为财团债权。在管理人选择解除合同的情形,合同相对人的原状恢复请求权和损害赔偿请求权同样应为财团债权。不过,打消管理人在成本方面的考虑,方便其行使解除权,现行法将合同相对人的损害赔偿请求权降格为破产债权。

医疗责任中的履行义务和保护义务

[意]亚历山大·卡萨尼若[*]著 肖 俊[**]译

导 言

在意大利宪法中健康权有着特殊的地位。在 1948 年 1 月生效的宪法的第 2 章（伦理—社会关系）第 32 条包含的两款规定中，它被认为是"人的基本权利"。宪法规范的完整内容包括第 32 条第 1 款规定的"共和国保障作为个人基本权利和社会利益的健康权，并保障贫穷者获得免费医疗"，以及第 2 款规定的"非依法律有关规定，任何人不得被强迫接受卫生治疗。法律在任何情况下都不得侵犯为尊重人身所设定的各种限制"。

该宪法规范包含了医疗权利在意大利法律制度中的界定，任何人的医疗权利都不该被忽略，即便是没有能力得到治疗的人，国家将为之承担一般的费用乃至花费更高的特殊费用。根据第 1 款的规定，接受医疗是一项完整而绝对的权利。

当然，宪法第 32 条第 1 款规定的获得医疗的原则，不能超过或者违背个人意志，即便法律中没有明确对此进行规定。不应该颁布与人的尊严相违背的法律，否则这种法令将被意大利宪法法院通过特别程序，宣布为违宪。但是，如果法律仅仅只是要求人们接受特别的医疗健康服务，则是合乎宪法的逻辑的。从宪法规范的文本上看，一个医生可以在特殊的情况下（尤其是在紧急情况下），无视个人的意愿，选择适用一个特定的医疗手段（必须与人的尊严相符合）；只有存在特殊的法律阻止医疗服务的情况下，该医疗活动才被视为是违反了人的意愿。

根据意大利宪法，医疗责任在意大利的法律体系中存在很大的空间，法官

---

[*] 亚历山大·卡萨尼若，意大利比萨大学法学院研究员。
[**] 肖俊，上海交大凯原法学院副教授。

的判决和学理的解释,大学的教授或者律师,都试图理解,在医患之间,医生由于过失对于信赖其医疗的病人造成的损害。

近来,宪法法院一审和二审乃至最终的判决,①都把医生责任纳入合同责任范畴。意大利的主流理论与此不同,②它总是将医疗责任看作是非合同责任,除非医生和病人之间存在着合同。由此,在学理上值得讨论的是,在我们的制度中,合同责任和侵权责任之间的差别。③根据1942年的民法典,两者在制度适用上,从证明责任到诉讼时效都存在很大的差异。

宪法法院的判决使得人们认为医生的责任有必要归属于合同领域而不是侵权领域。与此不同的是,在作为大陆法系制度起源的罗马法中,法学家把医生的责任看作是侵权责任,这体现在阿奎流斯法中。④ 根据最近的研究,这一部法律产生的时间是在公元前211年和公元前210年之间⑤(而不是如有些人所言是公元前286年⑥),保民官阿奎流斯在平民会上提议并通过。

而且,医生责任也是意大利法近来的改革对象。在2017年3月17日第64号的公报中,公布了同年3月8日所公布的第24项法律规定,"为了保障医疗和帮助的人的安全,从事医疗职业的人应对此承担职业责任"。

根据新法第1款第1项的规定,"医疗安全是健康权的构成部分,这也是个人利益和集体利益追求的目标"。显然这一条是重申了《宪法》第32条的规定,医疗安全是健康权的一部分,它也必须体现出对于被救助人全面的尊重。健康权既是个人也是集体的权利,根据《宪法》第32条第1款和2017年3月8

---

① 相关的重要的判决在下文的段落和注释中标出。

② A.Gnani,*Responsabilità del medico da contatto sociale : brevi dubbi*,in *Liber Amicorum per F.Busnelli,Il diritto civile tra principi e regole*,Volume I,Milano,2008,p.471 ss.

③ E. Navarretta,Dikaion come nomimon e dikaion come ison: riflessioni in margine all'ingiustizia del danno, in *Liber Amicorum per F. Busnelli*,cit.,p.629.

④ 对于阿奎流斯法的研究,参见 S. Schipani,*Responsabilità "ex lege Aquilia". Criteri di imputazione e problema della "culpa"*,Torino,1969,p.29 ss.,更新的研究参见 P.Ziliotto,*L'imputazione del danno aquiliano tra iniuria e damnum corpore datum*,Padova,2000,p.1 ss.

⑤ F.Serrao,*Uomini d'affari,adstipulatores,Lex Aquilia alla fine del III secolo a.C.*,in *Studi in onore di R.Martini*,Volume III,Milano,2009,p.570 ss.

⑥ M.Talamanca,*Istituzioni di Diritto romano*,Milano,1990,p.625 s.

号第 24 项法律第 1 条第 1 款的规定,在意大利,这一权利不仅存在于单纯的医疗活动中,而且包含了从病人与医疗机构的最初接触直到康复的整个过程。

在这些前提下,本文尝试解决这一系列问题:

(1)医疗活动中的履行利益和保护利益。

(2)从罗马法到意大利现代学理和判例中医生责任的状况。

(3)主观的归责原则,关于医生的故意和过失程度的问题。

(4)损害赔偿的问题。

一、医疗活动中的履行义务和保护责任

这里要讨论的是在意大利现今的制度中,医疗活动中的履行义务和保护义务。

首先,所有的义务都会被看作是债权人一般的履行利益,如同《民法典》第1174 条所承认的,"履行构成了债的客体……应该与债权人的利益相一致",它的范围实际上比履行利益的问题更为广泛。

根据学理,[①]履行义务的基础在于《民法典》第 1175 条、第 1337 条和第1375 条,这些条文没有把保护义务局限于债权人,债务人也应该得到保护,所以保护义务包括了法律关系双方的主体[②]。而第 1175 条处于第 5 卷第 1 题的位置,属于债法总则的范围;第 1337 条和第 1375 条是在第 5 卷第 2 题,属于合同法的部分。

根据第 1175 条的规定,债务人和债权人的行为必须遵守诚信原则(客观诚信),它在债法整体中占据基础性的地位,由此与后续条文之间存在着属和种的包含关系。在诚信原则之前的第 1173 条,是关于债的渊源规定,如 2 世纪的法学家盖尤斯所提出的结构:"债或者产生于契约,或者产生于不法行为,

---

① L. Manna, *Le obbligazioni senza prestazione*, in *La struttura dell'adempimento*, Tomo III, *Obbligazioni senza prestazione e obbligazioni naturali*, Padova, 2010, p.4 ss.

② 根据 U. Natoli 在 *L'attuazione del rapporto giuridico*, II, *Il comportamento del debitore*, in *Trattato di diritto civile e commerciale*, Milano, 1984, p.21 一书中的看法,履行义务和保护义务的区分是虚假的,因为保护义务也是原债务的一部分。

或者产生于法律规定的其他原因。"①所以从逻辑上看,第1175条的适用于合同之债、侵权之债或者其他行为产生的债,包括所有规定在第1173条中的债的内容。相反,第1337条的主题是"先合同义务和责任",以及第1375条的主题是"应该根据诚信原则来履行合同",所以这两个条文仅适用于债的一种渊源:合同的订立和履行。

如同学者所认为的,②民法典的这三个条文并没有包含所有的附随义务,但规定了对债权人主给付义务的补充所产生的保护义务。这与由债务人承担的主给付义务不同,每一方都应该承担保护义务。

第1173条最后部分规定:"其他的能够产生债的行为和事实",它是关于非典型的债的渊源,它能带来这样一种解释,③使得学理和判决支持这里包含着这里存在着对"特殊义务的违反",④即使不存在一个合同,但是根据法律的直接规定也能产生出义务。

保护义务可以理解为"与主给付利益相联系的特殊利益,违反这些义务能够给债务关系的实现带来损害",而且对它们的违反也是合同责任的一部分,由此带来的损害,成了法律规定的"单纯的财产损害"(danno meramente patrimoniale)⑤。

依据宪法法院1999年1月22日第589号判决以及此后的判决所确立的理论,在意大利法中开始承认基于"社会交往义务"不履行所造成的责任,并将之定义为医疗合同责任。⑥ 债之不履行(包括保护义务)责任可以产生于"社会交往活动",它订立于医生和患者之间,基于病人对医生的信赖而产生,根据

---

① 盖尤斯在《日常事务》或者说《金言集》第2卷中的文本,被《学说汇纂》收录于D. 44.7.1 pr.,确认:每一项债或产生于合同或产生于非法行为或者来自于其他原因(*Obligationes aut ex contractu nascuntur aut ex maleficio aut proprio quodam iure ex variis causarum figuris*).意大利民法典1173条是直接来源于盖尤斯二世纪的这一文本。

② Manna,*Le obbligazioni senza prestazione*,cit.,p.5.

③ Manna 在 *Le obbligazioni senza prestazion* p.9 中提出:"由第1173条引入的非典型的债的渊源的原则性规定,可以认为合同责任可以在没有合同渊源的情况下,依据法律的直接规定,直接来源于产生出信赖义务的特定社会交往活动(contatto sociale)."

④ Manna,*Le obbligazioni senza prestazione*,cit.,p.9.

⑤ Così F. Procchi,*I caratteri della prestazione nell'enunciato dell'art.1174 cod. civ.*,in *La struttura e l'adempimento*,Tomo II,*Soggetti e contenuto del rapporto obbligatorio*,Padova,2014,p.573 ss.

⑥ Manna,*Le obbligazioni senza prestazione*,cit.,p.29.

这一动机产生了合同责任。①

由此,医生的责任被看作是一种合同责任,此时不仅存在着保护义务也存在着给付义务。虽然医生和病人之间不存在着合同,但是基于宪法所规定的健康权,在医生和病人之间存在着一个由意大利法所保护的"特定的社会交往义务"。

二、从罗马法到现代意大利学理和判例中的医疗责任概况

对于《学说汇纂》所收集的对阿奎流斯法大量的决疑术文本的阅读后,可以发现罗马法学家显然是把医生责任看作是一种侵权责任,它的责任来源于损害。根据阿奎利亚法,②如果有人杀了他人的奴隶和动物应该赔偿双倍于该奴隶或者动物在最近一年的最高价格的罚金,如果对于他人的奴隶或者动物进行了伤害但是没有死亡,加害人应该赔偿的相当于该物在最后一个月的最高价格的罚金。随着罗马法学理论的解释,阿奎流斯法的适用范围扩大适用到自由人的死亡和损伤的赔偿的情形。

适用这一法律最基本的条件是损害的不正当性,二世纪的法学家乌尔比安在《裁判官告示评注》中承认了"不正当"应该被理解为违反法律,即存在故意和过失。③ 在《学说汇纂》的具体案例中,我们可以找到一些如何对医疗责任进行解释的实例。

首先,在乌尔比安的《告示评注》中可以看到,1世纪的法学家普罗库路斯的思想,他认为如果缺乏技能的医生对奴隶进行手术,可以对他提起租赁之诉或者阿奎流斯之诉。④

---

① Manna, *Le obbligazioni senza prestazione*, cit., p.39.
② 《阿奎流斯法》分为三章:第一章是关于杀死一个奴隶或者一只动物或者一群四足动物;第二章是关于债权人对其他债权人造成的损害,已经被废除,参见 Ulpiano (18 *ad ed.*) in D.9.2.27.4;第三章是法律补充的关于杀害之外的其他造成损害的行为,包括烧毁、折断以及损毁。
③ Ulpiano (18 *ad ed.*) in D.9.2.5.1.
④ Ulpiano (18 *ad ed.*) in D.9.2.7.8.

在租赁之诉中,在支付对价之后,出租人可以向出租人提供自己的服务。① 基于这些服务也可以提起阿奎流斯之诉,②因为医生没有尽到自己的对于进行外科手术所必要的注意义务。

在盖由斯随后的文本中,阿奎流斯法的责任也适用于外科手术,即使医生良好地进行了手术,但是在随后的治疗处理中存在着懈怠,他也不能免除责任。③ 由此可以看到罗马法并没有把医疗责任局限于手术中的失误,而是延伸到了随后的治疗阶段。

在意大利法中,医生责任的性质在学理和判决中存在着很多争论。但宪法法院1999年1月22日第589号判决认为,在医疗过程中产生的责任具有合同责任的性质。这样的履行义务与《民法典》第1173条所允许引入的第三种债的渊源是完全一致的。根据宪法法院的观点,不当的医疗是由合同法规范的问题,因为无论是公立还是私立的医疗机关的雇员,都适用《民法典》第1218条和第1228条的规定。④

医疗机构应该承担合同责任,⑤是基于这样一个前提:"医疗机构和病人之间的关系来源于一种非典型合同,虽然是由医生进行了相应的履行内容,但医疗机构不只承担医生的侵权行为,而且包括医院的机器故障以及没有有效组织医疗活动所产生的责任。"

但《民法典》第1218条⑥和第1228条⑦分别规定的是"债务人责任"和"雇

---

① 对于罗马法中租赁合同的适用,参见 A.Petrucci,*Lezioni di diritto privato romano*,Torino,2015,p.279 ss.

② Per il diritto romano,come è noto,i servi erano considerati sia come cose che come uomini: così si esprimono tutti i giuristi: ad esempio, Gaio, nelle sue Istituzioni (1.9) e Fiorentino (9 *Inst.*) in D.1.5.4.1.

③ Gaio (7 *ad ed.*) in D.9.2.8 pr.而且,我们可以看到对于损害的发生,包括了助产士提供药品或者他人强迫病人服毒导致死亡的案例,参见 Ulpiano (18 *ad ed.*) in D.9.2.9 pr.-1.

④ Procchi,*I caratteri della prestazione nell'enunciato dell'art*.1174 *cod.civ.*,cit.,p.634.

⑤ G.Ceccherini,*Responsabilità per fatto degli ausiliari. Clausole di esonero da responsabilità*,in Il Codice civile commentario,Artt.1228—1229,Milano,2016,p.129.

⑥ 第1218条:债务人不能证明债的不履行或者迟延履行是因不可归责于自己的给付不能所导致的,未征求履行给付义务的债务人应该承担损害赔偿责任。

⑦ 第1228条:在履行义务中利用了第三人劳动的债务人,应当对自己的故意或者过失行为承担责任,但是双方当事人有不同约定的除外。

员责任",这里产生的疑问是,是否可以要求雇员承担合同责任。笔者认为雇员只是债务人履行主债务的工具,这能够从第 1228 条对债务人的确认中看出,"在履行义务中利用第三人劳动的履行人,应当对自己的故意或过失行为承当责任"。所以,医疗机构和医院有义务对雇员的工作和侵权行为承担责任,但不能认为雇员与病人之间缔结了独立的合同。医生责任的合同法理论在学理和判决中没有得到很大的认可,因为在医生和病人之间没有一个明确的合同。

虽然宪法法院把医疗责任看作是合同责任,但是威尼斯上诉法院认为手术所产生的责任不是一个共同的合同责任。① 该法院认为,医生的履行行为并不是在为自己谋取私利(比如医生使用了医院的机器设备以更低的价格为自己牟利)。② 所以不能认为具有合同责任的性质。

在这一判决基础上形成的理论③,提出了三个重要的否认医生和病人之间能够解释出合同关系的原因:"首先,患者向医疗机构求助时,是他与医院缔结合同。"④其次,医疗中涉及的很多的专业人士,不能确定谁是不履行的债务人。最后,如果病人在手术中遭遇感染导致损害,医生几乎不能对此提供满足合同责任所要求的证明负担,他需要向法官提交与整个医疗履行行为有关的证明材料。

一种正确的观点认为,在我们的制度中保持两种类型的责任(侵权责任和合同责任),虽然它们的共同基础都是"由于他人的行为导致重要的法律利益的损失",但是毫无疑问,合同责任是存在于通过合同产生出的利益平衡中法律利益出现自动损失的时候。⑤ 而且依据这一理论,在违反客观诚信原则的情况下,不能仅仅要求承担侵权责任,需要证明受损的法律利益,研究在加害人和受损人之间的后续利益的平衡点。

---

① Corte d'Appello di Venezia, 16 giugno 2005.
② 在意大利法中,先前的判决在原则上并没有拘束力,这与普通法不同。
③ Manna, *Le obbligazioni senza prestazione*, cit., p.35 s.
④ 根据 Procchi 的研究, *I caratteri della prestazione nell'enunciato dell'art*. 1174 *cod. civ.*, cit., p.633,"合同的最终分类,是来源于债务人的不履行会导致不可侵犯的人的权利受到非财产的损害。"这一类关于医院的合同,产生了医生的责任以及基于社会交往的合同责任。
⑤ E. Navarretta, Dikaion come nomimon e dikaion come ison: riflessioni in margine all'ingiustizia del danno, in *Liber Amicorum per F. Busnelli*, cit., p.629.

所以把合同责任适用于医生是没有意义的，①因为在民法典中存在第2043条，它完整地规定了基于故意和过失对他人造成损害的构成要件。② 第2043条规定了不当损害，我们可以在乌尔比安的解释中看到这就是指违反法律的损害。为了协调学理和判例中的强烈分歧，2017年3月8号的第24项法律，明确地把医疗责任规定为一种侵权责任，它明确区分了医疗机构和医生的责任，前者是合同责任，后者是侵权责任。③

三、对于医疗责任的归责原则的主观要素：故意和过失程度

如乌尔比安所言，阿奎流斯法是对不法损害的赔偿。④ 他认为并非所有的侵害行为都构成侵权，而只有不法行为造成的损害才属于。不法侵害（iniuria）这个词就包含着两种主观的状态，故意和过失，这是承担医疗责任的前提。

从罗马法的文献可以看到，阿奎流斯法规定可以根据故意的侵害行为要求赔偿，故意是一种精神的意志，有意识的行为造成不法损害，不需要对它区分程度，⑤因为这个语词自身就意味着有意识地针对他人的恶意。

与此不同的是过错。事实上，过错包含了一系列的程度区分，从最轻过失

---

① Manna, *Le obbligazioni senza prestazione*, cit., p.27.
② Articolo 2043 c.c.，对于不法损害的赔偿规定：因任何故意或过失给他人造成的不法损害的，行为实施者应该承担损害赔偿的责任。
③ 第1款规定："公共和私人的医疗机构，在履行自己的债务中，它对于机构中的医疗职业人员，即便是由病人所选的而不是机构自己选择，依据《民法典》第1218条、第1228条来承担故意或者过失责任。"第2款规定："第2款的规定也适用于在工作时间外利用医疗机构进行的自由营业或者在诊所中开展的实验和研究中的行为或者通过远程医疗服务而与国家医疗机构缔结协议的场合中。"第3款规定："医疗职业人员根据第1款和第2款所进行的活动，按照《民法典》第2043条承担相应规定，除非已经与患者达成了其他协议而要求承担合同之债的责任。"
④ Ulpiano (18 *ad ed*.) in D.9.2.3.
⑤ 与之不同的是所谓"善良恶意（即正常的抬价）"，它被看作是卖家的货物规范化的价格提升。

开始,然后是轻过失和正常过失,最后是重过失。① 由此值得考虑的是对于医疗事故中最低轻过失(la colpa lievissima)的问题。这个词意味着没有轻过失,但是在阿奎利亚责任中,在侵权人因为最轻过失造成损害的情况下,受害人可以获得救济,如乌尔比安所言,在阿奎利亚法中也包含了最轻的过错。② 根据这样的解释应该认为,医生责任不能排除主观要素的归责,即便是最轻过失,所以如果行为是非法的,即使没有伤害的意图也要承担赔偿责任。③

在现代意大利法中,由于宪法法院判决的影响,由此,医生责任是被认为一种基于特定的社会交往活动而产生的合同责任,由此产生的保护义务的请求权基础在于意大利《宪法》第32条。

根据这一解释,医疗责任的性质属于合同责任,它应适用法典中关于债的履行的一般制度。在民法典中,债的履行是以第1176条为基础的,其第1款规定,在债的履行中应该以善良家父的勤勉注意义务,随后第2款规定,因职务活动所发生的债的履行的,勤勉注意义务应该考虑所进行的活动的性质。

"善良家父"是一个抽象的判断标准,它源于罗马法,应该被理解为一个普通人的标准,它的勤勉注意被用来作为衡量债务人的履行。在医生责任的情况下,勤勉注意义务应该根据第1176条第2款进行判断,勤勉注意的程度应该与该职业性劳动相匹配,如《民法典》第2236条所规定的,契约的履行极为难以解决的技术性问题,劳务提供者对此不承担损坏赔偿责任,但是有故意和重过失的,不在此限。④

宪法法院认为,对于医生责任中的故意和过失的判断,只有在"极端的技术难题下",才应该以职业水平进行判断,而所有其他行为的衡量应该是根据第1176条的一般勤勉义务的标准。⑤ 这种对"其他行为"的衡量标准使得应承担轻过失责任的医生,只要承担一般的勤勉注意义务。根据同样的结论,通

---

① Ulpiano (1 *reg.*) in D.50.16.213.2:"重过失是一种极端的懈怠,即没有尽到所有人都会尽到的注意。"以及 Paolo (1 *man.*) in D.50.16.226:"重过失是一种过程,它等同于故意"。

② Ulpiano (42 *ad Sab.*) in D.9.2.44 pr.。

③ Ulpiano (18 *ad ed.*) in D.9.2.5.1。

④ Manna, *Le obbligazioni senza prestazione*, cit., p.29:"承认未履行合同义务的判决是与1999年1月22日宪法法院第589号判决所承认的社会交往义务保持一致。"

⑤ Ceccherini, *Responsabilità per fatto degli ausiliari. Clausole di esonero da responsabilità*, cit., p.135 s.

过《民法典》第1228条,判决可以要求医疗机构承担所有医生手术中的故意和过失责任,但没有对医生的过失进行程度的区分。

宪法法院采取这种解释是在 N.189/2012 号法令颁布(称为 Balduzzi 法,以提出的部长的名字命名)之后。该法令第3条第1款把医疗责任看作是侵权责任。① 宪法法院认为立法者的做法仅仅是把医生的刑事责任转化为损害赔偿,这一责任并不排除医生和医疗机构也应当承担违反"法定社会交往义务"而产生的合同责任。② 宪法法院的解释,体现出了混合了合同责任和侵权责任的立场,逻辑不清晰,没有被司法判决所全面接受,在学说中也存在着分歧。

这解释了为什么2017年3月28日第24号法令对于医生和医院的各种责任界定更为准确。在这项法律中,有专门规定了医疗责任的章节,其第6条第1款关于归责原则的标准的规定特别的重要,只要遵守了该法(legge n.24/2017)所公布和规定的操作方式,或者在缺乏这些标准的情况下,遵循了由卫生部和医疗职业团体所确立的善良医疗和救助的操作标准(le buone pratiche clinico-assistenziali),就可以排除对于医疗失误的可刑罚性。

但是,如果医生手术事故是因为缺乏符合职业标准的注意义务,虽然排除了刑事处罚性,但是没有排除民事责任,根据其第7条第3款规定的,基于故意、重过失,或者轻过失,造成不当损坏的应承担赔偿责任。医疗的可刑罚性的排除并不免除民事的损害赔偿。

四、对于损坏的赔偿

在罗马法中,阿奎利亚法是具有私刑性质的。加害人对受害人的损害赔偿所支付的价金是具有惩罚性的。根据该法第3条的规定,对于罚金的计算是有不同的方式的,根据他人的奴隶和动物是死亡或者只是受到断裂、烧毁和毁坏而有所差别。

---

① "医疗职业者在从事医疗活动时如果满足了由科学协会所规定的操作规范和善良救助标准,将不会因为轻过失承担刑事责任。在这些情况下也不适用《民法典》第2043条的规定。"这一规范已经被2017年的第24号的新法令所废止。

② Cassazione 19 febbraio 2013, n. 4030. 对于教义学的内容,参见 Ceccherini, *Responsabilità per fatto degli ausiliari. Clausole di esonero da responsabilità*, cit., p.179 nota 80.

在第一种情况下,罚金数额是奴隶或者动物在损害前最后一年的最高价格;在第二种情况下,罚金的数额是奴隶、动物和物品在最后一个月的最高价格。在1世纪和2世纪中,阿奎流斯法的适用延伸到自由人,如《学说汇纂》中收集乌尔比安(D.9.2.5.3)的著名的文献所提到的,在鞋匠那里做学徒的自由人的孩子的一只眼睛被师傅打瞎,男孩是家子(filius familias),仍然处于家父权的范围下,损坏赔偿的范围是家父收入由于家子劳动力丧失受到的损害,以及对于治疗必需的费用。① 无论是对于受害人的死亡还是对其的伤害,计算的标准是同样的,不同的只是计算的时间间隔。

这个例子虽然不涉及医疗责任,但是它可以作为计算损害的基本原则,如果医生也造成同样的损失的话,计算的标准是相同的,无论是对于病人的死亡还是伤害。损害赔偿应该包括对于医疗行为所支付的价金,由于劳动力受损带来的损失以及其他的最终的补充治疗的费用。用现代的表达来说,包括了间接损失和直接损失。

在现行法中,对于损害的赔偿是由2017年的新法(legge n.24/2017)第7条第3款和第4款所规定的。在第3款中规定了法官在决定损害赔偿时,应该考虑到医疗行为是否遵守了基本的标准,即规范医疗行为的程序,并且有没有犯下《刑法典》第590条所规定的罪行。②

随后的第4条规定了,损害赔偿数额的计算,应按照《私人保险法典》所建立的体系进行(legislativo 7 settembre 2005,n.209),其第138条和第139条规定了遵循损害的金钱赔偿范围。该条文的标题是"非轻过失的生物损害"(第138条)以及"轻过失的生物损害"(第139条)。前一规定更为重要,并且被界定为"在劳动能力受损的赔偿之外,对于人的身体和精神的完整性由于所医疗行为所造成的损失,由此导致了受害人的日常活动以及与他人交往和关系的否定性后果"。

总之,可以认为这是对于一个人生活各个方面的整体损害。医疗机构和医院应该对医生的行为承担责任,根据新法(legge n.24/2017)的规定,在医生和医护人员存在故意和重过失的情况下,医疗机构和医院可以要求医生赔偿

---

① Ulpiano (18 *ad ed.*) in D.9.2.5.3.Narrato 也承认了乌尔比安的这一观点,参见 in D.9.2.7 pr.

② Art.590-sexies (*Responsabilità colposa per morte o lesioni personali in ambito sanitario*):"如果医疗职业活动中的侵害行为符合刑法第589条和第590条的规定,将处以罚金……"

其对受害人支付的费用,但是若医生只存在第 1228 条的轻过失,则不能向其要求赔偿。

结　论

在文章结束之际,可以看到医疗行为造成的不当损害在罗马法中已经出现,基于裁判官的审判和法学家的解释,阿奎流斯法和侵权责任可以包括对于奴隶和自由人(随后扩张到)的医疗行为造成的损害上,受害人可以要求损坏赔偿。

在现代法中,意大利法的学理和判例,如本文第一部分和第二部分所介绍的,在侵权责任和合同责任之中极大地摇摆着。最后要强调的是,笔者赞同 2017 年第 24 项法规,它最终将医疗行为的责任归于《民法典》第 2043 条的侵权责任,这在学理和部分判决中都得到了支持。在实践层面,目前尚不可能确认这一法条会如何适用,但是笔者认为,显然它的规定和解释应该能够澄清很多问题。

民法总则修改建议稿

李 宇[*]

目 录

第一章 基本规定
第二章 自然人
　第一节 民事权利能力和民事行为能力
　第二节 监护
　第三节 宣告失踪和宣告死亡
　第四节 住所
　第五节 个体工商户和农村承包经营户
第三章 法 人
　第一节 一般规定
　第二节 社团法人
　第三节 财团法人
　第四节 机关、事业单位法人
第四章 非法人组织
第五章 民事权利
第六章 法律行为[①]
　第一节 一般规定
　第二节 意思表示
　第三节 法律行为的效力
　第四节 法律行为的附条件和附期限
第七章 代 理

---

[*] 李宇，上海财经大学法学院副教授。
[①] 全文统一改为法律行为，不再一一注明。

第一节　一般规定
第二节　委托意定代理[①]
第三节　代理终止
第八章　民事责任
第九章　诉讼时效
第十章　期间计算
第十一章　附　则

第一章　基本规定

第一条［立法目的］

为了保护民事主体的合法权益,调整民事关系,维护社会和经济秩序,适应中国特色社会主义发展要求,弘扬社会主义核心价值观,根据宪法,制定本法。

第二条［调整对象］

民法调整平等主体的自然人、法人和非法人组织之间的人身关系和财产关系。

第三条［私权神圣原则］

民事主体的人身权利、财产权利以及其他合法权益受法律保护,任何组织或者个人不得侵犯。

第四条［平等原则］

民事主体在民事活动中的法律地位一律平等。

第五条［意思自治原则］

民事主体从事民事活动,应当遵循自愿意思自治原则,按照自己的意思设立、变更、终止民事法律关系。

第六条［公平原则］

民事主体从事民事活动,应当遵循公平原则,合理确定各方的权利和义务。

第七条［诚信原则］

民事主体从事民事活动,应当遵循诚信原则,秉持诚实,恪守承诺。

[①] 意定代理概念,易与委托合同相混,建议改为意定代理。且意定代理与法定代理概念对称,准确易懂。以下不再一一注明。

第八条 [公序良俗原则]

民事主体从事民事活动,不得违反法律,不得违背公序良俗。

第九条 [绿色原则]

民事主体从事民事活动,应当有利于节约资源、保护生态环境。

第十条 [民法法源]

处理民事纠纷,应当依照法律;法律没有规定的,可以适用习惯,但是不得违背公序良俗。

第十一条 [特别法优先适用]

其他法律对民事关系有特别规定的,依照其规定。

第十二条 [民法的地域效力]

中华人民共和国领域内的民事活动,适用中华人民共和国法律。法律另有规定的,依照其规定。

第二章 自然人

第一节 民事权利能力和民事行为能力

第十三条 [民事权利能力及其始终]

自然人从出生时起到死亡时止,具有民事权利能力,依法享有民事权利,承担民事义务。

第十四条 [民事权利能力平等]

自然人的民事权利能力一律平等。

第十五条 [出生时间和死亡时间]

自然人的出生时间和死亡时间,以出生证明、死亡证明记载的时间为准;没有出生证明、死亡证明的,以户籍登记或者其他有效身份登记记载的时间为准。有其他证据足以推翻以上记载时间的,以该证据证明的时间为准。

第十六条 [胎儿利益保护]

涉及遗产继承、接受赠与、<u>请求损害赔偿</u>等胎儿利益保护的,胎儿视为具有民事权利能力。但是胎儿娩出时为死体的,其民事权利能力自始不存在。

第十七条 [成年与未成年]

十八周岁以上的自然人为成年人。不满十八周岁的自然人为未成年人。

第十八条 [完全民事行为能力人]

成年人为完全民事行为能力人,可以独立实施法律行为。

第十九条 ［限制民事行为能力的未成年人］①

八周岁以上的未成年人为限制民事行为能力人，实施法律行为由其法定代理人代理或者经其法定代理人同意、追认，但是可以独立实施纯获利益的法律行为或者与其年龄、智力相适应的法律行为。

<u>十六周岁以上的未成年人，以自己的劳动收入为主要生活来源的，视为完全民事行为能力人。</u>②

第二十条 不满八周岁的未成年人为无民事行为能力人，由其法定代理人代理实施法律行为。

第二十一条 不能辨认自己行为的成年人为无民事行为能力人，由其法定代理人代理实施法律行为。

八周岁以上的未成年人不能辨认自己行为的，适用前款规定。

第二十二条 ［限制民事行为能力的成年人］

不能完全辨认自己行为的成年人为限制民事行为能力人，实施法律行为由其法定代理人代理或者经其法定代理人同意、追认，但是可以独立实施纯获利益的法律行为或者与其智力、精神健康状况相适应的法律行为。

第二十三条 ［法定代理人］

无民事行为能力人、限制民事行为能力人的监护人是其法定代理人。

第二十四条 ［限制民事行为能力人的认定］

不能辨认或者不能完全辨认自己行为的成年人，其利害关系人或者有关组织，可以向人民法院申请认定该成年人为限制民事行为能力人。

被人民法院认定为限制民事行为能力人的，经本人、利害关系人或者有关组织申请，人民法院可以根据其智力、精神健康恢复的状况，认定该成年人恢复为完全民事行为能力人。

本条规定的有关组织包括：居民委员会、村民委员会、学校、医疗机构、妇女联合会、残疾人联合会、依法设立的老年人组织、民政部门等。

第二十五条 自然人以户籍登记或者其他有效身份登记记载的居所为住所；经常居所与住所不一致的，经常居所视为住所。③

---

① 【修改理由】改采行为能力二分法，即分为完全行为能力和限制行为能力两个层级。

② 前条第2款移至此。

③ 新设一节住所，作为第四节。本条移至该节。住所，并非民事权利能力与民事行为能力范畴，不宜置于本章第一节。

第二节 监 护

第二十六条 父母对未成年子女负有抚养、教育和保护的义务。

成年子女对父母负有赡养、扶助和保护的义务。

第二十七条［未成年人的监护人］

父母是未成年子女的监护人。

未成年人的父母已经死亡或者没有监护能力的,由下列有监护能力的人按顺序担任监护人:

(一)祖父母、外祖父母;

(二)兄、姐;

(三)其他愿意担任监护人的个人<u>自然人</u>或者组织,但是须经未成年人住所地的居民委员会、村民委员会或者民政部门同意。

第二十八条［成年人的监护人］

限制民事行为能力的成年人,由下列有监护能力的人按顺序担任监护人:

(一)配偶;

(二)父母、子女;

(三)其他近亲属;

(四)其他愿意担任监护人的个人<u>自然人</u>或者组织,但是须经被监护人住所地的居民委员会、村民委员会或者民政部门同意。

第二十九条［遗嘱监护］

被监护人的父母担任监护人的,可以通过遗嘱指定监护人。

第三十条［协议监护］

依法具有监护资格的人之间可以协议确定监护人。协议确定监护人应当尊重被监护人的真实意愿。

第三十一条［指定监护］

对监护人的确定有争议的,由被监护人住所地的居民委员会、村民委员会或者民政部门指定监护人,有关当事人对指定不服的,可以向人民法院申请指定监护人;有关当事人也可以直接向人民法院申请指定监护人。

居民委员会、村民委员会、民政部门或者人民法院应当尊重被监护人的真实意愿,按照最有利于被监护人的原则在依法具有监护资格的人中指定监护人。

依照本条第一款规定指定监护人前,被监护人的人身权利、财产权利以及其他合法权益处于无人保护状态的,由被监护人住所地的居民委员会、村民委员会、法律规定的有关组织或者民政部门担任临时监护人。

监护人被指定后,不得擅自变更;擅自变更的,不免除被指定的监护人的责任。

第三十二条 [民政部门、基层群众性自治组织担任监护人]

没有依法具有监护资格的人的,监护人由民政部门担任,也可以由具备履行监护职责条件的被监护人住所地的居民委员会、村民委员会担任。

第三十三条 [意定监护]

具有完全民事行为能力的成年人,可以与其近亲属、其他愿意担任监护人的个人自然人或者组织事先协商,以书面形式确定自己的监护人。协商确定的监护人在该成年人丧失或者部分丧失民事行为能力时,履行监护职责。

第三十三条之一 [特别监护人]

监护人与被监护人之间存在利益冲突,或者监护人依法不得代理时,人民法院可以因监护人、被监护人、其他利害关系人或者被监护人住所地的居民委员会、村民委员会或者民政部门的申请,为被监护人选任特别监护人。①

第三十四条 [监护职责]

监护人的职责是代理被监护人实施法律行为,保护被监护人的人身权利、财产权利以及其他合法权益等。

监护人依法履行监护职责产生的权利,受法律保护。

监护人不履行监护职责或者侵害被监护人合法权益的,应当承担法律责任。

第三十五条 [监护职责的履行]

监护人应当按照最有利于被监护人的原则履行监护职责。监护人除为维护被监护人利益外,不得处分被监护人的财产。

未成年人的监护人履行监护职责,在作出与被监护人利益有关的决定时,应当根据被监护人的年龄和智力状况,尊重被监护人的真实意愿。

成年人的监护人履行监护职责,应当最高程度地尊重被监护人的真实意愿,保障并协助被监护人实施与其智力、精神健康状况相适应的法律行为。对被监护人有能力独立处理的事务,监护人不得干涉。

---

① 【增设理由】在某一事项中,因监护人有利益冲突或者依法不得代理,尚未到撤换监护人的程度,但也不宜由该监护人处理该事项,此时即有必要选任特别代理人以处理该事项。参考我国台湾地区"民法"第1098条第2项、《德国民法典》第1795条及第1796条、1994年《魁北克民法典》第190条。

第三十五条之一［共同监护人］

监护人有数人的,对于被监护人重大事项的处理意思不一致时,可以申请人民法院根据最有利于被监护人的原则,裁定由其中一个监护人处理。

人民法院作出裁定前,应当听取被监护人的意见,但监护人不能表达意见的除外。①

第三十五条之二［监护人辞任］

自然人担任监护人,有下列情形之一的,可以向被监护人住所地的居民委员会、村民委员会或者民政部门辞任;监护人由人民法院指定的,向人民法院辞任:

(一)年满七十周岁;

(二)因疾病或者身心障碍不能履行监护职责;

(三)居所与被监护人居所距离较远,不便监护;

(四)有其他重大事由。

居民委员会、村民委员会、民政部门或者人民法院同意监护人辞任的,应当根据最有利于被监护人的原则依法为其指定新监护人。②

第三十六条［监护人资格的撤销］

监护人有下列情形之一的,人民法院根据有关个人自然人或者组织的申请,撤销其监护人资格,安排必要的临时监护措施,并按照最有利于被监护人的原则依法指定监护人:

(一)实施严重损害被监护人身心健康行为的;

(二)怠于履行监护职责,或者无法履行监护职责并且拒绝将监护职责部分或者全部委托给他人,导致被监护人处于危困状态的;

(三)实施严重侵害被监护人合法权益的其他行为的。

本条规定的有关个人自然人和组织包括:其他依法具有监护资格的人,居民委员会、村民委员会、学校、医疗机构、妇女联合会、残疾人联合会、未成年人保护组织、依法设立的老年人组织、民政部门等。

前款规定的个人自然人和民政部门以外的组织未及时向人民法院申请撤

---

① 【增设理由】监护人由近亲属担任的,往往存在监护人为两人以上的情形,如其意思不一致,将有损于被监护人的利益。法律上宜设置相应的解决方法。参考我国台湾地区"民法"第1097条第2项。

② 【增设理由】监护人有重大事由不能履职时,应允许其辞任,以保护被监护人的利益。参考我国台湾地区"家事事件法"第122条。

销监护人资格的,民政部门应当向人民法院申请。

第三十七条［监护人资格撤销不影响扶养义务］

依法负担被监护人抚养费、赡养费、扶养费的父母、子女、配偶等,被人民法院撤销监护人资格后,应当继续履行负担的义务。

第三十八条［监护人资格的恢复］

被监护人的父母或者子女被人民法院撤销监护人资格后,除对被监护人实施故意犯罪的外,确有悔改表现的,经其申请,人民法院可以在尊重被监护人真实意愿的前提下,视情况恢复其监护人资格,人民法院指定的监护人与被监护人的监护关系同时终止。

第三十九条［监护关系终止］

有下列情形之一的,监护关系终止：

（一）被监护人取得或者恢复完全民事行为能力；

（二）监护人丧失监护能力；

（三）被监护人或者监护人死亡；

（四）监护人辞任或者被撤销监护人资格；

（五）人民法院认定监护关系终止的其他情形。

监护关系终止后,被监护人仍然需要监护的,应当依法另行确定监护人。

第三十九条之一［监护人变更、监护终止时被监护人财产的移交和结算］

监护人变更时,原监护人应当立即将被监护人的财产移交于新监护人。

监护关系终止且被监护人不需再受监护时,原监护人应当立即将被监护人的财产交还于被监护人；被监护人死亡的,交还于被监护人的继承人。

在前两款规定的情形,原监护人应当于监护关系终止时起两个月内,对被监护人的财产进行结算,作成结算书,送交新监护人、被监护人或者其继承人。新监护人、被监护人或者其继承人未承认结算书前,原监护人的责任不免除。

监护人死亡或者丧失民事行为能力的,被监护人财产的移交和结算,由监护人的继承人或者法定代理人办理；无继承人或者继承人有无不明的,由新监护人径行办理结算。①

---

① 【增设理由】监护人变更后的衔接事务以及监护关系终止后的善后事务,宜由法律设置规范,以利于被监护人利益的保护。参考我国台湾地区"民法"第1107条、第1108条,2013年《匈牙利新民法典》第4:243条。

第三节　宣告失踪和宣告死亡

第四十条〔宣告失踪的要件〕

自然人下落不明满两年的,利害关系人可以向人民法院申请宣告该自然人为失踪人。

第四十一条〔下落不明时间的计算〕

自然人下落不明的时间从其失去音讯之日起计算。战争期间下落不明的,下落不明的时间自战争结束之日或者有关机关确定的下落不明之日起计算。

第四十二条〔财产代管人〕

失踪人的财产由其配偶、成年子女、父母或者其他愿意担任财产代管人的人代管。

代管有争议,没有前款规定的人,或者前款规定的人无代管能力的,由人民法院根据有利于保护失踪人财产的原则指定的人代管。

限制民事行为能力人失踪的,其监护人即为财产代管人。①

第四十二条之一〔代管人为法定代理人〕

失踪人的财产代管人,在代管事项范围内,是失踪人的法定代理人。②

第四十三条〔财产代管人的义务和责任〕

财产代管人应当及时作成失踪人财产清册,妥善管理失踪人的财产,维护

---

① 【修改理由】法院指定代管人的原则以及限制行为能力人、无行为能力人失踪时的代管人问题,司法解释已有明文(《最高人民法院关于贯彻执行中华人民共和国民法通则若干问题的意见》第30条"人民法院指定失踪人的财产代管人,应当根据有利于保护失踪人财产的原则指定。……无民事行为能力人、限制民事行为能力人失踪的,其监护人即为财产代管人"),建议上升为法律,以便于适用。财产代管制度目的在于解决失踪人财产的保护问题,无行为能力人、限制行为能力人已有监护人代管其财产,自无另行指定财产代管人之必要。

② 【增设理由】现行《民法通则》规定代理的类型包括指定代理。财产代管人属于指定代理人的一种。本法已废除指定代理制度,如不明文规定财产代管人法律地位,将导致法律适用中发生困扰。财产代管人的权限非由失踪人授予,故其代理应属法定代理范畴。依民法原理,失踪人的财产管理人为其法定代理人(参见史尚宽:《民法总论》,中国政法大学出版社2000年版,第520页)。依大陆法系传统立法例,为失踪人等设立保佐制度,大致相当于我国的失踪人财产代管制度。保佐人代为管理失踪人等被保佐人的财产,其法律地位为被保佐人的法定代理人。例如《德国民法典》第1915条第1款(保佐准用关于监护的规定;第1793条规定监护人为法定代理人)。另,代管人的法定代理权仅限于代管事项范围内,不影响失踪人在其他地方所为法律行为的效力,自不待言。

其财产权益。

失踪人所欠税款、债务和应付的其他费用,由财产代管人从失踪人的财产中支付。

财产代管人因故意或者重大过失造成失踪人财产损失的,应当承担赔偿责任。

第四十四条 [财产代管人的变更]

财产代管人不履行代管职责、侵害失踪人财产权益或者丧失代管能力的,失踪人的利害关系人可以向人民法院申请变更财产代管人。

财产代管人有正当理由的,可以向人民法院申请变更财产代管人。

人民法院变更财产代管人的,变更后的财产代管人有权要求原财产代管人及时移交有关财产并报告财产代管情况。

第四十五条 [失踪宣告的撤销]

失踪人重新出现,经本人或者利害关系人申请,人民法院应当撤销失踪宣告。

失踪人重新出现,有权要求财产代管人及时移交有关财产并报告财产代管情况。

第四十五条之一 [失踪人死亡时的财产移交]

失踪人死亡或者被宣告死亡的,财产代管人应当将失踪人的财产及时移交于其继承人;另有遗嘱执行人或者遗产管理人的,应当移交于遗嘱执行人或者遗产管理人。①

第四十六条 [宣告死亡的要件]

自然人有下列情形之一的,利害关系人可以向人民法院申请宣告该自然人死亡:

(一)下落不明满四年;

(二)因意外事件,下落不明满两年。

因意外事件下落不明,经有关机关证明该自然人不可能生存的,申请宣告死亡不受两年时间的限制。

---

① 【增设理由】现行法未规定宣告失踪和死亡、宣告死亡之间的衔接制度。失踪人的下落不明状态再继续两年,即满足宣告死亡的条件,失踪人如被宣告死亡,或者在失踪期间确知失踪人已自然死亡的,即发生死亡的法律后果,由失踪人的继承人等接受遗产。此处即有必要确立代管人移交财产的规则,以使继承、遗嘱执行、遗产债务清偿等事务顺利进行。

第四十七条［申请宣告失踪和宣告死亡并行时的处理］

对同一自然人,有的利害关系人申请宣告死亡,有的利害关系人申请宣告失踪,符合本法规定的宣告死亡条件的,人民法院应当宣告死亡。

第四十八条［宣告死亡的日期］

被宣告死亡的人,人民法院宣告死亡的判决作出之日视为其死亡的日期;因意外事件下落不明宣告死亡的,意外事件发生之日视为其死亡的日期。

第四十九条［宣告死亡不影响被宣告死亡人所为行为的效力］

自然人被宣告死亡但是并未死亡的,不影响该自然人在被宣告死亡期间实施的民事法律行为的效力。

第五十条［死亡宣告的撤销］

被宣告死亡的人重新出现,经本人或者利害关系人申请,人民法院应当撤销死亡宣告。

<u>有证据证明被宣告死亡的人的死亡日期不同于宣告死亡日期的,经利害关系人申请,人民法院应当撤销死亡宣告。</u>①

第五十一条［死亡宣告撤销对婚姻关系的效力］

被宣告死亡的人的婚姻关系,自死亡宣告之日起消灭。死亡宣告被撤销的,婚姻关系自撤销死亡宣告之日起自行恢复,但是其配偶再婚或者向婚姻登记机关书面声明不愿意恢复的除外。

第五十二条［死亡宣告撤销对收养关系的效力］

被宣告死亡的人在被宣告死亡期间,其子女被他人依法收养的,在死亡宣告被撤销后,不得以未经本人同意为由主张收养关系无效。

第五十三条［死亡宣告对财产关系的效力］

被撤销死亡宣告的人有权请求依照继承法取得其财产的民事主体返还财产。无法返还的,应当给予适当补偿。

利害关系人隐瞒真实情况,致使他人被宣告死亡取得其财产的,除应当返还财产外,还应当对由此造成的损失承担赔偿责任。

---

① 【修改理由】在自然死亡日期不同于宣告死亡日期的情形,应以自然死亡为准发生继承等法律后果。例如,被宣告死亡的人于宣告后结婚而自然死亡的,其配偶有权继承其财产。此时即可能和此前因宣告死亡而取得遗产之人发生权利冲突。如有证据证明自然死亡日期,自应撤销宣告死亡判决,以正确处理相应的纠纷。参考 2003 年《柬埔寨民法典》第 44 条第 1 款。

第四节 住所

第五十三条之一 [自然人的住所]

自然人以户籍登记或者其他有效身份登记记载的居所为住所;经常居所与住所不一致的,经常居所视为住所。

第五十三条之二 [限制行为能力人的住所]

<u>限制民事行为能力人以其法定代理人的住所为住所。</u>①

第五十三条之三 [居所视为住所]

<u>在中华人民共和国领域内无住所的,其居所视为住所。</u>②

第五节 个体工商户和农村承包经营户

第五十四条 [个体工商户]

自然人从事工商业经营,经依法登记,为个体工商户。个体工商户可以起字号。

第五十五条 [农村承包经营户]

农村集体经济组织的成员,依法取得农村土地承包经营权,从事家庭承包经营的,为农村承包经营户。

第五十六条 [个体工商户和农村承包经营户的债务负担]

个体工商户的债务,个人经营的,以个人财产承担;家庭经营的,以家庭财产承担;无法区分的,以家庭财产承担。

农村承包经营户的债务,以从事农村土地承包经营的农户财产承担;事实上由农户部分成员经营的,以该部分成员的财产承担。

---

① 【增设理由】无行为能力人、限制行为能力人,由法定代理人代受意思表示、代收法律文书,故为保护无行为能力人、限制行为能力人的利益,立法例上一般规定以其法定代理人的住所为住所(例如我国台湾地区"民法"第 21 条、我国澳门民法典第 86 条、《瑞士民法典》第 25 条)。现行法及本法规定自然人以其户籍登记居所为住所,在未成年人由父母以外之人监护的情形,以及成年人监护的情形,被监护人的户籍登记居所与监护人住所往往不一致,如适用上述一般规定,将导致不利于无行为能力人、限制行为能力人的情况发生,例如法定代理人无法代收法律文书等。故建议增设本条规定。

② 【增设理由】以户籍登记的居所为住所,不适合于在我国无户籍登记的外国人、无国籍人等,宜另设规定。参考我国台湾地区"民法"第 22 条第 2 款的规定。

第三章 法 人

第一节 一般规定

第五十七条［法人的定义］

法人是具有民事权利能力和民事行为能力，依法独立享有民事权利和承担民事义务的组织。

第五十八条［法人的成立］

法人应当依法成立。

法人应当有自己的名称、组织机构、住所、财产或者经费。法人成立的具体条件和程序，依照法律、行政法规的规定。

设立法人，法律、行政法规规定须经有关机关批准的，依照其规定。

第五十九条［法人的民事权利能力和民事行为能力］

法人的民事权利能力和民事行为能力，从法人成立时产生，到法人终止时消灭。

第六十条［法人的效力］

法人以其全部财产独立承担民事责任。

第六十条之一［法人人格否认］

<u>社团法人成员</u>滥用法人独立地位和成员有限责任，逃避债务，严重损害法人的债权人的利益的，应当对法人债务承担连带责任。

<u>与法人有关联关系的人</u>滥用法人独立地位，逃避债务，严重损害法人的债权人的利益的，应当对法人债务承担连带责任。[①]

第六十一条［法定代表人及其代表行为］

依照法律或者法人章程的规定，代表法人从事民事活动的负责人，为法人

---

① 【修改理由】滥用法人独立地位损害债权人利益的行为，虽常见于营利法人，但并非营利法人所独有。合作经济组织乃至非营利社团，其成员利用法人形式逃避债务的，亦有适用法人人格否认制度的余地。类似的，捐助人设立财团法人后，如有人格混同、不正当控制之类的滥用法人独立地位行为，也不排除法人人格否认制度的适用。因此，建议将此作为法人一般规定。鉴于现行法上的法人人格否认制度仅涉及出资人，过于狭窄，已不能适应实践发展，因此，参考裁判规则(指导案例15号"徐工集团工程机械股份有限公司诉成都川交工贸有限责任公司等买卖合同纠纷案")，将该制度扩展至法人的关联人。关联人概念，除包括社团法人的实际控制人等关联外，并可涵盖财团法人的捐助人等关联人。

的法定代表人。

法定代表人以法人名义从事的民事活动,其法律后果由法人承受。

法人章程或者法人权力机构对法定代表人代表权的限制,不得对抗善意相对人。

第六十二条［法定代表人的侵权行为］

法定代表人因执行职务造成他人损害的,由法人和法定代表人承担民事连带责任。

法人承担民事责任后,依照法律或者法人章程的规定,可以向有过错的法定代表人追偿。

第六十二条之一［法定代表人利益冲突时的回避］

就法定代表人与法人之间存在利益冲突的事项,法定代表人无权代表法人。

在前款规定情形,法人的权力机构或者执行机构可以指定特别代表人实施相应的行为。①

第六十三条［法人的住所］

法人以其主要办事机构所在地为住所。依法需要办理法人登记的,应当将主要办事机构所在地登记为住所。

第六十四条［变更登记］

法人存续期间登记事项发生变化的,应当依法向登记机关申请变更登记。

第六十五条［法人登记的效力］

法人的实际情况与登记的事项不一致的,不得对抗善意相对人。

---

① 【增设理由】法定代表人权力过大的问题,在实践中较为突出,尤其表现在法定代表人与法人之间存在利益冲突的情形,如法定代表人与法人之间的诉讼。有必要设置相应的回避制度。在此情形,法人可另行授权他人。按照我国民法立法及学说,代表人非代理人。关于代理人利益冲突行为,法律设有自己代理、双方代理禁止之规定。代表人的利益冲突行为与之类似,亦应设相应的规定。现行《公司法》第 16 条规定的关联股东表决回避制度,《慈善法》第 14 条第 2 款规定的"慈善组织的发起人、主要捐赠人以及管理人员与慈善组织发生交易行为的,不得参与慈善组织有关该交易行为的决策,有关交易情况应当向社会公开",以及《基金会管理条例》第 23 条第 3 款规定的"基金会理事遇有个人利益与基金会利益关联时,不得参与相关事宜的决策;基金会理事、监事及其近亲属不得与其所在的基金会有任何交易行为",同此法理。2003 年《柬埔寨民法典》第 61 条、《泰国民商法典》第 74 条明文规定法人代表在利益冲突事项中无代表权,2013 年《匈牙利新民法典》第 3:115 条第 2 款规定法定代表人不得实施利益冲突交易,可供参考。

第六十六条［法人登记信息的公示］

登记机关应当依法及时公示法人登记的有关信息。

法人因合并、分立等需要依法公告的,应当在信息公示系统中公示、在法人住所公告。①

第六十六条之一［表决回避］

对于法人组织机构的表决事项,该组织机构成员与法人之间存在利益冲突的,该成员无表决权,也不得代理其他成员表决。②

第六十六条之二［忠实义务和勤勉义务］

法人执行机构、监督机构成员和高级管理人员应当遵守法人章程,对法人负有忠实义务和勤勉义务;非依法人章程规定或者非经权力机构决议,不得与法人订立合同或者实施其他有利益冲突的行为。

第六十七条［法人合并、分立］

法人合并的,其权利和义务由合并后的法人享有和承担。

法人分立的,其权利和义务由分立后的法人享有连带债权,承担连带债务,但是债权人和债务人另有约定的除外。

第六十八条［法人终止］

有下列原因之一并依法完成清算、注销登记的,法人终止：

（一）法人解散；

（二）法人被宣告破产；

（三）法律规定的其他原因。

法人终止,法律、行政法规规定须经有关机关批准的,依照其规定。

第六十九条［法人解散］

有下列情形之一的,法人解散：

---

① 【修改理由】依照现行《公司法》第173条、第174条、第177条规定,公司合并、分立、减资的,应在报纸上公告,以使债权人能够主张权利。但从实际操作来看,在报纸上公告通常起不到使债权人实际知悉的作用,一般人并不会随时关注报纸上关于某一法人合并分立的信息,且法律也未明确规定在何种报纸上公告,操作性较弱。我国现今已建立全国统一的企业信息公示系统,极大地方便了企业信息查询。有必要进一步扩大该系统的功能,原先要求在报纸上公告的事项,完全可以在信息公示系统中公示,效果更佳,更有利于真正保护债权人。

② 【增设理由】新增。现行《公司法》第16条规定关联股东表决回避制度,有必要扩展至一切社团法人。我国台湾地区"民法"第52条第4项、我国澳门民法典第164条、《瑞士民法典》第68条对于社团法人成员的排除表决有类似的规定。

（一）法人章程规定的存续期间届满或者法人章程规定的其他解散事由出现；

（二）法人的权力机构决议解散；

（三）因法人合并或者分立需要解散；

（四）法人依法被吊销营业执照、登记证书，被责令关闭或者被撤销；

（五）法律规定的其他情形。

第七十条［清算义务人］

法人解散或者出现被宣告破产以外的其他终止事由的，除合并或者分立的情形外，清算义务人应当及时组成清算组进行清算。①

法人的董事、理事等执行机构或者决策机构的成员为清算义务人。法律、行政法规另有规定的，依照其规定。

清算义务人未及时履行清算义务，造成损害的，应当承担民事责任；清算义务人有两人以上的，互负连带责任。清算义务人未及时履行清算义务的，主管机关或者利害关系人可以申请人民法院指定有关人员组成清算组进行清算。

清算组应当将法人解散的事实以及清算组成员和联系方式在法人登记信息公示系统中公示、在法人住所公告。②

---

① 【修改理由】由本条第 1 款可见，本条至第 72 条所规定的清算，适用于法人解散的情形。但依照本法第 68 条第 1 款之规定，法人终止事由有三：解散；被宣告破产；法律规定的其他原因。法人被宣告破产的，即进入破产清算，适用《企业破产法》的规定。对于法人因"法律规定的其他原因"而终止的，本法漏未规定清算要求。鉴于非破产清算制度旨在清理法人末期事务，保护法人成员及债权人利益，不应因终止原因不同而异其适用，故在法人因法律规定的其他原因而终止的情形，应当一体适用本条至第 72 条之规定。

② 【修改理由】依照现行《公司法》第 185 条之规定，公司清算应在报纸上公告，以使债权人能够申报债权。但从实际操作来看，在报纸上公告通常起不到使债权人实际知悉的作用，一般人并不会随时关注报纸上关于某一法人解散和清算的信息，且法律也未明确规定在何种报纸上公告，操作性较弱。我国现今已建立全国统一的企业信息公示系统，极大地方便了企业信息查询。有必要进一步扩大该系统的功能，原先要求在报纸上公告的事项，完全可以在信息公示系统中公示，效果更佳，更有利于真正保护债权人。并可参考《德国商法典》第 34 条(法人解散、清算人的人选及其代理权、清算人及其代理权的变更，应当载入商事登记簿)。

第七十条之一［清算组的法律地位］

在清算活动范围内，清算组具有法人执行机构的法律地位。①

第七十一条［清算程序和清算组职权］

法人的清算程序和清算组职权，依照有关法律的规定；没有规定的，参照适用公司法的有关规定。

第七十二条［清算中法人、清算剩余财产处理、清算结束］

清算期间法人存续，但是不得从事与清算无关的活动。

法人清算后的剩余财产，根据法人章程的规定或者法人权力机构的决议处理。法律另有规定的，依照其规定。为公益目的成立的社团法人、财团法人终止时，不得向出资人、设立人或者成员分配剩余财产，剩余财产应当按照法人章程的规定或者权力机构的决议用于公益目的；无法按照法人章程的规定或者权力机构的决议处理的，由主管机关主持转给宗旨相同或者相近的法人，并向社会公告。②

清算结束并完成法人注销登记时，法人终止；依法不需要办理法人登记的，清算结束时，法人终止。

第七十三条［破产清算］

法人被宣告破产的，依法进行破产清算并完成法人注销登记时，法人终止。

第七十四条［法人的分支机构］

法人可以依法设立分支机构。法律、行政法规规定分支机构应当登记的，依照其规定。

分支机构以自己的名义从事民事活动，产生的民事责任由法人承担；也可以先以该分支机构管理的财产承担，不足以承担的，由法人承担。

第七十五条［法人设立中行为的法律后果］

设立人为设立法人从事的民事活动，其法律后果由法人承受；法人未成立

---

① 【增设理由】法人解散后，原执行机构即应停止执行职务，而由清算人全权负责清算事务，且法人不得从事与清算无关的活动。现行法对清算人（组）的法律地位未作规定，解释上将清算人理解为指定代理人的一种，亦无不可。但本法已废除指定代理制度，如不明文规定清算人的法律地位，将导致法律适用中发生困扰。考虑到清算人的职务性质及实际地位相当于执行机构，建议设此规定。据此，清算人所为法律行为，即为法人的行为。可参考《德国民法典》第48条第2款（清算人具有董事会的法律地位）、2012年《捷克新民法典》第193条（清算人地位如同法人的执行机构）。

② 本法第95条移至此。

的,其法律后果由设立人承受,设立人为两人以上的,享有连带债权,承担连带债务。

设立人为设立法人以自己的名义从事民事活动造成他人损害,所产生的民事侵权责任,第三人有权选择请求法人或者设立人承担。

第二节 社团法人①

第七十六条[社团法人的定义]

社团法人是以自然人、法人或者非法人组织作为成员成立的法人。

社团法人包括公司、其他企业法人、社会团体、农村集体经济组织、合作经济组织、基层群众性自治组织等。②

第七十七条[社团法人的成立]

社团法人,经依法登记成立,取得法人资格。

特定种类的社会团体法人等,依法不需要办理法人登记的,从成立之日起,具有法人资格。

农村集体经济组织依法取得法人资格。

城镇农村的合作经济组织依法取得法人资格。

基层群众性自治组织自依法成立之日起,具有法人资格。基层群众性自治组织可以从事为履行职能所需要的民事活动。未设立村集体经济组织的,基层群众性自治组织可以依法代行村集体经济组织的职能。

第七十八条[社团法人章程]

设立社团法人应当依法制定章程。

第七十九条[社团法人权力机构]

股东会、会员大会等成员大会为社团法人的权力机构,由全体股东、会员等社团法人成员组成。

权力机构行使修改法人章程、选举或者更换执行机构成员和监督机构成

---

① 删除营利法人、非营利法人、特别法人三节。设社团法人、财团法人、机关和事业单位法人三节。

② 【增设理由】新增。第1款来源于《民法总则(草案)》(2015年8月28日民法室室内稿)》第72条。不必再将社团法人再分为营利性社团法人和非营利性社团法人。营利、非营利法人二分法的一个不足之处正是在于无法涵盖兼具营利性和非营利性的法人类型(如合作社和农村集体经济组织),如将社团法人再作此种区分,将重蹈误区,在民事法律规范上也缺乏区分的实际意义(营利、非营利二分在法人制度中并无特殊的规范后果,只是在国家对法人的行政管理、税收制度等公法方面存在区别)。

员以及法人章程规定的其他职权。

第八十条〔社团法人执行机构和法定代表人〕

社团法人应当设执行机构。

执行机构行使召集权力机构会议、决定法人内部管理机构的设置以及法人章程规定的其他职权。

执行机构为董事会或者执行董事的,董事长、执行董事或者经理依照法人章程的规定担任法定代表人;执行机构为理事会的,理事长为法定代表人;未设董事会、执行董事或者理事会的,法人章程规定的主要负责人为其执行机构和法定代表人。

第八十一条〔社团法人监督机构〕

社团法人设监事会或者监事等监督机构的,监督机构行使检查法人财务、监督执行机构成员和高级管理人员执行法人职务的行为以及法人章程规定的其他职权。

第八十二条〔权力机构的决议〕①

不属于执行机构、监督机构或者社团法人其他组织机构职权范围内的社团法人事务,由社团法人权力机构作出的决议决定。除法人章程另有规定外,代表十分之一以上表决权的社团法人成员提出召集会议要求,并书面表明会议目的及理由的,执行机构应当召集权力机构会议。召集会议时,应当说明需作出决议的事项。

权力机构的决议,应当由半数以上社团法人成员出席,经出席成员过半数通过,但法人章程另有规定的除外。每一成员有一票表决权,但法人章程规定按照成员出资比例确定成员表决权的除外。

权力机构会议作出修改法人章程以及法人合并、分立、解散的决议,必须经代表三分之二以上表决权的社团法人成员通过。

第八十三条〔执行机构、监督机构的决议〕

社团法人执行机构、监督机构的决议,应当由半数以上执行机构、监督机构成员出席,经出席成员过半数通过,但法人章程另有规定的除外。每一成员有一票表决权。

第八十四条〔以全体同意代决议〕

应出席会议的全体成员书面表示同意某项决议的,不召开会议不影响决

---

① 【增设理由】新增。以下建议增设的数条为社团法人内部关系的基本规范。本条所涉组织机构决议是社团法人治理的主要途径,应在民法总则中设置基本规范。

议的效力,但法人章程另有规定的除外。

第八十五条 [决议不得侵害成员权利]

未经社团法人成员同意,不得以社团法人组织机构决议侵害该成员的权利。

第八十六条 [决议的撤销]

社团法人的权力机构、执行机构的决议程序违反法律、行政法规、法人章程,或者决议内容违反法人章程的,社团法人成员可以请求人民法院予以撤销,但社团法人依据该决议与善意相对人形成的民事法律关系不受影响。

社团法人成员自知道或者应当知道决议作出之日起三个月内或者自决议作出之日起一年内未行使前款规定撤销权的,其撤销权消灭。①

第八十七条 [成员资格]

社团法人成员资格不得转让和继承,但法人章程另有规定的除外。②

第八十八条 [退社]

社团法人成员可以随时退社,但法人章程规定年度终了时或者经提前通知方可退社的除外。

法人章程规定的退社的提前通知期限,不得超过三个月;超过三个月的,

---

① 【修改理由】本法第85条修改。(1)本法第85条规定"会议召集程序、表决方式"违法或违反章程的,决议可撤销。此种限定过窄,还应包括会议召开违法、应出席最低人数违反章程等程序违反情形,法律难以一一列举,不如概括规定"决议程序"违法或违反章程。(2)撤销权属于形成权,为防止形成权行使无期限限制而导致法律关系不确定、危及利害关系人权益和交易安全,法律大多为形成权设有除斥期间,例如本法第152条为意思表示瑕疵情形撤销权所设除斥期间,《合同法》第75条为债权人撤销权所设除斥期间。本条来源于《公司法》第22条,该条为公司决议的撤销权设有作出决议之日起60日的除斥期间。本条亦有必要设置除斥期间。《公司法》第22条第2款规定的60日期间似过短,且一律自决议作出之日即行起算,也不尽合理(例如,开会不通知股东,致股东在决议日起60后才知悉已作出决议,将丧失撤销权)。故建议同时设置主观除斥期间(自知道或应当知道时起算)和客观除斥期间(自决议作出时起算),以资平衡。

② 【增设理由】新增。社团法人的成员权益或资格的转让、继承,《公司法》已有明文规定,作为特别法而优先适用。其他社团法人成员资格的可转让性、可继承性,欠缺法律规范,宜设明文规定。社会团体法人、农村集体经济组织成员资格,原则上应无可转让性和可继承性。合作经济组织的成员资格,原则上不可转让。农村集体经济组织成员的子女,是否有成员资格,一般取决于是否有本村户籍,而与继承无关。参考我国澳门民法典第168条第1款、《德国民法典》第38条、《瑞士民法典》第70条第3款。

缩短为三个月。①

第八十九条［除名］

社团法人章程可以规定将社团法人成员除名的事由。

社团法人章程未规定除名事由的，有正当理由并经社团法人的权力机构决议，可以除名。

为除名而召开会议的，社团法人应当至少提前七日通知拟被除名的成员参加会议、告知其会议表决事项，并在会议上给予该成员辩解的机会。②

第九十条［退社、除名成员的权利义务］

已退社或者被除名的社团法人成员，无权请求退还出资，但非公益目的的社团法人的章程另有规定的除外。

已退社或者被除名的社团法人成员，对于退社或者被除名前应分担的出资，仍有清偿义务。③

第九十一条［成员的知情权］

社团法人成员有权自行或者委托他人代为查阅、复制社团法人章程以及权力机构、执行机构、监督机构会议记录。

社团法人成员有权自行或者委托注册会计师、律师或者其他依法负有保密义务的专业机构人员代为查阅、复制社团法人会计账簿、财务凭证等财务资料。④

社团法人成员委托他人代为查阅、复制的，应当向社团法人交存授权委托书和受托人的身份证明。查阅、复制时，社团法人成员应当在场。

---

① 【增设理由】新增。社团法人遵循"入社自愿、退社自由"原则，农民专业合作社法第3条第3项设有明文规定。一般社团法人成员的退社，欠缺法律规范，宜设明文规定。参考我国台湾地区"民法"第54条、我国澳门民法典第155条第3款、《德国民法典》第39条。公司股东无退股自由，公司法已有限制，应优先适用其规定，自不待言。

② 【增设理由】除名，同前条所称退社问题类似，宜设明文。参考《瑞士民法典》第72条。本条确立的除名制度及对除名的合理限制，作为社团法人的一般规定，对于公司也有意义。《公司法》未规定公司股东的除名，致实践中公司欲将侵害公司利益的股东除名无法可依。

③ 【增设理由】退社和除名的效力，为前两条的配套规定。参考我国台湾地区"民法"第55条、我国澳门民法典第169条、《瑞士民法典》第74条。

④ 【增设理由】知情权，系各种社团法人应有之基本规则。参考《公司法》第33条，并增加了《公司法》未予明确、致实务中发生难题的财务凭证的查阅、复制（不查阅财务凭证，无从确定会计账簿记载的真实性）。

违反本条规定的,社团法人有权拒绝查阅、复制。

第九十二条[成员派生诉讼]

社团法人执行机构成员、高级管理人员侵害法人合法权益的,社团法人成员可以书面请求监督机构向人民法院提起诉讼;监督机构侵害法人合法权益的,社团法人成员可以书面请求执行机构向人民法院提起诉讼。

监督机构或者执行机构收到前款规定的成员书面请求后拒绝提起诉讼,或者自收到请求之日起三十日内未提起诉讼,或者情况紧急、不立即提起诉讼将会使法人利益受到难以弥补的损害,或者社团法人未设监督机构的,前款规定的成员有权为了法人的利益以自己的名义直接向人民法院提起诉讼。

他人侵犯法人合法权益的,社团法人成员可以依照前两款的规定向人民法院提起诉讼。①

第三节 财团法人

第九十三条[财团法人的定义]

财团法人是为公益目的或者其他非营利目的并以捐助财产设立的法人。

财团法人包括基金会、社会服务机构、依法设立的宗教活动场所等。

第九十四条[财团法人的成立]

具备法人条件,为公益目的以捐助财产设立的基金会、为公益目的<u>或者其他非营利目的</u>以捐助财产设立的社会服务机构等,经依法登记成立,取得财团法人资格。

依法设立的宗教活动场所,具备法人条件的,可以申请法人登记,取得财团法人资格。法律、行政法规对宗教活动场所有规定的,依照其规定。

第九十五条[捐助行为]

财团法人成立前,捐助人可以撤销捐助行为。

财团法人成立后,捐助人应当将捐助财产转移给财团法人。

第九十六条[财团法人章程]

设立财团法人应当依法制定章程。

第九十七条[财团法人执行机构和法定代表人]

财团法人应当设理事会、民主管理组织等决策机构,并设执行机构。

---

① 【增设理由】派生诉讼,是应对法人治理问题而应有之组织法共同规则。参考《公司法》第151条,并考虑到社团法人中监督机构并非必设机构,对第2款作相应修改,以顾及未设监督机构的社团法人的特殊情况。

理事长等负责人依照法人章程的规定担任法定代表人。

第九十八条［财团法人监督机构］

财团法人应当设监事会等监督机构。

第九十九条［执行机构、监督机构会议］

财团法人执行机构、监督机构的决议,应当由半数以上执行机构、监督机构成员出席,经出席成员过半数通过,但法人章程另有规定的除外。每一成员有一票表决权。

第一百条［决定的撤销］

财团法人的决策机构、执行机构或者法定代表人作出决定的程序违反法律、行政法规、法人章程,或者决定内容违反法人章程的,捐助人等利害关系人或者主管机关可以请求人民法院撤销该决定,但是财团法人依据该决定与善意相对人形成的民事法律关系不受影响。

<u>捐助人等利害关系人或者主管机关自知道或者应当知道决定作出之日起三个月内或者自决定作出之日起一年内未行使前款规定撤销权的,其撤销权消灭。</u>

第一百零一条［捐助人的知情权］

捐助人有权自行或者委托注册会计师、律师或者其他依法负有保密义务的专业机构人员代为向财团法人查询捐助财产的使用、管理情况,并提出意见和建议,财团法人应当及时、如实答复。

捐助人委托他人代为查询的,应当向财团法人交存授权委托书和受托人的身份证明。查询时,捐助人应当在场。

违反本条规定的,财团法人有权拒绝查询。

第一百零二条［派生诉讼］

财团法人执行机构成员、高级管理人员侵害法人合法权益的,捐助人或者法人章程指定的人可以书面请求监督机构向人民法院提起诉讼;监督机构侵害法人合法权益的,捐助人或者法人章程指定的人可以书面请求执行机构向人民法院提起诉讼。

监督机构或者执行机构收到前款规定的书面请求后拒绝提起诉讼,或者自收到请求之日起三十日内未提起诉讼,或者情况紧急、不立即提起诉讼将会使法人利益受到难以弥补的损害的,捐助人或者法人章程指定的人有权为了法人的利益以自己的名义直接向人民法院提起诉讼。

他人侵犯法人合法权益的,捐助人或者法人章程指定的人可以依照前两款的规定向人民法院提起诉讼。①

第四节 机关、事业单位法人

第一百零三条［机关法人］

有独立经费的机关和承担行政职能的法定机构从成立之日起,具有机关法人资格,可以从事为履行职能所需要的民事活动。

第一百零四条［机关法人的撤销］

机关法人被撤销的,法人终止,其民事权利和义务由继任的机关法人享有和承担;没有继任的机关法人的,由作出撤销决定的机关法人享有和承担。

第一百零五条［事业单位法人及其成立］

具备法人条件,为适应经济社会发展需要,提供公益服务设立的事业单位,经依法登记成立,取得事业单位法人资格;依法不需要办理法人登记的,从成立之日起,具有事业单位法人资格。

第一百零六条［事业单位法人的执行机构和法定代表人］

事业单位法人设理事会的,除法律另有规定外,理事会为其决策执行机构。事业单位法人的法定代表人依照法律、行政法规或者法人章程的规定产生。

第四章 非法人组织

第一百零二条②［非法人组织］

非法人组织是不具有法人资格,但是能够依法以自己的名义从事民事活动的组织。

---

① 【增设理由】财团法人执行机构成员或监督机构成员怠于履行职责时,也将发生类似于社团法人的治理困局。财团法人虽无成员,但有捐助人,捐助人虽不参与财团法人管理,但使财团法人服务于法人目的,原本即为捐助人之所愿,故捐助人有动力提起派生诉讼,维护财团法人利益。此外,财团法人可能长期存续,捐助人可指定他人于自己死亡后仍能于必要时提起派生诉讼,维护财团法人利益。美国《示范非营利公司法》第13.02条即规定非营利公司(包括基金会等)的成员、董事或指定机构的成员有权提起派生诉讼。涉及公益公司的,派生诉讼的原告并应于诉讼开始后十日内通知总检察长(attorney general)(第13.09条)。

② 因"法人"一章第二节至第四节重排序后,超出《民法总则》原第三节条文数,为免打乱《民法总则》第四章以下条文序号,故本条以下条文序号不再做相应改动。

非法人组织包括个人独资企业、合伙企业、不具有法人资格的专业服务机构、业主团体等。

第一百零三条［非法人组织的登记］

非法人组织应当依照法律的规定登记。

设立非法人组织，法律、行政法规规定须经有关机关批准的，依照其规定。

第一百零四条［非法人组织的债务清偿］

非法人组织的财产不足以清偿债务的，其出资人或者设立人承担无限责任。法律另有规定的，依照其规定。

第一百零五条［非法人组织的代表人］

非法人组织可以确定一人或者数人代表该组织从事民事活动。

第一百零六条［非法人组织解散］

有下列情形之一的，非法人组织解散：

（一）章程规定的存续期间届满或者章程规定的其他解散事由出现；

（二）出资人或者设立人决定解散；

（三）法律规定的其他情形。

第一百零七条［非法人组织清算］

非法人组织解散的，应当依法进行清算。

第一百零八条［法人一般规定的参照适用］

非法人组织除适用本章规定外，参照适用本法第三章第一节的有关规定。

第五章　民事权利

第一百零九条［自然人的一般人格权］

自然人的人身自由、人格尊严受法律保护。

第一百一十条［自然人、法人、非法人组织的具体人格权］

自然人享有生命权、身体权、健康权、姓名权、肖像权、名誉权、荣誉权、隐私权、婚姻自主权等权利。

法人、非法人组织享有名称权、名誉权、荣誉权等权利。

第一百一十一条［自然人个人信息保护］

自然人的个人信息受法律保护。任何组织和个人需要获取他人个人信息的，应当依法取得并确保信息安全，不得非法收集、使用、加工、传输他人个人信息，不得非法买卖、提供或者公开他人个人信息。

第一百一十二条［自然人的身份权］

自然人因婚姻、家庭关系等产生的人身权利受法律保护。

第一百一十三条［财产权平等保护］

民事主体的财产权利受法律平等保护。

第一百一十四条［物权］

民事主体依法享有物权。

物权是权利人依法对特定的物享有直接支配和排他的权利，包括所有权、用益物权和担保物权。

第一百一十五条［物］

物包括不动产和动产。法律规定权利作为物权客体的，依照其规定。

第一百一十六条 物权的种类和内容，由法律规定。

第一百一十七条［征收、征用］

为了公共利益的需要，依照法律规定的权限和程序征收、征用不动产或者动产的，应当给予公平、合理的补偿。

第一百一十八条［债权］

民事主体依法享有债权。

债权是因合同、侵权行为、无因管理、不当得利以及法律的其他规定，权利人请求特定义务人为或者不为一定行为的权利。

第一百一十九条［合同之债］

依法成立的合同，对当事人具有法律约束力。

第一百二十条［侵权行为之债］

民事权益受到侵害的，被侵权人有权请求侵权人承担侵权责任。

第一百二十一条［无因管理之债］

没有法定的或者约定的义务，为避免他人利益受损失而进行管理的人，有权请求受益人偿还由此支出的必要费用。

<u>管理人为免除受益人生命、身体或者财产上的急迫危险而进行管理的，对于因其管理所造成的损害，除有恶意或者重大过失外，不承担赔偿责任。</u>

第一百二十二条［不当得利之债］

因他人没有法律根据，取得不当利益，<u>造成他人利益减损的，受损失利益</u>

减损的人有权请求其返还不当利益。①

第一百二十三条［知识产权］

民事主体依法享有知识产权。

知识产权是权利人依法就下列客体享有的专有的权利：

(一)作品；

(二)发明、实用新型、外观设计；

(三)商标；

(四)地理标志；

(五)商业秘密；

(六)集成电路布图设计；

(七)植物新品种；

(八)法律规定的其他客体。

第一百二十四条［继承权］

自然人依法享有继承权。

自然人合法的私有财产，可以依法继承。

第一百二十五条［投资性权利］

民事主体依法享有股权和其他投资性权利。

第一百二十六条［其他民事权益］

民事主体享有法律规定的其他民事权利和利益。

第一百二十七条［数据、网络虚拟财产］

法律对数据、网络虚拟财产的保护有规定的，依照其规定。

第一百二十八条［特定群体的权利保护］

法律对未成年人、老年人、残疾人、妇女、消费者等的民事权利保护有特别规定的，依照其规定。

第一百二十九条［权利取得］

民事权利可以依据法律行为、事实行为、法律规定的事件或者法律规定的其他方式取得。

---

① 【修改理由】关于不当得利的定义，中文文献多有错译，以致为了辨析不当得利法上的损失和侵权法上的损失而徒费笔墨。外文均不是"造成他人损失"，而是指"以他人之花费(以他人利益为代价)"，并无"损失"之意，因此不会与侵权损害赔偿混淆。改成"利益减损"，则与对方之得利相对应，有助于避免不必要的误解和辨析。

第一百三十条 [权利行使自由原则]

民事主体按照自己的意愿依法行使民事权利,不受干涉。

第一百三十一条　民事主体行使权利时,应当履行法律规定的和当事人约定的义务。

第一百三十二条 [禁止权利滥用]

民事主体不得滥用民事权利以损害国家利益、社会公共利益或者他人合法权益为目的行使权利。

第六章　法律行为

第一节　一般规定

第一百三十三条 [法律行为的定义]

法律行为是民事主体通过意思表示设立、变更、终止民事法律关系的行为。

第一百三十四条 [法律行为的成立]

法律行为可以基于双方或者多方的意思表示一致成立,也可以基于单方的意思表示成立。

法人、非法人组织依照法律或者章程规定的议事方式和表决程序作出决议的,该决议行为成立。

第一百三十五条 [法律行为的形式]

法律行为可以采用书面形式、口头形式或者其他形式。

法律、行政法规规定或者当事人约定采用特定形式的,应当采用;当事人未采用特定形式的,法律行为不成立。法律另有规定的,依照其规定。①

第一百三十六条 [法律行为的生效]

法律行为自成立时生效,但是法律另有规定或者当事人另有约定的除外。

行为人非依法律规定或者未经对方同意,不得擅自变更、撤销或者解除法律行为。

---

① 【修改理由】法律行为不具备法定或约定形式的后果,立法例上有无效与不成立之分。宜予明确,以杜争议。依现行《合同法》第36条、第37条的反面解释,未采用法定或约定形式的合同不成立,但已履行主要义务的除外。本条的修改建议,与此一致。

第二节　意思表示

第一百三十七条〔有相对人意思表示的生效〕

以对话方式作出的意思表示,相对人知道其内容时生效。

以非对话方式作出的意思表示,到达相对人时生效。向限制民事行为能力人作出的意思表示,到达法定代理人时生效,但该意思表示使限制民事行为能力人纯获利益的,或者相应法律行为与限制民事行为能力人年龄、智力、精神健康状况相适应的,或者已征得其法定代理人同意的,到达限制民事行为能力人时生效。①

以非对话方式作出的采用数据电文形式的意思表示,相对人指定特定系统接收数据电文的,该数据电文进入该特定系统时生效;未指定特定系统的,相对人知道或者应当知道该数据电文进入其系统时生效。当事人对采用数据电文形式的意思表示的生效时间另有约定的,按照其约定。

第一百三十八条〔无相对人意思表示的生效〕

无相对人的意思表示,表示完成时生效。法律另有规定的,依照其规定。

第一百三十九条〔公告方式意思表示的生效〕

法律规定或者当事人约定可以以公告方式作出的意思表示,公告发布时生效。

第一百四十条〔明示、默示、沉默〕

行为人可以明示或者默示作出意思表示。

沉默只有在有法律规定、当事人约定或者符合当事人之间的交易习惯时,才可以视为意思表示。

第一百四十一条〔意思表示的撤回〕

行为人可以撤回意思表示。撤回意思表示的通知应当在意思表示到达相对人前或者与意思表示同时到达相对人。

第一百四十二条〔意思表示的解释〕

有相对人的意思表示的解释,应当按照所使用的词句,结合相关条款、行

---

① 【增设理由】非对话方式的意思表示,在相对人为无行为能力人或限制行为能力人时,因其无受领意思表示的能力,不应适用"到达相对人时生效"的一般规则,而有必要特别规定意思表示于到达法定代理人时生效。又,限制行为能力人可以独立实施的法律行为,或者已经法定代理人同意实施的法律行为,自不必另以到达法定代理人为生效时点。参考《德国民法典》第131条、我国台湾地区"民法"第96条。

为的性质和目的、习惯以及诚信原则,确定意思表示的含义。

无相对人的意思表示的解释,不得拘泥于所使用的词句,而应当结合相关条款、行为的性质和目的、习惯以及诚信原则,确定行为人的真实意思。

第一百四十二条之一 [有效解释优先]

意思表示有两种以上解释的,使意思表示有效的解释优先于使意思表示无效的解释。①

第三节　法律行为的效力

第一百四十三条 [法律行为的有效要件]

具备下列条件的法律行为有效:

(一)行为人具有相应的民事行为能力;

(二)意思表示真实;

(三)不违反法律、行政法规的强制性规定,不违背公序良俗。

第一百四十四条　无民事行为能力人实施的法律行为无效。

第一百四十五条 [限制民事行为能力人实施的法律行为]

限制民事行为能力人实施的纯获利益的法律行为或者与其年龄、智力、精神健康状况相适应的法律行为有效;实施的其他法律行为经法定代理人同意或者追认后有效。

相对人可以催告法定代理人自收到通知之日起一个月内予以追认。法定代理人未作表示的,视为拒绝追认。法律行为被追认前,善意相对人有撤销撤回的权利。撤销撤回应当以通知的方式作出。

第一百四十五条之一 [无意识状态下的法律行为]

完全民事行为能力人在无意识或者精神错乱中所实施的法律行为无效。②

第一百四十六条 [通谋虚伪表示]

行为人与相对人以虚假的意思表示实施的法律行为无效。

---

① 【增设理由】前条列出意思表示解释的一般方法。对于某些已较为成型、规则化的意思表示解释规则,不妨另设明文,以利适用。"有效解释优先"规则,系立法例上的通例(例如 2016 年法国新债法第 1191 条、欧洲民法典草案第二编第 8:106 条)。

② 【增设理由】自然人虽有完全行为能力,但如在神志不清(无意识)状态下实施法律行为,亦应无效。《最高人民法院关于贯彻执行中华人民共和国民法通则若干问题的意见(试行)》第 67 条第 2 款规定:"行为人在神志不清的状态下所实施的民事行为,应当认定无效。"建议上升为法律规定。并参考我台湾地区"民法"第 75 条。

以虚假的意思表示隐藏的法律行为的效力,依照有关法律规定处理。

第一百四十七条 [重大错误]

基于意思表示重大误解错误实施的法律行为,作出错误意思表示的行为人有权请求人民法院或者仲裁机构予以撤销其意思表示。撤销应当以通知的方式作出。

行为人作出意思表示时,其表示内容有错误或者表示行为有错误,而行为人如果知道相应的真实情况即无意作出该意思表示,且一般人处于行为人位置时也无意作出该意思表示的,为意思表示重大错误。

对方当事人的资格或者标的物的性质,在交易上认为重要的,关于该资格或者性质的意思表示错误,视为意思表示内容的错误。①

第一百四十七条之一 [误传]

---

① 【修改理由】关于重大误解,现行《民法通则》未设定义,但《最高人民法院关于贯彻执行中华人民共和国民法通则若干问题的意见(试行)》第71条设有判断标准,《民法总则草案(2015年8月28日民法室室内稿)》曾予采纳。考虑到本草案已对显失公平确立具体判断标准,重大误解等其他可撤销法律行为亦宜确立具体标准。建议将民法通则意见条文上升为法律规定,并加以完善。(1)重大误解概念为《民法通则》所采用,相当于国际上通行的"错误"概念,但误解一词,文义上是从意思表示受领方的角度着眼,错误一词,则是从意思表示作出方的角度着眼,应以错误一词更为精确。考虑到概念的延续性和通俗性,可考虑改用"重大错误"或"意思表示重大错误"概念。《瑞士债务法》第23条、第24条称重大错误,我国澳门民法典第240条称重要错误,可供参考。(2)《民通意见》第71条对重大误解的构成要件,采"造成较大损失"标准,与意思表示错误制度的本意不尽相符。民法对意思表示错误一方赋予撤销权,目的在于校正意思表示不真实的状态,而非补偿意思表示错误行为的损失。对于内容错误和表示错误,以行为人如知道真实情况(主观要件)且一般人处于行为人位置时(客观要件)即无意作出该意思表示为标准。参考我国台湾地区"民法"第88条第1款、我国澳门民法典第240条、《德国民法典》第119条第1款并酌改表述。(3)关于当事人资格和标的物性质的错误,一般认为属于动机错误,原则上不影响法律行为效力,但如交易上认为重要的,仍视为意思表示内容错误,发生可撤销的效果。参考我国台湾地区"民法"第88条第2款、《德国民法典》第119条第2款。(4)某些立法例规定表意人有过失时无撤销权,本条不采。意思表示错误制度旨在确保意思自治,补救意思表示瑕疵。因表意人有过失即剥夺其撤销权,是对表意人处以过度之制裁,与私法自治原则和撤销权制度的本意不符。表意人有过失的,于撤销其意思表示后应向相对人承担损害赔偿责任,足以保护相对人之利益。

意思表示因传达人传达错误的,可以比照前条规定撤销。①

第一百四十八条［欺诈］

一方以欺诈手段故意告知对方虚假情况,或者故意隐瞒依据法律规定、双方约定或者交易习惯有义务告知的真实情况,使对方在违背真实意思的情况下实施的法律行为,受欺诈方有权请求人民法院或者仲裁机构予以撤销其意思表示。撤销应当以通知的方式作出。②

第一百四十九条［第三人欺诈］

第三人实施欺诈行为,使一方在违背真实意思的情况下实施的法律行为,对方知道或者应当知道该欺诈行为的,受欺诈方有权请求人民法院或者仲裁机构予以撤销其意思表示。撤销应当以通知的方式作出。

第一百五十条［胁迫］

一方或者第三人以胁迫手段非法损害对方或者他人合法权益相威胁,迫使对方在违背真实意思的情况下实施的法律行为,受胁迫方有权请求人民法

---

① 【增设理由】按照民法原理,误传,系因传达人(使者或电报机关等)传达错误所致,与表意人自己所造成的错误并不相同,但其结果应为相同。《最高人民法院关于贯彻执行中华人民共和国民法通则若干问题的意见(试行)》第 77 条规定传达错误:"意思表示由第三人义务转达,而第三人由于过失转达错误或者没有转达,使他人造成损失的,一般可由意思表示人负赔偿责任。但法律另有规定或者双方另有约定的除外。"但本条未明确传达错误是否构成可撤销事由。建议上升为法律规定,并酌加修改。并参考我国台湾地区"民法"第 89 条。

② 【修改理由】关于欺诈,现行《民法通则》未设定义,但《最高人民法院关于贯彻执行中华人民共和国民法通则若干问题的意见(试行)》第 68 条设有判断标准,《民法总则草案(2015 年 8 月 28 日民法室室内稿)》曾予采纳。考虑到本草案已对显失公平确立具体的判断标准,欺诈等其他可撤销法律行为亦宜确立具体标准。建议将民法通则意见条文上升为法律规定,并加以完善。依据民法原理和立法例上的通例,欺诈分为积极欺诈(故意告知虚假情况)和消极欺诈(故意隐瞒真实情况),但消极欺诈仅在一方负有告知义务而故意不告知的情形方可构成。告知义务的发生根据须有限定,以免妨碍私法自治。故建议作相应的修改,以免实务上发生误用。

院或者仲裁机构予以撤销其意思表示。撤销应当以通知的方式作出。①

第一百五十一条[显失公平]

一方利用对方处于危困状态、缺乏判断能力等情形,致使法律行为成立时显失公平的,受损害对方有权请求人民法院或者仲裁机构予以撤销其意思表示。撤销应当以通知的方式作出。②

第一百五十二条[撤销权的消灭]

有下列情形之一的,撤销权消灭:

(一)当事人自知道或者应当知道撤销事由之日起一年内、重大误解的当事人自知道或者应当知道撤销事由之日起三个月内没有行使撤销权;

(二)当事人受胁迫,自胁迫行为终止之日起一年内没有行使撤销权;

(三)当事人知道撤销事由后明确表示或者以自己的履行义务、行使权利、转让权利、提供担保等行为表明放弃撤销权。

当事人自法律行为发生成立之日起五年内没有行使撤销权的,撤销权消灭。但受胁迫而成立的法律行为除外。

第一百五十三条[违反强制规定、违背公序良俗]

违反法律、行政法规的强制性规定的法律行为无效,但是该强制性规定不导致该法律行为无效的除外。

违背公序良俗的法律行为无效。

第一百五十四条[恶意串通]

行为人与相对人恶意串通,损害他人合法权益的法律行为无效。

---

① 【修改理由】关于胁迫,现行《民法通则》未设定义,但《最高人民法院关于贯彻执行中华人民共和国民法通则若干问题的意见(试行)》第69条设有判断标准,《民法总则草案(2015年8月28日民法室室内稿)》曾予采纳。考虑到本草案已对显失公平确立具体判断标准,胁迫等其他可撤销法律行为亦宜确立具体的标准。建议将民法通则意见条文上升为法律规定,并加以完善。《民通意见》第69条所解释的胁迫,仅指给"公民及其亲友"或"法人"造成损害相要挟的行为,对象过于狭窄,建议扩张为他人。我国澳门民法典第248条第2款、1992年《荷兰新民法典》第3:44条第2款、美国《路易斯安那民法典》第1960条明文规定胁迫得针对表意人或第三人之人身、名誉或财产,可供参考。

② 【修改理由】显失公平的主观要件中使用"等"字,易发生此语究竟为等外等或等内等的解释歧义。显失公平法律行为的撤销,系对意思自治的干预,宜由法律明文规定。主要国家和地区的立法例上均不采等字,而是穷尽性地列举其主观要件。另,显失公平制度的本意在于保护对方当事人,利用对方处于困境等情形而实施显失公平行为者,不享有撤销权,但该行为人,也可能受有损害。为免误解误用,建议明确撤销权人为"对方"。

第一百五十四条之一［无效法律行为的重新解释］

无效的法律行为,具备其他法律行为的有效条件,并因其情形,可以认为当事人若知道其无效即愿意实施其他法律行为的,其他法律行为仍为有效。①

第一百五十五条［自始无效］

无效的或者被撤销的法律行为自始没有法律约束力。

第一百五十六条［部分无效］

法律行为部分无效,不影响其他部分效力的,其他部分仍然有效。

第一百五十七条［法律行为无效、被撤销、确定不发生效力的后果］

法律行为无效、被撤销或者确定不发生效力后,行为人因该行为取得的财产,应当予以返还;不能返还或者没有必要返还的,应当折价补偿。有过错的一方应当赔偿对方由此所受到的损失;各方都有过错的,应当各自承担相应的责任。法律另有规定的,依照其规定。

第四节 法律行为的附条件和附期限

第一百五十八条［附条件法律行为］

法律行为可以附条件,但是按照其性质不得附条件的除外。附生效条件的法律行为,自条件成就时生效。附解除条件的法律行为,自条件成就时失效。

第一百五十九条［条件成就、不成就的拟制］

附条件的法律行为,当事人为自己的利益不正当地阻止条件成就的,视为条件已成就该方当事人不得主张条件不成就;不正当地促成条件成就的,视为

---

① 【增设理由】无效法律行为的重新解释,即无效法律行为转换制度,现行法未作规定。大陆法系民法为尊重当事人之意思,促成法律行为之目的实现,而有此制度(例如我国台湾地区"民法"第112条、我国澳门民法典第286条、《德国民法典》第140条、1992年《荷兰新民法典》第3:42条)。无效的法律行为,若具备其他法律行为之要件,并因其情形,可认当事人若知其无效即欲为其他法律行为者,则作为其他法律行为,认可其有效。无效法律行为重新解释(转换)制度,有助于增进私法自治,尽可能挽救法律行为的效力,减少社会经济成本的耗费。建议增设。

条件不成就该方当事人不得主张条件已成就。①

第一百六十条［附期限法律行为］

法律行为可以附期限，但是按照其性质不得附期限的除外。附生效期限的法律行为，自期限届至时生效。附终止期限的法律行为，自期限届满时失效。

第七章　代　理

第一节　一般规定

第一百六十一条［可代理的法律行为］

民事主体可以通过代理人实施法律行为。

依照法律规定、当事人约定或者法律行为的性质，应当由本人亲自实施的法律行为，不得代理。

第一百六十二条［直接代理］

代理人在代理权限内，以被代理人名义实施的法律行为，对被代理人发生效力。

第一百六十三条［意定代理和法定代理］

代理包括意定代理和法定代理。

意定代理人按照被代理人的委托授权行使代理权。法定代理人依照法律的规定行使代理权。

第一百六十三条之一［代理行为的瑕疵］

代理人实施的法律行为，因意思欠缺、受欺诈、受胁迫或者知道、应当知道第三人欺诈等事实，影响该法律行为效力的，上述事实的有无，应当根据代理

---

① 【修改理由】一方当事人不正当地妨碍条件成就或不成就时，一律视为条件成就或不成就，未必有利于对方当事人，例如一方不正当地阻止条件成就的，对方当事人不愿与该不正当行为一方继续交易，而宁可条件不成就。而一律视为条件成就，后果过于僵化，反而阻断了此种可能性。因此，某些国际示范法仅规定妨碍一方不得援用条件成就或不成就，言下之意，对方可以主张其他效果。这显然更有利于无辜的对方当事人。例如2010年修正的《国际商事合同通则》第5.3.3条规定："一方当事人违反诚实信用与公平交易义务或协作义务，阻碍条件成就者，不得依赖条件不成就；一方当事人违反诚实信用与公平交易义务或协作义务，促成条件成就者，不得依赖条件成就。"《欧洲民法典草案》第三编第1:106条的规定类似（对方当事人可根据具体情况视条件为未成就或者成就）。

人的情况予以认定；但意定代理人的法律行为是按照被代理人意思而实施的，应当根据被代理人的情况予以认定，被代理人知道上述事实的，不得主张代理人不知。①

第一百六十四条〔代理人责任〕

代理人不履行或者不完全履行职责，造成被代理人损害的，应当承担民事责任。

代理人和相对人恶意串通，损害被代理人合法权益的，代理人和相对人应当承担连带责任。

第二节 委托意定代理

第一百六十五条〔授权行为〕

意定代理授权采用书面形式的，授权委托书应当载明代理人的姓名或者名称、代理事项、权限和期间，并由被代理人签名或者盖章。

第一百六十六条〔共同代理〕

数人为同一代理事项的代理人的，应当共同行使代理权，但是当事人另有约定被代理人另有意思表示的除外。②

第一百六十七条〔代理事项违法〕

代理人知道或者应当知道代理事项违法仍然实施代理行为，或者被代理人知道或者应当知道代理人的代理行为违法未作反对表示的，被代理人和代

---

① 【增设理由】按照民法原理，代理行为，非被代理人的行为，而是代理人的行为，故代理人所为法律行为，如因意思欠缺（虚伪表示、重大错误等）、受欺诈、受胁迫等事实，致使法律行为无效或可撤销的，应就代理人决定，被代理人有无上述事实，在所不问。例如甲的代理人乙，以甲的名义与相对人丙串通实施虚伪表示行为，则依本法所定虚假行为规则，该行为无效，而甲不得以其本人未与丙实施虚伪表示为由主张该行为有效。但上述规则存在例外，即当代理人系依被代理人意思而为法律行为时，既系出于被代理人自己之意思，影响法律行为效力的上述事实之有无，自应就被代理人而决定。现行法对此规则，未设规定。参考我国台湾地区"民法"第105条、我国澳门民法典第252条、《德国民法典》第166条。

② 【修改理由】本条但书所称当事人另有约定，易生疑义：是指各代理人之间另有约定，还是被代理人与其中一个代理人之间另有约定，又或是被代理人与全体代理人之间另有约定？再者，按照我国现行法和通说见解，代理权的授予系单方行为，与基础关系不同，因此，此处不宜规定代理人与被代理人之间另有约定，而径规定被代理人另有表示即可。参考我国台湾地区"民法"第168条之规定（"代理人有数人者，其代理行为应共同为之。但法律另有规定或本人另有意思表示者，不在此限"）。

理人应当承担连带责任。

第一百六十八条〔自己代理和双方代理〕

代理人不得以被代理人的名义与自己实施法律行为,但是被代理人同意或者追认的除外。

代理人不得以被代理人的名义与自己同时代理的其他人实施法律行为,但是被代理的双方同意或者追认的除外。

第一百六十九条〔复代理〕

代理人需要转委托授权第三人代理的,应当取得被代理人的同意或者追认。

转委托代理授权经被代理人同意或者追认的,被代理人可以就代理事务直接指示转委托授权的第三人,代理人仅就第三人的选任以及对第三人的指示承担责任。

转委托代理授权未经被代理人同意或者追认的,代理人应当对转委托授权的第三人的行为承担责任,但是在紧急情况下代理人为了维护被代理人的利益需要转委托授权第三人代理的除外,代理人仅就第三人的选任及其对第三人的指示承担责任。①

第一百七十条〔职务代理〕

执行法人或者非法人组织工作任务的人员,就其职权范围内的事项,以法人或者非法人组织的名义实施法律行为,对法人或者非法人组织发生效力。

法人或者非法人组织对执行其工作任务的人员职权范围的限制,不得对抗善意相对人。

第一百七十一条〔无权代理〕

行为人没有代理权、超越代理权或者代理权终止后,仍然实施代理行为,未经被代理人追认的,对被代理人不发生效力。

相对人可以催告被代理人自收到通知之日起一个月内予以追认。被代理人未作表示的,视为拒绝追认。行为人实施的行为被追认前,善意相对人有撤销撤回的权利。撤销撤回应当以通知的方式作出。

行为人实施的行为未被追认的,善意相对人有权请求行为人履行债务或者就其受到的损害请求行为人赔偿,但是赔偿的范围不得超过被代理人追认

---

① 【修改理由】紧急代理的情形,代理人的责任不应大于也不应小于经被代理人同意或追认的情形。本条第3款的但书,宜明确紧急代理情形的代理人责任范围,以免引起歧义,致被误认为紧急代理时代理人一概不承担责任。

时相对人所能获得的利益。

相对人知道或者应当知道行为人无权代理的,相对人和行为人按照各自的过错承担责任。

第一百七十二条 [表见代理]

行为人没有代理权、超越代理权或者代理权终止后,仍然实施代理行为,因可归责于被代理人的事由而存在有授权行为的表象,致使善意且无过失的相对人有理由相信行为人有代理权的,代理行为有效对被代理人发生效力。

第三节 代理终止

第一百七十三条 [意定代理终止]

有下列情形之一的,意定代理终止:

(一)代理期间届满或者代理事务完成;

(二)代理权所依据的法律关系终止;

(三)被代理人取消委托撤回授权或者代理人辞去委托放弃代理权;

(四)代理人丧失民事行为能力;

(五)代理人或者被代理人死亡;

(六)作为代理人或者被代理人的法人、非法人组织终止。①

第一百七十三条之一 [代理权的撤回和限制]

被代理人可以随时撤回或者限制代理权,但以不损害代理人基于代理权所依据的法律关系享有的权益为限。②

第一百七十三条之二 [交还授权书的义务]

意定代理终止的,代理人应当将授权书交还被代理人或者其继承人、权利

---

① 【修改理由】意定代理权所依据的基础关系(例如委托合同、劳动合同、合伙合同)终止时,代理权亦随之终止。因此增补本项规定。参考我国台湾地区"民法"第108条第1款,《德国民法典》第168条第1句。另,意定代理权称"撤回",较《民法通则》所称的"取消"精确,故改为撤回授权。

② 【增设理由】代理权的授予系单方法律行为,且原则上代理行为仅对被代理人发生效力,与代理人并无利害关系,因此被代理人可以随时撤回或限制代理权,此系立法例上的通例。但在例外情形,亦可能因基础关系之存在而使代理人享有权益(例如独家代理合同),故代理权的撤回和限制不得损害代理人权益,否则不发生撤回或限制的效力。代理权的撤回和限制,仅限于意定代理的情形,因撤回和限制系法律行为,法定代理中的被代理人不具有完全行为能力,不得独立实施,自不待言。参考我国台湾地区"民法"第108条第2款、《瑞士债务法》第34条第1款、《德国民法典》第168条第2句。

义务承受人,不得留置。①

第一百七十四条［被代理人死亡、终止不影响代理行为效力的情形］

被代理人死亡后,有下列情形之一的,意定代理人实施的代理行为有效:

(一)代理人不知道并且不应当知道被代理人死亡;

(二)被代理人的继承人予以承认;

(三)授权中明确代理权在代理事务完成时终止;

(四)被代理人死亡前已经实施,为了被代理人的继承人的利益继续代理。

作为被代理人的法人、非法人组织终止的,参照适用前款规定。

第一百七十五条［法定代理终止］

有下列情形之一的,法定代理终止:

(一)被代理人取得或者恢复完全民事行为能力;

(二)代理人丧失民事行为能力;

(三)代理人或者被代理人死亡;

(四)法律规定的其他情形。

第八章　民事责任

第一百七十六条［民事责任的发生］

民事主体依照法律规定和当事人约定,履行民事义务,承担民事责任。

第一百七十七条［按份责任］

两人以上依法承担按份责任,能够确定责任大小的,各自承担相应的责任;难以确定责任大小的,平均承担责任。

第一百七十八条［连带责任］

两人以上依法承担连带责任的,权利人有权请求部分或者全部连带责任人承担责任。

连带责任人的责任份额根据各自责任大小确定;难以确定责任大小的,平均承担责任。实际承担责任超过自己责任份额的连带责任人,有权向其他连带责任人追偿。

连带责任,由法律规定或者当事人约定。

第一百七十九条［民事责任方式］

---

① 【增设理由】授权书的返还,不论授予代理权的基础关系为何,代理人均有此义务。参考我国台湾地区"民法"第109条、我国澳门民法典第260条。

承担民事责任的方式主要有：

（一）停止侵害；

（二）排除妨碍；

（三）消除危险；

（四）返还财产；

（五）恢复原状；

（六）修理、重作、更换；

（七）继续履行；

（八）赔偿损失；

（九）支付违约金；

（十）消除影响、恢复名誉；

（十一）赔礼道歉。

法律规定惩罚性赔偿的，依照其规定。

本条规定的承担民事责任的方式，可以单独适用，也可以合并适用。

第一百八十条［不可抗力免责］

因不可抗力不能履行民事义务的，不承担民事责任。法律另有规定的，依照其规定。

不可抗力是指不能预见、不能避免且不能克服的客观情况。

第一百八十一条［正当防卫］

因正当防卫造成损害的，不承担民事责任。

正当防卫超过必要的限度，造成不应有的损害的，正当防卫人应当承担适当的民事责任。

第一百八十二条［紧急避险］

因紧急避险造成损害的，由引起险情发生的人承担民事责任。

危险由自然原因引起的，紧急避险人不承担民事责任，可以给予适当的补偿。

紧急避险采取措施不当或者超过必要的限度，造成不应有的损害的，紧急避险人应当承担适当的民事责任。

第一百八十三条［见义勇为］

因保护他人民事权益使自己受到损害的，由侵权人承担民事责任，受益人可以给予适当补偿。没有侵权人、侵权人逃逸或者无力承担民事责任，受害人请求补偿的，受益人应当给予适当的补偿。

第一百八十四条［紧急救助］

因自愿实施紧急救助行为造成受助人损害的，救助人不承担民事责任。

第一百八十五条〔死者姓名、肖像、名誉、荣誉保护〕

侵害英雄烈士等的姓名、肖像、名誉、荣誉,损害社会公共利益的,应当承担民事责任。

第一百八十六条〔责任竞合〕

因当事人一方的违约行为,损害对方人身权益、财产权益的,受损害方有权选择请求其承担违约责任或者侵权责任。

第一百八十七条〔民事责任优先〕

民事主体因同一行为应当承担民事责任、行政责任和刑事责任的,承担行政责任或者刑事责任不影响承担民事责任;民事主体的财产不足以支付的,优先用于承担民事责任。

第九章 诉讼时效

第一百八十八条〔普通诉讼时效和最长诉讼时效及其起算〕

向人民法院请求保护民事权利的诉讼时效期间为<u>五</u>年。法律另有规定的,依照其规定。

诉讼时效期间自权利人知道或者应当知道权利受到损害之日起计算。法律另有规定的,依照其规定。但是自权利受到损害之日起超过二十年的,人民法院不予保护,<u>诉讼时效期间届满</u>;有特殊情况的,人民法院可以根据权利人的申请决定延长。①

第一百八十八条之一〔合同债权的诉讼时效起算〕

<u>未约定履行期限的合同,依照合同法第六十一条、第六十二条的规定,可以确定履行期限的,诉讼时效期间从履行期限届满之日起计算;不能确定履行期限的,诉讼时效期间从债权人要求债务人履行义务的宽限期届满之日起计</u>

---

① 【修改理由】(1)此前草案将普通诉讼时效延长为五年,较为妥当。延长为三年,意义不大。法院方面主张仅延长至三年,仅为法院减少案源考虑,未考虑到银行系统因诉讼时效过短而每年损失数千亿元的事实。时效仅延长至三年,仍不利于保护人民和企业的合法权益,不利于信用环境的改善。(2)民法通则对诉讼时效的效力采胜诉权消灭主义。最高人民法院《关于审理民事案件适用诉讼时效制度若干问题的规定》改采抗辩权发生主义,并明文规定法院不得主动适用诉讼时效(第3条)。本草案既已采纳该司法解释规定,明文规定诉讼时效的效力,不宜沿用民法通则"向人民法院请求保护民事权利""人民法院不予保护"之表述,以免误解。即使二十年最长诉讼时效期间届满后,也只是发生义务人的抗辩权,而不是法院不予保护;只要义务人不主张诉讼时效抗辩,法院仍然应当对权利人予以保护。

算,但债务人在债权人第一次向其主张权利之时明确表示不履行义务的,诉讼时效期间从债务人明确表示不履行义务之日起计算。①

第一百八十八条之二[法律行为被确认无效或撤销后请求权的诉讼时效起算]

法律行为被确认无效或者被撤销的,返还财产、赔偿损失请求权的诉讼时效期间从法律行为被确认无效或者被撤销之日起计算。②

第一百八十八条之三[人身损害赔偿请求权的诉讼时效起算]

人身损害赔偿请求权的诉讼时效期间,伤害明显的,从受伤害并知道或者应当知道义务人之日起开始计算;伤害当时未曾发现或者出现加重损害,后经检查或者鉴定确诊的,从伤势确诊并知道或者应当知道义务人之日起开始计算。③

---

① 【增设理由】(1)司法解释已有适当规定的,民法典宜予吸收,以免发生民法典施行后仍出现大量司法解释的局面,降低法律的权威。(2)本条来源于《最高人民法院关于审理民事案件适用诉讼时效制度若干问题的规定》第 6 条。

② 【修改理由】(1)《最高人民法院关于审理民事案件适用诉讼时效制度若干问题的规定》第 7 条第 3 款规定撤销情形的请求权时效起算,建议上升为法律规定。(2)法律行为无效情形下返还财产和赔偿损失请求权时效期间自何时起算,现行法欠缺明文规定,为理论和实务上的争议热点。有见解认为,法律行为无效为自始无效,当事人自始即得行使返还和赔偿请求权,故时效应自法律行为成立时起算。但就实际而言,除某些显著违法或背俗的法律行为之外,法律行为是否无效,多有赖于法院或仲裁机构的事后判断,非当事人自始可知;若自始开始计算诉讼时效,至无效确认的判决或裁决生效之日,时效往往已经完成,对权利人殊为不利。就法律的实际适用状况而言,如未经法院或仲裁机构确认无效,法律行为一方当事人径以无效为由向对方请求返还或赔偿的,只要为对方所拒,必发生无效与否之争讼。而权利人事实上可得行使返还和赔偿请求权之时,即法律行为被确认无效之时。因此建议以无效确认之时为时效起算时点。

③ 【修改理由】人身损害赔偿请求权的时效起算有其特殊性,现行司法解释设有特别规则,以更好地保护权利人,即最高人民法院《关于贯彻执行〈中华人民共和国民法通则〉若干问题的意见(试行)》第 168 条(人身损害赔偿的诉讼时效期间,伤害明显的,从受伤害之日起算;伤害当时未曾发现,后经检查确诊并能证明是由侵害引起的,从伤势确诊之日起算)。人身损害赔偿涉讼时,通常需作司法鉴定,我国司法实务中亦经常以鉴定时间作为诉讼时效期间的起算点。立法例上亦有类似的规定,如《法国民法典》第 2226 条第 1 款规定:因造成身体伤害的事件,诉讼时效期间为 10 年,自最初的损害或加重的损害得到最后确定之日起计算。建议将现行司法解释规则上升为法律,并参考司法实务中的惯常做法,同时结合本法关于时效起算的新规定(知道义务人)酌加修改;另增设关于加重损害的规定,以因应现代诸多事故损害潜伏期较长的情况。

第一百八十九条〔分期履行之债的诉讼时效起算〕

当事人约定同一债务分期履行的,诉讼时效期间自最后一期履行期限届满之日起计算。

第一百九十条〔限制民事行为能力人对其法定代理人请求权的诉讼时效起算〕

无民事行为能力人或者限制民事行为能力人对其法定代理人的请求权的诉讼时效期间,自该法定代理终止之日起计算。

第一百九十一条〔受性侵害未成年人损害赔偿请求权的诉讼时效起算〕

未成年人遭受性侵害的损害赔偿请求权的诉讼时效期间,自受害人年满十八周岁之日起计算。

第一百九十二条〔诉讼时效期间届满的效力〕

诉讼时效期间届满的,义务人可以提出不履行义务的抗辩。

诉讼时效期间届满后,义务人<u>承认义务、分期履行、部分履行、提供担保、请求延期履行、制订清偿计划或者表示</u>同意履行的,不得以诉讼时效期间届满为由抗辩;义务人已自愿履行的,不得请求返还。①

第一百九十三条〔禁止依职权适用时效〕

人民法院不得主动适用诉讼时效的规定。

第一百九十三条之一〔诉讼时效抗辩后不得抵销〕

<u>义务人提出诉讼时效期间届满的抗辩后,权利人不得行使抵销权。</u>②

第一百九十四条〔诉讼时效中止〕

在诉讼时效期间的最后六个月内,因下列障碍,不能行使请求权的,诉讼时效中止:

(一)不可抗力;

(二)无民事行为能力人或者限制民事行为能力人没有法定代理人,或者法定代理人死亡、丧失民事行为能力、丧失代理权;

(三)继承开始后未确定继承人或者遗产管理人;

(四)权利人被义务人或者其他人控制;

---

① **【修改理由】**"同意履行"的限定过于狭窄,有必要涵盖更广泛的情形。各国立法例上一般规定为承认义务等,可供参考。

② **【修改理由】**时效期间届满后的抵销,宜设明文,以利适用。可参考《国际商事合同通则》第 10.10 条。

(五)其他导致权利人不能行使请求权的障碍。

自中止时效的原因消除之日起满六个月,诉讼时效期间届满。

第一百九十五条[诉讼时效中断]

有下列情形之一的,诉讼时效中断,从中断、有关程序终结时起,诉讼时效期间重新计算:

(一)权利人向义务人提出履行请求;

(二)义务人同意履行<u>承认义务</u>;

(三)权利人提起诉讼或者申请仲裁的;

(四)有与提起诉讼或者申请仲裁具有同等效力的其他情形。<u>下列事项,与提起诉讼具有同等效力:</u>

<u>1. 申请仲裁;</u>

<u>2. 申请支付令;</u>

<u>3. 申请破产、申报破产债权;</u>

<u>4. 为主张权利而申请宣告义务人失踪或者死亡;</u>

<u>5. 申请诉前保全、诉前证据保全等诉前措施;</u>

<u>6. 申请强制执行;</u>

<u>7. 申请追加当事人;</u>

<u>8. 义务人被通知参加诉讼;</u>

<u>9. 在诉讼中主张抵销;</u>

<u>10. 权利人向人民调解委员会或者其他依法有权解决相关民事纠纷的国家机关、事业单位、社会团体等组织提出保护相应民事权利的请求;</u>

<u>11. 权利人向公安机关、人民检察院、人民法院报案或者控告,请求保护其民事权利;</u>

<u>12. 其他与提起诉讼具有同等诉讼时效中断效力的事项。</u>①

第一百九十五条之一[诉讼时效中断及于剩余部分权利]

权利人主张同一权利中的部分权利的,诉讼时效中断的效力及于剩余部

---

① 【修改理由】(1)以义务人"承认义务"而非"同意履行义务"为时效中断事由,是各国和地区立法通例,也符合《最高人民法院关于审理民事案件适用诉讼时效制度若干问题的规定》第19条的意旨(构成债务承认即可发生时效中断)。从实际情况来看,时效期间届满后,要义务人同意履行义务比承认义务更难、更为少见,要求时效中断须达到同意履行的程度,对权利人保护较为不利。(2)《最高人民法院关于审理民事案件适用诉讼时效制度若干问题的规定》第13条至第16条详细规定了与提起诉讼有同等效力的情形,建议上升为法律规定,以免解释上发生困难。

分权利,但权利人明确表示放弃剩余部分权利的除外。①

第一百九十五条之二〔诉讼时效中断及于人的效力〕

诉讼时效中断的效力及于当事人、继承人和受让人。②

第一百九十五条之三〔诉讼时效因代位权诉讼而中断的效力〕

债权人提起代位权诉讼的,对债权人的债权和债务人的债权均发生诉讼时效中断的效力。③

第一百九十五条之四〔债权转让和债务承担中的诉讼时效中断〕

债权转让的,诉讼时效从债权转让通知到达债务人之日起中断。

债务承担,构成原债务人对债务承认的,诉讼时效从债务承担意思表示到达债权人之日起中断。④

第一百九十六条〔不适用诉讼时效的请求权〕

下列请求权不适用诉讼时效的规定:

(一)请求停止侵害、排除妨碍、消除危险、消除影响、恢复名誉、赔礼道歉;

(二)不动产物权和登记的动产物权的权利人请求返还财产;

(三)请求支付抚养费、赡养费或者扶养费;

(四)依法不适用诉讼时效的其他请求权。

第一百九十七条〔诉讼时效规定的强制性〕

诉讼时效的期间、计算方法以及中止、中断的事由由法律规定,当事人约定无效。

当事人对诉讼时效利益的预先放弃无效。

第一百九十八条〔仲裁时效〕

法律对仲裁时效有规定的,依照其规定;没有规定的,适用诉讼时效的规定。

第一百九十九条〔除斥期间〕

法律规定或者当事人约定的撤销权、解除权等权利的存续期间,除法律另

---

① 【增设理由】《最高人民法院关于审理民事案件适用诉讼时效制度若干问题的规定》第11条,建议上升为法律规定。

② 【增设理由】诉讼时效中断及于人的一般效力,宜有明文规定。可参考我国台湾地区"民法"第138条。

③ 【增设理由】《最高人民法院关于审理民事案件适用诉讼时效制度若干问题的规定》第18条,建议上升为法律规定。

④ 【增设理由】《最高人民法院关于审理民事案件适用诉讼时效制度若干问题的规定》第19条,建议上升为法律规定。

有规定外,自权利人知道或者应当知道权利产生之日起计算,不适用有关诉讼时效中止、中断和延长的规定。存续期间届满,撤销权、解除权等权利消灭。

当事人约定的除斥期间,人民法院不得主动适用。①

第十章　期间计算

第二百条 [期间的计算]

民法所称的期间按照公历年、月、日、小时计算。

第二百零一条 [期间的起算]

按照年、月、日计算期间的,开始的当日不计入,自下一日开始计算。

按照小时计算期间的,自法律规定或者当事人约定的时间开始计算。

第二百零二条 [期间的终点]

按照年、月计算期间的,到期月的对应日为期间的最后一日;没有对应日的,月末日为期间的最后一日。

第二百零三条 [期间终点的延长]

期间的最后一日是法定休假日的,以法定休假日结束的次日为期间的最后一日。

期间的最后一日的截止时间为二十四时;有业务时间的,停止业务活动的时间为截止时间。

第二百零四条 [本章规定的适用范围]

期间的计算方法依照本法的规定,但是法律另有规定或者当事人另有约定的除外。

第十一章　附　则

第二百零四条之一 [不可抗力的定义]

---

① 【增设理由】学说上一般认为,法院应主动适用除斥期间。但在约定除斥期间的情形,纯属当事人对其权利的自主安排,不含公共政策的考虑,法院不应主动适用,以充分尊重意思自治。2002 年《巴西新民法典》第 211 条明文禁止法院主动援引约定的除斥期间。我国澳门民法典第 325 条则区分除斥期间所设事宜是否属于当事人可处分的事宜,如为不可处分事宜,则法院应主动审查(第 1 款);如为可处分事宜,则同诉讼时效,须待当事人主张始得适用(第 2 款)。

不可抗力是指不能预见、不能避免且不能克服的客观情况。①

第二百零四条之二［书面形式的定义］

书面形式是指合同书、信件和数据电文（包括电报、电传、传真、电子数据交换和电子邮件）等可以有形地表现所载内容的形式。②

第二百零五条［与本数有关的术语］

民法所称的"以上""以下""以内""届满"，包括本数；所称的"不满""超过""以外"，不包括本数。

第二百零六条［施行日期］

本法自 2017 年 10 月 1 日起施行。

---

① 【移动理由】民法通则关于不可抗力的定义，设于附则。体例上较为正确，因不可抗力为通用于民法各编各处之概念，非仅限于民事责任。民法总则将此定义设于民事责任一章，不尽妥适（诉讼时效中止的规定中即已提及不可抗力）。

② 【移动理由】《合同法》第 11 条移至此。民法典编纂完成时，书面形式作为民法典中的一般概念，应置于总则编。